Walter Iwersen

Südafrika – West

65 ausgewählte Wanderungen und Trekkingrouten in den Kap-Provinzen

BERGVERLAG ROTHER GMBH • MÜNCHEN

ROTHER WANDERFÜHRER

Abruzzen
Achensee
Adlerweg
Ahrsteig
Albsteig
Algarve
Allgäu 1, 2, 3, 4
Allgäuer Alpen
AlpeAdriaTrail

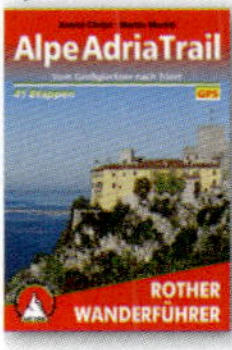

Altmühltal
Altmühltal-Panoramaweg
Andalusien Süd
Annapurna Treks
Antholz - Gsies
Aostatal
Appenzellerland
Apulien
Ardennen
Arlberg - Paznaun
Arnoweg
Asturien
Augsburg
Außerfern
Australien
Auvergne
Azoren
Baskenland
Bayerische Alpen Trekking
Bayerischer Wald
Berchtesgaden -Lienz
Berchtesgadener Land
Bergisches Land
Berlin
Bern
Berner Oberland Ost
Berner Oberland West
Bodensee Nord, Süd
Bodensee - Rätikon
Böhmerwald
Bolivien
Bozen - Kaltern
Brandnertal
Bregenzerwald
Bremen - Oldenburg
Brenta
Bretagne
Bulgarien
Burgund
Cevennen
Chalkidiki - Thassos
Champagne - Ardennen
Chiemgau
Chiemsee
Chur - Hinterrhein
Cilento
Cinque Terre
Comer See
Cornwall-Devon
Costa Blanca
Costa Brava
Costa Daurada
Côte d'Azur
Dachstein-Tauern Ost
Dachstein-Tauern West
Dänemark-Jütland
Dalmatien
Dauphiné Ost, West
Davos
Dolomiten 1, 2, 3, 4, 5, 6, 7, 8
Dolomiten-Höhenwege 1-3, 4-7, 8-10
Donausteig
E5 Konstanz - Verona
Ecuador
Eifel
Eifelsteig
Eisenwurzen
El Hierro
Elba
Elbsandsteingebirge
Elsass
Emmental
Ober-, Unterengadin
England Mitte, Nord, Ost, Süd
Erzgebirge
Fichtelgebirge
Fränkische Schweiz
Fränkischer Gebirgsweg
Frankfurt
Franziskusweg
Freiburg
Friaul-Julisch Venetien
Fuerteventura
Galicien
Gardaseeberge
Garhwal - Ladakh
Garmisch - Brixen
Gasteinertal
Genfer See
Georgien
Gesäuse
Glarnerland
Glockner-Region
Goldsteig
La Gomera
Gotthardweg
Gran Canaria
Grazer Hausberge
Grenzgänger-Weg
Gruyère - Diablerets
GTA
Hamburg
Harz
Haute Route
Hawaii
Hochkönig
Hochschwab
Hohenlohe
Hunsrück
Ibiza
Innsbruck
Irland
Isarwinkel
Island
Israel
Istrien
Jakobsweg - Camino Primitivo
Jakobsweg - Caminho Português
Jakobsweg - Camino del Norte
Französischer Jakobsweg Le Puy - Pyrenäen, Straßburg - Le Puy
Jakobsweg Marburg - Vézelay
Jakobswege Österreich
Jakobswege Schweiz
Spanischer Jakobsweg
Südfranzösischer Jakobsweg - Via Tolosana
Südwestdeutsche Jakobswege
Julische Alpen
Jura, Französischer
Jura, Schweizer
Kärntner Seen
Kalabrien
Kanadische Rocky Mountains
Karawanken
Karnischer Höhenweg
Karwendel
Kaunertal
Kitzbüheler Alpen
Kleinwalsertal
Korfu
Korsika
Korsika - GR 20

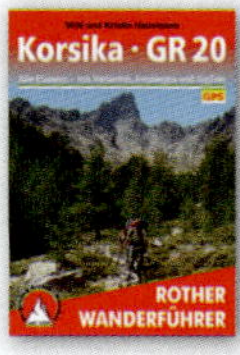

Korsika - Mare e Monti
Kraichgau
Kreta
Kurhessen
La Palma
La Réunion
Lahnwanderweg
Lago Maggiore
Languedoc-Roussillon
Lanzarote
Lappland
Lechweg
Lesbos - Chios
Limesweg
Lofoten
Lothringen
Lungau
Luxemburg - Saarland
Madeira
Mallorca
Malta - Gozo
Marken - Adriaküste
Marokko
Masuren
Maximiliansweg
Mecklenburgische Seenplatte
Menorca
Meran
Mont Blanc
Montafon
Montenegro
Mosel
Moselhöhenweg
Moselsteig
Mühlviertel
München
München - Venedig
Münsterland
Neanderlandsteig
Golf von Neapel
Neckarweg
Neuseeland
Neusiedler See
Niedere Tauern Ost
Niederlande
Niederrhein
Nockberge
Normandie
Norwegen Mitte, Süd, Jotunheimen
Nürnberg
Oberlausitz
Oberpfälzer Wald
Oberschwaben
Odenwald
Ötscher
Ötztal
Ötztal - Pitztal Trekking
Ossola-Täler
Ostfriesland
Ostseeküste
Ost-Steiermark
Osttirol Nord, Süd
Patagonien
Peaks of the Balkans
Peloponnes
Peru
Pfälzer Weinsteig
Pfälzerwald
Pfaffenwinkel
Picardie
Picos de Europa
Piemont Nord, Süd
Pinzgau
Pitztal
Portugal Nord
Provence
Pyrenäen 1, 2, 3, 4
Pyrenäen - GR 11
Regensburg
Rheinhessen
Rheinsteig
Rhodos
Rhön
Riesengebirge
Rom - Latium
Route de Ländle
Rügen

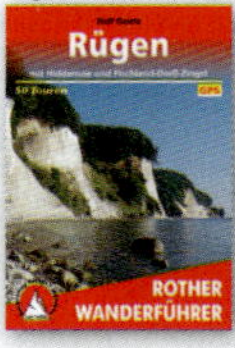

Ruhrgebiet
Rumänien - Südkarpaten
Saar-Hunsrück-Steig
Salzalpensteig
Salzburg
Salzburg - Triest
Salzkammergut Ost, West
Sardinien
Sauerland
Savoyen
Schaffhausen
Schottland
Schwabenkinder-Wege Oberschwaben, Schweiz - Liechtenstein, Vorarlberg
Schwäbische Alb Ost
Schwäbische Alb West
Schwarzwald Fernwanderwege
Schwarzwald Mehrtagestouren Mitte/Nord, Süd/Mitte
Schwarzwald Nord, Süd
Schweden Mitte, Süd
Seealpen
Seefeld
Sierra de Gredos
Sierra de Guadarrama
Sizilien
Spessart
Steigerwald
Steirisches Weinland
Sterzing
Stubai - Wipptal
Trekking im Stubai
Stuttgart
Südafrika West
Surselva
Sylt, Amrum, Föhr
Tannheimer Tal
Tasmanien
Hohe Tatra
Tauern-Höhenweg
Hohe Tauern Nord
Tauferer Ahrntal
Taunus
Tegernsee
Teneriffa
Tessin
Teutoburger Wald
Thüringen Mitte/Nord
Thüringer Wald
Tiroler Höhenweg
Toskana Nord, Süd
Türkische Riviera
Uckermark
Umbrien
Ungarn West
Usedom
Vanoise
Veltlin
Vía de la Plata
Via Francigena
Via Gebennensis
Vierwaldstätter See
Vinschgau
Vizentiner Alpen
Vogelsberg
Vogesen
Vogesen Mehrtagestouren
Vogesen-Durchquerung
Vogtland
Wachau
Waldviertel
Wales
Oberwallis
Unterwallis
Walliser Alpen
Weinviertel
Welterbesteig Wachau
Weserbergland
Westerwald
Westerwald-Steig
Wien
Wien - Lago Maggiore
Wiener Alpenbogen
Wiener Hausberge Nord, Süd
Wilder Kaiser
Zillertal
Trekking im Zillertal
Zürichsee
Zugspitze
Zypern

Vorwort

Eines der beliebtesten Reiseziele Südafrikas ist die Kapregion. Die drei Provinzen West-, Ost- und Nordkap bieten eine Fülle von Attraktionen, zu denen zweifelsfrei die vielen Natur- und Tierschutzgebiete zu zählen sind. Eine weltweit einzigartige Fauna und Flora sind hier zu Hause. Großwildbestände mit Elefanten, Löwen und Antilopen, die man in den Nationalparks von Addo, -Augrabies Falls und Kgalagadi oder in privaten Safariparks entdecken kann, gehören dazu, aber vor allem auch jene Tiere, die man ohne schützende Blechverkleidung zu Gesicht bekommt: Paviane, Klippschliefer und Bergzebras, Pelzrobben, Glattwale und Brillenpinguine, um nur einige zu nennen.
Im Pflanzenreich erwartet den Besucher die Welt des Fynbos, die mit einem unverwechselbaren Mix aus Proteen, Eriken und Riedgräsern aufwartet, und die Welt der Sukkulenten in den Halbwüstengebieten der Karoo. Süßdornakazien, Aloen und Köcherbäume sind wahre Überlebenskünstler, die mit extrem wenig Wasser haushalten können.
Dreh- und Angelpunkt dieser Region ist die Metropole Kapstadt: ein multikultureller Schmelztiegel, offen und lebendig auf der einen Seite, Spiegel des sozialen Ungleichgewichts zwischen Arm und Reich, Schwarz und Weiß auf der anderen Seite. Zum Stadtbild gehören ein Bilderbuchpanorama aus Hafen, City und Tafelberg ebenso wie die übereinander getürmten Blechhütten entlang der Autobahn vor den Toren der Stadt.
Für Naturliebhaber präsentiert sich die Kapregion mit erstaunlich abwechslungsreichen Wandermöglichkeiten. Wer sich zu Fuß auf Entdeckungsreise begibt, darf sich über eine hervorragende Infrastruktur mit gutem Service, Wegmarkierungen und Kartenmaterial freuen. Überall wird man herzlich empfangen und mit einem freundlichen »Enjoy jour hike!« verabschiedet. Überhaupt, wer auf eigene Faust durch das Land reist, wird sehr schnell begeistert sein von der Gastfreundlichkeit und Hilfsbereitschaft der Südafrikaner. Gibt es ein Problem, ist der Gastgeber in Ihrer Unterkunft der Erste, der Ihnen bei der Lösung hilft.
Im vorliegenden Wanderführer werden acht verschiedene Gebiete aus den Kap-Provinzen vorgestellt, die in ihrer Eigenart teilweise kontrastreicher nicht sein können. Die ausgewählten Touren sollen exemplarisch die Höhepunkte des jeweiligen Gebiets zur Geltung bringen. Insgesamt ist das Spektrum breit gestreut, von kurzen Spaziergängen bis hin zu Mehrtagestouren mit Hüttenübernachtung, sodass für jeden Geschmack etwas dabei sein sollte. Entdecken Sie Südafrika zu Fuß! Es lohnt sich. Und sollten Sie, liebe Leser, dabei veränderte Gegebenheiten vorfinden, bitten wir Sie, dies dem Verlag zur Beachtung in der Neuauflage dieses Wanderführers mitzuteilen.

Freiburg i. B., Herbst 2019 — Walter Iwersen

Inhaltsverzeichnis

Allgemeine Hinweise

Anforderungen

Die meisten Wanderungen verlaufen auf gut markierten Pfaden und Wegen. Dies sollte jedoch nicht darüber hinwegtäuschen, dass manche Touren gute Kondition, Trittsicherheit, Schwindelfreiheit und Orientierungssinn erfordern. Auf die jeweiligen Besonderheiten wird im Tourensteckbrief hingewiesen. Zu beachten ist, dass sich die angegebenen Zeiten und Schwierigkeitsgrade auf Wanderungen im Frühjahr und Herbst beziehen. Die klimatischen Randbedingungen für Wanderungen im südafrikanischen Sommer oder Winter können je nach Gebiet den Schwierigkeitsgrad der Touren erhöhen. Um die jeweiligen Anforderungen grundsätzlich besser einschätzen zu können, sind die Tourenvorschläge mit verschiedenen Farben markiert. Diese erklären sich wie folgt:

Leicht Diese Wege sind in der Regel ausreichend breit, nur mäßig steil und daher auch bei Schlechtwetter relativ gefahrlos zu begehen. Die Anforderungen an die Ausdauer sind nicht sehr hoch. Die »blauen« Wanderungen sind daher auch für Kinder und weniger geübte Personen geeignet.

Mittel Diese Touren eignen sich für geübte, trittsichere Wanderer. Längere Auf- und Abstiege setzen eine gute körperliche Verfassung voraus. Wer nicht ganz schwindelfrei ist, sollte diese Touren nur in Begleitung geübter Wanderer unternehmen. Die Pfade sind zwar zumeist ausreichend markiert, aber oft schmal und teilweise etwas ausgesetzt. Bei einzelnen steilen Wegabschnitten kann bereits die Zuhilfenahme der Hände erforderlich sein.

Schwierig Diese Wege sind häufig lang und über weite Strecken steil angelegt. Sie können stark ausgesetzt sein und Kletterpassagen enthalten, für die die Zuhilfenahme der Hände erforderlich ist. In weglosem, nicht markiertem Gelände benötigt man ein hohes Maß an Orientierungssinn. Die Touren sollten daher nur von erfahrenen und wirklich trittsicheren, schwindelfreien und konditionsstarken Wanderern angegangen werden.

Gefahren

Die Wegstrecken sind in der Regel sehr gut ausgeschildert. Auf wegloses und unmarkiertes Terrain, Kletterpassagen oder besonders lange Strecken wird in der Tourenbeschreibung gesondert hingewiesen. In den Höhenregionen der Hottentots-Holland-Berge können Wetterumschwünge manchmal kurzfristig die Wanderbedingungen verschlechtern, dann ist erhöhte Vorsicht geboten. Bei einigen Touren in der Karoo, aber auch entlang der Garden Route, kann man auf Herden von Tschakma-Pavianen (Baboons) stoßen. Sie sind zumeist nicht zu überhören. Wenn man ihr Territorium respektiert und sich zurückhaltend verhält, kann nichts passieren. Anders als ihre aufdringlichen Genossen auf der Kaphalbinsel suchen sie in der Regel das Weite, noch bevor man sich ihnen nähern kann.

Immer wieder wird man in Europa nach giftigen Schlangen gefragt, die – glaubt man einigen Reisebüchern – hinter jeder Wegbiegung lauern. Schlangen sind allerdings in der Regel scheu und keineswegs angriffslustig. Sie verteidigen sich nur in ausweglosen Situationen. Ihre Wahrnehmungsorgane sind so sensibel, dass sie schon bei geringsten Erschütterungen im Gebüsch verschwinden. Die Wahrscheinlichkeit, sie beim Wandern zu treffen, ist daher äußerst gering.

Gehzeiten
Die Zeitangaben enthalten nur die reine Gehzeit, mittelschnelles Tempo (also etwa 4 km/h auf ebenem Gelände), ohne Rast- oder Fotopausen. Generell sind in den Profilen die Etappen- und die Gesamtgehzeit vermerkt.

Ausrüstung
Von einigen leichten Wanderungen abgesehen ist für alle Touren solides Schuhwerk mit Profilsohlen notwendig. Unbedingt erforderlich sind ausreichend Trinkwasser, als Sonnenschutz eine Kopfbedeckung, möglichst auch mit Nackenschutz, dünne Windschutzjacke und Pulli für die kühle Tageszeit in den Ber-

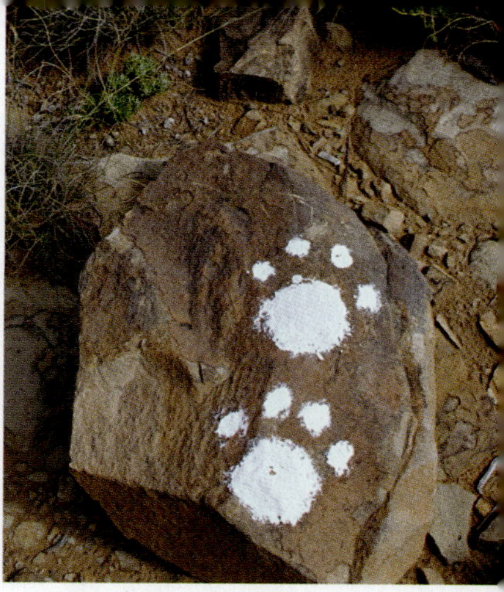

Tatzenabdruck eines Wüstenluchses.

Symbole und Abkürzungen

	Einkehrmöglichkeit unterwegs
	für Kinder geeignet
	Ort mit Einkehrmöglichkeit
	bewirtschaftete Hütte
	unbewirtschaftete Hütte
	Camping-/Zeltplatz
†	Gipfel
)(	Pass, Sattel, Joch
	Picknickplatz
	Aussichtsplatz
	Abzweig
	Höhle
	Leuchtturm
	Wasserfall
	Quelle
	Bademöglichkeit
NP	National Park
NP	National Reserve

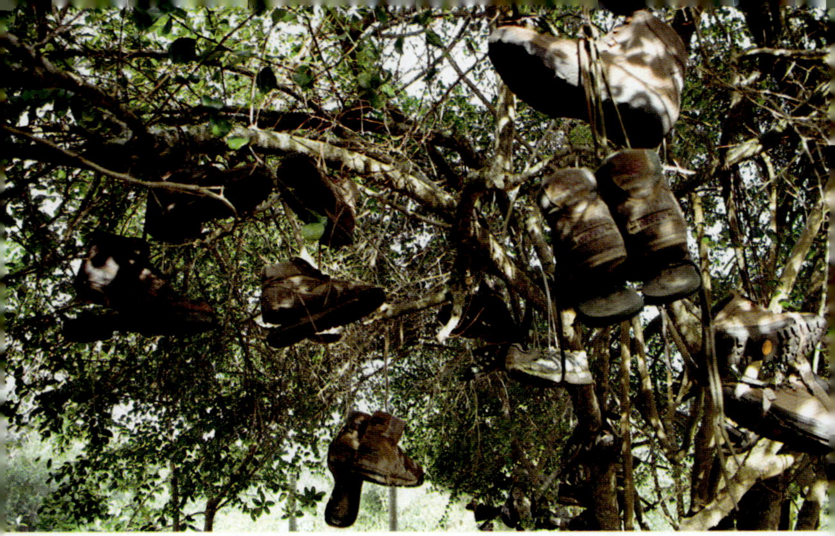

Der Otter-Trail – das Ende.

gen. Empfehlenswert sind zudem Taschenlampe und Trillerpfeife. Wanderstöcke können insbesondere bei Abstiegen hilfreich sein.
Bei Mehrtagestouren gehören Schlafsack, Gaskocher und Zubehör ins Gepäck, ebenso wie Erste-Hilfe-Paket und gut rationierte Lebensmittelportionen. Zu empfehlen ist zudem ein wasserdichter Beutel für Wertsachen und Kameraausrüstung. In Wilderness-Gebieten sind zusätzlich ein kleines Zelt und eine Schlafunterlage erforderlich.
Wer die Utensilien nicht von Europa aus mitnehmen möchte, findet in allen größeren Orten Freizeitgeschäfte mit vergleichsweise preiswertem Wander- und Trekkingsortiment (nur Verkauf, kein Verleih). Besonders zu empfehlen ist die Ladenkette von Cape Union Mart, von der es in allen größeren Orten Niederlassungen gibt (www.capeunionmart.co.za).

Karten

Straßenkarten für Südafrika gibt es in Buchläden und in der Ladenkette CNA. Empfehlenswerte Gebietskarten mit Eintragungen der Wanderwege erscheinen bei »The Map«, angefertigt vom Kartografen Peter Slingsby. Erhältlich sind bisher:
Die Kaphalbinsel mit den Einzelkarten Table Mountain, Hout Bay, Silvermine, Simon's Town und Cape Point, im Maßstab 1:20.000 und 1:25.000; Übersichtskarten in unterschiedlichen Maßstäben von den Cederbergen, Cape Winelands und Overberg; www.themaps.co.za.

Landkarten von allen Regionen im Maßstab 1:50.000 und 1:25.000 erhält man zudem im Department of Land Affairs – Mapping & Surveys, Rhodes Avenue, Mowbray, Kapstadt, Mo–Fr 8.00–16.45 Uhr, Tel. 021-658 4300.

Wanderwege und Markierungen

In Südafrika werden Tagestouren als Day Trail bezeichnet, Spaziergänge als Walk oder Stroll, Mehrtagestouren als Overnight Trail.
Die Wege sind in der Regel sehr gut markiert, häufig mit kleinen Blechschildern, auf denen Abdrücke von Tierpfoten, Tiersymbole oder Fußsohlen abgebildet sind. Auch einfache Pfeil- oder Punkt-Markierungen kommen vor, die direkt auf einen Fels oder Baumstamm gemalt werden. Bei Unklarheiten in der Wegeführung oder Sperren werden häufig Äste oder Steine auf dem Boden ausgelegt. In Wilderness-Gebieten gibt es kaum Markierungen, allenfalls Steinmännchen helfen bei der Orientierung.

Top-Touren im westlichen Südafrika

Lions Head

Der Klassiker am Fuße des Tafelbergs mit Ausblick auf die City von Kapstadt und den Hafen (Tour 1, 2.15 Std.).

Kasteelpoort Route

Aussichtsreicher Aufstieg am Fuß der 12 Apostles zum Plateau des Tafelberg (Tour 3, 5.30 Std.).

Chapman's Peak

Prächtige Hangwanderung an der malerischen Bucht von Hout Bay (Tour 5, 4.30 Std.).

The Dome

Abwechslungsreiche Tour auf den Helderberg bei Somerset West (Tour 16, 7.30 Std.).

Oudebosch – Leopard's Gorge Trail

Durch die einzigartige Pflanzenwelt des Fynbos im Kogelberg Nature Reserve (Tour 17, 3 Std.).

Kranshoek Coast Hiking Trail

Abwechslungsreiche Klippenwanderung nahe Knysna (Tour 38, 3.30 Std.).

Robberg Trail

Über Felsen und Klippen zur Robbenkolonie auf einer Halbinsel bei Plettenberg Bay (Tour 39, 4.45 Std.).

Otter Trail

Entlang der atemberaubenden Küste im Tsitsikamma National Park (Tour 44, 5 Tage).

Alexandria Hiking Trail

Spannende Tour durch die endlose Sanddünen-Landschaft an der Algoa Bay (Tour 46, 2 Tage).

Eerstefontein Trail

Die Schönheit der kargen Karoo auf einem Rundweg im Camdeboo National Park (Tour 50, 5.30 Std.).

Dassie Nature Trail

Kleine Runde zu den Höhepunkten am Canyon des Orange River im Augrabies Falls National Park (Tour 53, 2.30 Std.).

Cathedral Rocks

Tagestour durch die faszinierende Mondlandschaft in den Hochtälern der Cederberge bei Algeria (Tour 59, 7.30 Std.).

GPS-Tracks und Koordinaten der Ausgangspunkte

Zu diesem Wanderführer stehen unter www.rother.de GPS-Tracks und Koordinaten der Ausgangspunkte zum kostenlosen Download bereit – Benutzername: **gast** / Passwort: **wfSA02s248**
Verlag und Autor haben die Tracks und Wegpunkte nach bestem Wissen und Gewissen überprüft. Dennoch können wir Fehler oder Abweichungen nicht ausschließen.

Permit und Reservierungen

Die Sache mit dem Permit ist für Europäer zunächst etwas ungewohnt. Es handelt sich um eine Art Eintrittsgebühr, die man bei den meisten Wanderungen entrichten muss. Der Betrag ist bei Tagestouren nicht hoch, er schwankt zwischen 30 und 70 Rand pro Person. In den Nationalparks und den von Cape Nature Conservation verwalteten Naturreservaten ist diese Gebühr identisch mit dem Eintrittsgeld, das am Eingang des Parks zu bezahlen ist. In anderen Naturschutzgebieten entrichtet man sie in der Regel an der Ranger-Station vor Antritt der Wanderung. Die Einnahmen aus den Permits dienen zur Finanzierung des Unterhalts von Wegen und Einrichtungen im Park, sind insofern ein sinnvoller Beitrag zum Umweltschutz. Bei Mehrtagestouren ist das Permit gleichzeitig Anmeldebestätigung für den Trail. Die Touren sind im Voraus zu buchen, denn die Übernachtungskapazität ist in der Regel begrenzt und damit auch die maximale Anzahl der Wanderer pro Tag. SANParks und Cape Nature verfügen über zentrale Buchungsstellen, die man von Europa aus per E-Mail oder telefonisch kontaktieren kann. Die Bezahlung erfolgt mit Kreditkarte. Man muss sich auf diese Weise zwar bereits zu Hause auf einen Wanderzeitraum festlegen, doch vor Ort besteht zumeist genug Spielraum, den Zeitpunkt nach Bedarf zu verschieben. Auch spontan ist es durchaus möglich, eine Tour zu buchen, sofern Bettenplätze frei sind. Bei den zuständigen Rangern in den Parks oder den Auskunftsstellen erhält man entsprechende Informationen.

- South African National Park: Tel. 012-428 9111, reservations@sanparks.org, www.sanparks.org.
- Cape Nature Conservation: Reservierungen Tel. 087 087 8250, reservation.alert@capenature.co.za.

Einkehr und Unterkunft

Im jeweiligen Info-Block einer Tour wird auf das Vorhandensein von Einkehrmöglichkeiten und gegebenenfalls Wasserversorgung hingewiesen, ebenso auf die nächstgelegenen Unterkünfte. Zumeist liegen sie in der Umgebung der Start- oder Zielpunkte einer Wanderung.
Das Angebot an Unterkünften ist vielfältig und umfangreich. Wer schon von Europa aus buchen möchte, kommt im Internet unter dem Suchbegriff »ac-

commodation« plus Angabe des Zielortes schnell zu den gewünschten Resultaten. Aber auch unterwegs im Land findet man stets etwas Passendes.

Hotels und Lodges: Hier reicht das Spektrum von 3- bis 5-Sterne-Anlagen, in der gehobenen Preisklasse zumeist mit Rundumversorgung und Safari- Ausflugspaketen kombiniert.

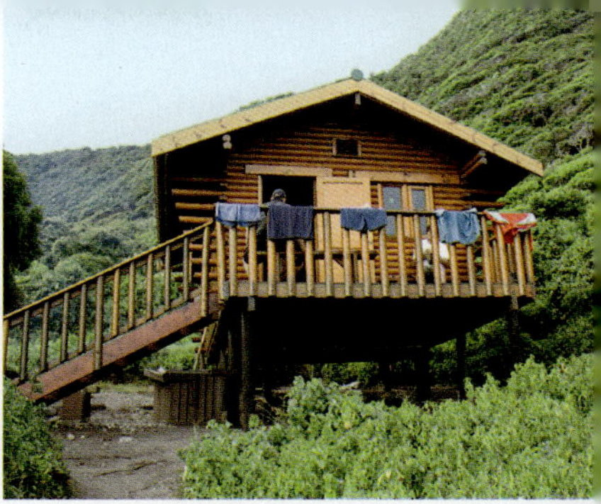

Eine der beiden Ngubu Huts (Otter Trail, 1. Tag).

Bed & Breakfast (B&B): Sehr beliebt sind privat vermietete Zimmer für 1–3 Personen in einem Gästehaus oder einer Lodge. Die Räume sind gepflegt und fürstlich ausgestattet mit Fernsehern sowie Wasserkochern für Kaffee und Tee. Das Frühstück mit Eiern, Speck und Wurstbeilage ist sehr reichhaltig. Kaum eine Gelegenheit ist günstiger, um mit einheimischen Südafrikanern in Kontakt zu kommen und ihre Gastfreundlichkeit kennenzulernen.

Selfcatering Chalets (SC-Chalets): Wer gern unabhängig ist und sich selbst versorgen möchte, ist in den SC-Chalets richtig. Die Wohnungen oder Häuser für 2–6 Personen sind komplett eingerichtet. Zumeist steht im Freien eine Grillstelle (Braai Area) zur Verfügung. Auch in den Naturparks oder auf Campingplätzen werden Chalets angeboten.

Cottages: Häufig auf privatem Farmland, Ausstattung wie die SC-Chalets.

Backpacker Hostels: Rucksacktouristen, aber nicht nur sie, finden in den Backpacker-Häusern eine preisgünstige Übernachtungsmöglichkeit. Man hat die Wahl zwischen dorms (Mehrbettzimmern), double oder single rooms. Eine gemeinsame Küche oder Frühstücksraum dient als Kommunikationspunkt, um Reiseerfahrungen auszutauschen.

Camping- und Caravanplätze: Ein dichtes Netz von Camp Sites bietet überall reichlich Auswahl.

Overnight Huts: Bei Mehrtageswanderungen stehen schlicht eingerichtete, nicht bewirtschaftete Wanderhütten zur Verfügung, zumeist ausgestattet mit Stockbetten und Matratzen, Kochgelegenheit, Dusche und WC.

- Empfehlenswerte Unterkunftsverzeichnisse:
  Für B&B, Gästehäuser und Lodges: »Portfolio« – Bed and Breakfast – Collection, www.portfoliocollection.com; »Hand-picked accommodation«, Greenwood Guides, London, www.greenwoodguides.com.
  Für Backpacker: »Coast to Coast« – The Backpacker's Guide to Southern Africa, Simon's Town, www.coastingafrica.com; »Alternative Route« – The Independent Traveller's Guide, www.alternativeroute.net.

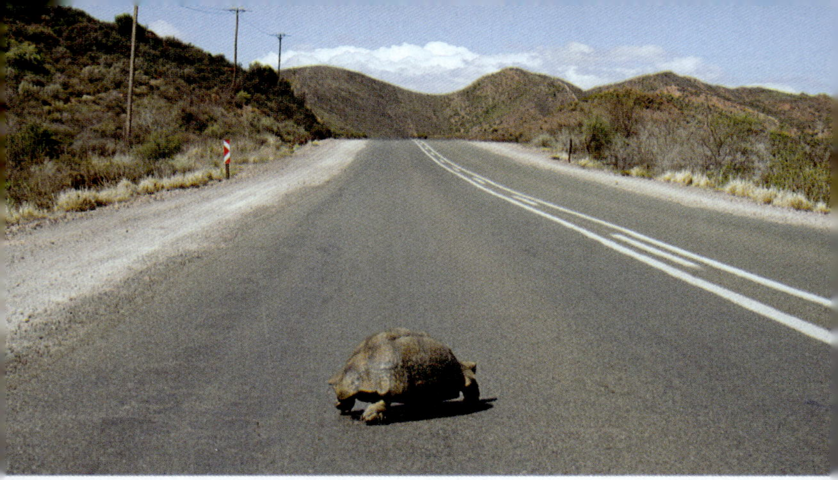

Auf der R62 in der Klein Karoo.

Anfahrt zu den Wanderungen

Das öffentliche Bus- und Zugsystem Südafrikas spielt für den Tourismus keine Rolle. Es wird deshalb bei den Anfahrtsbeschreibungen auch nicht weiter berücksichtigt. Die Startpunkte fast aller Wanderungen erreicht man am besten mit eigenem (Miet-)Fahrzeug (siehe auch Kapitel »Informationen von A–Z, Verkehrsmittel«). Häufig sind die letzten Streckenabschnitte dorthin auf Schotterwegen zurückzulegen. Diese sind zumeist in ebenso gutem Zustand wie die geteerten Land- und Nationalstraßen, sodass man auf ihnen auch ohne Vierradantrieb vorankommen kann. Wer dennoch auf ein eigenes Auto verzichten möchte, kann sich bei vielen Touren auch zu den Startpunkten bringen oder am Ziel abholen lassen. Die Betreiber der Backpacker Hostels oder die Vermieter in den B&B-Unterkünften sind sehr hilfsbereit und nehmen den Gästen gern die Organisation dafür ab.

Tipps für Wanderer

- Versuchen Sie, auf den Touren so wenig Gepäck wie möglich mitzunehmen. Das ist sicherlich leicht gesagt, aber jedes Kilo weniger Last bedeutet ein Mehr an Wandergenuss. In allen Unterkünften und Hostels können Sie überschüssiges Gepäck zurücklassen. Bei vielen Mehrtagestouren können Sie es auch von Rangern oder Farmern zu den Übernachtungshütten bringen lassen.
- Fluss- und Bachquerungen kommen häufig vor, entsprechend sollte man mit Badesandalen ausgerüstet sein.
- Denken Sie an ausreichend Trinkwasservorräte. Erkundigen Sie sich bei

den Rangern, wo Sie eventuell die Vorräte unterwegs auffüllen können. Die Qualität des Wassers aus Gebirgsbächen ist gut. Es ist mineralienreich, kühl und bedenkenlos genießbar. Die braune Färbung einiger Flüsse und Bäche an der Garden Route wird durch den Gerbstoff Tannin hervorgerufen, der durch die Verbindung von Laub, Humus und eisenhaltigen Mineralien entsteht. Auch dieses Wasser ist nicht verschmutzt und in dosierten Mengen trinkbar. Wer sich nicht sicher ist, sollte Entkeimungstabletten verwenden.

- Falls Sie Langschläfer sind: Ihren Tagesrhythmus sollten Sie umstellen. Generell gilt: Wer früh aufbricht, hat mehr von der Tour. Die Temperaturen besonders in der Karoo sind dann noch angenehm, die Tierwelt ist noch lebendig.
- Gehen Sie bei den entlegenen Touren nicht allein. Mindestens eine zweite Person sollte dabei sein, um im Notfall Hilfe holen zu können. Hinterlassen Sie eine Nachricht in Ihrer Unterkunft, welche Route Sie gewählt haben. Nehmen Sie ein Mobiltelefon mit, in der Regel gibt es Empfang.
- Achten Sie auf ausreichend Sonnenschutz. Besonders der Nacken bietet Angriffsfläche für die Strahlen. Ein breitkrempiger Hut ist ideal. Die Sonneneinstrahlung ist stärker als in europäischen Breitengraden.
- Achten Sie darauf, wo Sie hintreten oder mit Ihren Händen hinfassen.
- Lassen Sie sich bei den Küstentouren einen Gezeitenplan geben oder erkundigen Sie sich beim Ranger nach den Hoch- und Niedrigständen des Wassers.

Natur- und Umweltschutz

- Wege und Gelände in den Naturlandschaften in den Kap-Provinzen werden ständig gepflegt und ausgebaut. Für die Touren in den Naturschutzgebieten ist ein Verhaltenskodex festgelegt. Oberstes Ziel ist der Schutz der Tier- und Pflanzenwelt; zumeist endemische oder vom Aussterben bedrohte Arten sollen geschützt werden.
- Pflücken Sie keine Blumen, so verlockend die Blütenpracht des Fynbos und der Wildblumen auch sein mag.
- Lassen Sie keine Müllreste nach Ihren Picknickpausen zurück.
- Bedingt durch den Klimawandel besteht überall erhöhte Brandgefahr in den Wäldern und Steppen der Region. Werfen Sie deshalb keine Zigarettenkippen ins Gelände. Machen Sie Feuer nur an den ausgewiesenen Stellen an Picknickplätzen und Schutzhütten.
- Halten Sie Bäche und Flüsse sauber. Wenn Sie sich darin waschen, verwenden Sie nur umweltverträgliche Seife oder verzichten Sie ganz darauf.
- Bleiben Sie auf markierten Wegen und vermeiden Sie »Shortcuts«. Bei Abkürzungen durchs Gelände werden wertvolle Pflanzen zertrampelt.
- Halten Sie sich an das freundliche Motto: »Take only fotos and leave nothing but footprints behind you!«

Wandern in den Kap-Provinzen

Südafrika ist mit einer Gesamtfläche von 1,2 Mio. km^2 etwa so groß wie Frankreich und Spanien zusammen. Von den neun Provinzen nehmen die drei Kap-Provinzen (Western, Eastern und Northern Cape) wiederum mehr als die Hälfte der Landesfläche ein. Das Westkap ist die Provinz mit der am besten entwickelten Infrastruktur für Wirtschaft und Tourismus. Die Lebensweise der weißen Bevölkerungsteile ist europäisch geprägt, nicht zuletzt wegen der vielen Nachkommen niederländischer, deutscher und englischer Siedler. Das Nordkap ist der bevölkerungsärmste Landesteil. Die Steppen und Halbwüsten der Karoo bieten vorwiegend Lebensgrundlage für großflächige Farmen mit Schaf-, Ziegen- oder Rinderzucht. Das Ostkap erstreckt sich im Osten bis Lesotho und zur Nachbarprovinz KwaZulu-Natal; für diesen Wanderführer wurden aus dieser Provinz allerdings nur Wanderungen aus dem westlichen Distrikt Cacadu mit aufgenommen.
An der Küstenregion des West- und Ostkaps, zwischen Kapstadt und Port Elizabeth, liegt der Schwerpunkt der Wanderaktivitäten. Für viele Südafrika-Gäste und die einheimische Bevölkerung selbst ist sie Haupterholungs- und Urlaubsgebiet. Nur ein kleines Stück weiter, Richtung Inland, sind es die gesamten Höhenzüge des Kap-Faltengebirges mit Gipfelmarken zwischen 1000 und 2000 m, die Wanderern eine reiche Auswahl an spannenden Bergtouren bieten. Bleiben noch die Halbwüsten der Karoo und der Kalahari, die bedingt durch ihr Extremklima mit hohen Temperaturschwankungen von Tag und Nacht besondere Anforderungen an die Wander-Aktiven stellen.

Durch die Sanddünen in der Algoa Bay (Tour 46).

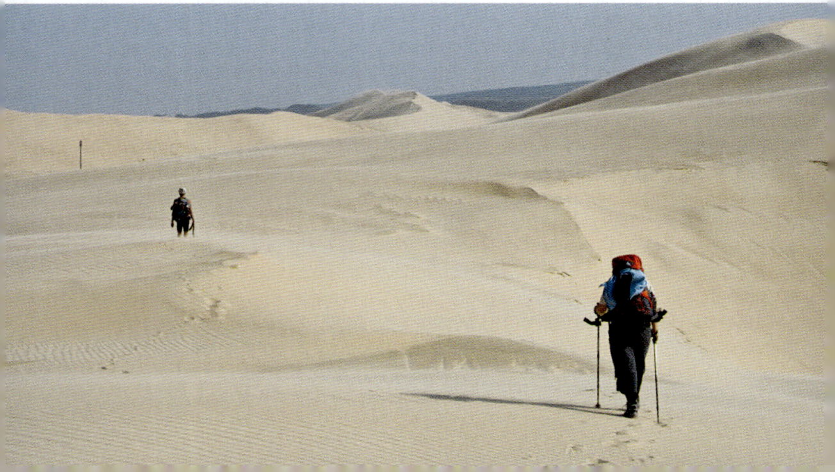

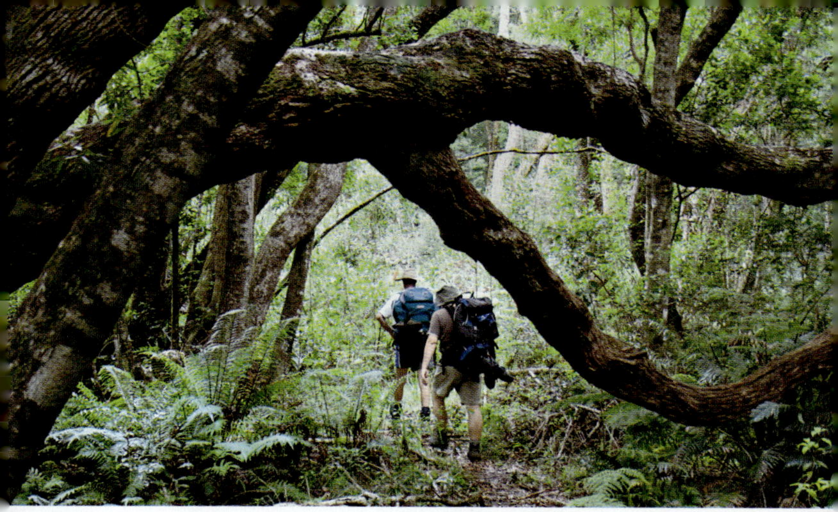

Im Urwald an der Garden Route (Touren 37 und 38).

Natur- und Tierparks, Botanische Gärten

Die meisten der vorgestellten Wanderungen verlaufen in Natur- und Tierschutzgebieten. Auf nationaler Ebene werden diese von South African National Parks, kurz SANParks, verwaltet, auf Provinz-Ebene von regionalen Parkverwaltungen. Cape Nature Conservation (Anschriften siehe unter: Reservierungen, Permit) ist im Westkap zuständig, Northern Cape – Nature Conservation Service im Nordkap, im Ostkap das Department of Tourism, Environment & Conservation. In den Parks gibt es ein reiches Freizeitangebot: Schotterpiste für Tierbeobachtung im Pkw oder Geländewagen ebenso wie gut ausgebaute Wander- und Mountainbike- Wege, Picknickplätze und Übernachtungsmöglichkeiten. Man erhält zusätzlich Informationsbroschüren und Faltblätter, auf Wunsch auch Vogel-, Baum- und Pflanzenlisten.

Unter den Parks nehmen die Wilderness Areas eine Sonderstellung ein. Diese Gebiete sollen möglichst sich selbst überlassen werden, nur Wanderer dürfen dort sich aufhalten und in eigenen Zelten oder einfachen Schutzhütten übernachten. Auch private Farmen kümmern sich um den Naturschutz. Viele Farmerfamilien bieten auf ihrem Land neben Unterkunft auch Freizeitaktivitäten an, u.a. Wandern.

Von den acht nationalen Botanischen Gärten Südafrikas liegen zwei in den Kap-Provinzen: in Kirstenbosch bei Kapstadt und in Betty's Bay am Kogelberg. Sie bieten einen besonders gepflegten Schutzraum für das große Pflanzenspektrum der Fynbos- und Sukkulenten-Flora, für die Südafrika berühmt ist.

Fauna

Die Tierwelt Südafrikas gehört zu den Hauptattraktionen des Landes. Die Ausflüge zur Großwildfauna in den Nationalparks sind zumeist fester Programmpunkt einer Rundreise. Doch auch beim Wandern in den Küstenregionen des Kaps, den Trockengebieten der Karoo und der Bergwelt des Kap-Faltengebirges trifft man auf eine erstaunliche Artenvielfalt.

Säugetiere

Mehr als 300 Säugetierarten gibt es im ganzen Land, die meisten davon auch in den Kap-Provinzen. Begehrtes Fotomotiv sind die **»Big Five«**: Löwe, Elefant, Nashorn, Büffel und Leopard. In vielen privaten Safariparks kann man sie auf geführten Touren mit großer Sicherheit beobachten, mehr Nervenkitzel erlebt man allerdings, wenn man sie als Selbstfahrer in den Nationalparks aufstöbert. Der Afrikanische Elefant kommt in großen Verbänden im Addo Elephant National Park vor, dort ist er inzwischen mit über 400 Exemplaren vertreten. Das Spitzmaulnashorn ist eher Einzelgänger und kommt nur selten vor die Linse. Ebenso der Leopard, der sich tagsüber kaum blicken lässt. Auch für Löwen und Büffel braucht man Geduld und Glück. Dafür gibt es aber jede Menge Warzenschweine, Hartmannzebras, Kudu- und Elenantilopen.

Von den Big Five lebt außerhalb der Nationalparks nur noch der Leopard. Vor allem in den Cederbergen gibt es einen Bestand von etwa 40 etwas kleineren Bergleoparden. Menschen sind für ihn uninteressant, da sie nicht auf seinem Speiseplan stehen. Zu den großen Säugern zählen noch die Giraffen, die man im Augrabies Falls National Park findet.

Begeben wir uns jetzt zu Fuß auf Tierschau. Vorzugsweise in Felsspalten und zwischen Klippen leben große Verbände der geselligen Kap-Klippschliefer, (Rock Hyrax, auch Dassie genannt). Auf den ersten Blick scheint der Kleine Klippschliefer eher ein Mischprodukt aus Kaninchen und Murmeltier, genetisch ist er aber zur Elefantenfamilie zu zählen. Mit hoher Wahrscheinlichkeit trifft man auf Tschakma-Paviane (Baboon), die ebenfalls in Familienverbänden leben. Sie machen sich zumeist lautstark durch ihr Gebell bemerkbar. Am Cape Point haben sie sich so an Menschen gewöhnt, dass sie aufdringlich nach Essbarem suchen. Im freien Gelände allerdings sind sie scheu und ziehen sich beim Näherkommen zurück. Das Kap-Bergzebra kann man mit etwas Glück im Camdeboo NP und auf der Kaphalbinsel entdecken. Die Streifenführung auf seinem Körper unterscheidet sich nur unwesentlich von dem der Hartmannzebras im Addo Park.

Glattwal in der Walker Bay.

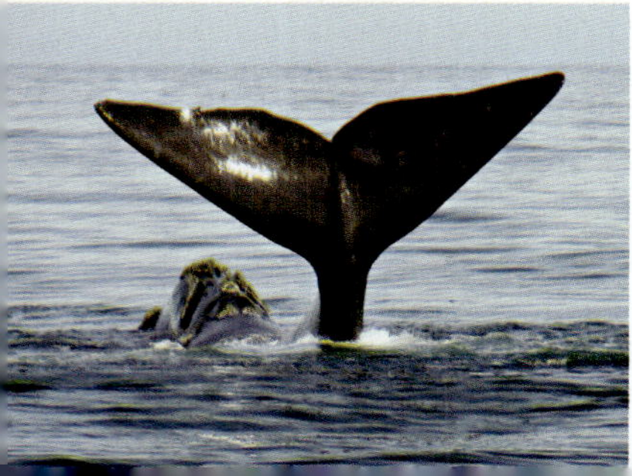

Aus der Antilopenfamilie treffen wir in den Bergen die kleinen Steinböcke; im Augrabies Falls NP den noch etwas kleineren Klippspringer. Sie sind mit den Steinböcken leicht zu verwechseln, ihr Kopf ist aber etwas gedrungener. Springböcke und Oryxantilopen sieht man in den Steppengebieten des Augrabies Falls NP und Goegap NR. Die Oryxantilopen beeindrucken durch bis zu 120 cm lange Hörner und auffällige schwarz-weiße Markierungen im Gesicht. Buntböcke (Bontebok) sind am Kap zu entdecken, rote Kuhantilopen in den Zuurbergen.

In den Steppen der Karoo und Kalahari finden wir Grünmeerkatzen (Vervet Monkey), Fuchsmangusten und Erdhörnchen. Im Witsand Nature Reserve sind diese kleinen Säuger sehr zutraulich. Fotogen sind auch die Erdmännchen (Suricate), besonders am frühen Morgen, wenn sie ihr unterirdisches Gängesystem verlassen und aufrecht stehend in die Landschaft starren.

An der Kapküste sind die Pelzrobben zu Hause. Anders als ihre Artgenossen in der Arktis lieben sie körperliche Nähe und dichtes Gedränge. Im Hafenbecken von Kapstadt tummeln sie sich, sowie auf kleinen vorgelagerten Inseln oder auf der Halbinsel von Robberg bei Plettenberg Bay. Manchmal sieht man dort abends auch Delphine, die besonders gern durch die Wellen springen. Sehr scheu ist der Kap-Fingerotter (Cape Clawless Otter), den man hauptsächlich im Mündungsbereich von Flüssen findet. Größtes Säugetier im Meer ist der Südliche Glattwal (Southern Right Whale). Zum Greifen nah zieht er seine Bahnen entlang der Küste, mit seinem Körpervolumen nicht zu übersehen, mit seinen Blasgeräuschen nicht zu überhören.

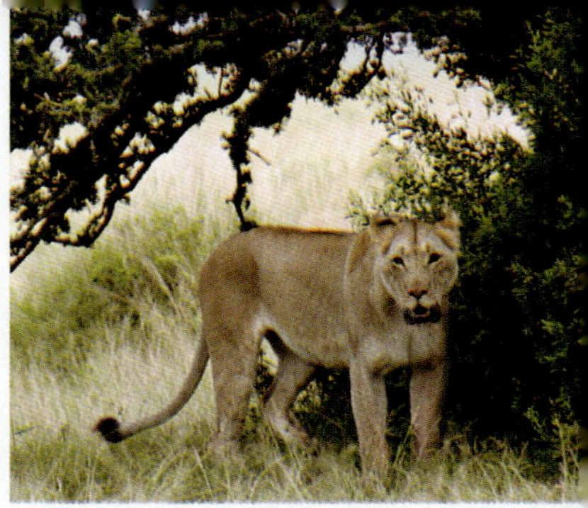

Löwin im Addo Elephant National Park.

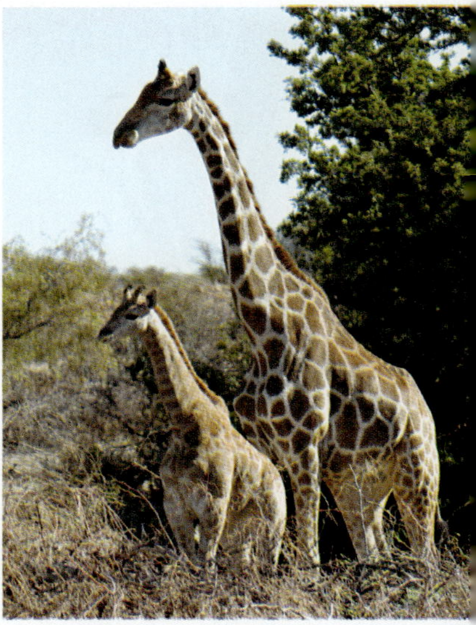

Giraffen im Augrabies Falls National Park.

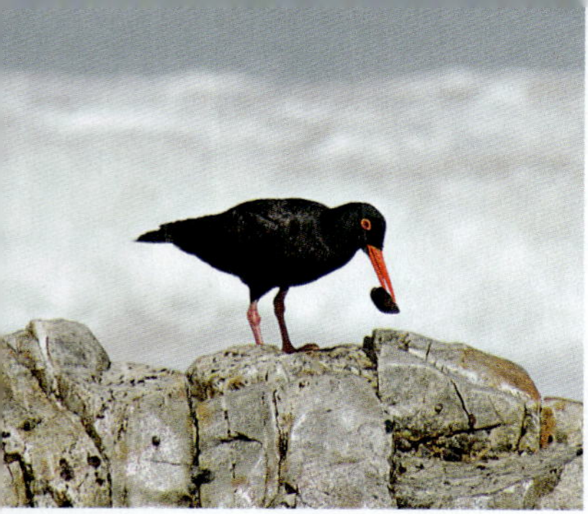

Afrikanischer Austernfischer.

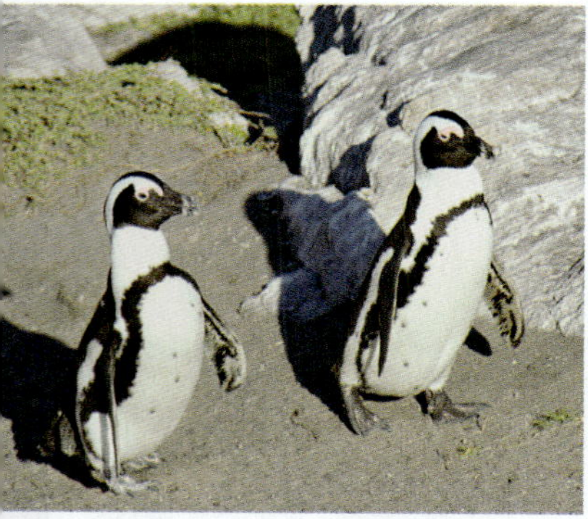

Brillenpinguine.

Vögel

Die Vogelwelt am Kap wartet mit über 500 Arten auf, in ganz Südafrika sind es mehr als 900.

Bleiben wir zunächst am Wasser: Die Brillenpinguine leben in kleinen Kolonien in Boulders bei Simon's Town oder am Stony Point in Betty's Bay; dort in trauter Eintracht mit Klippschliefern. Sie sind zwar nicht direkt auf einer der beschriebenen Touren zu erleben, man sollte ihnen aber in jedem Fall einen Besuch abstatten. Bei Küstenwanderungen immer präsent sind Dominikanermöwen, Riedscharben und Weißbrustkormorane, die gern ihre Flügel weit zum Trocknen aufspannen. Braun gefiederte Nilgans, krummschnäbliger Heiliger Ibis, Graureiher und Säbelschnäbler sind ebenso anzutreffen wie der vom Aussterben bedrohte Austernfischer (African Black Oystercatcher) mit seinem schwarzen Gefieder und rotem Schnabel.

Begeben wir uns landeinwärts, treffen wir mit hoher Wahrscheinlichkeit auf den Großvogel Strauß, der überall zu Hause ist, nicht nur in den Gehegen der Straußenfarmen. Selten gewordene Kapgeier leben im De Hoop Nature Reserve in einer geschützten Kolonie. Paradieskraniche (Blue Crane) und Weißstörche auf den Weiden des Overbergs, Sekretär-Vögel und Riesentrappen auf den Ebenen der Karoo beeindrucken mit großer Statur und stolzem Schritt. Mit wachem Blick sollte man nach Felsadlern (African Black Eagle) Ausschau halten. An Steilhängen lassen sie sich im Aufwind treiben. Überall wo Fynbos wächst, leben die kleinen Nektarvögel, unter ihnen besonders auffällig der langschwänzige Kap-Honigfresser und die bunt gefiederten Goldbrustnektarvögel. In den Wäldern der Garden Route ist der Helmturako (Knysna Lourie) zu Hause. Zumeist paarweise hüpfen diese grün und rot gefiederten Vögel von Ast zu Ast. Wiedehopf, gelb und rot gefiederter Kapweber, Eisvogel, Pirol und rotäugiger Schwarzbauchglanzstar sind weitere Gattungen, die man häufig zu Gesicht bekommt.

Reptilien

Reptilien sind mit über 400 verschiedenen Arten vertreten. Vor allem in der Karoo und der Kalahari trifft man auf Landschildkröten, die kleinen, nur bis zu 12 cm langen Schnabel- und Flachschildkröten und die bis zu 45 cm großen Leopard-Schildkröten. Ungefährlich sind die olivgrünen Hausschlangen, zu den Giftschlangen zählen die Kapkobra, die sich gern im Sand aufhält, und die Afrikanische Baumschlange. Am gefährlichsten ist die Puffotter.

Auf Schritt und Tritt immer dabei sind Felseidechsen, Regenbogeneidechsen und Agame (Southern Rock Agama). Geckos sind in den Steppen der Kalahari eher zu hören als dass man sie sieht. Felswarane in der Karoo sind sehr scheu, mit ihrer Körperlänge bis zu 150 cm aber prächtig anzusehen.

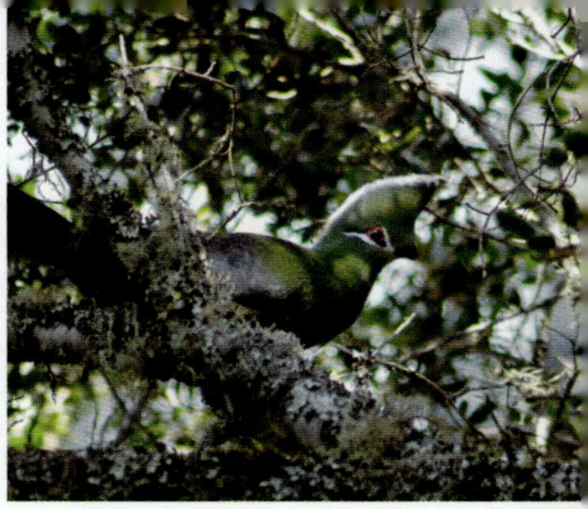

Helmturako (Knysna Lourie).

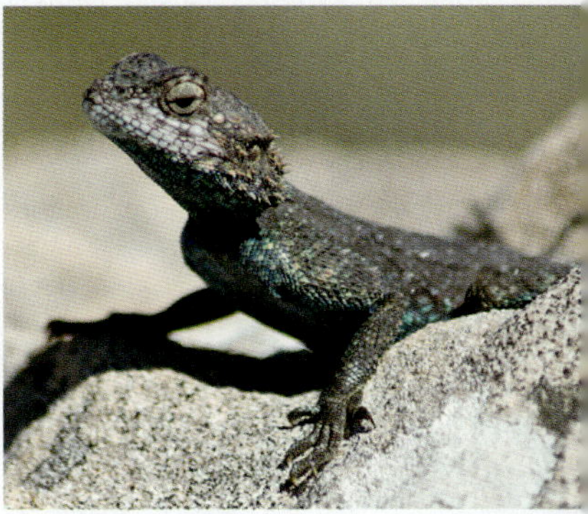

Agame.

Insekten

Über 240 Schmetterlingsarten wurden am Kap gezählt, darunter besonders schön der Afrikanische Monarch. Unter den Käferarten sind es vor allem die rötlichen Prachtkäfer und die flinken Laufkäfer, die über den Weg huschen. Gelegentlich entdecken wir die flugunfähigen Dungkäfer, auch Pillendreher genannt, da sie bevorzugt Dung von Pferden oder Elefanten zu runden Dungbällen formen und vor sich herschieben. Heuschrecken tauchen je nach Gegend in unterschiedlichen Farben auf.

In der Karoo und in den Zuurbergen sind die vielen Termitenhügel nicht zu übersehen. Sie bestehen aus knüppelhartem Lehmbaustoff, der nur von den nachtaktiven Erdferkeln auf der Suche nach den winzigen Bewohnern aufgebrochen werden kann. Unter den Spinnen gehört die Sackspinne zu den besonderen Exemplaren. Sie webt feine, mit Laub gefüllte Säckchen, die sie im Gebüsch aufhängt. Unter den niedrigen wirbellosen Geschöpfen sei noch der wurmartige Tausendfüßler erwähnt, der gelegentlich ebenfalls die Wanderwege kreuzt.

Flora

Die Kapregion verfügt über eine einzigartige Pflanzenvielfalt. Von den sechs Florenreichen der Welt ist das Kap-Florenreich (Capensis) zwar das kleinste, dafür aber das artenreichste. Über 8500 Arten wurden gezählt, viele davon sind nur hier am Kap zu Hause. Über Millionen von Jahren konnten sie sich ungehindert entwickeln, ohne durch Rodung oder Weidewirtschaft zerstört zu werden. Zur Capensis werden vor allem die Floren des Fynbos an der Küste und im Bergland sowie die Sukkulenten in den Halbwüsten der Klein Karoo und Great Karoo gezählt.

Fynbos

Dominiert wird das Florenreich von der Pflanzenmischung des Fynbos (übersetzt etwa: feiner Busch) aus niedrigen Büschen, Gräsern und holzigen Gewächsen. Fynbos-Pflanzen verbreiten sich hauptsächlich entlang der Küste von der Kaphalbinsel bis Port Elizabeth und der Addo-Region, sind aber auch in den Bergregionen des Kap-Faltengebirges, den Cederbergen oder den Hottentots-Holland-Bergen zu finden. Sie gehören zu den Hartlaubgewächsen mit immergrünen Blättern und holzigen Samen. Was sie besonders auszeichnet, ist ihre Resistenz gegen Feuer. Viele Arten brauchen die Hitze, um ihre verkapselten Samen überhaupt öffnen können. Oftmals wird deshalb in kleinem Umfang Feuer gezielt angelegt, um diesen Vorgang auszulösen.
Auffälligstes Mitglied der Fynbos-Familie ist die Protea, die mit über 85 Arten vertreten ist. Sie beeindruckt durch große kolbenartige Blütenstände und die umschließenden kräftigen Hüllblätter. Am bekanntesten ist die Königsprotea (Protea cynaroides), das Nationalsymbol Südafrikas. Der Blaue Zuckerbusch (Protea neriifolia) und der Echte Zuckerbusch (Protea repens) leuchten mit rot und gelb blühenden Ständen. Bei den Nadelkissen-Proteen beeindrucken die kleinen Pollenfühler, die sich im Lauf des Tages durch die Sonneneinstrahlung öffnen und abends wieder verschließen.

Zuckerbusch (Protea neriifolia).

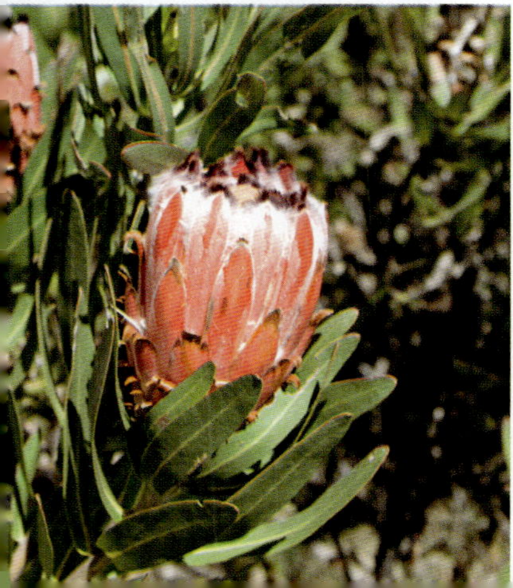

Gelb blühende Leucadendren, auch Gelbbusch oder Zapfenbusch genannt, kommen häufig in den Bergregionen bis 700 m vor. In großen Beständen bedecken sie oft ganze Hänge und Ebenen. Eine besondere Proteen-Art finden wir in den Cederbergen und einigen höher gelegenen Gegenden der Karoo: Dort wächst die Wagenrad-Protea (Protea

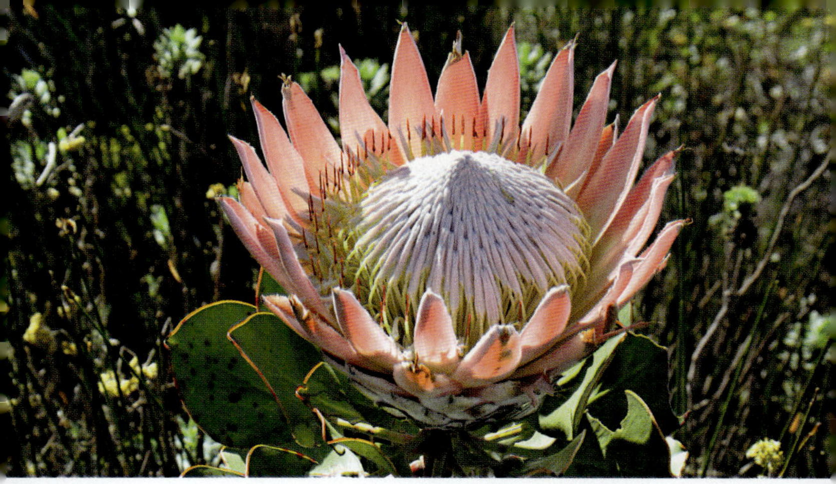

Königsprotea.

nitida), deren Holz früher vielseitige Verwendung beim Wagenbau fand. Trotz ihrer baumartigen Erscheinung ist sie zur Protea-Familie zu zählen.
Ebenso markant wie die Proteen sind die Erika-Arten in der Fynbos-Familie. Sie kommen in über 600 Variationen vor, in ihrer Erscheinung mit europäischen Heidekrautbüschen vergleichbar. Schwertlilien- und Amaryllisgewächse, Gladiolen und Narzissen gehören ebenso zum Fynbos-Mix wie Strohblumen und Orchideen, von denen die rot blühende Disa am auffälligsten ist. Die buschig wachsenden Brunia-Stauden haben kugelige, bis zu 10 mm große Blütenstummel.
Bei den Gräsern sind es die Restio-, Riet- und Schilfrohr-Gewächse, die überall zwischen den Heidepflanzen wachsen. Sie sind nicht so farbenprächtig, dafür aber besonders zäh und deshalb auch auf Hochebenen in den Bergen zu finden. Größere Arten wie das Kapriet dienen auch zum Decken von Strohdächern.

Afrikanischer Bergwald

Einst waren große Flächen Südafrikas mit Wald bedeckt. Heute macht der Waldbestand nur noch 1 % der Gesamtfläche des Landes aus. Holz spielte bei der Besiedlung des Landes eine große Rolle, die Bestände wurden schonungslos gerodet. An vielen Orten wurden Holzarten wie Kiefern, Fichten oder Eukalyptus in Plantagen zur Aufforstung angepflanzt. Sie gelten heute aber als Fremdkörper (aliens). Ihr Wasserverbrauch ist viel zu hoch und stört das ökologische Gleichgewicht.
Eine der letzten zusammenhängenden Waldflächen in den Kap-Provinzen

finden wir an der Garden Route und an der Algoa Bay bei Alexandria. Dort wurden die letzten Bestände des Afrikanischen Bergwalds unter Naturschutz gestellt. Die Waldgebiete um Knysna und Wilderness, im Tsitsikamma Park und im Alexandria Forest beheimaten eine einzigartige Mischung aus hoch wachsenden Edelhölzern, niedrigen Buschgehölzen und Farnbäumen. Eisenholz (Ironwood) und Stinkholz-Bäume (Stinkwood) gehören dazu, ebenso wie Assegai-Bäume, Kaperlen, Kapbuchen und Korallenbäume. Am prächtigsten sind die zu den Steineiben zählenden Gelbholzbäume (Yellowwood), die bis zu 600 Jahre alt werden und 45 m hoch wachsen können. Etwas kleiner sind die Milchholzgewächse (Milkwood) und wilde Olivenbäume, die häufig in Küstennähe zu finden sind.

Sukkulenten

Die Pflanzenwelt der Sukkulenten ist neben der des Fynbos ein weiterer botanischer Höhepunkt. Diese saftreichen Pflanzen sind in der Lage, bedingt durch die große Trockenheit und die spärlichen Niederschläge, Wasser über lange Zeiträume entweder in ihren fleischigen Blättern oder in den harten Stämmen zu speichern. Am auffälligsten sind die kleinen grauen Büsche, die weite Flächen der großen und kleinen Karoo bedecken. Karoo-Bossies werden sie genannt. Einmal im Jahr zur Blütezeit explodieren sie schier in den grellsten Farben.
Eine dieser Buscharten ist die Anker-Karoo, deren würzige Blätter bevorzugt von Schafen gefressen werden. Lammfleisch in Südafrika braucht man nur noch zu salzen. Den Klapperbusch mit seinen roten und pinkfarbenen Ballons, in denen die Samen bei Windböen klappernde Geräusche erzeugen, finden wir in der Klein Karoo; ebenso Kakteen, die – aus Amerika eingeführt – nicht zu den endemischen Gattungen zählen.
Häufig trifft man auf die Süßdornakazie, auch Karoo-Akazie genannt, deren lange, starke Dornen selbst Autoreifen mühelos zum Platzen bringen, und Milchbusch-Gewächse (African Milk Bush) mit langstieligen grünen Stängeln und winzigen Blütenständen. Besondere Farbtupfer mit roten Blütenähren hinterlassen Aloe-Gewächse aus der Euphorbia-Familie. Einigen von ihnen, wie die Bergaloe oder die Bitteraloe (Aloe verox), wachsen baumhoch, andere, wie die Aloe Vera, werden für heilende oder kosmetische Zwecke verarbeitet. Ebenfalls zu den Sukkulenten zu zählen ist im Gebiet des Addo-Parks der Speckbaum (Spekboom), auch Pfennigbaum ge-

Nadelkissen-Protea.

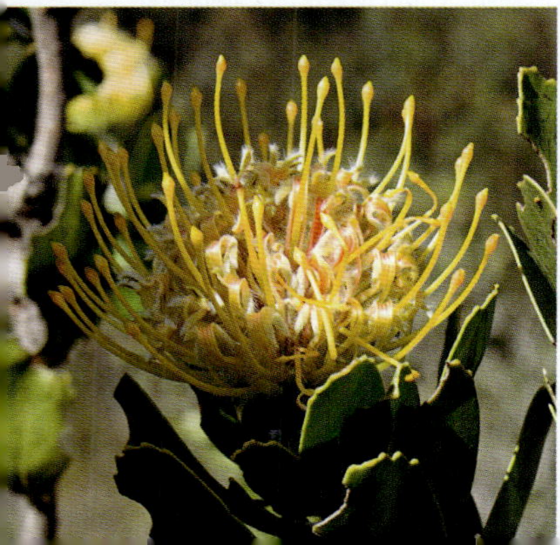

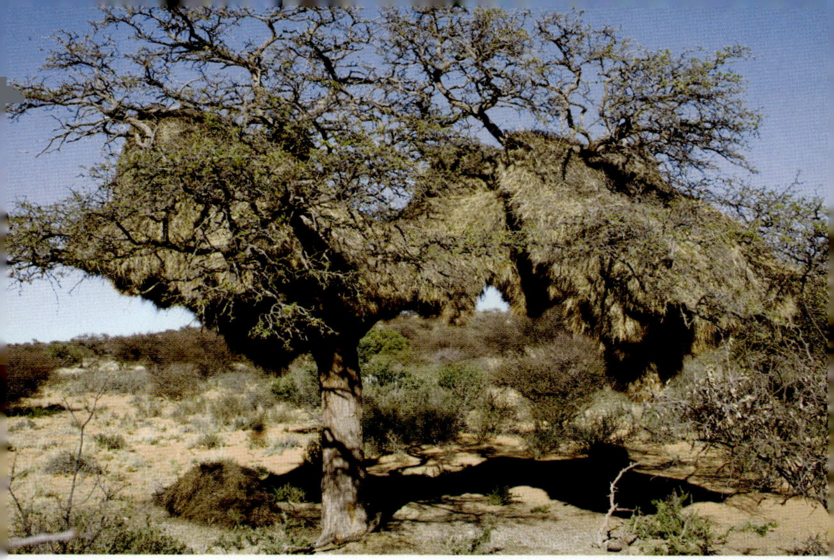

Gemeinschaftsnest der Siedelweber.

nannt. Seine kleinen fleischigen Blätter sind die Hauptnahrungsquelle der Elefanten.
Im Pflanzenspektrum der Halbwüste nehmen die Wildblumen eine Sonderstellung ein. Nur einmal im Jahr, nach den ersten Regenfällen, zeigen sie sich in ihrer ganzen Pracht, wenn der Wüstenboden mit einem Blütenteppich aus verschiedenfarbigen Korbblumen (Daisies), Bulbine-Gewächsen, Fackellilien und Steppenkerzen bedeckt ist.

Gras-Savanne

Im Norden der Northern-Cape-Provinz, am Übergang der Karoo zu den Sandebenen der Kalahari, wird die Vegetation spärlicher. Weißlich-gelbes Steppengras bedeckt die Ebenen. Neben Baumaloen und Kandelaberbüschen sind es vor allem die Köcherbäume, die ins Auge fallen. Wie der Name schon sagt, nutzten die San die hohlen Äste dieser Aloen-Art als Behälter für ihre Pfeile. Hinzu kommen Schirmakazien und Kameldornbäume, die vereinzelt in der Landschaft stehen. Für Mensch und Tier sind sie oftmals die einzigen Schattenspender weit und breit.

Empfehlenswerte Literatur

Fauna und Flora im südlichen Afrika, herausgegeben von Vincent Carruthers, Struik Verlagsgesellschaft Kapstadt, 2007.

Informationen von A–Z

Anreise

Fast alle Touristen aus Europa reisen im Flugzeug an. Lufthansa mit South African Airlines (SAA) bietet täglich Direktflüge von Frankfurt nach Kapstadt, LTU von München, Düsseldorf und Brüssel, KLM hat Verbindungen über Amsterdam, British Airways über London, Air France über Paris. Zielflughafen ist Cape Town International Airport. Noch mehr Fluggesellschaften fliegen Johannesburg an, darunter auch Lufthansa und Emirates. Von dort besteht mit einem Inlandflug Verbindung zu den Flughäfen von Kapstadt, Port Elizabeth und Upington in den Kap-Provinzen. Die Flugzeit von Frankfurt nach Johannesburg beträgt ca. 10 Stunden, nach Kapstadt ca. 11,5 Stunden.
Ein Visum für die Einreise ist nicht erforderlich.

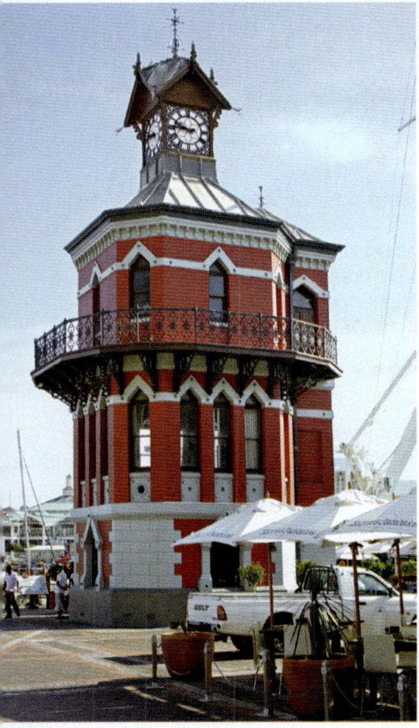

Auskunft

Allgemeine Informationen über Unterkünfte, Freizeitangebote und Sehenswürdigkeiten, von Europa aus:

- In Deutschland: South African Tourism (Satour), Friedensstraße 6–10, 60311 Frankfurt am Main, Tel. 0800 118 9118, Fax 069/929 129-50, info.de@ southafrica.net, www.southafrica.net.
- In der Schweiz: Botschaft der Republik Südafrika, Alpenstraße 29, 3006 Bern, Tel. 031-350 1313.
- In Österreich: Botschaft der Republik Südafrika, Sandgasse 33, 1190 Wien, Tel. 01/32 06 49 30.
- Internet: www.capetourism.org, www.kapstadt.de, www.suedafrika-guide.de, www.sued-afrika.de.
- Internetadressen finden Sie auch der Website des Bergverlag Rother: www.rother.de (WebLinks/ GeoLinks).

Im Land selbst gibt es in allen Orten eine Tourist-Information, deutlich mit einem braunen oder grünen

Kapstadt: Clock Tower an der Waterfront.

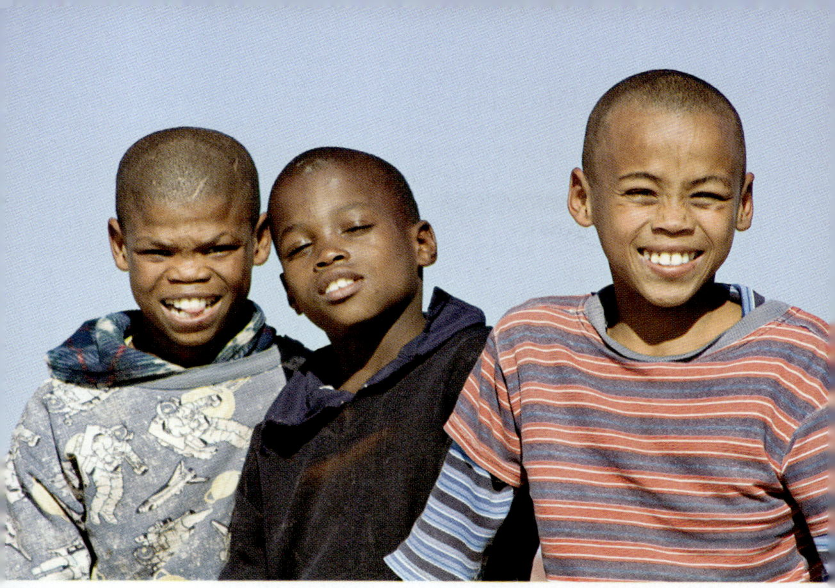

Drei Freunde aus Knysna.

Schild mit großem »i« gekennzeichnet. Hier erhalten Sie alle nötigen Informationen sowie Broschüren über Aktivitäten und Veranstaltungen. Öffnungszeiten in der Regel Mo–Fr 9.00–16.30, Sa 9.00–12.00 Uhr.

Bevölkerung

Südafrika bezeichnet sich gern als »Regenbogennation«. Kein anderes Land des Kontinents hat ein so breites multiethnisches Spektrum aufzuweisen. Etwa 78 % der Einwohner gehören der schwarzen Bevölkerungsgruppe an, darunter Zulu, Xhosa, Tsonga und Venda; 10 % der weißen, 9 % sind Farbige, Coloureds genannt, Nachfahren von Sklaven und Kontraktarbeitern, die sich unter anderem auch mit weißen Siedlern vermischt haben. 3 % der Bevölkerung ist asiatischer, darunter ein Großteil indischer Herkunft.

Geschichte

Zu den ersten Bewohnern Südafrikas werden die San (von den europäischen Siedlern »Buschmänner« genannt) und die Khoikhoi gezählt, die als Jäger und Sammler bzw. Hirten vorwiegend an den Küsten des Westkaps und in der Karoo lebten.

1488 wird das Kap erstmals vom Portugiesen Bartolomeus Diaz betreten; ohne Absicht, sich dort niederzulassen. 1652 richtet die niederländische

VOC (Dutch East India Company) einen Stützpunkt für die Versorgung ihrer Schiffe am Kap ein. Kapstadt wird Zwischenstation für die Handelsrouten zwischen Europa und Indonesien. Von hier aus wird Südafrika in der Folge von europäischen Einwanderern aus den Niederlanden, Deutschland und England besiedelt. Sklaven aus West- und Zentralafrika, Madagaskar und Asien werden rekrutiert. 1795 besetzt England erstmals die Kapregion, 1814 wird sie endgültig an England abgetreten. 1836 brechen 12.000 strenggläubige Buren (aus dem niederländischen Boer, übersetzt: Bauer) zum großen Trek Richtung Osten auf, um sich dem Einfluss der Engländer zu entziehen. Sie gründen Natal und den Oranje-Freistaat, verlieren ihre Unabhängigkeit aber nach den beiden Burenkriegen von 1880 und 1899 wieder.
1910 wird die Südafrikanische Union gegründet, mit der eine strikte Rassentrennung eingeläutet wird. 1927 wird diese mit einer Reihe von harten Gesetzen zementiert. Die Zeit der Apartheid dauert bis 1991; bis zur Freilassung von Nelson Mandela, einer der führenden Widerstandskämpfer des ANC (African National Congress). 1994 führen freie Wahlen zur Machtübernahme durch den ANC, der seitdem das Land regiert.

Gesundheit

Die Kap-Provinzen Südafrikas sind malariafreie Zonen. Anders als in den subtropischen östlichen Regionen des Landes an der Grenze zu Mosambik und im Krüger-Nationalpark kann man sich unbeschwert und ohne besondere Prophylaxe auf den Weg machen. Mücken gibt es an einigen Stellen, wie in Europa auch, entsprechende handelsübliche Schutzmittel besonders für die Nacht sollte man bereithalten. Auch die Infektionskrankheit Bilharziose kommt am Kap nicht vor. Insgesamt sind die hygienischen Verhältnisse in den Unterkünften, Restaurants und Läden auf sehr hohem Standard, höher noch als in manchen südeuropäischen Ländern. Wasser aus der Leitung kann zumeist bedenkenlos getrunken werden. Das Wasser aus Gebirgsbächen oder Regenwasserzisternen ist ebenfalls genießbar. Impfungen sind nicht vorgeschrieben, für diesen Teil Südafrikas auch nicht erforderlich.

Klima und beste Reisezeit

Das Klima in den Kap-Provinzen wird entscheidend durch die Lage zu den beiden Ozeanen und den Meeresströmungen beeinflusst. Entlang der gesamten Küste von Kapstadt bis Port Elizabeth herrscht mediterranes Klima mit milden Sommer- und Winterperioden. Niederschläge können ganzjährig ¬fallen, hauptsächlich jedoch im Winter (also während des europäischen Sommers).
In den Regionen Kapstadt und Kaphalbinsel, Winelands, Overberg, Garden Route und Addo-Park findet man ganzjährig gute Wanderbedingungen.

Klimatabelle Kapstadt

Monat	1	2	3	4	5	6	7	8	9	10	11	12
Max. Temperatur °C	26	27	25	23	20	18	18	18	19	21	23	25
Min. Temperatur °C	16	16	14	12	9	8	7	8	9	11	13	15
Sonnenstunden	11	10	9	7	6	6	6	7	8	9	10	11
Regentage	1	2	3	5	9	10	11	10	8	5	2	1

Wassertemperaturen Atlantik zwischen 15 °C und 20°C

Beste Jahreszeit für die Küstenregionen ist der Frühling (September bis November) und Herbst (Februar bis Mai), in den Winelands der Zeitraum Februar bis April zudem wegen der Weinlese. Besondere Jahreszeit in der Overberg-Region ist die Walsaison von August bis November. In den Hochlagen der Hottentots-Holland-Berge, Riviersonderend- und Langeberge sind die Wanderbedingungen im Winter (Juni–August) wegen Schneefall und wechselnden Wetterverhältnissen zumeist ungünstig.
Weiter von der Küste weg, in der Klein Karoo, Great Karoo, Green Kalahari, aber auch in den Cederbergen herrscht kontinentales Klima vor. Die Temperaturunterschiede zwischen Tag und Nacht sind extremer. Geht die Sonne unter, wird es häufig schlagartig kühl. Die Sommer sind heiß und trocken, die Luftfeuchtigkeit ist sehr gering. Insgesamt fallen wenig Niederschläge; wenn überhaupt, dann im Winter.
Beste Jahreszeit für die Green Kalahari sind April bis Oktober, im Sommer (November–März) ist es für längere Touren zu heiß. In der Karoo ebenfalls Frühling, Herbst und Winter, im Sommer sollte man zum Wandern früh aufbrechen und die anstrengenden Passagen bis zum Mittag hinter sich haben. In den Cederbergen ist es im Winter nachts zumeist ungemütlich kühl und daher für Mehrtagestouren ungeeignet. Beste Jahreszeit in Namaqualand ist der Frühlingsanfang (August–Oktober) mit der Wildblumenblüte.

Klimatabelle Upington (Green Kalahari)

Monat	1	2	3	4	5	6	7	8	9	10	11	12
Max. Temperatur°C	36	34	32	28	24	21	21	23	27	30	33	35
Min. Temperatur°C	20	20	18	13	8	5	4	6	9	13	16	19
Sonnenstunden	11	11	10	10	9	9	9	10	10	11	12	12
Regentage	3	4	4	3	2	1	1	1	1	2	2	2

Notruf

- Polizei Tel. 10111

Auf besondere lokale Notfall-Nummern wird von den Parkverwaltungen in den Informationsbroschüren zu den Natur- und Tierreservaten hingewiesen.

Öffnungszeiten

Läden sind in der Regel zu den üblichen Geschäftszeiten von 8.30 bis 18.00 Uhr, samstags bis 12.00 Uhr geöffnet. Supermärkte ab 7.00 bis 21.00 Uhr, auch am Wochenende. Das Angebot ist reichhaltig. Shopping gehört zu den Lieblingsbeschäftigungen der Südafrikaner.

Reiseliteratur

- Südafrika – Die Kapregion, von Barbi Lasar, Peter Meyer Verlag, Frankfurt am Main.
- Südafrika, von Christine Philipp, Reise Know-How Verlag, Markgröningen.
- Süd-Afrika Magazin (erscheint monatlich), J. Latka Verlag, Bonn.

Sicherheit

Südafrikas Sicherheitspolitik hat einen schlechten Ruf. Weltweit verzeichnet das Land eine der höchsten Kriminalitätsraten. Entsprechend düster wird die Lage häufig von den Medien übermittelt. Doch es empfiehlt sich, die Statistik etwas genauer zu untersuchen: Der Großteil der Gewaltdelikte passiert in den Townships, in denen unterschiedliche Ethnien auf engstem Raum zusammenleben. Viele Bewohner sind arbeitslos, die Wohnbedingungen mit einfachen Blechhütten mehr als dürftig. Konflikte sind hier vorprogrammiert.

Als Tourist kommt man mit dieser Welt in der Regel nicht in Berührung, es sei denn, man schließt sich einer geführten Besuchergruppe an. Zudem spielen lokale Unterschiede eine Rolle. Die Ballungsräume von Johannesburg und Durban beispielsweise sind stärker von Kriminaldelikten betroffen als Kapstadt. Hält man unterwegs die normalen Sicherheitsregeln ein – keine Wertsachen im Auto liegen lassen, nicht mit Schmuck und Reichtümern protzen –, kann man sich überall ohne Probleme bewegen.

Schild im Valley of Desolation (Tour 49).

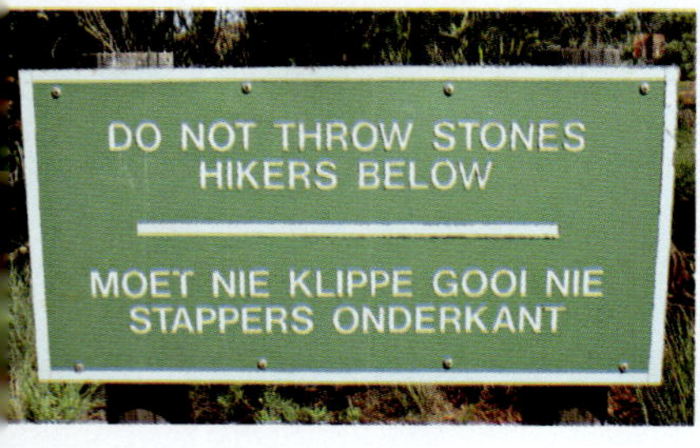

Sport

Lieblingssportarten der weißen Südafrikaner sind Rugby, Cricket, Golf und Fahrradfahren, bei der schwarzen Bevölkerung Fußball. Bei jungen Leuten steht Surfen hoch im Kurs, Jogger beherrschen vor allem am Wochenende das

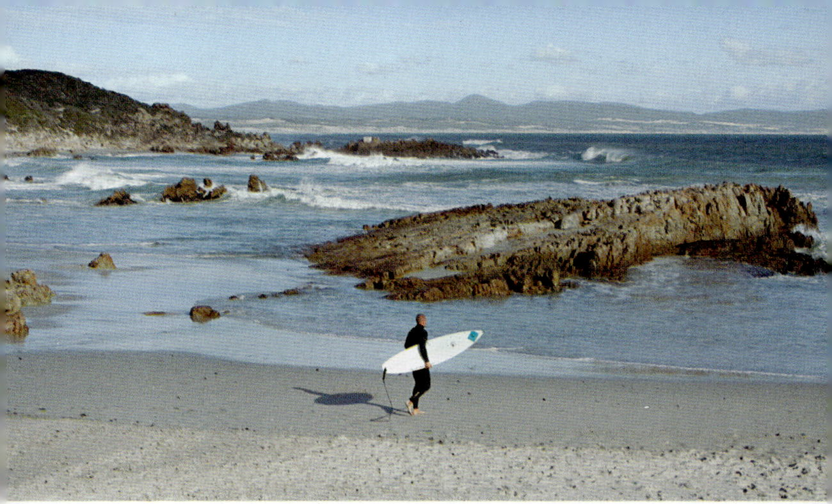

Surfstrand an der Kamma Bay bei Hermanus (Tour 21).

Ortsbild. Reiten, Tennis, Tauchen und Kloofing, die südafrikanische Variante von Canyoning, gehören ebenfalls zu den beliebten Freizeitaktivitäten.

Sprache

Seit Ende der Apartheid sind elf Landessprachen anerkannt, darunter Englisch, Afrikaans, isiXhosa und isiZulu. Als offizielle Amtssprache in allen Provinzen hat sich Englisch durchgesetzt, da es von allen Bevölkerungsgruppen als gemeinsame Verständigungsgrundlage akzeptiert wird. In vielen Gebieten, insbesondere ländlichen, unterhält man sich in Afrikaans, der aus dem Niederländischen hervorgegangenen Sprache der ersten Siedler Südafrikas. Je nach Provinz wird der jeweiligen Verteilung der Bevölkerung durch Zweisprachigkeit Rechnung getragen, z. B. bei Beschriftungen von Straßenschildern und Landkarten. Im Western und Northern Cape sind Englisch und Afrikaans gleichrangig, im Eastern Cape ebenfalls Englisch und Afrikaans, aber auch Englisch und Xhosa. Ein kleines Vokabelverzeichnis für wichtige (Wander-)Begriffe in Englisch und Afrikaans finden Sie am Ende dieses Führers.

Telefon

Südafrika verfügt über ein fast flächendeckend funktionierendes Mobilfunknetz. Ausgenommen sind einige entlegene Gebiete oder Schluchten in den Bergen. Es empfiehlt sich, ein Handy aus Europa mitzunehmen und den eigenen Chip durch eine nationale SIM-Card zu ersetzen, mit der man im Land

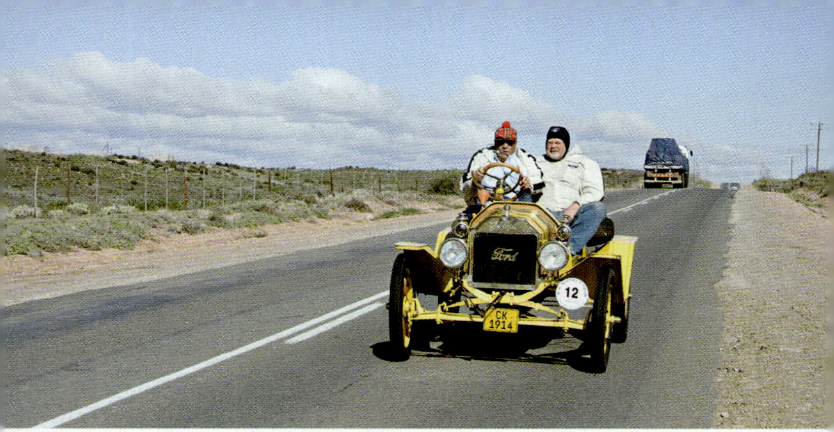

In Südafrika herrscht Linksverkehr.

zu den lokalen Tarifen telefonieren kann. Die Mobilfunkanbieter MTN, Vodacom oder Cell C füllen überall in kleinen Läden Ihr SIM-Konto je nach Wahl mit unterschiedlich hohen Beträgen auf.

- Vorwahl nach Südafrika aus Deutschland, Österreich und der Schweiz: 0027.
- Vorwahl von Südafrika nach Deutschland ist 0049, nach Österreich 0043, in die Schweiz 0041.

Verkehrsmittel

Bus: Überlandbusse verbinden die wichtigsten Orte Südafrikas. Die Unternehmen von Greyhound, Intercape oder Translux bedienen die Strecken entlang der Nationalstraßen von Kapstadt über Port Elizabeth bis Durban und Johannesburg, sowie Richtung Namibia in den Norden. Die kleinen Busse des Baz-Bus-Unternehmens (www. bazbus.com) sind beliebte Transportfahrzeuge für Rucksacktouristen. Sie steuern gezielt die Backpackers-Hostels an, die durch diese Busse untereinander vernetzt sind.

Minibusse, auch **»Black Taxi«** genannt, sind Sammeltaxen, die die Townships und Wohnsiedlungen der schwarzen Bevölkerung mit ihren Arbeitsstätten in den Städten verbinden. Für Touristen sind sie ungeeignet.

Stadtbusse: In Kapstadt besteht ein ausgedehntes Stadtbussystem mit blauen MyCiTi-Bussen, die als sicheres Transportmittel auch für Touristen geeignet sind. An zentralen Stationen wie Adderley oder Civic Center erhält man Myconnect- Cards, mit denen man sowohl Tages- als auch Mehrtagestouren unternehmen kann. In den Bussen selbst ist kein Ticketkauf möglich. Kontakt: Tel. 0800-65 64 63, Internet: www.myciti.org.za, e-mail: transport.info@capetown.gov.za

Mietwagen: Die meisten Südafrika-Gäste nehmen sich einen Mietwagen direkt bei der Ankunft am Flughafen. Dort gibt es reichlich Unternehmen zur Auswahl. Für das Benutzen von Mietfahrzeugen ist ein internationaler Führerschein erforderlich.
Straßenverhältnisse: Südafrikas Straßen sind generell in sehr gutem Zustand. Die National- und viele Regionalstraßen sind asphaltiert, weniger befahrene Sand- oder Schotterpisten immer noch so gut präpariert, dass man auch ohne Vierradantrieb mit angepasstem Tempo ohne Probleme vorankommt. Außerhalb der großen Städte lässt das Verkehrsaufkommen zumeist schlagartig nach, sodass auch lange Fahrten entspannt zurückgelegt werden können. Etwas Acht geben muss man auf Fußgänger am Straßenrand.

Zahlungsmittel

Südafrikas Währung ist der Südafrikanische Rand (ZAR). Der Kurs schwankt häufig, die aktuellen Daten lassen sich am besten mit Wechselkursrechnern im Internet bestimmen. Am günstigsten »wechselt« man wie in Europa durch Abhebung mit Kreditkarte oder EC-Karte direkt an den Geldautomaten der Banken, die in jedem Ort zu finden sind. Dabei entstehen zwar Gebühren, die aber niedriger ausfallen als beim Geldwechsel direkt in der Bank oder in Wechselbüros. Bei Übernahme eines Mietwagens braucht man eine Kreditkarte als Sicherheit für den Autovermieter. In den meisten Unterkünften, Restaurants oder Läden kann man mit Kreditkarte bezahlen, in kleineren oder weit abgelegenen Orten sollte man allerdings Bargeld bereithalten.

Zeitverschiebung

Oktober bis März: + 1 Stunde, April bis September (europäische Sommerzeit): kein Unterschied.

MyCiTi-Bus.

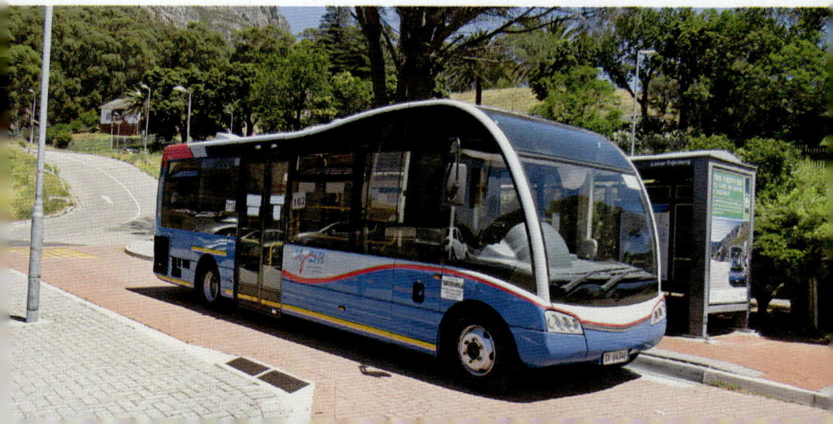

Tafelberg und Kaphalbinsel

Südafrikas Metropole im äußersten Südwesten der Westkap-Provinz ist **Kapstadt**. Die lebendige, multikulturell geprägte Stadt ist häufig Start- oder Endpunkt einer Südafrika-Reise. Für viele Besucher sehenswert ist das Hafengelände an der Victoria & Alfred Waterfront mit Shopping Malls, Restaurants und Folklore-Veranstaltungen unter freiem Himmel. Ausflugsboote starten regelmäßig zur Gefängnisinsel Robben Island, auf der Nelson Mandela und seine Mitstreiter jahrelang gefangen gehalten wurden. Ein Besuch des in einer ehemaligen Silo-Anlage integrierten Zeitz Moaa-Museum (Museum für zeitgenössische Kunst Afrikas) lohnt sich ganz besonders. Kapstadts City lockt mit Long und Kloof Street, in denen das Leben bis spät in die Nacht pulsiert, und mit historischen Baudenkmälern wie dem Castle of Good Hope aus der Gründerzeit der Republik.

Den Reiz Kapstadts macht seine Lage am Fuß des mehr als 1000 m hohen **Tafelbergs** aus. Flankiert von den Bergkuppen des Devil's Peak und Lion's Head, bildet der Tafelberg ein festes Rückgrat für die Stadt und die angrenzenden Orte. Erreichen kann man das Hochplateau von allen vier Himmelsrichtungen aus zu Fuß oder – auf kürzestem Weg – mit der Panorama-Seilbahn. Der Tafelberg ist Teil des Cape Peninsula National Park, eines zusammenhängenden Landschaftsschutzgebiets, das sich von Kapstadt im Norden über 70 km weit bis zum Cape Point und dem Cape of Good Hope im Süden erstreckt. Aufgeteilt in mehrere Parkabschnitte bildet er mit einem dichten Netz von Wanderwegen sowie Jogging- und Mountainbike-Strecken ein wertvolles Naherholungsgebiet für die Städter.

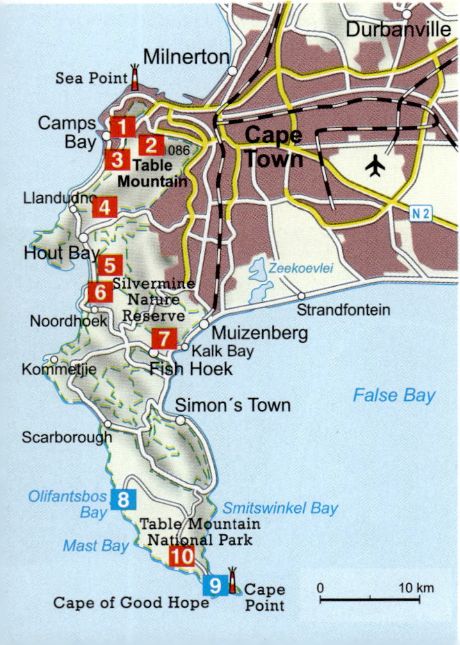

Einmal um den Park herum, ausgehend von Kapstadt bis hinunter zur Kapspitze, verläuft ein Tagesausflug, der bei allen Reiseveranstaltern auf dem Programm steht: Startet man die Runde entgegen dem Uhrzeigersinn, gelangt man zunächst durch die noblen Orte **Camps Bay** und Clifton am Fuß der Twelve Apostles, wie die einzelnen Rippen des Tafelbergs hier genannt werden. Weißer Sandstrand, Palmenpromenade und traumhafte Sonnenuntergänge füllen die Bars vor allem in der Dämmerung. Weiter geht es zum Fischerort **Hout Bay**, malerisch an einer hufeisenförmig geweiteten Bucht gelegen, und über den Küstenpass des Chapman's Peak Drive an Noordhoek, Kommetjie und Scarborough vorbei bis zum Nationalpark auf der **Kaphalbinsel**.

Zurück geht die Fahrt auf der False- Bay-Seite, wo sich die kleinen Orte Simon's Town, Fish Hoek, Kalk Bay und Muizenberg aneinanderreihen. An der Ostseite des Tafelbergs passiert man das Tal von Constantia, mit dichtem Waldbestand und Weinhängen in bester Lage, und schließlich den Kirstenbosch Botanical Garden. Der herrlich gelegene Park beherbergt eine Fülle endemischer Flora und ist allein deswegen einen Ausflug wert.

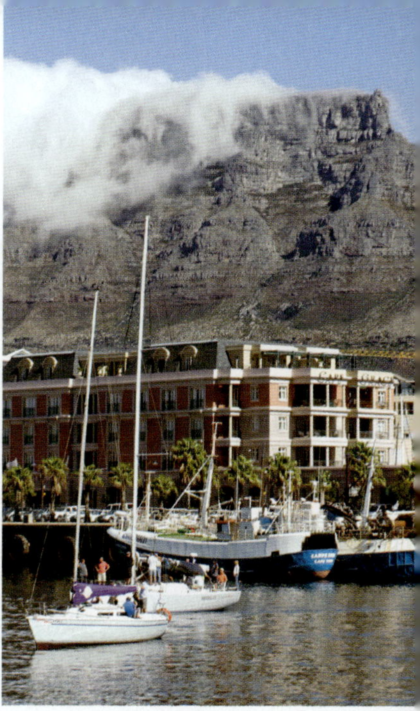

Im Hafen von Kapstadt.

Aufstiegsrouten zum Tafelberg

Von Norden (Kapstadt-Seite)

Platteklip Gorge (Tour 2): steil, aber gut gesichert, häufig begangene Route.
India Ravine Venster: direkt unterhalb der Seilbahn; steil und abschüssig, Schwindelfreiheit ist Voraussetzung.

Von Westen (Camps-Bay-Seite)

Diagonal-Route: vom Pipe Track aus, quer über drei Schluchten, für Sportliche.
Kasteelpoort-Route (Tour 3): einfacher und gut begehbarer Steig.
Woody Ravine: nur für erfahrene Bergwanderer geeignet.
Corridor Ravine: im hinteren Teil der Twelve Apostles; steil, aber mit durchschnittlichen Anforderungen, seltener begangen.

Von Osten (Kirstenbosch-Seite)

Skeleton Gorge: erste Aufstiegsroute von General Smut (1870–1950), deshalb auch Smut's Track genannt, schneller Steilaufstieg in bewaldetem Gelände.
Nursery Ravine: wird zumeist als Abstiegsroute benutzt, nach Aufstieg über die Skeleton Gorge.

Von Süden (Constantia-Seite)

Constantia Corner: ausgehend vom Constantia Nek; lang gezogener, leichter Aufstieg auf Schotterwegen über den hinteren Tafelberg.

TOP 1

Lions Head, 669 m

2.15 Std.

Der Klassiker am Fuße des Tafelbergs

Viel begangen zu jeder Tageszeit, bei vielen jungen Leuten besonders beliebt wegen der spektakulären Sonnenuntergänge – das ist der Lions Head am Fuße des Tafelbergs. Der Aufstieg zum Gipfel ist beschwerlich, die Aussicht dafür fantastisch: Kapstadt mit seinem Hafen ist zu sehen, der Tafelberg mit den 12 Aposteln und Camps Bay mit seinen Stränden.

Ausgangspunkt: Parkplatz an der Zufahrtstraße zum Signal Hill, 283 m.
Anfahrt: Von Kapstadt aus den Hinweisschildern zur Cablebahn und Tafelberg auf der M62 Richtung Camps Bay folgen. An der Kreuzung mit Abzweig links zum Tafelberg, rechts halten und in Richtung Signal Hill abbiegen, nach ca. 500 m rechts gegenüber den Hinweisschildern (Table Mountain National Park) parken.
Höhenunterschied: 380 m.
Anforderungen: Wanderung auf anfangs breitem Sandweg, dann über hohe Felsstufen, im oberen Teil schmaler Pfad teilweise mit Stahlseilsicherung und Stahlleitern. Trittsicherheit ist erforderlich.
Einkehr: Unterwegs keine. Kiosk mit Snacks und Getränken am Eingang (nur am Wochenende).

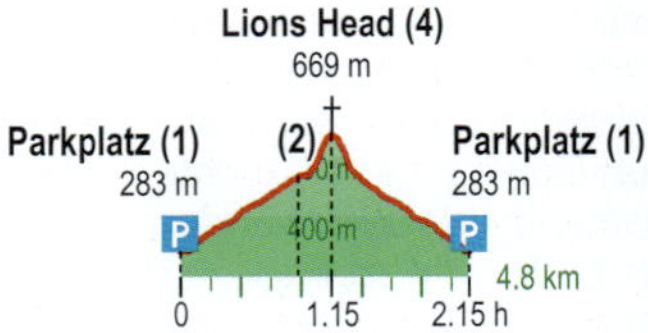

Ausblick vom Gipfel auf Kapstadt.

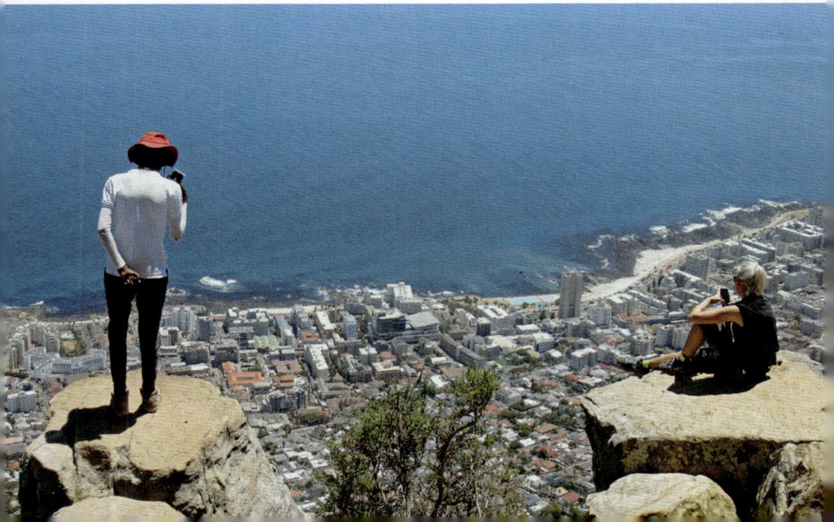

Vom **Parkplatz (1)** folgen wir dem Hinweisschild Richtung Lions Head. Der Zugang zum Park ist mit einer Holzschranke gesichert. Auf einer breiten Sandpiste geht es stetig aufwärts. Schöne Ausblicke Richtung Camps Bay und Tafelberg sind jetzt schon möglich. Nach gut 20 Minuten endet die Piste und geht in einen felsigen Pfad über. Teilweise ist er mit Holzstufen stabilisiert. Einen auf der linken Seite, von Kermat einmündenden Pfad ignorieren wir. Die Felsstufen werden allmählich höher, bis wir eine **Weggabelung (2)** erreichen. Geradeaus führt der »Alternative Footpath«, unser Weg. Wer will, kann sich hier auch für die Abkürzung rechts entlang entscheiden und steil den Berg hoch »via Staples« klettern. Diese Route ist teilweise mit in den Fels gehauenen Stahlgriffen und Stahlketten gesichert.

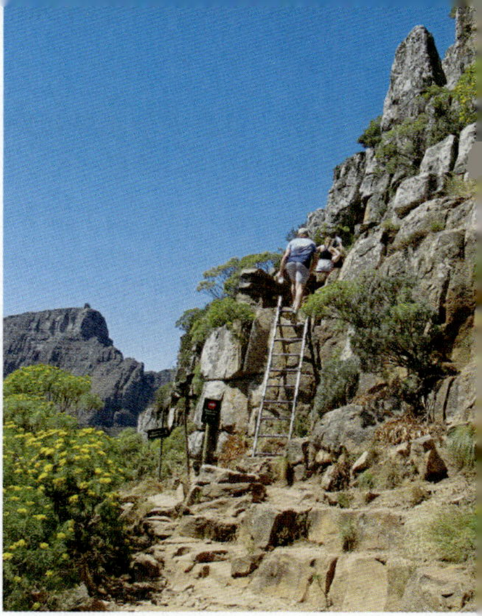

Passage an der Ostflanke des Lions Head.

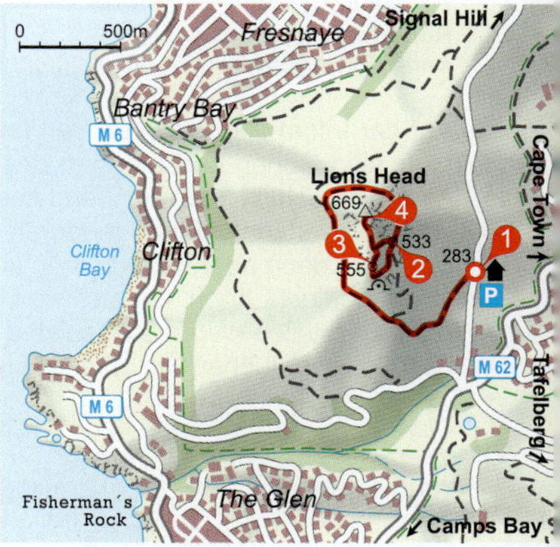

Wir nehmen nun den etwas längeren Weg geradeaus und genießen erneut den Ausblick über Camps Bay und die Küste. An einem **Plateau (3)** angekommen können wir vor uns die weitere steile Aufstiegsroute erkennen. Ab hier müssen wir wieder über Felsstufen klettern. Wir erreichen den Punkt, an dem von rechts die Abkürzungsroute auf unseren Pfad stößt und gehen links weiter bergauf. Teilweise müssen wir auf dem felsigen abschüssigen Gelände unsere Hände zu Hilfe nehmen. Dann ist der Gipfel des **Lions Head (4)** erreicht, eine große Fläche mit 360-Grad-Panorama . Bis Robben Island und zum Bloubergstrand reicht der Blick. Die Hottentots Mountains sind zu erkennen und Signal Hill liegt vor uns.

Auf dem Rückweg nehmen wir diesmal die direkte Abstiegsroute »via Staples« und gehen anschließend auf der Schotterpiste zurück zum **Parkplatz (1)**.

2 Über die Platteklip Gorge Route auf den Tafelberg, 1087 m

4.30 Std.

Steil, aber fein – Aufstieg zum Tafelberg an seiner Nordflanke

Der Weg hinauf zum Tafelberg durch die Platteklip Gorge, einem schmalen Einschnitt zwischen Western und Central Table, ist die wohl am häufigsten gewählte Aufstiegsroute. Kein Wunder, startet sie doch nicht weit entfernt von der Talstation der Seilbahn und weckt so bei vielen den Ehrgeiz, den Tafelberg zu Fuß zu erobern. Wir ergänzen unseren Aufstieg mit einem Abstecher zum Maclear's Beacon, dem höchsten Punkt des Tafelberg-Areals mit prächtigen Ausblicken auf Kapstadt, seinen Hafen und das weite Hinterland.

Ausgangspunkt: Parkplatz an der Tafelberg Road gegenüber dem »Platteklip Gorge«-Informationsschild, 390 m. Anfahrt: Von Kapstadt aus folgt man den braunen Schildern mit der Aufschrift »Cableway« auf der M62 Richtung Cableway / Camps Bay etwa 3 km. Am Kloof-Nek-Kreisel links in die Tafelberg Road, bis zur Talstation der Seilbahn und noch etwa 1,4 km weiter bis zum Parkplatz auf der linken Seite.
Höhenunterschied: 700 m.
Anforderungen: Aufstieg auf gut präpariertem Bergpfad, fast ausschließlich schattenlos; Schwindelfreiheit für ein kurzes Stück auf dem Rückweg erforderlich (»Alternative Route«, diese ist bei starkem Wind oder Nebel zu meiden).
Einkehr/Unterkunft: Restaurant und Shop an der Berg- und Talstation der Seilbahn. Unterkünfte aller Kategorien in Kapstadt, z. B. The Backpack, Tel. 021-423 4530, www.backpackers.co.za, oder Lady Victoria Guest House, Tel. 021- 423 3814, www.ladyvictoria.co.za

Auf der Informationstafel an der **Tafelberg Road (1)** gegenüber dem Parkplatz sind Höhen und Etappen des »Platteklip Gorge«-Aufstiegs aufgelistet. Fast senkrecht scheint die Wand des Tafelberg-Massivs vor uns aufzusteigen. Der Weg verläuft anfangs moderat aufwärts, an einem kleinen Bachbett vorbei, zieht dann aber recht bald in immer enger werdenden Zickzack-Kehren in die Schlucht hoch, die sich im oberen Teil zu einem schmalen Spalt verengt. Die steilen Wegpassagen sind mit Geländern aus Drahtseilen gesichert. Fast 2 Std. brauchen wir, unterbrochen von vielen Verschnaufpausen, bis zur **Platteklip Gorge (2)**, markiert durch eine etwa 1 m hohen Steinsäule mit einer eingelassenen Edelstahltafel. Auf ihr, wie auch an acht weiteren Säulen an strategisch wichtigen Punkten, ist das Tafelberg-Wegenetz eingraviert.

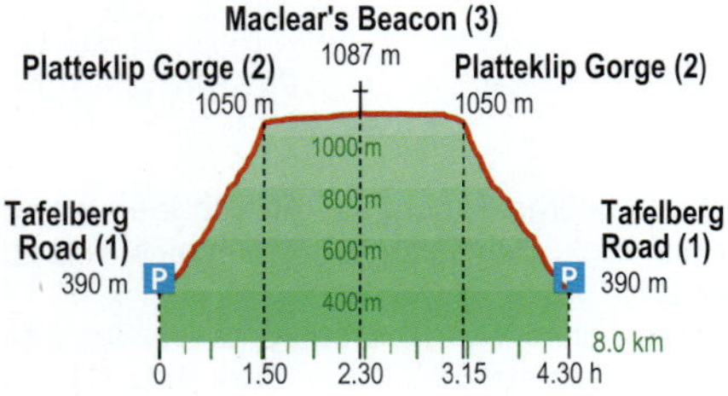

Wir halten uns links Richtung Maclear's Beacon,

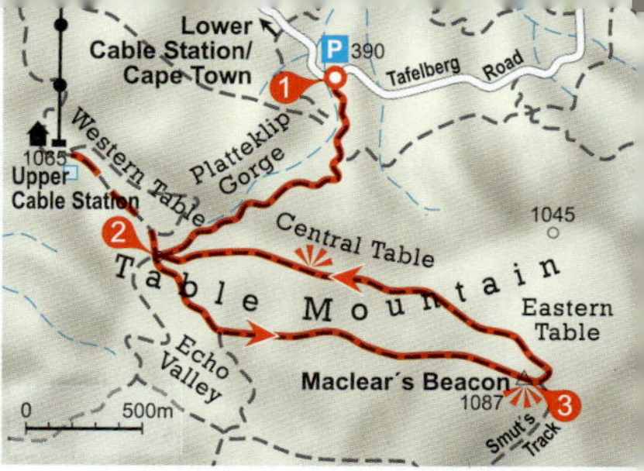

anfangs noch einmal kurz ansteigend, dann aber auf relativ ebenem Gelände. Die Felsplatten unter unseren Füßen sind von vielen Wanderstiefeln glatt gerundet, in einzelnen sumpfigen Senken sind Holzstege ausgelegt, um die spärlichen Restio- und Grasbüsche trockenen Fußes überbrücken zu können.

Nach gut 40 Min. Gehzeit auf dem Plateau erreichen wir den **Maclear's Beacon (3)**, mit 1087 m die höchste Erhebung auf dem Tafelberg – kaum sichtbar und nur mit einer aus vielen einzelnen Steinen angehäuften, etwa 4 Meter hohen Pyramide gekennzeichnet. Von hier aus haben wir herrlichen Rundumblick: direkt vor uns der Gipfel des Devil's Peak und das Häusermeer von Kapstadt, weiter entfernt die False Bay, hinter uns Constantiaberg und Hout Bay.

Rechts neben der Pyramide folgen wir dem Pfad ein paar Schritte abwärts zur nächsten Orientierungssäule, an der es rechts ab auf den Smut's Track zur Skeleton Gorge ginge. Wir steuern allerdings geradeaus auf den Devil's Peak zu, einem kleinen Pfad ein Stück abwärts folgend, der nach wenigen Schritten nach links abknickt. Wer nicht ganz schwindelfrei ist, sollte die Route meiden und auf dem Hinweg zur Platteklip Gorge zurückwandern, denn auf dieser Etappe geht es zunächst durch weite Grasflächen, dann aber knapp 10 Min. lang geländerlos direkt am Steilhang des Tafelbergs entlang, der hier fast 700 m senkrecht zur Tafelberg Road abfällt. Noch ein kurzes Stück über das Plateau, dann stoßen wir auf den Hauptweg zwischen Maclear's Beacon und Platteklip Gorge, biegen rechts ab, erreichen wieder die Steinsäule am Schluchtende und steigen rechts hinab zum Parkplatz.

Wer müde ist oder noch einen Abstecher zur Seilbahn (Einkehrmöglichkeit) machen möchte, gelangt geradeaus dorthin in 15 Min.

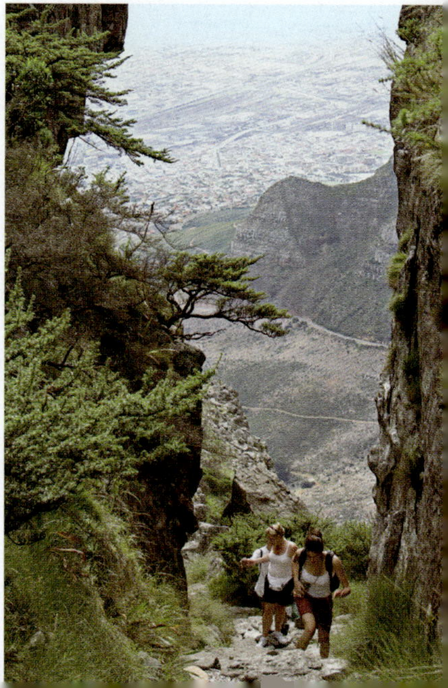

Letztes Wegstück durch die Schlucht.

TOP 3

Über die Kasteelpoort Route auf den Tafelberg, 1050 m

5.30 Std.

Herrliche Aussichten – Aufstieg zum Tafelberg an seiner Westseite

Die Westseite des Tafelbergs bietet viele Aufstiegsvarianten mit unterschiedlichen Schwierigkeitsgraden. Alle zweigen vom Pipe Track ab, einem Höhenweg, der fast eben in weniger als 300 m Höhe am Westhang des Tafelbergs verläuft. Die Routen sind beliebt, weil der Anstieg bis zum späten Vormittag im Schatten liegt und ständig wechselnde Ausblicke auf Camps Bay, den Atlantik und den Gipfel des Lions Head bietet. Unser Weg durch die Kasteelpoort-Schlucht ist vergleichsweise moderat und birgt nur im mittleren Anstiegsteil ein paar einfache Kletterpassagen über Felsstufen. Auf dem Back Table angekommen, führt er an den Wasserreservoirs vorbei zum Central Table und zur Platteklip Gorge, durch die wir wie in Tour 2 zur Tafelberg Road absteigen.

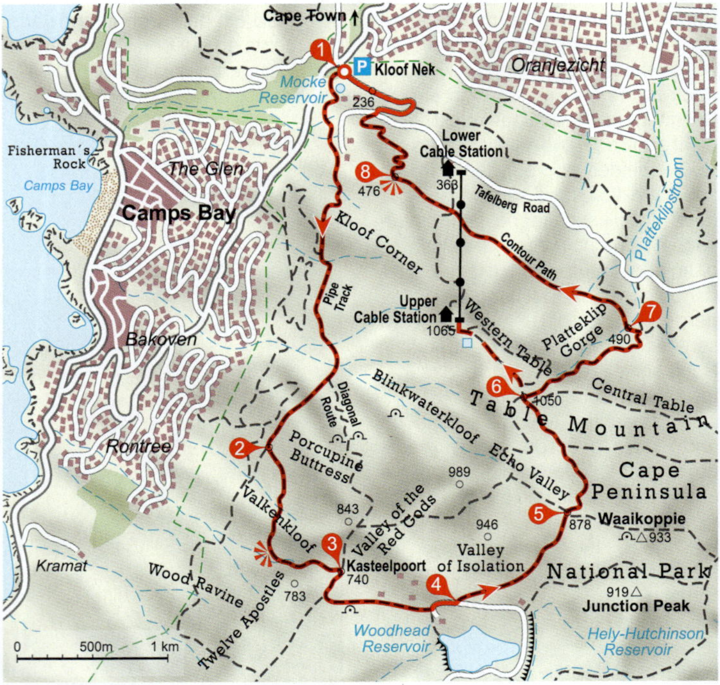

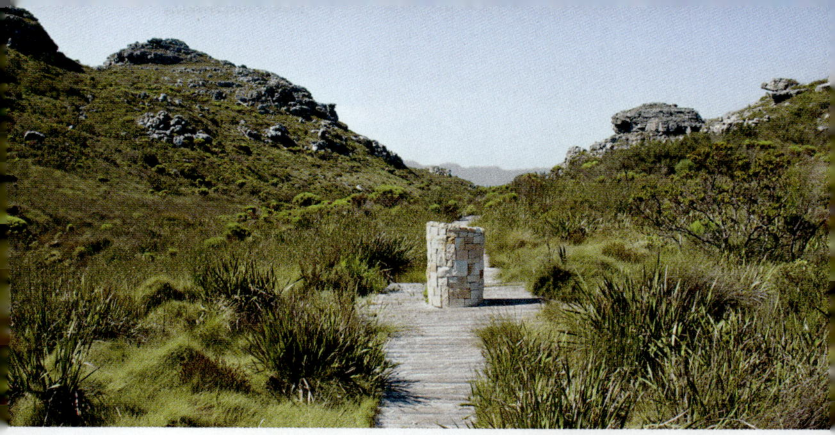

Holzsteg im Echo Valley.

Ausgangspunkt: Parkplatz am Kloof-Nek-Kreisel an der Einfahrt zur Tafelberg Road, 236 m. Anfahrt von Kapstadt wie bei Tour 2, am Kloof-Nek-Kreisel nach dem Abbiegen links auf die Tafelberg Road gleich nach 10 m links, dort auf dem unteren oder oberen Parkplatz parken.
Höhenunterschied: 820 m.
Anforderungen: Auf dem Pipe Track einfacher Hangpfad, im Anstieg zum Tafelberg über teilweise hohe Felsstufen, gut begehbare Pfade auf dem Tafelberg-Gelände.
Einkehr/Unterkunft: Wie Tour 2; die Seilbahn-Talstation (Tafelberg) liegt direkt an der Strecke.
Variante: Statt durch die Platteklip Gorge zur Tafelberg Road abzusteigen, an der Orientierungssäule zur Seilbahn-Bergstation (Tafelberg) Bergstation der Seilbahn geradeaus weitergehen und mit der Gondel hinabfahren. Die Dauer der Tour verkürzt sich um 1.45 Std.

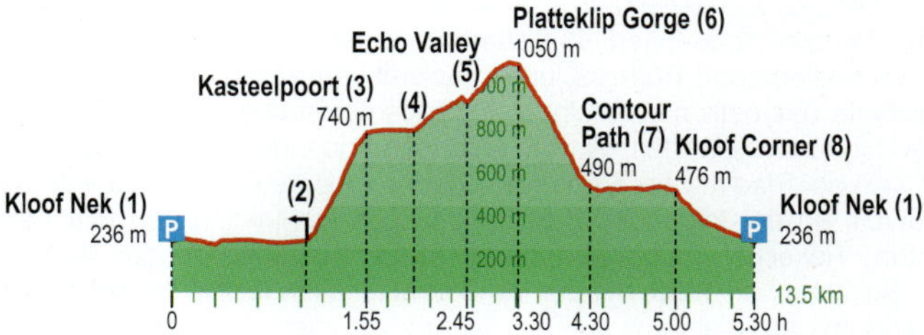

Vom unteren Parkplatz am **Kloof Nek (1)** gehen wir ca. 20 m auf der Tafelberg Road in Richtung Verkehrskreisel zurück. Wir überqueren sie und steigen auf Steinstufen neben einer Trinkwassersäule den Hang hinauf. Die Tour beginnt an einem Schild mit der Aufschrift »Table Mountain Nature Reserve«.

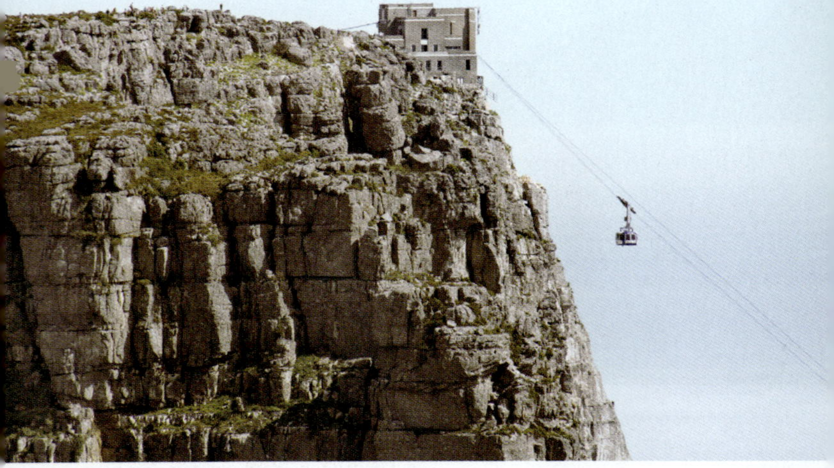

Upper Cable Station auf dem Tafelberg.

Unser Pfad ist der Pipe Track, ein fast eben verlaufender Weg, dem wir nun 0.45 Std. lang folgen. Immer wieder sind Teilstücke einer fast 30 cm dicken Wasserleitung am Boden zu sehen, in der Regenwasser vom Woodhead Reservoir auf dem Tafelberg bis zur Aufbereitung im Wasserwerk am Kloof Nek geführt wird. Den ersten Abzweig zur Diagonale, einer etwas anspruchsvolleren Aufstiegsvariante, lassen wir unberücksichtigt, dem zweiten **Abzweig (2)** links Richtung Kasteelpoort folgen wir dann aber.
Der Aufstieg über ausgetretene Felsstufen führt uns zu gut platzierten Aussichtsplateaus, von denen aus sich der Badeort Camps Bay in stets veränderten Blickwinkeln präsentiert. Im letzten Aufstiegsteil durchsteigen wir die Furche am Kasteelpoort Buttress, einem Felsrücken nahe der Twelve-Apostles-Hügelkette des östlichen Tafelberg-Plateaus. Zwischen ein paar Fynbos-Büschen hindurch gelangen wir zum Orientierungspunkt **Kasteelpoort (3)**, an dem sich der Pfad in zwei Richtungen gabelt. Unsere Richtung ist rechts zum Reservoir. An der folgenden Kreuzung biegen wir links in den Pfad, erneut Richtung Reservoir; rechts ab führt ein kurzer Abstecher zu den Resten der alten Seilbahn von 1893, mit der die Baumaterialien für die beiden Stauseen im Zentrum des Tafelbergs auf den Berg transportiert wurden.
Unser Pfad verbreitert sich nach ein paar Schritten, verläuft gemächlich über ebenes Gelände auf jetzt breitem Feldweg und endet an einer betonierten Fahrstraße nahe einer Wasser-Zapfstelle. Der Straße folgen wir rechts entlang Richtung Waterwork Museum und Hely-Hutchinson Reservoir etwa 200 m weit, vorbei an einem Wirtschaftsgebäude der Wasserwerke und dem Stausee des

Woodhead Reservoir (4) bis zum nächsten gemauerten Wegweiser auf der linken Straßenseite, der uns von der breiten Fahrstraße wieder auf einen Trampelpfad durch dichtes Fynbos-Gebüsch führt (Richtung Cableway via Echo Valley).

Wir steigen einen Hang an und gewinnen mehr und mehr Überblick über die beiden Stauseen neben uns und die allmählich auslaufenden Hügel des hinteren Tafelbergs hinter uns. Ein paar Königsproteen sind zu bewundern, bevor es hinter einer kleinen Kuppe hinunter in das Echo Valley geht, ein mit Rietbüschen und Gräsern übersätes schmales Tal, auf dessen Sohle wir unseren Weg zunächst auf Holzstufen, später auf Holzbohlen fortsetzen.

Zur Bergstation der Seilbahn führen zwei Wegvarianten, deren gemeinsamen Ausgangspunkt wir mitten im Tal an der **Echo-Valley-Wegsäule (5)** erreichen: geradeaus und links herum. Wir nehmen die etwas steilere Route geradeaus, die uns streckenweise in scharfen Kehren und über felsiges Gelände sicher zum Hauptweg führt, der die **Platteklip Gorge (6)** mit dem Gipfel des Maclear's Beacon verbindet. Nach links, die Platteklip Gorge ist unser Ziel. Wir folgen der Abstiegsroute durch die Schlucht rechts hinunter, nehmen den ersten Abzweig links in den **Contour Path (7)**, folgen ihm parallel zur Tafelberg Road, unter der Seilbahn hindurch, über die Kreuzung mit der Indian Venster-Route hinweg bis zur Wegverzweigung am **Kloof Corner (8).** Wir biegen rechts ab, steigen das letzte steile Wegstück zur Tafelberg Road hinunter und gehen am Straßenrand zu unserem Ausgangspunkt am **Kloof Nek (1)** zurück.

Blick auf Camps Bay und den Lions Head.

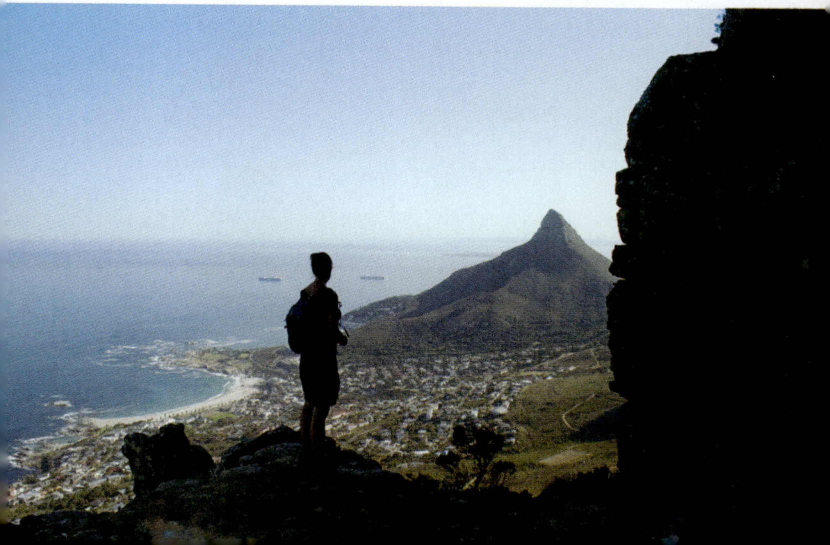

4 Vom Western Table zum Woodhead Reservoir

4.00 Std.

Abwechslungsreiche Runde auf dem Tafelberg

Ein Kapstadt-Besuch ohne Ausflug auf den Tafelberg? Kaum vorstellbar. Wann immer er sich wolkenfrei präsentiert und die Bergstation der Panoramaseilbahn schon von der City aus zu erkennen ist, strömen Touristen aus aller Welt zu den Kassenhäuschen an der Talstation. Die meisten von ihnen begnügen sich mit einem Kurzspaziergang auf dem Plateau des Western Table und genießen die fantastische Aussicht über Kapstadt, den Hafen und Robben Island auf der Nordseite sowie auf Camps Bay und die Hügel der Twelve Apostles auf der Westseite. Wir gehen auf unserer Runde etwas weiter, im großen Bogen auf dem Smut's Track zur Skeleton Gorge, weiter zu den Wasserreservoirs und durch das Echo Valley zurück zur Bergstation. Von unten betrachtet scheint der Tafelberg flach wie ein Tisch, tatsächlich aber ist seine Oberfläche voller Hügel, Täler und Schluchten.

Ausgangspunkt: Bergstation der Seilbahn zum Tafelberg (Upper Cable Station), 1065 m. Anfahrt von Kapstadt zum Kloof Nek (wie Tour 2) und auf der Tafelberg Road weiter bis zur Talstation der Seilbahn (Lower Cable Station). Wahlweise das Auto am Kloof Nek Parkplatz abstellen und mit dem kostenfreien Shuttle der blauen Myciti-Stadtbusse zur Talstation hochfahren.

Höhenunterschied: 350 m.

Anforderungen: Gut unterhaltene Felspfade, teilweise leichte kleine Kletterpassagen über Felsstufen, drei kurze, einfach zu begehende Stahlleitern am Ausstieg aus dem Echo Valley.

Einkehr/Unterkunft: Wie in Tour 2; Restaurant und Shop an der Bergstation, unterwegs keine. Unterkünfte aller Kategorien in Kapstadt.

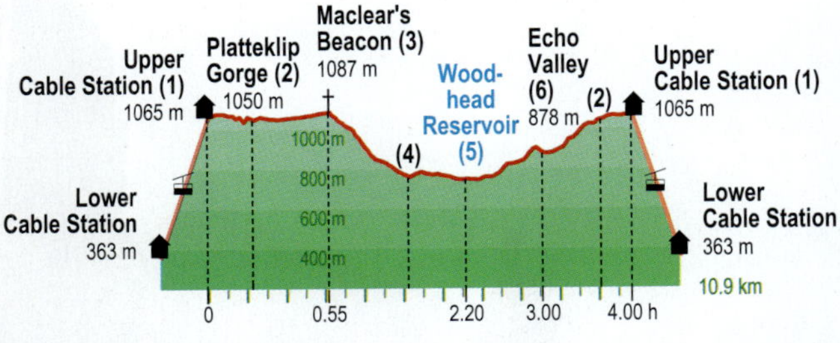

Nach Verlassen der **Upper Cable Station (1)** folgen wir dem gepflasterten Rundgang auf dem belebten Western Table im Uhrzeigersinn, links entlang, immer direkt an der Nordwand des Tafelberg-Massivs entlang. Mehrere weit auskragende Aussichtskanzeln sind gefüllt mit Schaulustigen. Der Rand des

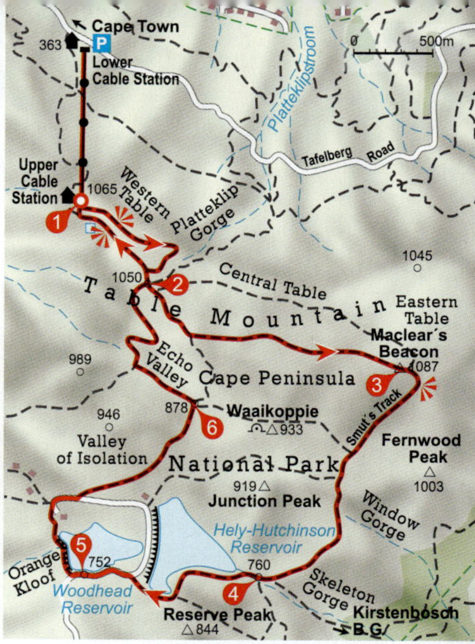

Steilhangs ist mit Geländern gesichert. Zügig gelangen wir zur **Platteklip Gorge (2)** hinunter, das letzte Wegstück mit einem durch Seilgeländer gesicherten kurzen Abstieg über Felsstufen.

Ausgehend von der Orientierungssäule folgen wir geradeaus der Route zum **Maclear's Beacon (3)** und biegen dort nach rechts auf den Smut's Track Richtung Skeleton Gorge. Der Pfad ist benannt nach dem britischen General J.C. Smut (1870–1950), der als leidenschaftlicher Wanderer mehrmals den Tafelberg von seiner Ostseite aus bestieg. Neben uns, gut 900 m tiefer, breitet sich der Siedlungsraum von Wynberg und Muizenburg bis zur False Bay aus.

Es geht bergab, der Pfad ist felsig, einige kurze Passagen legen wir kletternd zurück. Von den Menschenmengen ist nichts mehr zu sehen. Jetzt begegnen uns nur noch kleinere Wandergruppen, die wie wir die hügelige Oberfläche des Tafelbergs erkunden wollen. An den Kuppen Waaikoppie und Junction Peak vorbei, durch viele Felsformationen hindurch, umrunden wir zwei Bergeinschnitte, den Warmhole Buttress und den Window Buttress, passieren zwei Abzweige zum Echo Valley und gelangen schließlich zur **Skeleton Gorge (4)**, die vom Kirstenbosch Botanical Garden aufsteigend durch dichten Wald die Aufstiegsvariante an der Ostseite des Tafelbergs bildet.

Wir folgen dem Wegweiser nach rechts, Richtung Reservoirs, auf weißem Sandboden unter ein paar kleinen Bäumen hindurch und erreichen kurz darauf den Ausläufer des Hely-Hutchinson Reservoir. Die meiste Zeit des Jahres ist dieser Stausee ausgetrocknet, aus dem Boden ragen Reste von Baumstümpfen. Die Zeiten, in denen er zusammen mit dem Woodhead Reservoir die Trinkwasserversorgung Kapstadts garantierten konnte, sind längst vorbei. Am Ufer des Staubeckens entlang, abgegrenzt durch einen halbhohen Maschenzaun, gelangen wir zum Wegzeichen »Exit Kasteelpoort«, dem wir rechts entlang folgen, vorbei an einem Abzweig, der über die Staumauer des Hely-Hutchinson ReservoirHely-Hutchinson-Stausees direkt zum Echo Valley führt, bis zum unteren Ende des benachbarten **Woodhead Reservoir (5)**, dem nächsten Ziel auf unserer Runde. Auch der Wasserstand im Woodhead

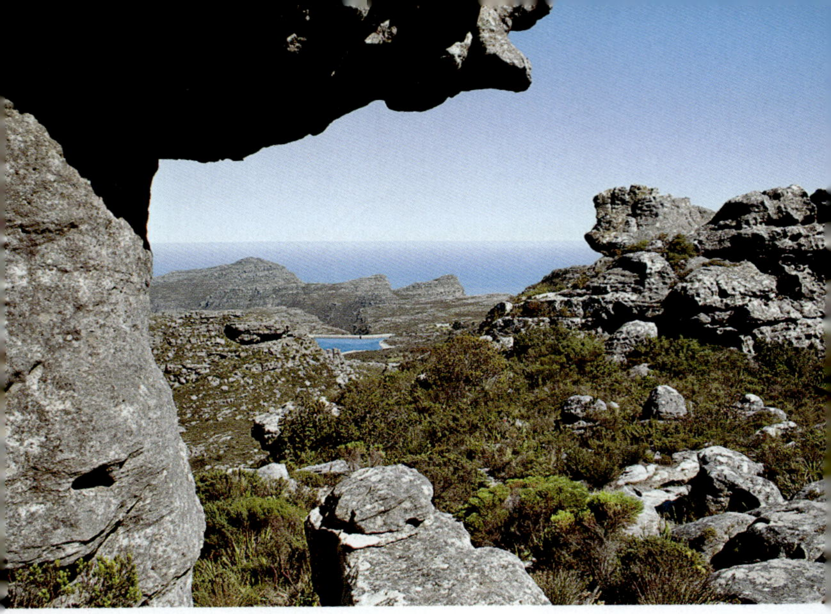

Blick zum Woodhead Reservoir.

Reservoir schwankt ständig, sein Inhalt versiegt aber nie ganz, sodass das tiefblaue Becken eine angenehm ruhige Fläche in dieser Steinlandschaft bildet. Über die Staumauer geht es weiter, vorbei an der tiefen Orange Kloof, durch die man nach Voranmeldung bis hinunter zum Constantia Nek laufen kann. Am Ende der Staumauer sind es nur noch ein paar Schritte bis zu einem betonierten Fahrweg, dem wir zunächst rechts abbiegend folgen und den wir 200 m später links durch die Fynbos-Macchia verlassen.
Im Talgrund des **Echo Valley (6)** angelangt, biegen wir links ab in Richtung Cable Station, zunächst durch das Sumpfgelände über Holzpritschen, dann leicht ansteigend auf felsigem Untergrund. Wir sind am Westrand des Tafelbergs angelangt und können an verschiedenen Stellen zwischen den engen Schluchtwänden hindurch bis Camps Bay und zum Atlantik spähen.
An der Weggabelung nahe des Westrands wenden wir uns nach rechts, in Richtung Cable Way. Jetzt sind die Höhenmeter wieder aufzuholen, die wir auf dem Hinweg an der Ostseite verloren haben. In Kehren, abgesehen von drei kurzen Stahlleitern auf gutem Felspfad ansteigend, gelangen wir zurück zur Platteklip Gorge, biegen links ab und gehen diesmal an der südwestlichen Seite des oberen Tafelbergplateaus entlang zum Restaurant und zur **Upper Cable Station (1)**.

4.30 Std.

Chapman's Peak, 593 m

5 TOP

Entlang der malerischen Bucht von Hout Bay

Ein Höhepunkt jeder Kap-Rundfahrt ist der kurze Streckenabschnitt auf dem Chapman's Peak Drive von Hout Bay nach Noordhoek, einer 8 km langen Passstraße, die sich dicht an der Atlantikküste durch die unteren Hänge des Noordhoek Ridge schlängelt. An vielen Parkbuchten öffnet sie sich, um staunenden Touristen Gelegenheit für ein Fotoshooting zu geben. Es ist die Harmonie, die dieses Bilderbuchpanorama ausstrahlt und die SD-Karten der Digitalkameras mit Leben füllt: das tiefblaue Wasser der Bucht von Hout Bay, die kleinen Fischerboote, die markante Bergspitze des Sentinel am Hafen, der weiße Sandstrand direkt am Ort und die Bergketten von Constantiaberg und Noordhoek Ridge, die die Bucht hufeisenförmig einrahmen. Südlichster Punkt dieser Kette ist der Gipfel Chapman's Peak, das Ziel unserer Runde, das mit 360°-Rundumblicken lockt.

Ausgangspunkt: Erster Parkplatz (bewacht) unterhalb des East Fort 1796, 67 m. Anfahrt: In Hout Bay am Ortsende auf der M6 in Richtung Chapman's Peak Drive, etwa 800 m hinter dem Abzweig rechts zum Strand findet man zwei kurz hintereinander liegende Parkbuchten, die erste rechts vor dem East Fort, die zweite kurz dahinter links, beide etwa 200 m vom Toll Plaza (Zahlstelle für die Passstraße) entfernt.
Höhenunterschied: 590 m.
Anforderungen: Gut präparierter Hangpfad, einige kleine Felsstufen sind zu passieren, am Gipfel kurze Klettereinheit.
Einkehr/Unterkunft: Am Weg keine. Restaurants und Coffee Shops sowie Unterkünfte aller Kategorien in Hout Bay.
Variante: Kurzaufstieg zum Gipfel: Ausgangspunkt ist ein Parkplatz auf dem Chapman's Peak Drive, hinter einer Linkskurve, etwa 3 km vom Toll Plaza entfernt in Fahrtrichtung Noordhoek. Hin und zurück etwa 2.30 Std. Gehzeit, etwa 350 Höhenmeter.
Tipp: In Hout Bay Kunstmarkt des Lion's Club (jeden Sonntag), am Hafen Kunst- und Shopping-Markt mit Musik und kulinarischen Angeboten (Freitag–Sonntag).

Chapman's Peak, im Hintergrund der Strand von Noordhoek.

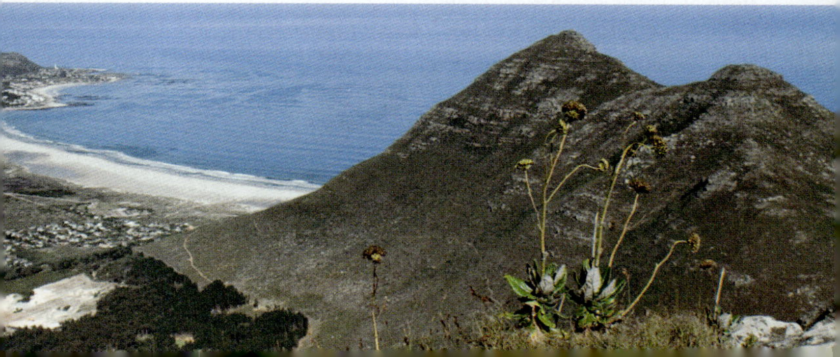

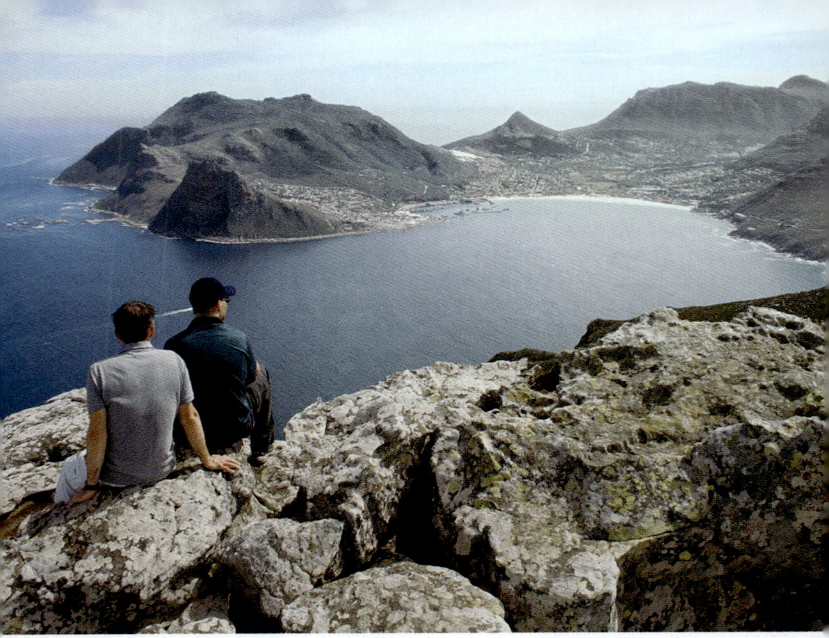

Auf dem Gipfel des Chapman's Peak.

Vom Parkplatz am **East Fort (1)** gehen wir auf die gegenüberliegende Straßenseite und folgen dem deutlich gekennzeichneten Pfad zum Table Mountain National Park – East Fort. Nach wenigen Minuten hat man die beiden Ruinen der alten Fortanlage von 1796 erreicht. Links neben dem etwas höher gelegenen Gebäudeteil vorbei gelangen wir über ein paar mit Steinen gefasste Stufen auf einen breiten Schotterweg, auf dem wir parallel zum Hang nach links Richtung Hout Bay einschwenken.
Nach 10 Minuten auf leicht ansteigendem Weg lenkt uns eine Rechtskehre in die entgegengesetzte Richtung. Kurz danach verjüngt sich der Weg zu ei-

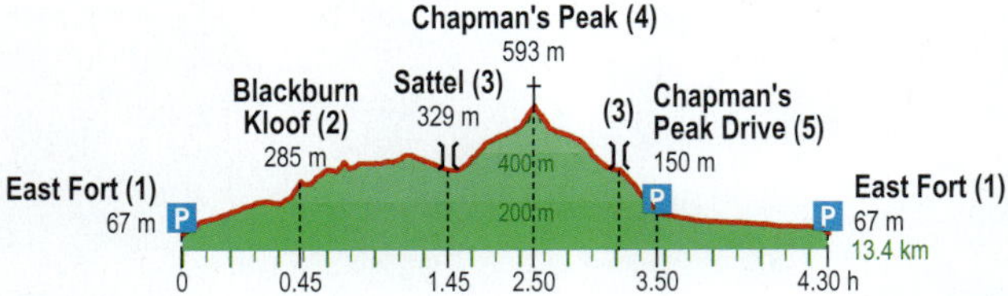

nem schmalen Bergpfad. Wir gehen parallel zum Südhang des Constantiabergs, den Abzweig dorthin links gut 5 Minuten später ignorieren wir. Weiter leicht ansteigend erreichen wir die **Blackburn Kloof (2)**, an deren hinterem Ende links der Steilanstieg zum Noordhoek Ridge abbiegt. Die Schlucht ist dicht mit kleinen Milkwood-Bäumen und Büschen bedeckt, durchzogen von einem Gebirgsbach, den wir bei einem flachen Pool überschreiten. Herrliche Ausblicke auf die Bucht werden geboten. Noch dreimal dreht sich unsere Route in kleine Nischen der Felswand hinein und wieder hinaus, bis wir nach mehr als 1.30 Std. Gehzeit allmählich auf einen offenen **Sattel (3)** hinuntersteigen.

Wir stoßen auf einen Querpfad, dem wir wenige Schritte nach rechts folgen. Dieser Pfad wird uns auf unserem Rückweg hinunter zum Chapman's Peak Drive am Meer führen. Vorher aber geht es links weiter auf dem Sattel geradeaus, vorbei am Lower Chapman's Peak, durch flach wachsende Fynbos-Sträucher mit Eriken, Strohblumen und schwarzköpfigen Protea-Nigra-Stauden bis zu einem weiteren Sattel, der sich zwischen den beiden Chapman-Kuppen ausbreitet und den Blick jetzt auch nach Osten freigibt, Richtung Fish Hoek an der False Bay und Noordhoek am Atlantik. Ab hier sind es noch gut 0.30 Std. bis zum Gipfel des **Chapman's Peak (4)**, den wir zum Schluss über ein paar Felsstufen kletternd erreichen. Der Rundblick von hier oben ist grandios!

Zurück geht es auf gleichem Weg bis zu unserem Abzweig, jetzt nach links hinunter zum **Chapman's Peak Drive (5)** und dort rechts weiter am Straßenrand zurück zum Auto. Besonders angenehm läuft es sich hier, wenn die Passstraße wieder einmal wegen Steinschlags gesperrt ist. Dann treffen wir hier nur noch Jogger und Mountainbiker.

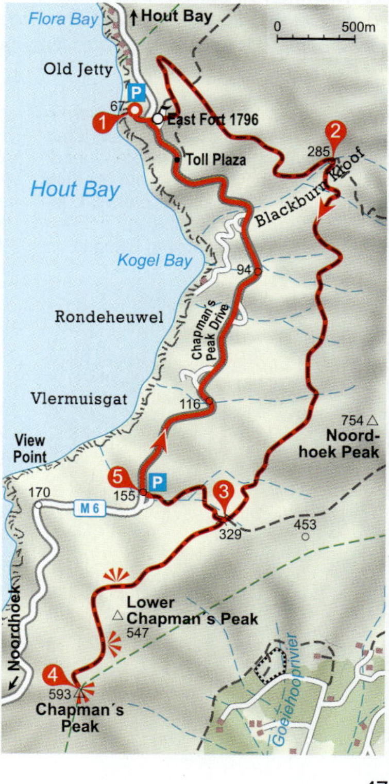

6 Noordhoek Peak, 754 m, und Elephant's Eye Cave

3.45 Std.

Panoramarunde im westlichen Silvermine-Wandergebiet

Das hügelige Silvermine-Gelände wird durch den Einschnitt der Ou-Kaapseweg-Straße in zwei Teile geteilt: einen kleineren westlichen zwischen Constantiaberg, Noordhoek und Hout Bay und einen größeren östlichen zwischen Westlake, Muizenberg und Fish Hoek. Unser Rundweg verläuft durch den Westteil, in dessen Mitte der von hohen Kiefern umgebene Silvermine-Stausee den Ausgangspunkt unserer Tour bildet. Die lauschigen Picknickplätze an seiner Uferzone sind beliebte Wochenend-Ausflugsziele. Wir peilen den Aussichtspunkt des Noordhoek Peak an, der uns in noch höherer Lage als der Chapman's Peak mit bester Fernsicht über Hout Bay und den Atlantik verwöhnt. Der Abstecher auf dem Rückweg zur Elephant's Eye Cave belohnt uns mit nicht minder weiter Fernsicht, diesmal in östliche Richtung über Tokai bis zur False Bay.

Ausgangspunkt: Parkplatz am Silvermine Dam, 440 m. Von Kapstadt aus über die M3 Richtung Muizenberg kommend, nach 18 km zunächst rechts auf die M42 und nach 1,5 km links auf die M64, jeweils Richtung Ou-Kaapseweg und Fish Hoek. Dem Ou-Kaapseweg bergan in Kehren für 3,5 km folgen, dann rechts ab Richtung Table Mountain National Park – Silvermine, die Schranke am Eingangstor nach 300 m passieren und nach weiteren 2,5 km das Fahrzeug parken.
Höhenunterschied: 360 m.
Anforderungen: Anfangs breiter Schotterweg, im mittleren Teil am Steilhang zwischen Noordhoek Peak und Blackburn Kloof schmaler Felspfad.
Einkehr/Unterkunft: Unterwegs keine, auf der Kaphalbinsel alle Kategorien.

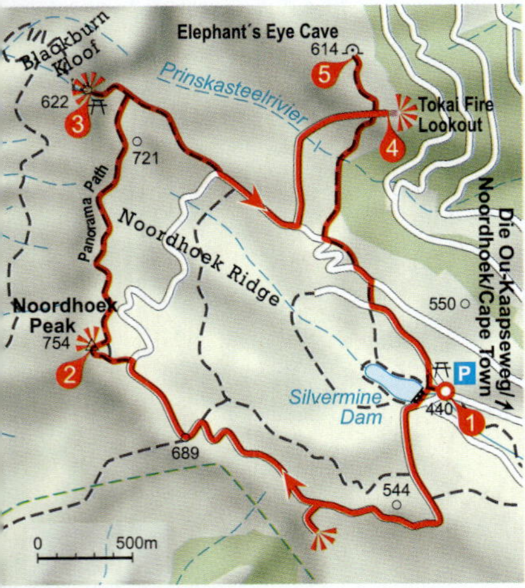

Vom Parkplatz am **Silvermine Dam (1)** sind es nur ein paar Schritte zum Ufer des Stausees. Ein Hinweis auf einer Holztafel lässt die Wahl zwischen rechts ab zum Elephant's Eye Trail und links ab zum Silvermine Reservoir Trail. Letzterer ist unsere Richtung.
Wir passieren den See auf seiner betonierten, etwa 50 m langen Staumauer an seiner Ostseite. Während gleich anschließend der Reservoir Trail rechts abbiegt und um den Stausee herumführt, halten wir uns

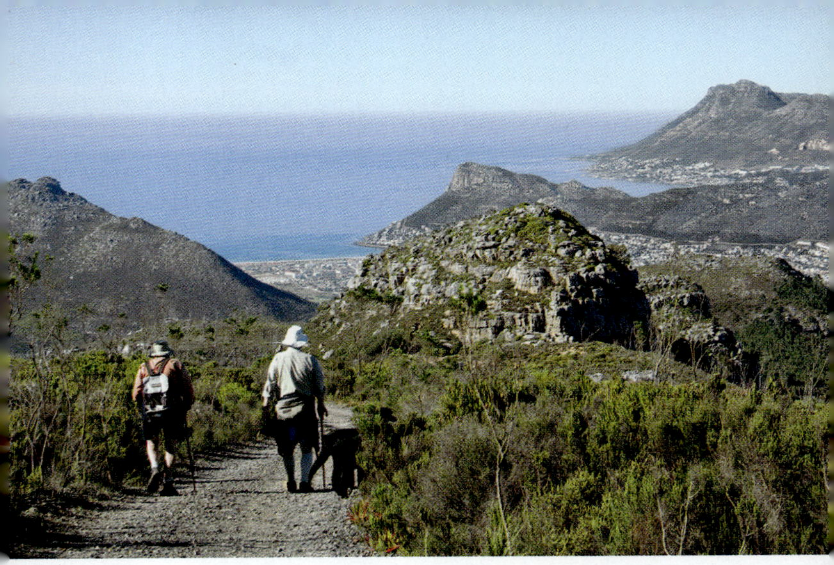

Auf dem Weg nach Fish Hoek und Simon's Town.

geradeaus auf einem breiten Schotterweg, auf dem es jetzt stetig bergan in lang gezogenem Bogen bis kurz unterhalb des Gipfels des Noordhoek Peak geht, immer in sicherem Abstand zur Steilwand des Noordhoek Ridge. Unterwegs gibt es bereits zweimal Gelegenheit für beste Ausblicke über den langen weißen Sandstrand von Noordhoek, den Chapman's Peak und die Hout Bay.

Nach insgesamt gut 0.45 Std. biegen wir von unserem Schotterweg links auf einen schmalen Sandweg zum **Noordhoek Peak (2)** ab, dessen Spitze mit einer etwa 2 m hohen Steinpyramide und einem Gipfelzeichen schon von Weitem zu erkennen ist. Wir erreichen den beinahe unscheinbaren Gipfel 15 Minuten später, vor uns ausgebreitet noch einmal die schöne Hout-Bay-Landschaft.

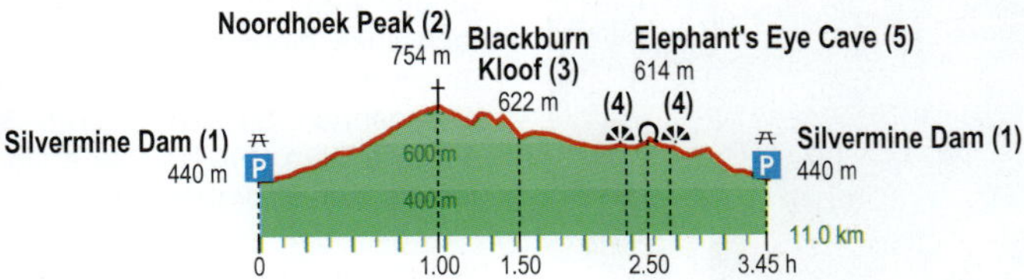

Auf gleichem Weg zurück, verlassen wir nach 3 Min. den Gipfelpfad und folgen links ab einem Trampelweg, der sich ab hier direkt am Steilhang entlang auf und ab schlängelt und uns an ein paar einfachen Kletterpassagen fordert. Panorama Path wird er genannt, weil die Aussicht auf die tief unten liegende Bucht von hier oben aus nicht besser sein könnte. Wahlweise kann man – bei starkem Wind und Nebel – auf sicherem Terrain zurück zum Schotterweg und dort links abbiegend die Runde in gleicher Richtung fortsetzen. Der Panoramaweg endet an einem breiten Sandweg mit gegeneinander versetzt aufgestellten flachen Steinkörben, vermutlich errichtet, um ein schnelles Durchfahren für Autos und Mountainbiker unmöglich zu machen. Ein Abstecher nach links zum Ende des Sandwegs führt uns zur **Blackburn Kloof (3)** und einer Holzbank auf einem Holzpodest, die zu einer kurzen Rast einlädt, und von dort wieder zurück auf dem Sandweg in Richtung Silvermine-Stausee.

Knapp 0.30 Std. später geht es links ab auf einem mit Gras überwachsenen Feldweg, der zur Elephant's Eye Cave und zum **Tokai Fire Lookout (4)** führt. Von hier können wir zuerst einmal auf die andere Tafelbergseite und die Ebene mit den Orten Tokai, Wynberg und den Cape Flats schauen, bevor uns ein Wegweiser hangaufwärts zunächst Richtung Constantiaberg und alsbald zur **Elephant's Eye Cave (5)** führt. 30 m tief ragt diese Höhle in den Berg hinein, vom Tal aus soll ihre Öffnung dem Auge eines Elefanten ähneln.

Auf gleichem Weg gehen wir zum Fire Lookout zurück und weiter in die Richtung, aus der wir gekommen sind, diesmal aber etwa 5 m unterhalb des Graswegs auf einem schmalen Wanderpfad, der nach kurzer Zeit links Richtung Süden abschwenkt. Durch eine Senke, vorbei an einem Waldstück mit Kiefern, führt er nach 20 Min. auf den Schotterweg, der einmal im Kreis am Noordhoek Peak vorbei durch das Silvermine-Gelände führt. Wir folgen ihm kurz links abwärts, nehmen dann aber den »Shortcut to Car Park« bis zu einem weiteren Schotterweg, folgen diesem kurz nach links hinunter und gelangen auf einem der von ihm nach rechts abbiegenden Sandwege zum **Silvermine Dam (1)**. Am Ufer entlang geht es zum Parkplatz zurück.

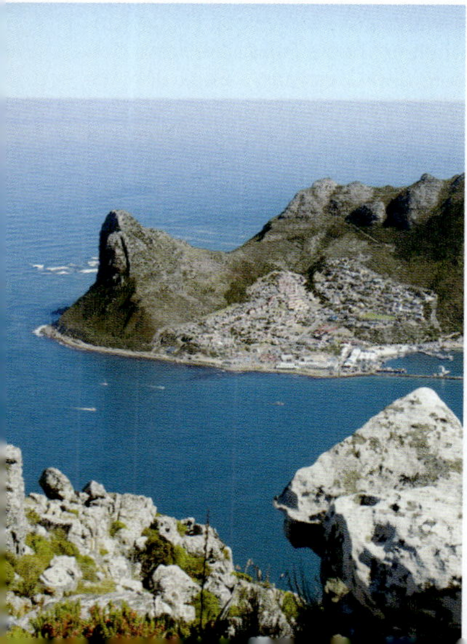

Blick auf die Bucht von Hout Bay.

3.00 Std.

Echo Valley – Amphitheatre – Spes Bona Valley

7

Durch zauberhaften Märchenwald zu einem natürlichen Amphitheater

Das östliche Silvermine-Wandergebiet, im Schnitt in einer Höhe von 500 m über den Küstenorten Muizenberg, Kalk Bay und Fish Hoek an der False Bay gelegen, hat einige Besonderheiten zu bieten: Unter der Erde sind es über 50 Höhlen und Gänge, die man bei Orts- und Sachkenntnis auch durchstreifen kann, über der Erde ein natürliches, ringsum von Felsbrocken eingerahmtes Amphitheater und zwei enge Schluchten, das Echo Valley (nicht zu verwechseln mit dem gleichnamigen Tal auf dem Tafelberg) und das Spes Bona Valley, beide gefüllt mit uralten knorrigen Milkwood-Bäumen. Die Höhlen überlassen wir den Höhlenforschern, die beiden Täler allerdings verdienen auf unserer Runde besondere Aufmerksamkeit.

Ausgangspunkt: Parkplatz (bewacht) hinter dem Café Olympia an der Clairvaux Road in Kalk Bay, 7 m. Anfahrt: Von Kapstadt aus 20 km auf der M5 Richtung Muizenberg, dort im Kreisverkehr rechts ab auf die R310 und nach 1,5 km wieder links ab auf die M4, jeweils Richtung Cape Point und Fish Hoek. Nach 3 km, am Ortsende von Kalk Bay, hinter dem Café Olympia gegenüber dem kleinen Fischerhafen rechts in die Clairvaux Road Richtung Boye's Drive auf die M75 abbiegen, nach 30 m rechts auf den Parkplatz.
Anforderungen: Gut präparierter Bergpfad, teils mit felsigem, teils mit sandigem Untergrund, im Wald Holzstege.
Höhenunterschied: 480 m.
Einkehr/Unterkunft: In Kalk Bay z. B. Café Olympia, unterwegs keine. Unterkünfte auf der Kaphalbinsel.
Tipp: Kalk Bay: Künstler, Fischer und kleine Läden.

Kalk Bay (1) ist ein lebendiger kleiner Fischerort. Arkaden mit kleinen Geschäften, ein Hafen mit einer kleinen Mole und viele Lokale wie das Café Olympia oder Cape to Cuba machen es zu einem beliebten Treffpunkt für Einheimische. Aber bevor wir uns hier noch etwas umschauen, starten wir zunächst unseren Ausflug.
Vom Parkplatz aus gehen wir auf der rechten Seite der Clairvaux Road in Richtung Boye's Drive steil aufwärts. Nach 200 m knickt die Straße um fast 90° nach rechts ab, wir folgen ihr noch 300 m, bis auf der gegenüberliegenden Seite das Schild »Table Mountain National Park – Echo Valley« zu sehen ist, der eigentliche Startpunkt unserer Tour. Wir überqueren die Straße und steigen die gemauerte Steintreppe empor, die nach kurzer Zeit in einen Pfad aus sauber gesetzten Sandsteinplatten übergeht. Weiter geht es bergan, zu unserer Rechten ein kleiner Bach, im Hintergrund die Küstenlinie von Kalk Bay und in der Ferne die Kaphalbinsel. Vor uns liegen die Höhenzüge von Cave Peak und Ridge Peak, zwischen denen hindurch sich unser Pfad bis zum Theaterforum hochschlängeln wird.
Wir erreichen den Orientierungspunkt **Weary Willy's (2)** – Abkürzung für

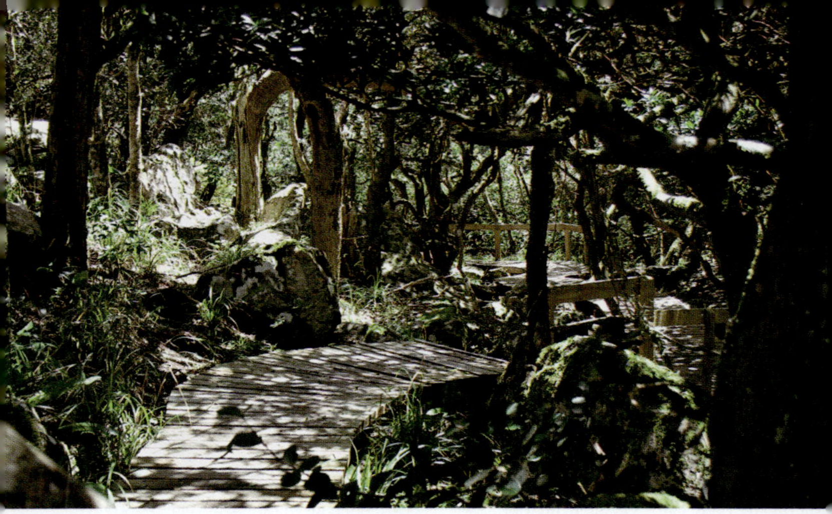

Milkwood-Wald im Spes Bona Valley.

den Zungenbrecher Wandering Willy's Weary Wait, markiert mit einer gemauerten Steinsäule, auf der das gesamte Wegenetz der Umgebung dargestellt ist. Wir gehen geradeaus weiter Richtung Amphitheatre via Echo Valley. Noch führt der Weg ein Stück durch buschigen Bergwald, nach kurzer Zeit lichtet sich die Vegetation jedoch und nur noch einzelne Fynbos-Büsche bedecken die Hänge. Der Pfad flacht etwas ab, wir gehen jetzt hauptsächlich auf grau-weißen Felsplatten und sandigem Untergrund. Zwei Abzweige nach links zum Jojolu Track und zur Boomslang Cave ignorieren wir, bis wir schließlich nach 1 Std. Gehzeit am Milkwood-Wald im **Echo Valley (3)** angelangt sind, dem ersten Höhepunkt unseres Rundwegs. Wir werden auf einem Boardwalk aus sorgfältig um die wertvollen alten Bäume herumgeführten Holzstegen und -stiegen unter den dichten, 3–4 m hohen Baumkronen hindurchgeführt. Sonnenlicht wirft ein schillerndes Mosaik von hellen und dunklen Flecken durch die Blätter hindurch auf den Boden. Eigentlich fehlen nur noch die Märchenfeen, die zwischen den dünnen Baumstämmen vor uns zu tanzen beginnen ...

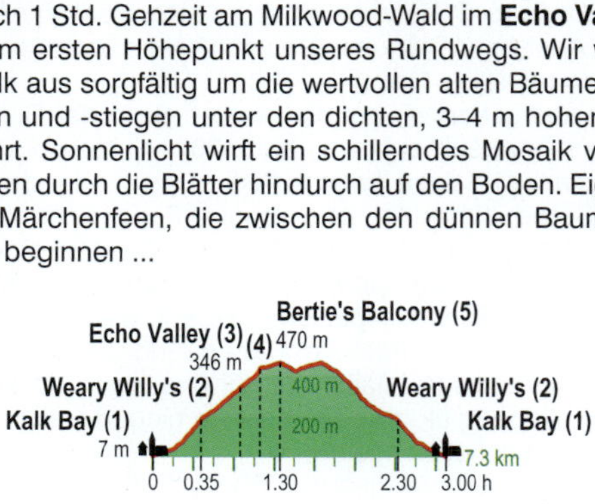

Das Waldstück ist nur kurz, wir erreichen wieder offenes Gelände und weiter ansteigend eine Weggabelung, an der wir rechts ab, noch ein Stück durch die Felsen hindurch, in 5 Min. zum **Amphitheatre (4)** gelangen.
Das Naturforum des Amphitheatre mit einem Durchmesser von knapp 100 m umschließt im Zentrum eine kleine sandige Fläche, die ringsum von sanft ansteigenden, etwa 50 m hohen Hängen umgeben ist. Einzelne Felsbrocken und grüne Büsche terrassieren die runde Freilichtbühne. Wir überqueren die Sandfläche und halten auf einen etwa 4 m hohen Felsquader zu. Die Abkürzung rechts hinauf (Schild »Spes Bona Valley«) lassen wir unbeachtet, denn wir wollen noch einen Schlenker zu Bertie's Balcony machen, um von dort einen Blick über das hintere östliche Silvermine-Gelände mit dem Constantiaberg im Hintergrund werfen zu können.
Am großen Quader rechts vorbei folgen wir dem Schild »Exit Gate 2 via Crassula Path« den Hang empor, zu einer Ansammlung von Felsbrocken auf einem kleinen Hochplateau, die **Bertie's Balcony (5)** ausmachen. Um die Felsen herum und wir haben unseren Ausblick. Zurück zu unserem Hauptpfad setzen wir unsere Tour noch ein Stück auf dem Höhenrücken fort bis zum nächsten Tal, dem Spes Bona Valley, das sich als schmale Schlucht zwischen Ridge Peak und Kalk Bay Mountain einschneidet.
Wir steigen den Hang hinab, etwa 25 m weit zur Talsohle. Während sich der Pfad auf der gegenüberliegenden Hangseite als Crassula Path wieder bergauf fortsetzt, biegen wir bei dem Hinweis »Boye's Drive via Spes Bona Forest« nach rechts ab. 5 Min. später sind wir am Spes-Bona-Waldstück angelangt. Noch einmal tauchen wir ein in eine kleine Märchenwelt, diesmal sogar noch länger als im Echo Valley.

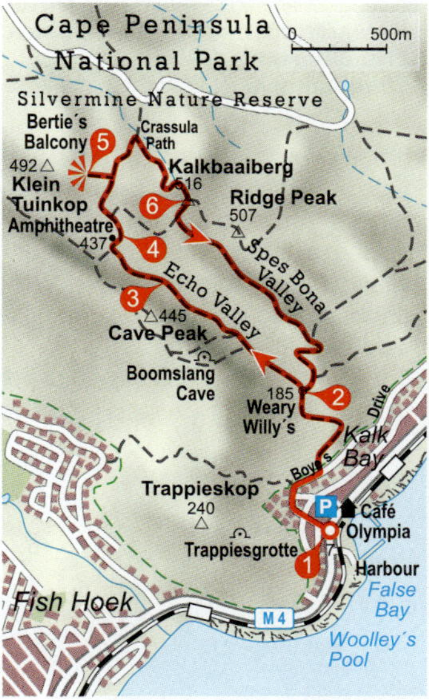

Wieder im offenen Gelände, erreichen wir einen breiten Schotterpfad, jetzt schon das Meer im Blick, halten uns auf ihm rechts Richtung Boye's Drive via Ou Kraal und verlassen ihn kurze Zeit später Richtung Boye's Drive via **Weary Willy's (2)**, den wir schon vom Aufstieg kennen. Ab dort folgen wir der Hinwegroute bis zum Parkplatz in **Kalk Bay (1)** zurück.

8 Shipwreck Trail und Sirkelsvlei Trail

3.15 Std.

Zwei Schiffswracks und ein dunkler See

Der Olifantsbos-Küstenstreifen im Cape Peninsula National Park gehört eher zu den weniger besuchten Flecken auf der Kaphalbinsel. Dabei finden wir hier ein sehr typisches Stück Kaplandschaft mit weiß-grauen Felsen, Fynbos-Vegetation und Meeresvögeln. Unsere Tour verbindet zwei kleine Trails zu einer gemeinsamen Runde. Auf dem ersten kommen wir zu zwei Schiffswracks: der Thomas T. Tucker, beladen mit Nachschubmaterial für die Alliierten 1942, und der Nolloth, beladen mit Kisten voll Alkohol 1965, beide strandeten hier in stürmischer See. Insgesamt 650 Schiffe hat es am »Kap der Stürme« bisher erwischt. Der zweite Trail führt zum Sirkelsvlei, einem dunklen Binnensee, aus dem nur gelegentlich ein paar Sumpfschildkröten auftauchen.

Ausgangspunkt: Parkplatz am Ende der Straße zur Olifantsbos Bay, 3 m. Anfahrt: Vom Haupteingang des Cape Peninsula National Park am südlichen Ende der Kaphalbinsel aus nach knapp 2 km rechts Richtung Olifantsbos und etwa 11 km auf der Asphaltstraße bis zum Parkplatz fahren.
Höhenunterschied: 90 m.
Anforderungen: Einfache, schattenlose Wanderung, zunächst durch Sand- und Küstenlandschaft, zum Schluss durch felsiges Gelände.
Einkehr/Unterkunft: Am Weg keine; Einkehrmöglichkeit auf dem Gelände des Cape Peninsula National Park im Buffelsfontein Visitor Centre und am Cape Point. Unterkünfte aller Kategorien auf der Kaphalbinsel.

Vom Parkplatz an der **Olifantsbos Bay (1)** gehen wir auf einem sandigen Pfad zur Küste, markiert mit dem Hinweisschild »Thomas T. Tucker Trail«. Den steinigen Abzweig rechts nach wenigen Minuten ignorieren wir. Nach 10 Minuten Gehzeit erreichen wir das Meer und folgen linkshaltend dem Pfad immer entlang bzw. in der Nähe des Wassers. Wir erreichen eine lang gezogene Sandbucht, überqueren sie und gelangen auf felsigem Boden zum ersten der beiden Schiffwracks.
Schon von Weitem lassen sich die einzelnen Wrackteile der **Th. T. Tucker (2)** ausmachen: Schornsteine, Rumpf und Reste der Kommandobrücke rosten im Gezeitenmeer. Möwen, Kormorane und Ibisse haben die Wrackteile als Sitzplatz in Besitz genommen. 15 Minuten später entdecken wir auch das **Nolloth-Wrack (3)**, dessen Schiffsrumpf halb im Sand verschwunden ist. Ab hier schwenkt der Weg nach

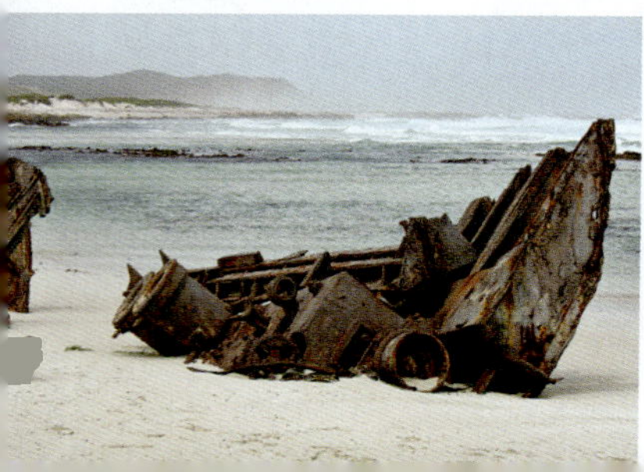

Das Nolloth-Wrack.

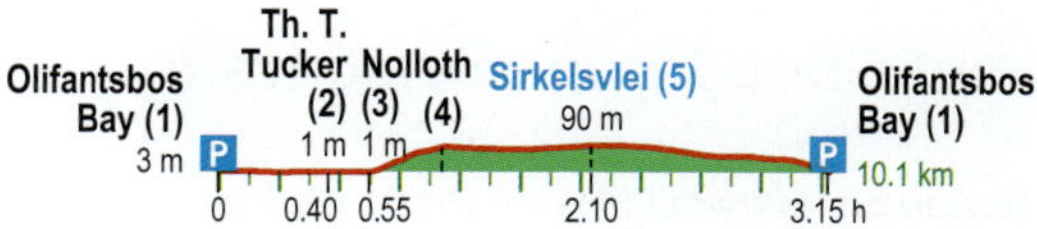

Nordosten auf das Hügelland zu, deutlich gekennzeichnet durch ein 50 m vom Wrack entferntes Holzschild mit der Aufschrift »Sirkelsvlei«. Wir verlassen den Strand. Der Pfad führt zunächst durch flaches Fynbos-Gelände und steigt allmählich zu einem Plateau an, von dem aus wir weit über die Kaphalbinsel bis hin zum Paulsberg und Judas Peak an der östlich gelegenen False-Bay-Küste schauen können.

Bei der folgenden **Gabelung (4)** halten wir uns rechts Richtung Sirkelsvlei, der Pfad in entgegengesetzter Richtung würde auf direktem Weg in 0.30 Std. zurück zum Parkplatz führen. Beim nächsten Abzweig bleiben wir geradeaus Richtung Olifantsbos und folgen damit ein Stück dem Overnight-Trail (Tour 10). Die Ebene vor uns ist übersät mit Gräsern und Rietgewächsen, dazwischen Zuckerbusch-Stauden, Eriken und Gelbbüsche. Mit etwas Glück kann man hier durchaus ein paar Bergzebras oder Buntböcke entdecken.

Nach etwas mehr als 2 Std. Gehzeit am **Sirkelsvlei (5)** angekommen, verlassen wir den Overnight-Trail nach links Richtung Olifantsbos. Der See ist eigentlich sehr seicht, wirkt durch die schwarz-dunkle Wasserfärbung aber wie ein tiefer Graben. Wir gehen zwischen grünen Baumpagoden hindurch ein Stück am Ufer entlang.

Im letzten Abschnitt unserer Runde geht es noch einmal leicht aufwärts, zwischen teils hohen Steinbrocken und -platten hindurch, am Canyon Die Kloof vorbei, bis zu einer Anhöhe, hinter der die geteerte Zufahrtsstraße zum Parkplatz auftaucht. Wir steigen den Hang hinunter, überqueren die Straße und sind wieder am Parkplatz an der **Olifantsbos Bay (1)**.

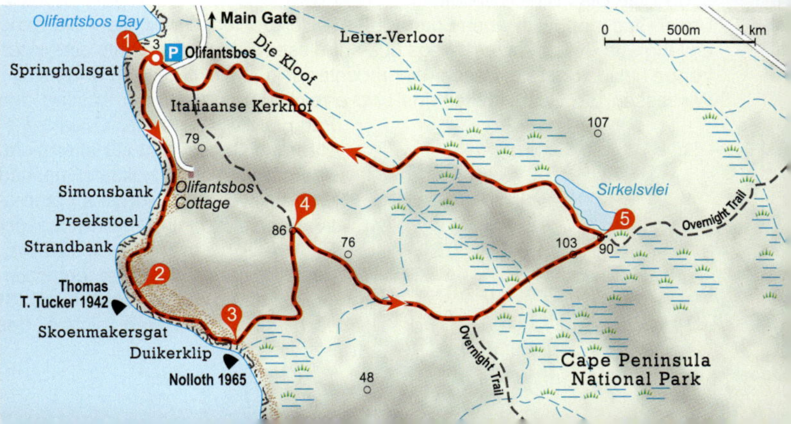

9 Cape of Good Hope Scenic Walk

2.15 Std.

Wind und Wellen am südwestlichsten Punkt Afrikas

Täglich strömen mehr als 5000 Besucher aus aller Welt zum Kap an die südwestlichste Spitze des afrikanischen Kontinents; viele nur, um sich vor der berühmten Holztafel am Kap der Guten Hoffnung ablichten zu lassen oder mit der kleinen Zahnradbahn am Cape Point zum alten Leuchtturm hochzufahren. Der alte Turm ist Ziel unseres Spaziergangs entlang der windumwehten Steilküste. Seine Funktion hat er allerdings verloren, denn nach dem Untergang der Lusitania 1911 am Bellow's Rock vor der Kapspitze musste ein neuer, etwas tiefer auf einer Felsnase sitzender Turm seine Aufgaben übernehmen. Zu oft war der alte Turm in Nebel und Wolken versunken, statt den Seeleuten lebenswichtige Signale zu senden.

Ausgangspunkt: Parkplatz am Cape of Good Hope, 2 m. Anfahrt: Vom Haupteingang des Cape Peninsula National Park nach ca. 11 km Fahrt, kurz vor Erreichen einer kleinen Verkehrsinsel, rechts Richtung Cape of Good Hope, noch 3 km.
Höhenunterschied: 230 m.

Anforderungen: Einfaches Gehen auf gut unterhaltenen Holzstegen an der Steilküste, kurzer Steilanstieg auf Felsstufen am Start der Tour; Vorsicht bei Wind.
Einkehr/Unterkunft: Restaurant »Two Oceans«, Shop und Laden am Cape Point. Unterkünfte auf der Kaphalbinsel.

Nicht zu verfehlen ist der Startpunkt unseres Spaziergangs, links neben dem Holzschild am **Cape of Good Hope (1)**. In den Fels gehauene Stufen führen uns zu der ersten Anhöhe mit Ausblick über die ganze Länge der Kap-Steilküste. Weiter geht es über eine mit Fynbos-Büschen und Gras gedeckte Ebene bis zum Aussichtsbalkon am Cape Maclear, bei dem die Steilklippe vor uns 80 m tief zu einer fast 200 m langen Bucht mit dem weißem Sandstrand der Dias Beach abfällt.
Unser Pfad mündet in einen Boardwalk aus Holzbohlen, der dicht am Steilhang entlangführt. Nach kurzem Wegstück auf diesem Steg führt rechts eine Holztreppe hinab zum Dias Beach. Wer möchte, ist in 5 Min. unten am Strand.
Wir lassen die Bucht hinter uns und erreichen nach kurzem Anstieg den Parkplatz vor dem Two-Oceans-Restaurant. **Cape Point (2)** ist erreicht, ebenfalls auf einer Holztafel markiert und ein weiteres beliebtes Fotomotiv. Rechts hinauf, direkt neben der Flying-Dutchman-Zahnradbahn, geht es nun auf sauber gesetzten Steinstufen zum **Old Lighthouse (3)** von 1860, dem Wahrzeichen des

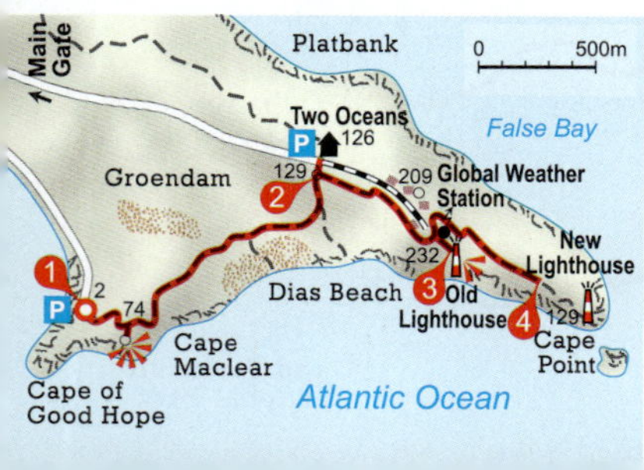

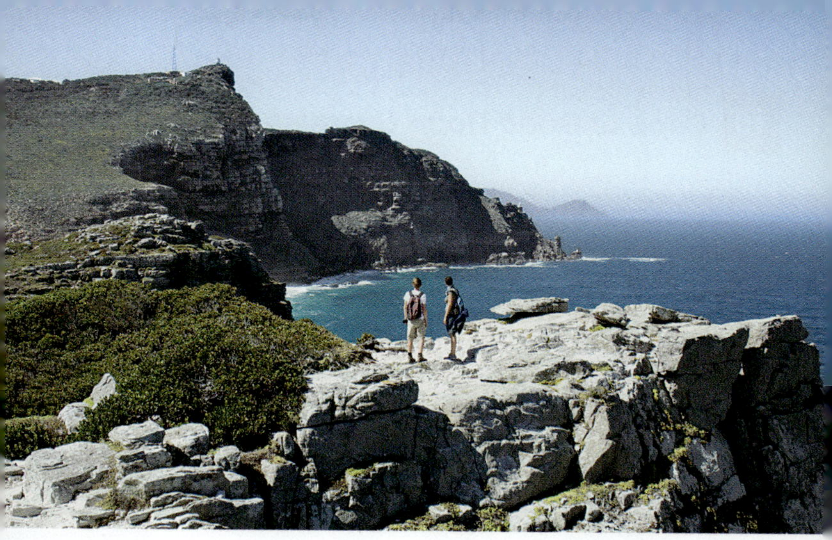

Steilküste am Cape Point.

Kaps. Belohnt werden wir mit herrlichem Rundumblick über die Halbinsel und die False Bay. Meistens ist es sehr windig an diesem Ort.
Beim Abstieg, noch im oberen Streckenteil, sehen wir auf der rechten Seite den Stahlmast der globalen Wetterstation und daneben zwei mit schwarzen Wellplatten gedeckte Häuser, die Historical Lighthouse Cottages von 1860, in denen seinerzeit Besucher des Leuchtturms übernachten konnten. Zwischen diesen beiden Häusern hindurch führt eine schmale Gasse, an deren Ende wir rechts eine kleine Pforte mit dem Schild »Dias Point Lookout« ausmachen. Die Gehzeitangabe von 1.30 Std. ist allerdings weit übertrieben, denn den **Dias Point (4)** etwas oberhalb des neuen Leuchtturms erreichen wir von hier aus in knapp 15 Min. Wir gelangen dorthin auf einem schmalen Weg an der Ostseite der Kapfelsen, die zur False Bay steil abfallen. Hier muss man bei Windböen besonders Acht geben, um sein Gleichgewicht zu halten. Vom Dias Point geht es auf gleicher Strecke zurück zum Parkplatz am **Cape of Good Hope (1)**.

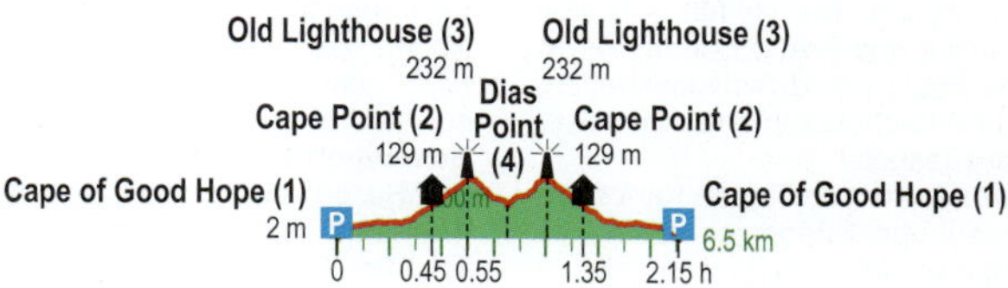

10 Cape of Good Hope Overnight Trail

2 Tage

In zwei Tagen rund um die berühmteste Halbinsel der Welt

Der südlichste Teil des Cape Peninsula National Park ist vor allem bekannt wegen seiner beiden Felsspitzen, dem Cape Point und dem Cape of Good Hope. Die baumlose Landschaft selbst scheint auf den ersten Blick karg und monoton. Beim genaueren Hinsehen allerdings erkennt auch der Laie die enorme Vielfalt der Fynbos-Pflanzenmischung, die hier mit über 2000 verschiedenen Arten auf kleinstem Raum zu beeindrucken weiß. Auf unserer Overnight-Tour können wir sie uns in Ruhe anschauen. Darüber hinaus ist besonders morgens und abends, wenn es ruhig zugeht im Park, die Chance groß für einmalige Tier- und Vogelbeobachtungen: Strauße, Meeres- und Nektarvögel, Buntböcke, Klippschliefer, Agama-Echsen und mit etwas Glück sind unterwegs Bergzebras zu entdecken. Auch die Kapspitze erleben wir auf dieser Runde in ungewöhnlichem Licht. Sonnenauf- und -untergang genießen wir ungestört, während alle anderen Besucher den Park verlassen müssen.

Ausgangspunkt: Parkplatz hinter dem Haupteingang zum Cape Peninsula National Park, 160 m. Anfahrt ab Kapstadt wahlweise über die M3 oder M5 auf der False-Bay-Seite oder über Kommetje und Scarborough auf der Atlantikseite zum Haupteingang des Nationalparks.
Höhenunterschied: Insg. 600 m.
Anforderungen: Einfacher Wanderpfad mit kurzen Klettereinlagen am ersten Tag, am zweiten Tag teilweise auf Sandwegen, teilweise über felsiges Gelände. Sonnenschutz und für den zweiten Tag viel Wasser mitnehmen! Für den langen Rückweg ist außerdem gute Kondition gefragt.
Einkehr/Unterkunft: Café im Buffelsfontein Visitor Centre, Restaurant am Cape Point; in den Übernachtungshütten Selbstversorgung. Die Hütten – Protea Hut, Erica Hut und Restio Hut am Vasco Da Gama Peak – sind mit Stockbetten, Sanitär- und Küchenräumen sowie Fließwasser ausgestattet.
Varianten: Am ersten Tag ab Kanonkop (siehe unten) über Strandweg statt am Visitor Centre vorbei; etwa gleiche Zeit. Beide Tagesetappen oder Teilstücke davon lassen sich auch als Tages- oder Halbtagestouren durchführen; der Transport zurück zum Ausgangspunkt muss allerdings selbst organisiert werden.
Hinweise: Am Main Gate des Nationalparks für Schlüssel- und gegebenenfalls Gepäckübergabe melden.
Es empfiehlt sich, gegen geringes Entgelt Übernachtungsgepäck und Proviant und zu den Hütten transportieren zu lassen, nur mit Tagesrucksack ist besonders die lange zweite Tagesetappe angenehmer zu bewältigen.
Generell lässt sich der Trail in beide Richtungen laufen. Er ist bestens mit Schriftzeichen, Fußabdrücken und Blechschildern markiert. Wir empfehlen die Runde im Uhrzeigersinn. Vorteil: Unterwegs ist die Kapspitze immer im Blickfeld und am Abend, nach Ankunft in den Hütten, ist noch genug Zeit für einen Spaziergang zur Steilküste.
Reservierung: SANPark (siehe »Permits und Reservierungen« auf Seite 10).
Auskunft: Buffelsfontein Visitor Centre, Tel. 021-780 9204.

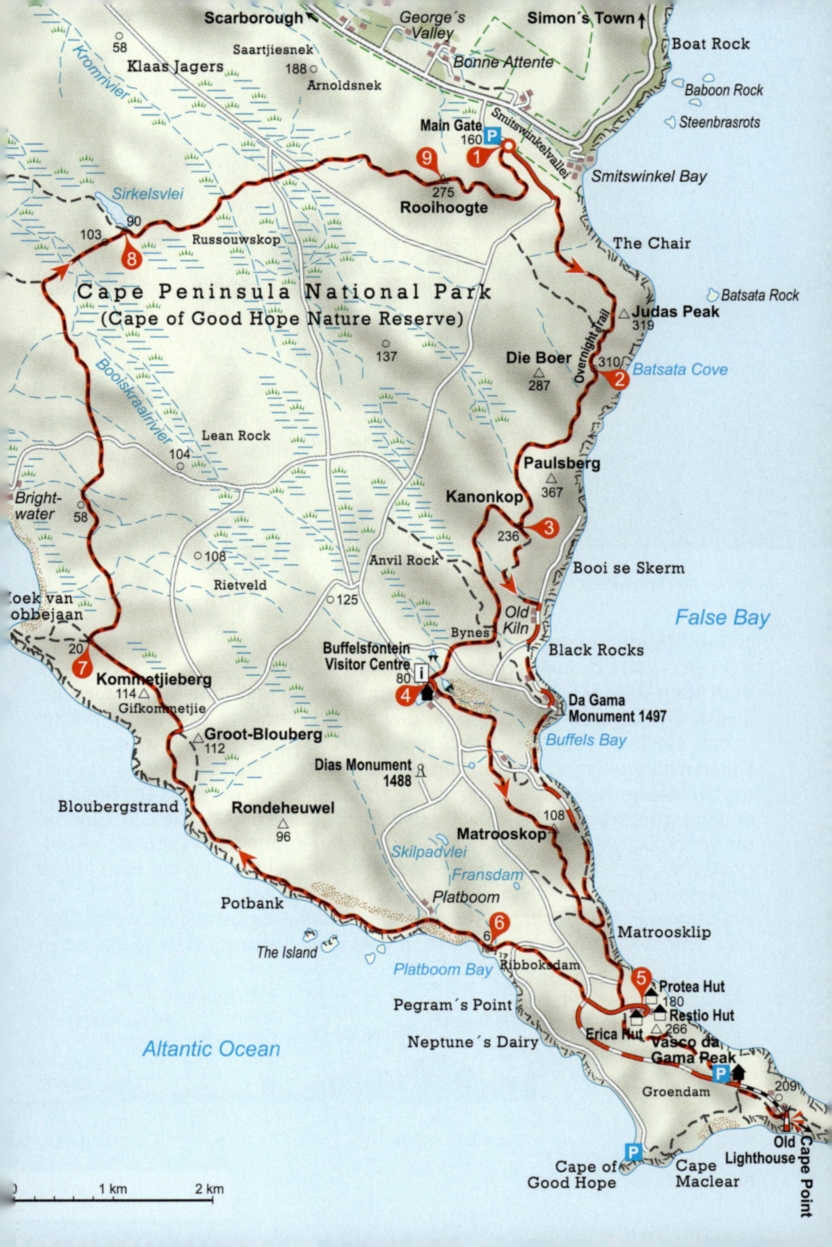

Scarborough
George´s Valley
Simon´s Town
Boat Rock
Baboon Rock
Steenbrasrots
58
Klaas Jagers
Saartjiesnek
188
Arnoldsnek
Bonne Attente
Kromrivier
Main Gate
160
Smitswinkelvallei
Smitswinkel Bay
Sirkelsvlei
90
103
275
Rooihoogte
Russouwskop
The Chair
Cape Peninsula National Park
(Cape of Good Hope Nature Reserve)
Batsata Rock
Judas Peak
319
Overnight Trail
310
Batsata Cove
Die Boer
287
137
Booiskraalrivier
Lean Rock
104
Paulsberg
367
Kanonkop
236
Bright-water
58
108
Rietveld
Anvil Rock
Booi se Skerm
125
Old Kiln
False Bay
Bynes
Black Rocks
Buffelsfontein Visitor Centre
80
20
Kommetjieberg
114
Gifkommetjie
Da Gama Monument 1497
Buffels Bay
Groot-Blouberg
112
Dias Monument 1488
Bloubergstrand
Rondeheuwel
96
108
Matrooskop
Skilpadvlei
Fransdam
Platboom
Potbank
Matroosklip
The Island
Platboom Bay
Ribboksdam
Protea Hut
180
Restio Hut
266
Pegram´s Point
Erica Hut
Vasco da Gama Peak
Neptune´s Dairy
Altantic Ocean
Groendam
209
Old Lighthouse
Cape Point
Cape of Good Hope
Cape Maclear
1 km
2 km

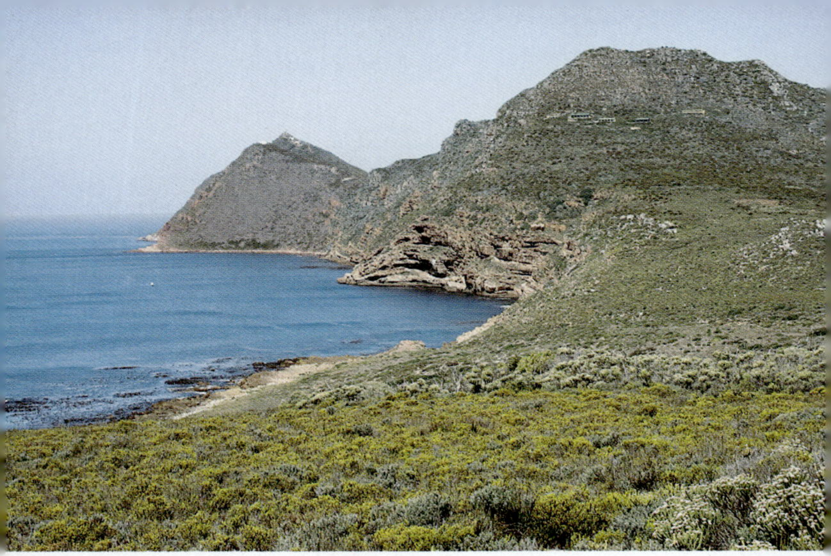

Vasco da Gama Peak mit Übernachtungshütten (rechts); links Cape Point.

1. Tag: Haupteingang Nationalpark – Protea Hut
4.05 Std., 250 Hm Aufstieg, 340 Hm Abstieg, 13,7 km
Vom **Main Gate (1)** des Nationalparks führt eine asphaltierte Straße zur Kapspitze. Wir folgen ihr etwa 800 m, bevor der Overnight Trail nach links ins offene Gelände Richtung False Bay auf einen schmalen Pfad abzweigt. Durch niedrige Fynbos-Vegetation steigen wir sanft, aber stetig an, vorbei an der Westseite des Judas Peak, auf dem kurzen Höhenzug des **De Boer (2)** entlang, vorbei auch am Paulsberg bis zum **Kanonkop (3)**. Die alte Kanone, die vermutlich von den Briten nach der zweiten Kapbesetzung 1806 hier aufgestellt wurde, gehört zu einer Reihe von Signalfeuern, mit der man früher die Ankunft von Schiffen in der False Bay ankündigte.
Bei der folgenden Weggabelung können wir wahlweise geradeaus weiter über den Strandweg zu unserer Unterkunft gelangen (Variante) oder rechts ab in

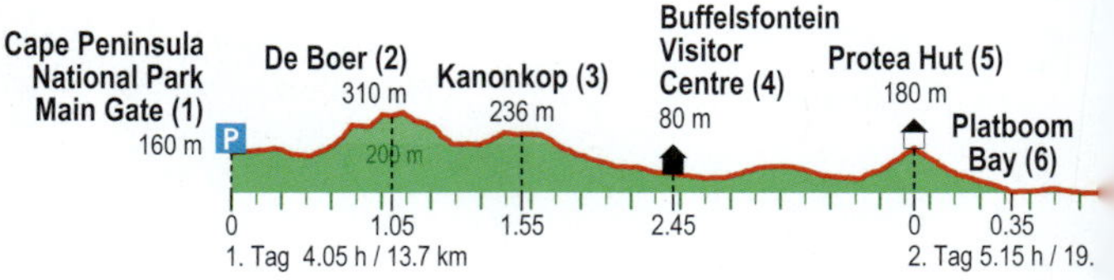

Richtung **Buffelsfontein Visitor Centre (4)** gehen. Wir entscheiden uns für die zweite Möglichkeit, denn im Besucherzentrum können wir uns bei einer Tasse Kaffee über Flora, Fauna und Geschichten am Kap informieren. Das Gebäude ist mit einem Hain von Schirmakazien umgeben. Wir erreichen es über ein kleines Dünenfeld, auf dem der Weg mit gelben Holzstäben markiert wurde.
Nach der Kaffeepause geht es vom Parkplatz, etwa 50 m vor dem Besucherzentrum, auf einem Sandpfad weiter. Er ist mit einem kleinen Blechschild markiert, auf dem ein Wanderer zu erkennen ist.
Es folgt der schönste Streckenabschnitt des ersten Tages. Durch hohe, duftende Proteen-Felder hindurch, vorbei an der Bucht von Buffels Bay mit ehemaliger Walfangstation, über die Meadows-Grasfelder hinweg, auf denen häufig Buntbock-Antilopen weiden, bis an die Steilküste vor dem Rooikrans Whalewatching Point. Von dort aus erkennt man bereits sehr gut die flachen Übernachtungshütten unterhalb des Vasco da Gama Peak. Sie gehören zu einer alten, gut erhaltenen, aber nicht mehr benützten Radarstation aus dem Zweiten Weltkrieg.
Wir überqueren die Asphaltstraße, die im Bogen zur Radarstation führt, und kommen auf der Abkürzung dorthin wenig später bei den Übernachtungshütten an. Wir wählen die **Protea Hut (5)**.
Für den optionalen Ausflug zum Kap lassen wir unser Gepäck zurück. Wer noch etwas klettern mag, nimmt den Trampelpfad über den Vasco da Gama Peak (er beginnt rechts neben der Restio- und Protea-Hütte); wer es geruhsamer angehen möchte, geht die letzten 2½ km über die geteerte Zufahrtsstraße zum Cape Point.

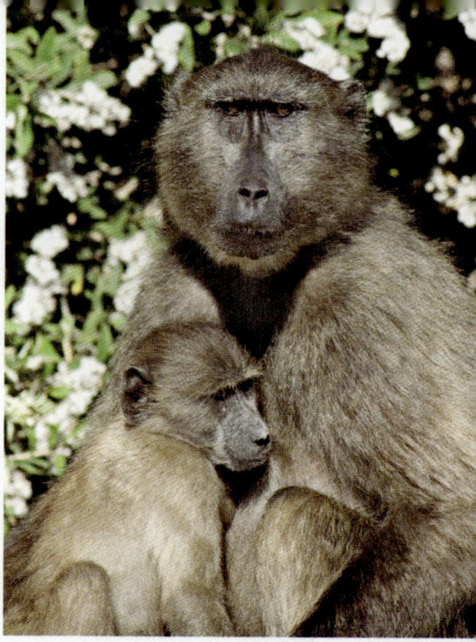
Tschakma-Paviane am Kap.

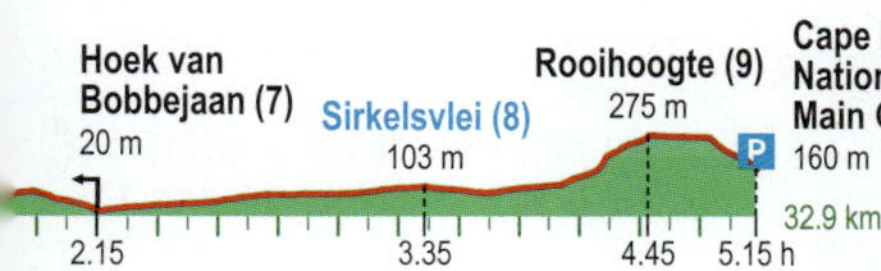

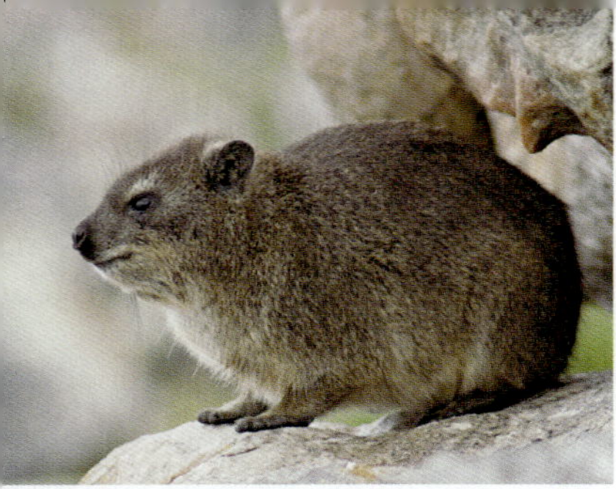

Trifft man sicher: Klippschliefer (Rock Dassie).

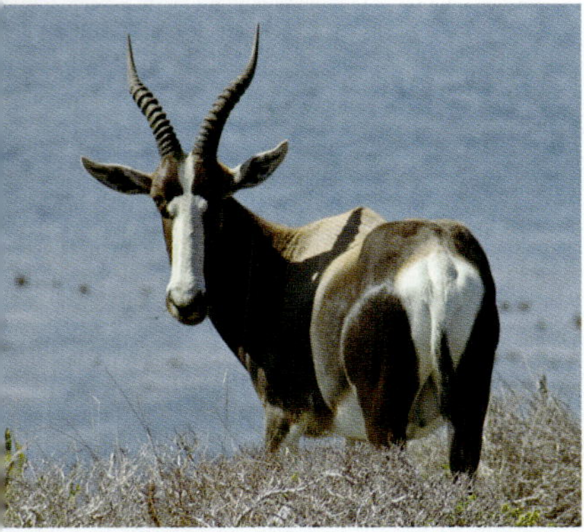

Trifft man sehr wahrscheinlich: Buntbock.

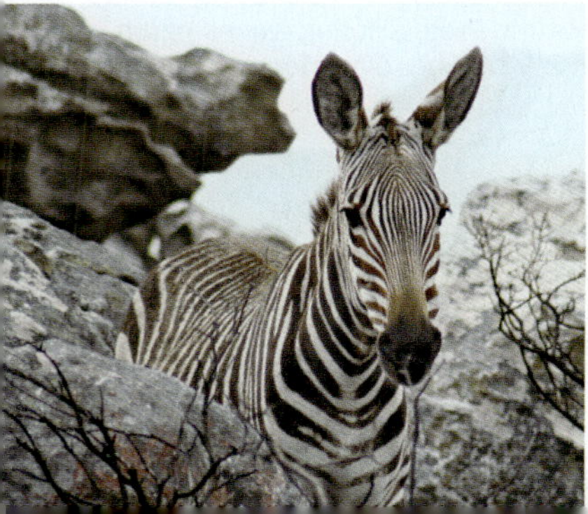

2. Tag: Protea Hut – Haupteingang Nationalpark

5.15 Std., 230 Hm Aufstieg, 360 Hm Abstieg, 19,3 km

Die Tagesetappe wird sehr lang; wir brechen daher früh auf. Zurück auf der geteerten Zufahrtsstraße zur Radarstation, bleiben wir auf ihr bis zur Hauptstraße, die zum Cape Point führt, überqueren diese, den gelben Fußabdrücken folgend, durch Fynbos-Büsche hindurch, bis zur nächsten Hauptstraße zum Cape of Good Hope. Auch diese überqueren wir (Schild »Platboom«) und gelangen alsbald zur **Platboom Bay (6)** und dort zum Strand (Schild »Beach«). Auf ein paar Felsplatten sonnen sich Klippschliefer, die erst wegspringen, wenn wir uns ihnen bis auf wenige Meter nähern.

Der Pfad entlang der Küste ist im Folgenden seitlich mit Steinplatten begrenzt oder durch Holzpfähle mit gelbem Kopf markiert; aber auch dort, wo die Markierung aussetzt, ist der Weg nicht zu verfehlen. 10 Min. über den Strand und anschließend über festes Dünengelände gehen wir bis zum Parkplatz bei Platboom (WC-Häuschen, aber kein Trinkwasser). Noch einmal kehren wir zur Wasserkante zurück, diesmal durch ein Sanddünen-Feld und auf flachen Klippen Richtung Norden. Viele Strandvögel begleiten uns: Dominikanermöwen und Ibisse, Nilenten und Kiebitze, Kormorane und Austernfischer.

Für die nächsten 5 km Wegstrecke wechseln wir zwischen festem Dü-

Trifft man nur mit Glück: Kap-Bergzebra.

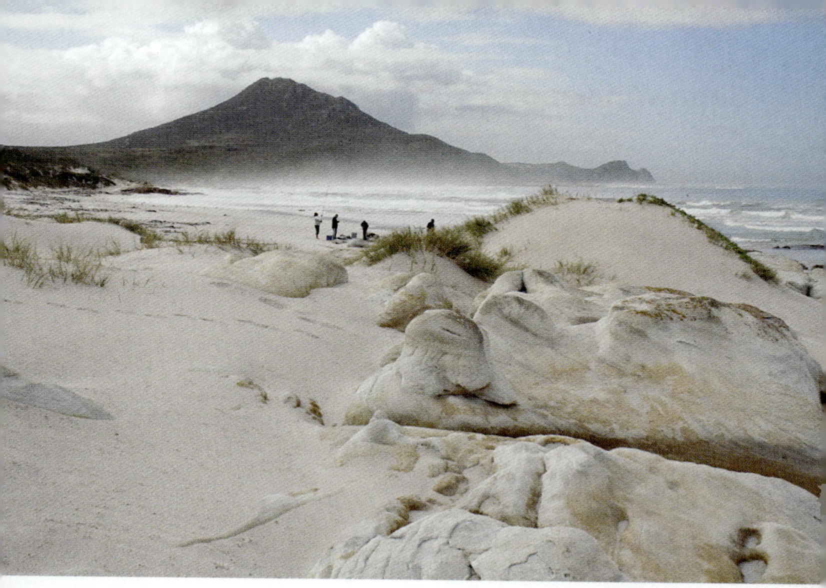

Am Strand von Platboom.

nenpfad, in etwa 30 m Entfernung parallel zur Wasserlinie, Kiesstrand, Marschlandschaft und Sandwegen. Jenseits der Bucht steigt das Gelände rasch zu den gut 100 m hohen Höhenzügen mit den flachen Kuppen von Rondeheuwel, Groot-Blouberg und Kommetjieberg. Nach fast 3 Std. Gehzeit erreichen wir die Markierung **»Hoek van Bobbejaan« (7)**, eine Landzunge, an der ein altes Schiffswrack zu finden ist. Den Abstecher dorthin sparen wir uns allerdings, weil noch ein langes, schattenloses Wegstück landeinwärts vor uns liegt.
Zunächst erwartet uns Marschland mit Restio-Büschen, dann leicht ansteigendes, felsiges Terrain mit ein paar markanten Steingruppen. Es geht vorbei an den Abzweigen links zum Olifantsbos Parking und etwas später ebenfalls links zum **Sirkelsvlei (8)**, 5 Std. sind wir bis hierhin unterwegs. Am Sirkelsvlei-Punkt bleiben wir weiter auf unserem Kurs Richtung Main Gate. Die Angabe »1.30 Std.« ist allerdings weit untertrieben, man muss noch gut 1 Std. dazurechnen.
Wir kreuzen einen Schotterweg, 300 m weiter die Teerstraße zur Olifantsbos Bay und gelangen zum Fußpunkt der letzten Hügelkette auf unserer Tour. Das ist hart, kurz vor dem Ende noch zwei giftige Anstiege! Zunächst 150 m hoch auf den **Rooihoogte (9)**, der uns ein letztes Mal einen Rundumblick über die Kaplandschaft bietet, anschließend in die Senke vor dem Nachbargipfel, dann noch einmal kurz hoch, um die Kuppe herum und schließlich hinunter zum Parkplatz am **Main Gate (1)**.

Cape Winelands

Südafrikas Weine gehören zu den besten der Welt. Die Trauben von Merlot, Shiraz, Chardonnay und Sauvignon finden ideale Wachstumsbedingungen. Die Böden sind fruchtbar, die Sonne scheint fast ganzjährig, das Klima ist mild. Am bekanntesten sind die Weinbaugebiete um Stellenbosch, Somerset West, Paarl, Wellington und Franschhoek. Nur 1–2 Std. Autofahrt von Kapstadt in westliche Richtung auf der N1 oder N2 und schon ist man dort.

Malerisch liegen die traditionsreichen Weingüter mit weiß getünchten Reetdachhäusern inmitten gerade gezogener Reihen von Weinstöcken. Schroffe Bergketten gliedern die Landschaft. Zusammen entstehen perfekte Postkartenmotive, mit denen Weinfreunde aus aller Welt angelockt werden. Wer eintauchen möchte in dieses Weinvergnügen, macht dies am besten mit einer ganztägigen »Winetasting«-Tour; wer nahe an der Quelle sein möchte, quartiert sich in einem der schönen Gästehäuser direkt auf einem Weingut ein.

Stellenbosch hat sich zum zentralen Angelpunkt für den Tourismus entwickelt. Die zweitälteste von Europäern gegründete Siedlung Südafrikas bietet eine sehenswerte Innenstadt mit denkmalgeschützten Häusern und Kastanienalleen aus der Zeit der Ostindien-Kompanie. Die Universität gehört zu den bestangesehenen des Landes.

Weingut in der Nähe von Stellenbosch.

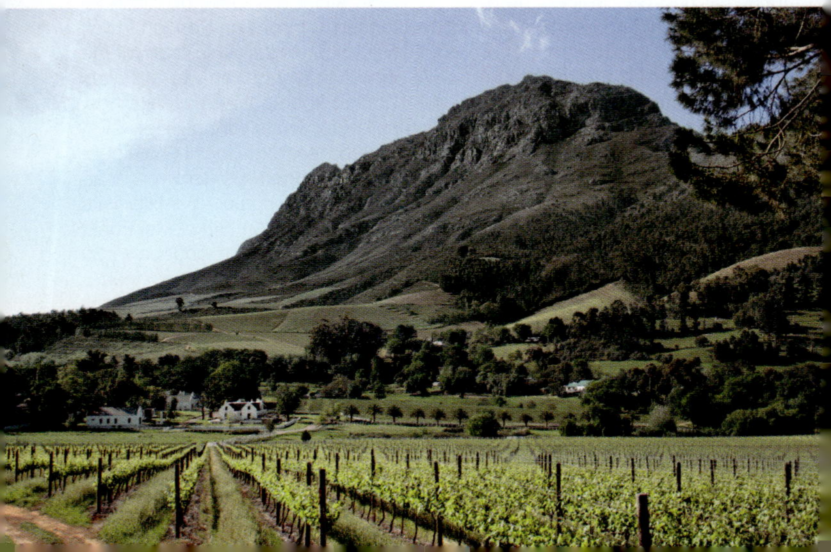

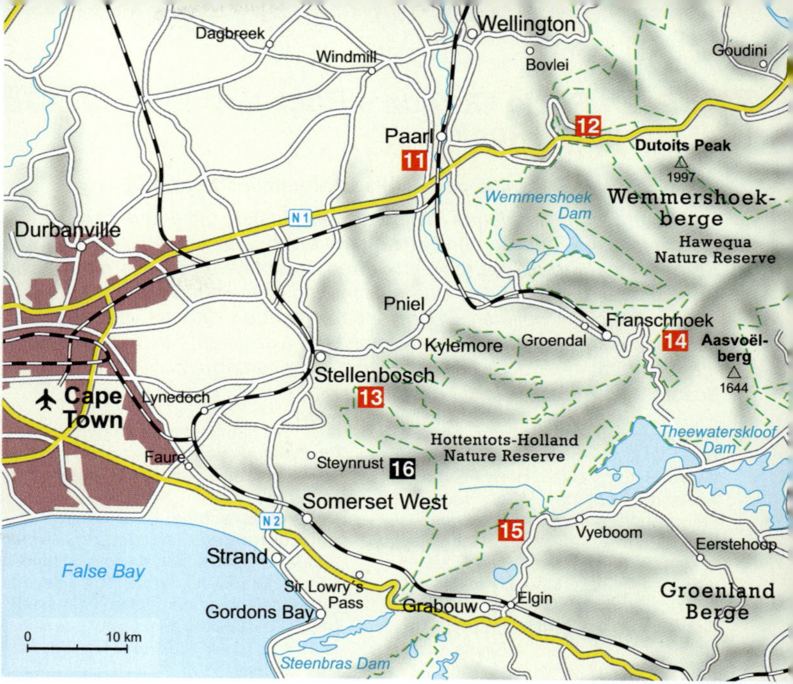

30 km weiter entfernt, versteckt in einem ruhigen Talende zwischen Drakenstein- und Wemmershoekbergen, liegt der kleine Ort **Franschhoek**, ehemals Quartier français. Gegründet von ein paar Hundert französischen Hugenotten, trifft man hier unverkennbar auf ein Stück gelebtes Frankreich: französische Straßennamen und Flaggen, Bistros und einige der besten Restaurants des Westkaps mit französischer Küche.

Weiter im Süden des Distrikts finden wir **Somerset West** am Fuß des Helderbergs, eine wachsende Gemeinde mit einem hohen Anteil an deutschsprachigen Ganz- und Teilzeitbewohnern. Man ist hier nah am Wein, nah an Kapstadt und nah am Meer – so lässt es sich angenehm leben.

Natürliche Grenze am Ostrand des Ortes sind die **Hottentots-Holland Mountains**, deren Ausläufer weit in die Weinbaugebiete ragen.

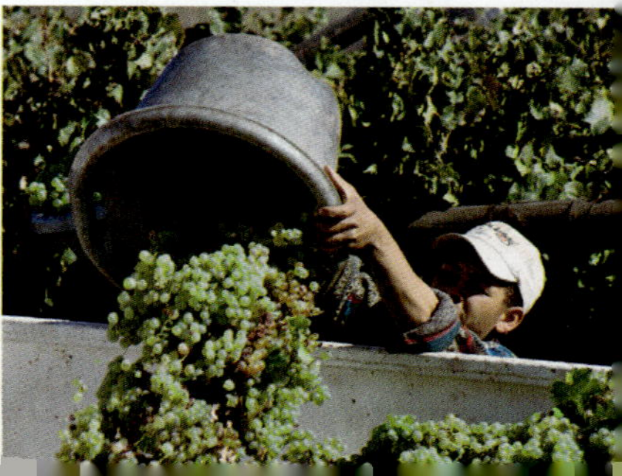

Weinernte im März.

11 Paarl Rock, Gordon's Rock und Bretagne Rock

0.45 Std.

Klettern auf den Granitkugeln im Paarl Mountains Nature Reserve

Das Paarl Mountains Nature Reserve ist ein kleines, gut 600 m hohes Felsmassiv mit zwei Stauseen und mehreren kurzen Spazierstrecken, die durch Berg-Fynbos und Graslandschaft führen. Hauptattraktion und gleichzeitig Wahrzeichen der Stadt sind drei riesige, von allen Seiten weithin sichtbare Kugeln mit blank polierter Oberfläche. Entstanden sind sie vermutlich vor Millionen von Jahren als Folge vulkanischer Aktivitäten: Aufsteigende Magma erkaltet und wird zu hartem Granit, Verwitterung mit Wind und Regen besorgt den Rest.

Ausgangspunkt: Parkplatz am Paarl Rock, 518 m. Anfahrt: Von der N1 aus Kapstadt kommend in Höhe Paarl an der Ausfahrt Richtung Main Road/Paarl/Franschhoek auf die R45 abbiegen, nach knapp 2 km von der Main Road links ab in den Jan Philips Mountain Drive (Hinweisschild »Paarl Mountains Reserve«). Der Schotterweg gabelt sich nach 2 km, hier rechts weiter zum Mountain Reserve. Nach weiteren 4 km aufwärts passiert man ein Picknickareal mit Infotafel, 1 km weiter gelangt man zum Parkeingang. Nochmals 2 km auf holpriger Piste, dann direkt vor dem ersten Granitdom parken. Eine Weiterfahrt ab hier ist nicht zu empfehlen, da der Zustand des Weges immer schlechter wird.

Höhenunterschied: Etwa 120 m.

Anforderungen: Weitgehend leichte Runde mit einfachen Kletterabschnitten auf den Granitkugeln, bei Nässe besteht Rutschgefahr auf der glatten Felsoberfläche. Beim Aufstieg zum Gipfel des Bretagne Rock ist ein Geländer aus Stahlseilen montiert.

Einkehr/Unterkunft: Am Weg keine. In Paarl alle Kategorien.

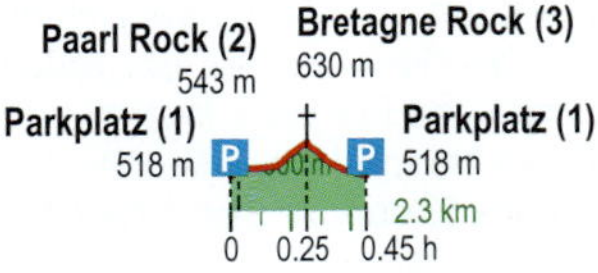

Schon auf der Anfahrt erkennen wir, was die Faszination dieser Granitdome ausmacht: Überall verstreut im Gelände liegen einzelne große Kugeln, bizarr fast, aber irgendwie in labilem Gleichgewicht. Bei einigen scheint es, als würde nur ein kleiner Stoß genügen, um sie die Hänge hinunterrollen zu lassen.

Unsere Kurztour beginnt mit einem 5-Minuten-Abstecher vom **Parkplatz (1)** auf den Rücken des **Paarl Rock (2)**, von dem aus wir weit über Paarl, die Weinfelder und die hintere Bergkette schauen können. Die Felsoberfläche ist glatt, wir können uns nur vorsichtig an den Rand der Kugel bewegen.

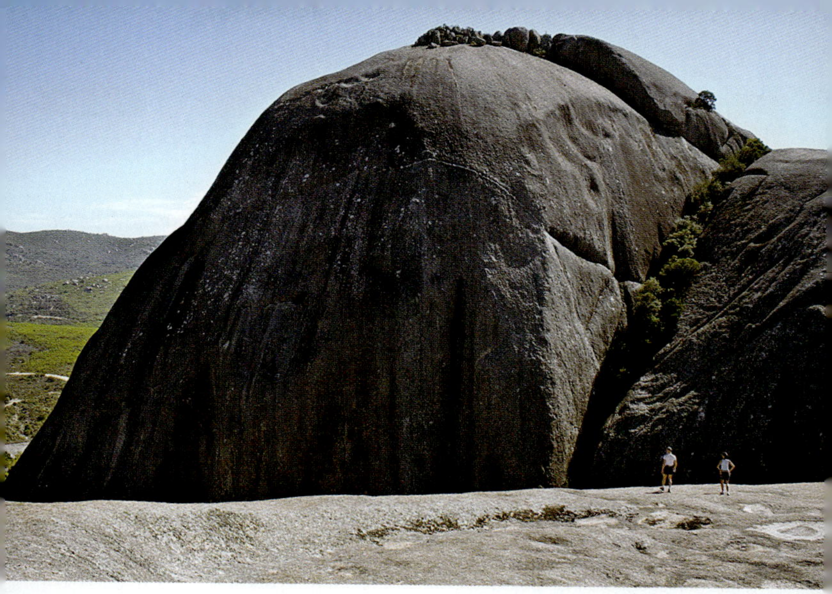

Gordon's Rock.

Vom Paarl Rock aus gehen wir zurück zum Parkplatz und dort nach links auf dem holprigen Schotterweg bergan bis direkt unterhalb der beiden größten Felskugeln, dem Bretagne Rock auf der linken und dem Gordon's Rock auf der rechten Seite. Gordon's Rock ist beliebter Treffpunkt für Kletterer, die Kugeloberfläche bietet eine ganz besondere Herausforderung.

Ein Trampelpfad führt an diesem Kletterberg leicht aufwärtssteigend entlang, vorbei an einer kleinen Felshöhle, genannt Danssaal, und einem Abzweig ins Gebüsch unterhalb des Gordon's Rock, bis zu einer schwach geneigten Granitplatte am Fuße des **Bretagne Rock (3)**. Ab dort ist für die letzten 100 m zum Hochpunkt der Kugel ein Geländer mit einem Stahlseil angebracht. Vom Gipfelpunkt aus haben wir erneut herrliche Rundumsicht, diesmal bis zu den entfernten Wemmershoekbergen.

Der Abstieg zurück zum Ausgangspunkt erfolgt auf gleicher Strecke.

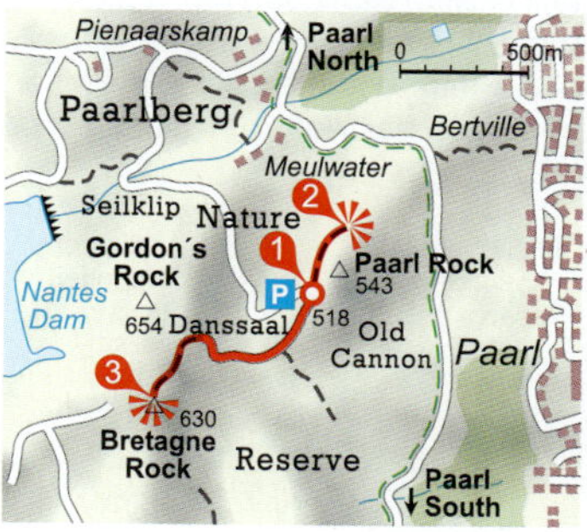

12 *Kromrivier Trail*

3.00 Std.

Rock-Hopping zu zwei erfrischenden Badepools

Das Limietberg Nature Reserve östlich von Paarl und Wellington ist Quellgebiet vieler kleiner und großer Gebirgsbäche. Die Schluchten von Elands- und Kromrivier, Bobbejaans River und Witte River sind besonders an heißen Sommertagen beliebte Ausflugsziele für Picknick- und Badevergnügen. Der Kromrivier muss auf seinem Weg zur Einmündung in den Molenaarsrivier mehrere Höhenmeter mit Wasserfällen und Stromschnellen überwinden. An einer Stelle fällt er in zwei kurz hintereinander folgenden Sprüngen besonders steil ab und bildet dabei große Badepools. Sie sind das Ziel unserer Wanderung.

Ausgangspunkt: Parkplatz am Zugang zum Limietberg Nature Reserve, 455 m. Anfahrt: Auf der N1 an Paarl vorbei Richtung Worchester, durch den Huguenot-Tunnel, 400 m hinter der Tunnelausfahrt links auf ein einspuriges Einbahnsträßchen abbiegen (braunes Schild mit Wanderer-Symbol und »P«-Zeichen), nach 500 m parken.

Höhenunterschied: Etwa 60 m.

Anforderungen: Anfangs einfacher Hangpfad, am Kromrivier felsiger Steig über Steine und Felsbrocken, streckenweise auch im Bachbett; etwas heiklere Stellen mit Stahlseilen gesichert.

Einkehr/Unterkunft: Am Weg keine. In Paarl alle Kategorien.

Tipp: Badesachen nicht vergessen!

Das Naturschutzgebiet ist vom **Parkplatz (1)** mit einem Zaun und einem eisernen Tor abgetrennt. Links neben dem zumeist geschlossenen Tor ist eine schmale Öffnung für Wanderer und Angler im Zaun freigehalten. Ein breiter Sandweg führt uns von dort zu einer Betonbrücke über den Molenaarsrivier. »Unser« Kromrivier mündet etwa 500 m weiter westlich in diesen Fluss ein.
Direkt hinter der Brücke entdecken wir einen Trampelpfad, der links vom Sandweg abzweigt, unter der Trasse der N1 hindurch. Etwa 100 m weiter fällt er eine Stufe von ca. 150 cm ab und gabelt sich dahinter. Wir haben die Wahl: links, direkt am Ufer des Molenaarsrivier, verbunden mit einer kleinen Klettereinheit über die Felsen, oder rechts schräg den Hang hoch, ebenfalls parallel zum Flusslauf, aber auf sicherem Steig. 100 m weiter flussaufwärts vereinen sich beide Routen wieder. Noch ein kurzes Stück bleiben wir in Flussnähe, immer am Hang entlang, etwa 15 m über der Wasseroberfläche und 30 m vom Ufer entfernt, zunächst noch die N1 und den Ausgang des Huguenot-Tunnels, dann die alte Passstraße R101 nach Paarl mit

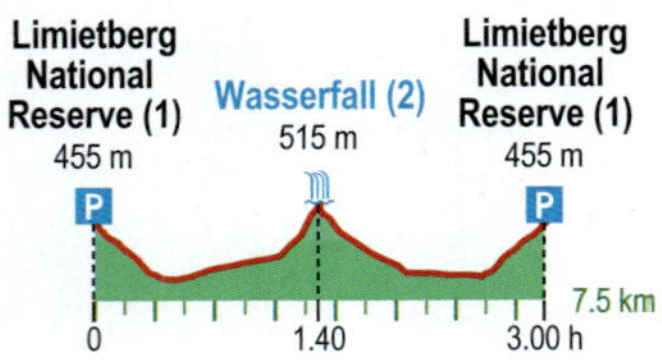

dem kleineren Du-Toitskloof-Tunnelausgang vor Augen.
Nach 0.30 Std. Gehzeit verlassen wir das Ufer des Molenaarsrivier und drehen nach rechts in die Schlucht des Kromrivier. Ab hier schlängelt sich der Pfad zunächst rechtsseitig, dann auch linksseitig am Bachbett entlang. Die Markierungen setzen manchmal aus oder sind verwaschen. Stets ist aber die Route auszumachen. Wir kreuzen den Fluss insgesamt viermal.
Die Schlucht wird enger, wir erreichen eine schöne kleine Badegumpe nach gut 1 Std. Gehzeit, durchstreifen ein dichtes Feld mit hohem Schilfgras und erreichen schließlich ein schattiges kleines Waldstück. Die moosbedeckten Felswände der Schlucht ragen hier steil empor, Wasser tropft herunter, der Boden ist mit Baumwurzeln übersät, Farne stehen im Unterholz und Lianen hängen von den Bäumen. Das hat man hier nun gar nicht erwartet! Wenig später sind wir am ersten der beiden Badepools, etwa 10 x 20 m groß, der kurze Abgang hinunter zu ihm ist mit Stahlketten zum Festhalten gesichert.
Um den zweiten Pool zu erreichen, müssen wir auf nassem Fels weiter in die Schlucht hinaufklettern. Auch hier sind Stahlseile zur Sicherung angebracht, ohne Kraxeln geht es allerdings nicht. Das obere Becken ist noch größer als der untere Pool; der schmale **Wasserfall (2)** hat eine Höhe von ca. 80 m.
Nach erfrischendem Sprung ins Wasser und stärkendem Picknick geht es auf gleichem Weg zum **Parkplatz (1)** zurück.

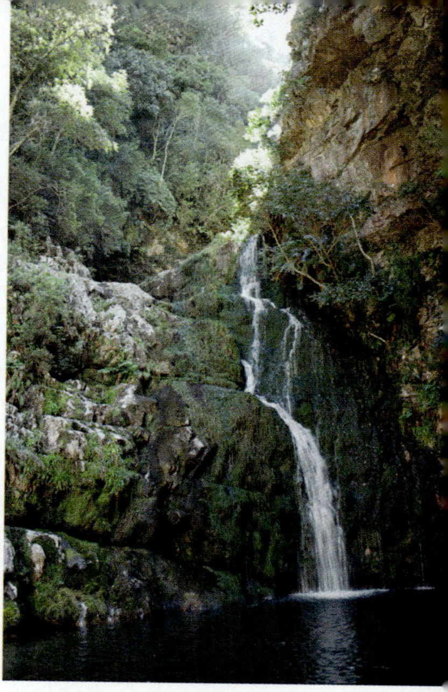

Wasserfall am Kromrivier.

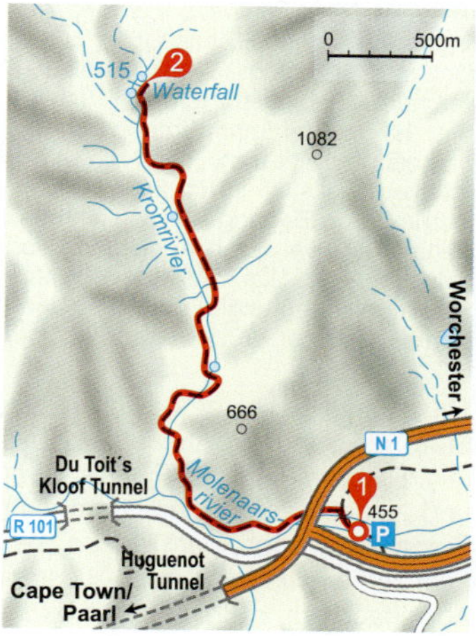

13 Jonkershoek Panorama Circuit

5.45 Std.

Erst der Aufstieg, dann das Vergnügen!

Das Jonkershoek Valley gehört zu den schönsten Tälern in der Umgebung von Stellenbosch. 12 km weit zieht es sich vom Universitätsgelände am Stadtrand in südöstliche Richtung bis hinauf zum Talschluss am Jonkershoek Nature Reserve. Die Strecke dorthin erfreut sich großer Beliebtheit. Studenten nach ihren Vorlesungen und Berufstätige nach Feierabend zieht es joggend auf dem eigens angelegten Fußgängerweg oder mit dem Mountainbike die Allee ins Tal hinauf und hinunter. Weinfelder, Wiesen und schattige Bäume machen den Reiz der Landschaft aus. Im angrenzenden Jonkershoek-Naturpark erwartet den Sports- und Wanderfreund dann noch ein Leckerbissen: Ein prächtiges Bergpanorama mit den über 1500 m hohen Bergketten der Twin Peaks, Ridge Peaks und Banghoek Peaks auf der Nordseite und dem Guardian Peak und Pic-sans-Nom auf der Südseite umschließt das Talende.

Ausgangspunkt: Parknische an der Witbrug (Brücke) im Jonkershoek Nature Reserve, 371 m. Anfahrt: Von der N2 aus Richtung Kapstadt kommend links auf die R310 Richtung Stellenbosch abbiegen, am Ortsanfang von Stellenbosch links in die Adamtas Street (R44 aus Somerset West) Richtung Wellington/Franschhoek, nach etwa 500 m rechts Richtung Universiteit/Jonkershoek abbiegen (grünes Schild). Hier auf der Merriman Street durch das Unigelände hindurch den Hinweisen »Jonkershoek« für 11 km folgen bis zur Schranke am Eingang zum Jonkershoek Nature Reserve. Nach Anmeldung von dort noch 6,5 km auf der Einbahn-Schotterpiste entgegen dem Uhrzeigersinn bis zu einer Brücke (Witbrug) über den Eersterivier, dahinter links oder rechts parken. Wahlweise kann man das Fahrzeug auch 100 m vor der Brücke, am Endpunkt des Circuit (»2. Waterval Trail 6,3 km«) abstellen.

Höhenunterschied: 880 m.

Anforderungen: Aufstieg auf gut begehbarem Bergpfad, im Mittelteil etwas ausgetretener Trampelpfad in kurzzeitig steilem Gelände, beim Abstieg in die Kurktrekkerkloof im oberen Teil steil und etwas geröllig.

Einkehr: Getränke und Snacks im »Tea Garden« am Parkeingang (Mo geschlossen), am Weg keine. Das Bachwasser ist problemlos trinkbar. Unterkünfte in allen Kategorien in Stellenbosch.

Hinweis: Jonkershoek NR geöffnet von 8.00–18.00 Uhr, Tel. 021-866 1560.

100 m hinter unserer kleinen **Witbrug (1)** über den Eersterivier, ein kleines Stück die Schotterpiste entlang, beginnt unser Trail (Schild »Panorama Route«). Durch meterhohe Fynbos-Sträucher, garniert mit Blauem Zuckerbusch und Nadelkissen-Protea, zieht sich der Pfad steil am Südhang des Third Ridge Peak hoch, dem dritten der drei Ridge-Peak-Geschwistergipfel. Die Pflanzen wachsen so hoch, dass nur wenig von der Gegend zu sehen ist. Aber nach gut 1 Std. Gehzeit wird es lichter, wir erreichen einen Bach, um-

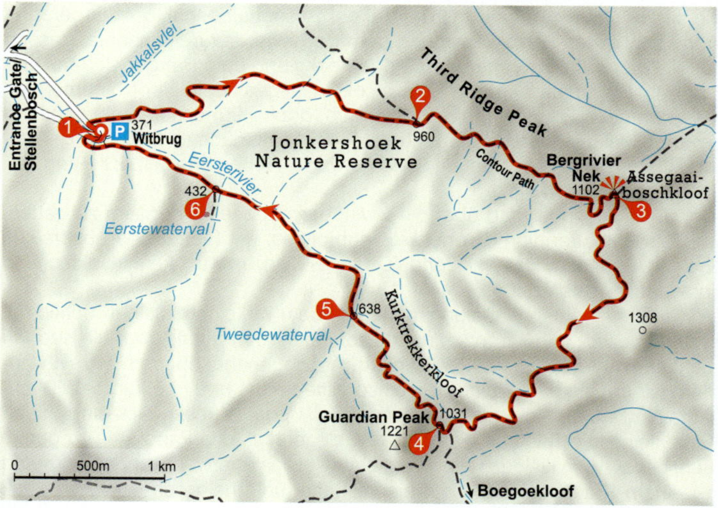

geben von ein paar knorrigen wilden Olivenbäumen, überschreiten ein kleines Geröllfeld und einen weiteren Bach, bis der Steilanstieg gut 0.30 Std. später den von links einmündenden **Contour Path (2)** mit aufnimmt.
Ab hier läuft es sich jetzt angenehm leicht. Wir haben Zeit, nach unten ins Tal zu schauen, mit etwas Glück und einem guten Fernglas lässt sich manchmal auch ein Felsadler ausmachen, der unter uns seine Kreise zieht. Noch einmal überqueren wir einen Bach in einer baumgesäumten Felsnische, direkt unterhalb des Sattels am **Bergrivier Nek (3)**. Diesen erreichen wir nach einem weiteren kurzen, aber giftigen Anstieg im Zickzack-Kurs. Was für ein wunderbarer Platz! Zwei Täler im Blick, hinter uns das Jon-

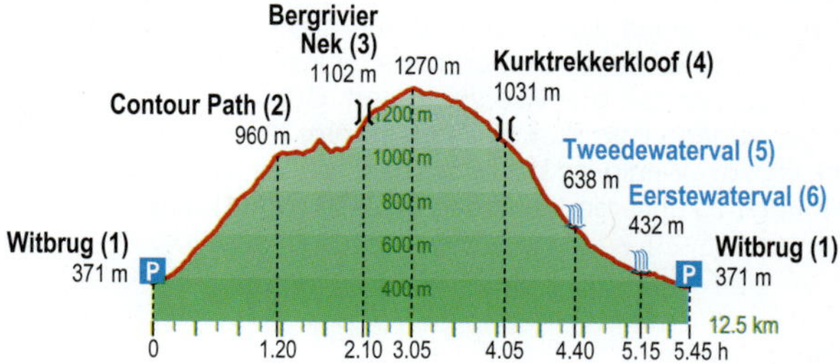

kershoek Valley und vor uns das Tal der Assegaaiboschkloof, eingerahmt von zerklüfteten Felswänden und dem Bergrivier auf der Talsohle, dessen Quelle hier oben zwischen den Ridge Peaks und dem Banghoek Peak entspringt. Geradeaus könnte man in die Assegaaiboschkloof hinuntersteigen, um nach Franschhoek zu gelangen, doch wir müssen rechts entlang weiter (Schild »Dwarsberg, Kurktrekker«). Für die nächste 0.30 Std. geht es direkt am Berg auf schmalem Steig aufwärts. Neben uns fällt der Hang teilweise steil ab.

Der anschließende Pfad über die Dwarsberg-Ebene ist bequem zu gehen, an Felsskulpturen vorbei, über teils sumpfiges, mit Rietbüschen übersätes Gelände, auf dem kleine, klebrige Drosera-Pflanzen wachsen. Insekten sind ihre Lieblingsmahlzeit.

Wir erreichen einen Gabelungspunkt, an dem wir, einem kleinen Schild mit Schuhabdruck folgend, nach rechts abbiegen (geradeaus über die Kuppen geht es Richtung Victoria Peak weiter). Auf angenehm ebenem Terrain wandern wir um ein paar kleine Bergeinschnitte herum und über ein paar Bachläufe hinweg, bis sich das Jonkershoek-Tal wieder in unser Blickfeld schiebt. Eine kleines Felsplateau bietet letzte Gelegenheit, das Panorama zu genießen, bevor wir in kleinen Kehren auf einem etwas überwachsenen Saumpfad zu einem Kreuzungspunkt auf einem Sattel unterhalb des Guardian Peak heruntersteigen.

Wir biegen rechts hinunter in die **Kurktrekkerkloof (4)** – »Korkenzieher-Schlucht«. Wahrscheinlich so benannt, weil es hier tatsächlich in scharfen Kurven nach unten geht. Es ist die letzte Etappe unserer Runde. Gut 0.30 Std. lang ist sie steil und viele lose Steine machen das Gehen mühsam, dann ist der Weg wieder mit Stufen aus Holzbohlen gefasst und somit stabilisiert. Bald ist das Rauschen von Wasser zu hören und ein erster lauschiger Badeplatz an einem der vielen Seitenbäche des Eersterivier, der quer durch das Jonkershoek-Tal fließt, ist erreicht. Doch Geduld! Knapp 10 Min. später wird es noch besser, diesmal mit richtig schönen Badepools, die zu einer verdienten Rast einladen. Noch weitere Badegelegenheiten werden folgen, wenn wir dem Bachlauf entlang weiter in die Schlucht absteigen.

Wir gelangen zum Abgang links zum **Tweedewaterval (5)**, lassen ihn unberücksichtigt und gehen weiter hinab durch diese wunderschöne Schlucht, immer in Flussnähe. Sein Volumen hat sich inzwischen durch das Wasser aus vielen Seitenarmen merklich vergrößert. Gut 0.30 Std. des Wegs, dann ist auch der Abgang links zum **Eerstewaterval (6)** erreicht. Auch der bleibt unberücksichtigt. Wenig später erreichen wir die Schotterstraße, der wir rechts hinunter zu unserem Fahrzeug bei **Witbrug (1)** folgen.

Blick auf den Sattel des Bergrivier Nek.

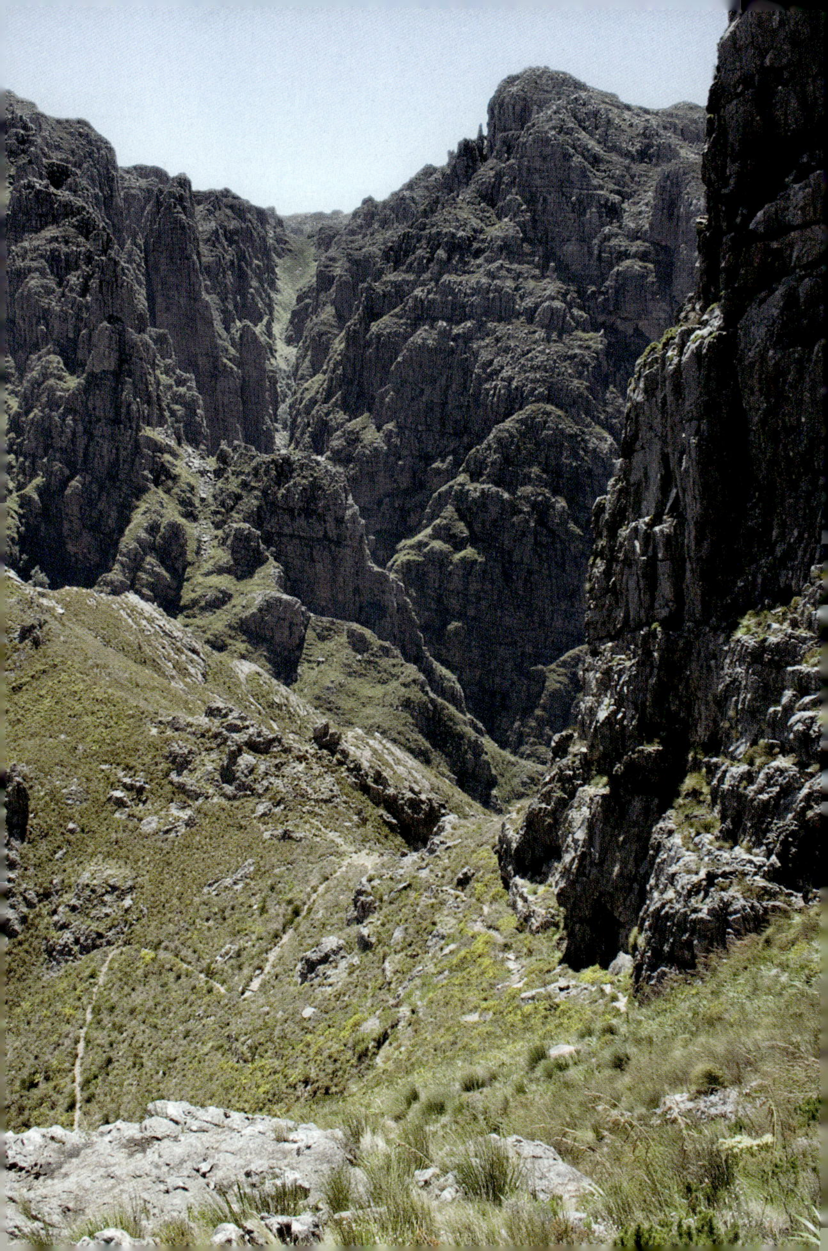

14 Perdekop, 1575 m

6.00 Std.

Hoch hinauf zu den Gipfeln der Wemmershoekberge

Franschhoek ist einer der schönsten Weinorte im Kapland. Umgeben von über 1000 m hohen Kuppen der Wemmershoek-, Franschhoek- und Groot-Drakenstein-Berge liegt der Ort geschützt an einem Talende, quasi in einer Sackgasse, ohne die Hektik pulsierenden Durchgangsverkehrs. Nur über den gut ausgebauten Franschhoek-Pass kommt man auf kurvenreicher Strecke hinauf in die Bergwelt. Sie ist Ziel unseres Ausflugs, bei dem wir an Kuppen und Schluchten vorbei zu einem ihrer höchsten Gipfel aufsteigen.

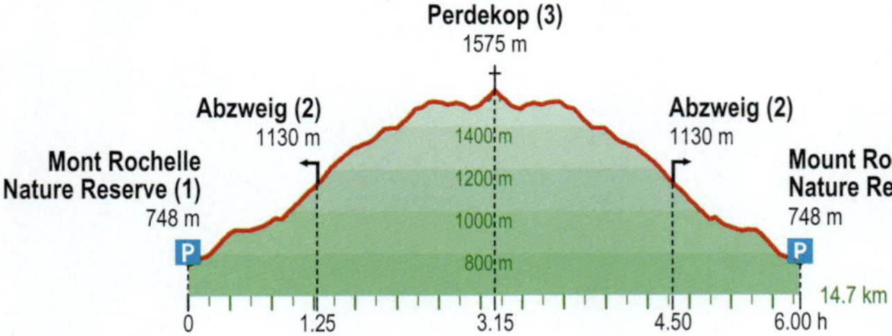

Ausgangspunkt: Parkplatz vor dem Eingangstor zum Mont Rochelle Nature Reserve, 748 m. Anfahrt: Vom Büro der Tourist-Information an der Huguenot Street in Franschhoek ca. 1,5 km bis zum Ortsrand Richtung Franschhoekpas fahren, nach links auf die R45 Richtung Villiersdorp und nach 8 km direkt auf der Passhöhe, 20 m nach einem großen grünen Schild (»Theewaterskloof Nature Reserve«), links auf eine Schotterpiste abbiegen, auf ihr noch 400 m bis zum Zaun.

Höhenunterschied: 830 m.

Anforderungen: Gut ausgetretener Trampelpfad durch Marsch- und Felsgelände; an Sonnenschutz denken sowie Windjacke und Pullover einpacken.

Einkehr/Unterkunft: Am Weg keine. In Franschhoek alle Kategorien, große Auswahl an Bistros, Cafés und Restaurants.

Varianten: Ausgehend vom gleichen Startpunkt: Aufstieg zum Dutoitskop, 1419 m, mit Ausblick auf Franschhoek, von dort rechts weiter quer hinüber zur Perdekop-Route und zum Gipfel. (Gehzeit verlängert sich um ca. 0.45 Std.) oder Aufstieg zum Wemmershoek View Point, 940 m, mit Ausblick zum Wemmershoek Dam (Gehzeit ca. 3.45 Std.).

Hinweis: Das Permit für die Wanderung erhält man in der Tourist-Information an der Huguenot Street in Franschhoek.

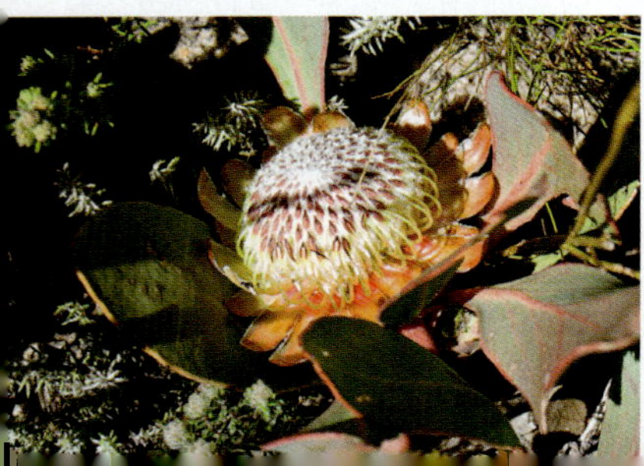

Kleinwüchsige Witzenberg-Protea.

Die Zufahrt in das **Mount Rochelle Nature Reserve (1)** ist mit einem eisernen Tor versperrt. Da es in der Regel verschlossen ist, müssen Wanderer zunächst vom Tor aus 15 m auf dem Schotterweg bis zu einer Picknickbank auf der linken Seite zurückgehen und dann in einem Linksbogen zum Zaun schwenken, um durch einen eigens für sie angelegten Eingang auf das Gelände gelangen zu können.
Vom Wanderer-Eingang gehen wir zum Tor zurück und weiter auf breitem Feldweg, lassen einen Abzweig zu einem Privathaus rechts liegen und er-

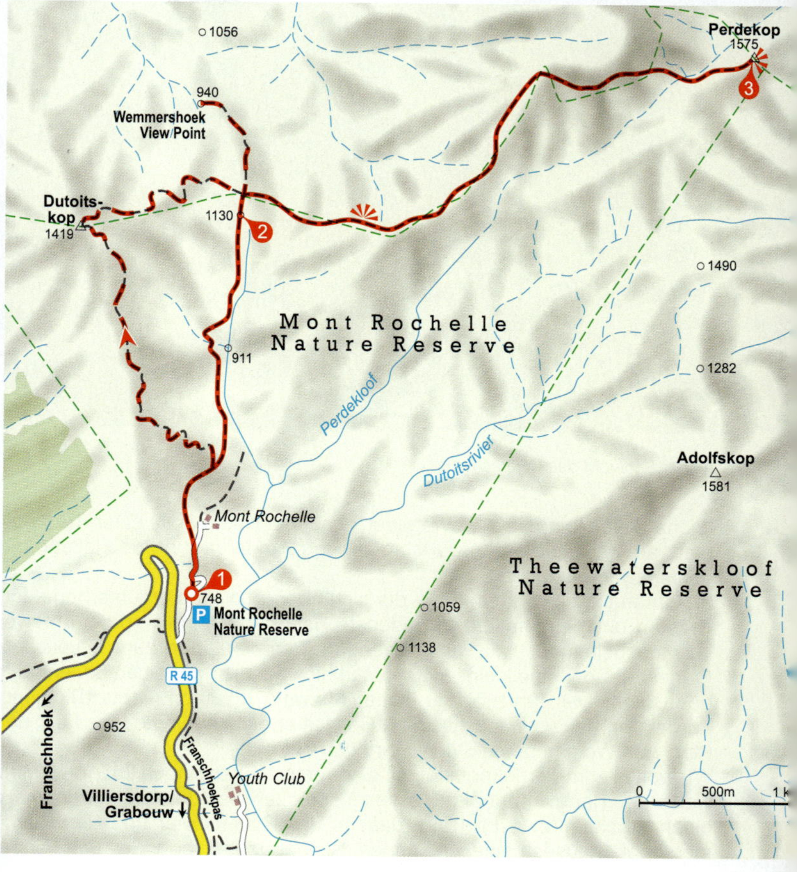

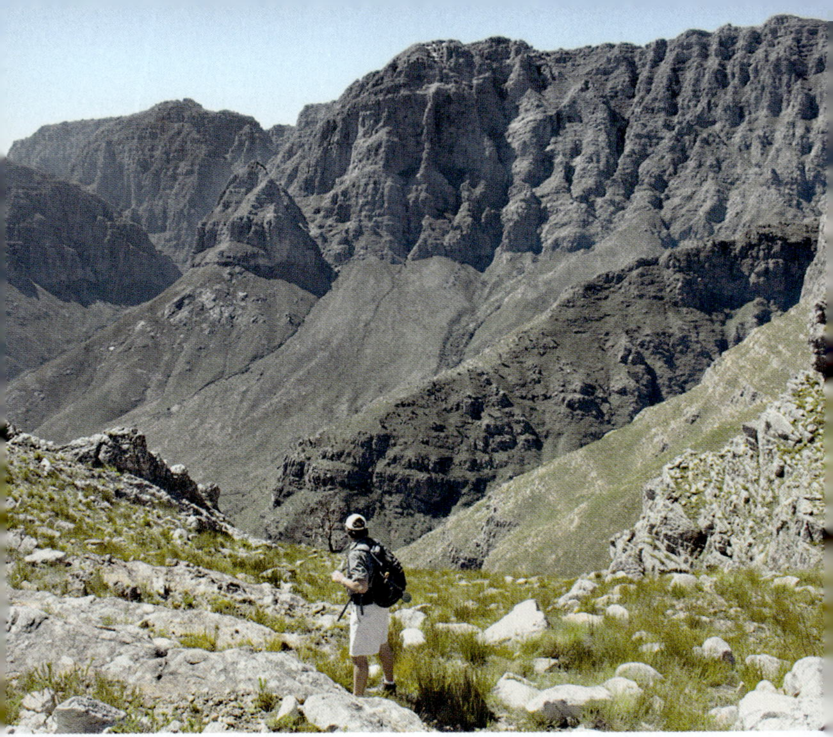

An der Schlucht des Olifantsrivier.

reichen nach knapp 500 m Wegstrecke auf der linken Seite einen Trampelpfad, auf den wir hangaufwärts abbiegen (Markierung: grüne Plakette mit gelbem Schuhabdruck).
In Kehren folgen wir dem Pfad, der sich über grün- und braunfarbene, mit Gräsern und Sumpfpflanzen bedeckte Hänge schlängelt, vorbei an zwei kurz nacheinander links abzweigenden Trampelpfaden zum Dutoitskop (Variante), über eine kleine Holzbrücke hinweg, die über einen Seitenbach des Dutoitsrivier führt, bis zu einem **Abzweig (2)** nach rechts (Richtung Perdekop), den wir nach 1.15 Std. Gehzeit erreichen. Geradeaus führt der Pfad zum Wemmershoek View Point (Variante).
Wir wollen zum Perdekop, steigen also rechts entlang noch knapp 15 Min. weiter den Hang empor bis zu einem Felsrücken, von dem aus wir erstmals einen prächtigen Ausblick auf das Tal des Olifantsrivier und den Wemmershoek-Stausee genießen können. Die gegenüberliegenden Felswände

am Talende fallen in kleinen Stufen über 1000 m ab. Auf dem Rückweg sollte man hier noch einmal anhalten, wenn das Licht der Nachmittagssonne Falten und Terrassen dieser massiven Wand besonders kontrastreich zur Geltung bringt.
Wir setzen den Weg auf dem Bergkamm fort über jetzt sanftere Hügel, stetig bergan steigend. Die Vegetation bleibt karg, der Ausblick dagegen vielseitig. Der große Theewaterskloof Dam und der kleine Stettynskloof Dam sind zu sehen, wichtige Trinkwasser-Reservoirs für die Bewohner in den Tälern und im Raum Kapstadt. Den runden Hügel des Perdekop schon vor Augen, steigen wir kurz ab in eine Senke, überspringen den kleinen Perdekloof-Bach und nehmen schließlich den 0.30 Std. dauernden einfachen Schlussanstieg in Angriff.
Der Gipfel des **Perdekop (3)** ist mit einem etwa 150 cm hohen Zylinder aus Steinbrocken markiert. Noch einmal erwartet uns ein prächtiges Panorama mit den fast 1800 m hohen, häufig noch bis in den Frühsommer mit Schnee bedeckten Kuppen der Wemmershoekberge.
Zurück geht es auf der gleichen Route.

Blick vom Gipfel des Perdekop zu den Wemmershoekbergen.

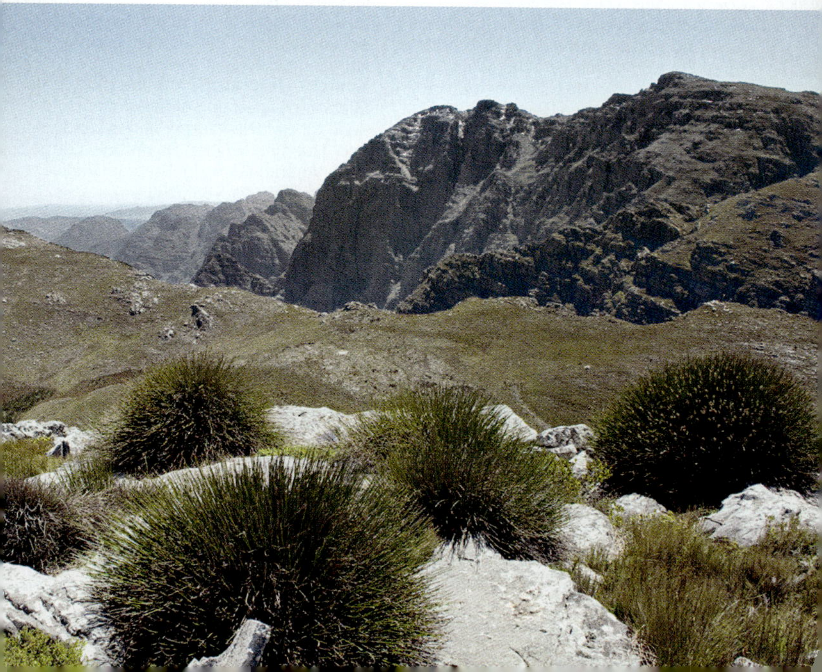

15 Sphinx Route

5.45 Std.

Vom Winde umweht – in der Einsamkeit der Hottentots-Holland-Berge

Die Hottentots-Holland-Berge bei Grabouw bilden einen mächtigen Gebirgsblock im Herzen der Western-Cape-Provinz. Ausläufer ziehen sich bis hin nach Franschhoek, Stellenbosch und an die Küste bei Gordon's Bay. Die Landschaft ist wild und unberührt, die Berghänge von artenreicher, endemischer Berg-Fynbos-Vegetation bedeckt. Das Wetter kann leicht umschlagen, häufig weht ein starker Wind. Wolken, die die Strecke vom Atlantik bei Kapstadt bis hierher noch unbeschadet überstanden haben, verlieren spätestens am ersten Höhenkamm östlich von Somerset West ihr Tempo und entleeren ihren Inhalt in die vielen Stauseen, die hier überall zu finden sind. Unsere Runde führt mitten hinein in diese abgeschiedene Bergwelt.

Ausgangspunkt: Parkplatz nahe des Ranger Office der Nuweberg Forest Station, 556 m. Anfahrt: Von der N2 aus Kapstadt Richtung George hinter dem St. Lowry's Pass links Richtung Grabouw/Villiersdorp abbiegen, knapp 1 km hinter Grabouw erneut links auf die R321, Richtung Franschhoek/Villiersdorp. Nach 11 km erscheint links der Hinweis zum Hottentots-Holland Nature Reserve. Vom Eingangstor aus noch 1,5 km auf einem Schotterweg bis zum Parkplatz, rechts neben einem Holzhaus (Schild »Parking«), 200 m vom Ranger Office entfernt.

Höhenunterschied: Ca. 510 m.

Anforderungen: Im ersten und letzten Teilstück breite Waldwege, im mittleren Teil gut präparierter Hangpfad, nach Verlassen der Hütte über lange Strecke breiter Jeep Track. An Wind- und Regenjacke denken, Pullover mitnehmen. Das Wetter kann launisch sein.

Einkehr/Unterkunft: Am Weg keine; in Grabouw Läden und Unterkünfte. Unterkunft für Selbstversorger in der Landroskop Hut und in der Shamrock Lodge nach Voranmeldung im Büro der Parkverwaltung, Tel. 021-483 0190.

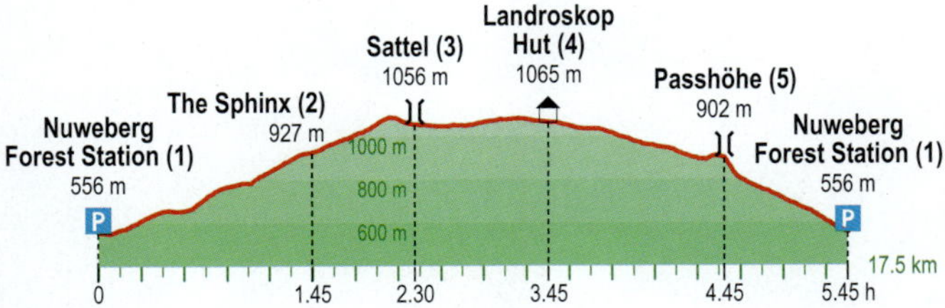

Wir verlassen den **Parkplatz (1)** – Hinweise »Landroskop Hut, Shamrock-Lodge« – und folgen der Schotterstraße, die uns vorbei am Ranger- und Informationsbüro zum Kiefernwald führt. Dieser bedeckt einen großen Teil der unteren Berghänge in diesem Gebiet. Nach nur 5 Min. Gehzeit, gegenüber ei-

nem lang gestreckten Holzhaus, gabelt sich der Weg. Geradeaus führt er zur Holzhaus-Siedlung von Forst- und Naturschutzmitarbeitern, während wir links hinauf in den Wald auf einen Forstweg abdrehen. Die kurz danach folgende Gabelung (grünes Schild »Landroskop Hut«) leitet uns rechts hinauf noch tiefer in den Wald. Nach etwa 30 Min. biegen wir nach rechts auf den nächsten Forstweg ab, diesmal gekennzeichnet durch eine grüne Plakette mit zwei gegeneinander versetzt abgebildeten gelben Schuhabdrücken. Dies ist die Markierung für unseren Trail. Einige Male werden wir unterwegs feststellen, dass die auf der oberen Schuhsohle abgebildete Zahl die noch vor uns liegenden Kilometer, die untere die bereits zurückgelegten angibt.
Es geht steiler aufwärts, der Forstweg ist von Regenströmen etwas zerfurcht. Wir erreichen eine T-Kreuzung, bei der wir auf einen weiteren Forstweg stoßen.

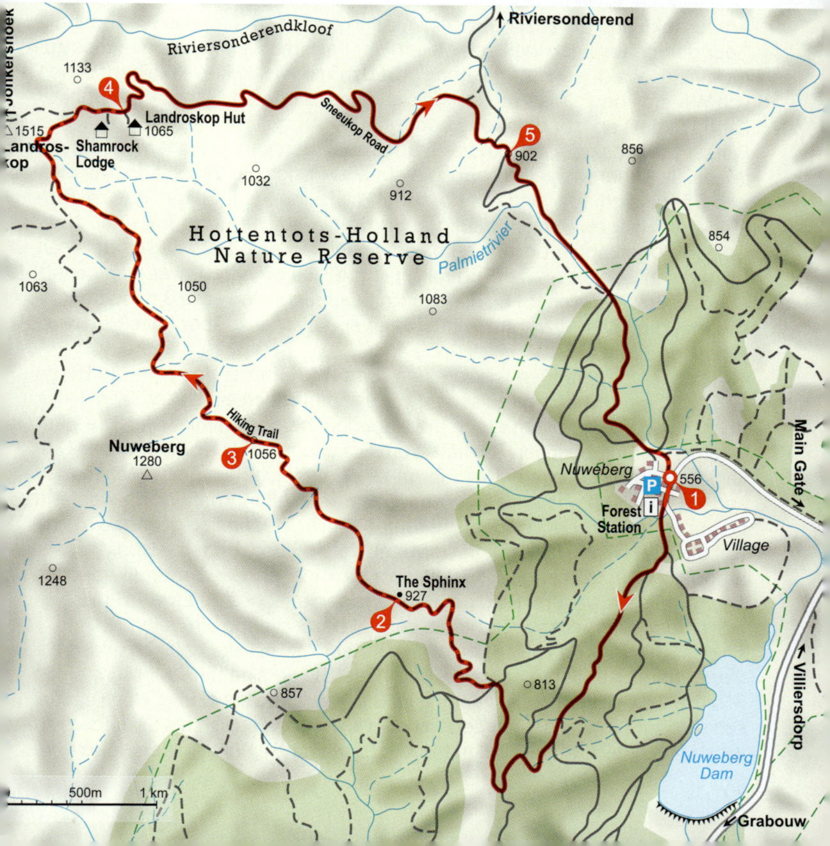

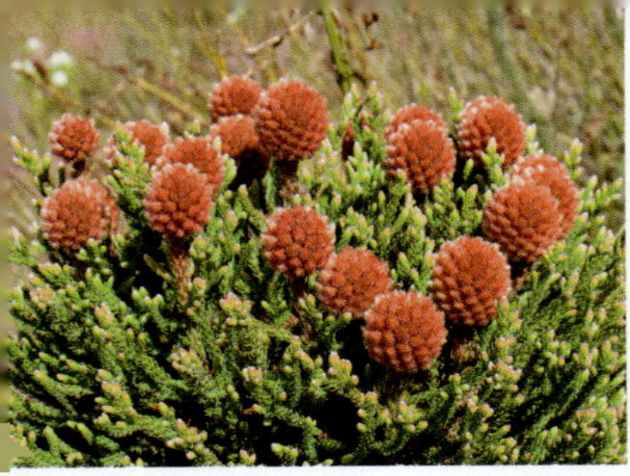

Brunia-Staude.

Ihm folgen wir links entlang. Unsere Markierung ist auf der gegenüberliegenden Wegseite etwas links versetzt zu sehen. (In der anderen Richtung folgt man einem Schild mit nur einem einzelnen Schuhabdruck. Er markiert einen Weg, der vom Camp aus eine kleine Waldrunde beschreibt.) Nach 5 Min. sind wir am oberen Waldrand angelangt, erneut an einem Feldweg, in den wir nach rechts einbiegen. Auf der rechten Wegseite der Kiefernwald, auf der linken Seite jetzt offenes felsiges Gelände. An der folgenden Kreuzung, in einer lang gezogenen Linkskurve, endet die Spur geradeaus nach wenigen Metern am Fels, rechts hinunter ginge es zurück in den Wald, während wir noch gut 20 m in der Linkskurve bleiben. Schon von Weitem konnte man sehen, wie sich unser Bergpfad (Schild »The Sphinx/ Landroskop«) ab hier den Hang hochzieht.

Bis zur Landroskop-Hütte ist der Pfad jetzt eindeutig und nicht mehr zu verfehlen. Je höher wir steigen, umso mehr ändert sich die Vegetation. Die offenen Hänge sind über und über bedeckt mit Heidekraut, Eriken, Astern, Proteen und Rietgewächsen, häufig auch Brunia-Stauden, die mit roten oder weißen Kugelköpfen unsere Aufmerksamkeit auf sich ziehen. So läuft man beinahe unbemerkt an der **Sphinx (2)** vorbei, die wir nach etwas weniger als 2 Std. Gehzeit erreichen. Es handelt sich dabei um eine etwa 3 m hohe Felsskulptur direkt am Wegrand, mitten in einer Riet-Wiese. Aber ähnelt sie wirklich einer Sphinx?

40 Min. später gelangen wir zu einem **Sattel (3)**, hinter uns sind die Berge und Wälder um Grabouw zu sehen, vor uns öffnet sich ein weites Tal mit kleinen Schluchten, gebildet durch die Nebenbäche des Palmietrivier. Die Hänge sind mit Gelbbüschen übersät. Vom Sattel aus führt der Pfad an der Ostflanke des Nuwebergs entlang in angenehm gleichbleibender Höhenlage, sodass wir das Panorama in vollen Zügen genießen können. Es weht ein böiger Wind von den Hängen herunter. Wir überschreiten mehrere kleine Gebirgsbäche mit klarem, trinkbarem Wasser und haben alsbald unser Etappenziel im Blick. Gut 10 Min. vor Ankunft an der Landroskop-Hütte zweigt links ein weiterer Pfad ab, Richtung Jonkershoek. In etwa 7 Std. Bergwanderung würde man von hier in das Tal bei Stellenbosch gelangen.

An der **Landroskop Hut (4)** machen wir Rast, etwas tiefer gelegen finden wir die Shamrock Lodge, auch eine Berghütte. Beide sind verschlossen, einen Schlüssel erhält man bei Anmietung im Büro der Parkverwaltung. Noch einmal schauen wir um uns herum: Jetzt ist der Nuweberg deutlich als Einzelberg zu sehen, auch der Landroskop, mit 1515 m der höchste Punkt in der Gipfelreihe.

Wir machen uns auf den Rückweg zur Nuweberg-Siedlung, immer auf der Spur eines Jeep Track, dem wir bis ins Tal folgen. Die Landschaft beim Abstieg ist nicht minder aufregend als beim Aufstieg: links neben uns die tiefe Schlucht des Riviersonderend (»Fluss ohne Ende«), vor uns die Hügel an der Noorderkloof, in der Ferne der Stausee Theewaterskloof Dam. Gut 8 km laufen wir bergab. Nach ungefähr halber Rückweg-Strecke führt noch einmal ein Feldweg links ab zur Suicide Kloof und zur Riviersonderend Hut, bevor wir 5 Min. später eine kleine **Passhöhe (5)** erreichen. Von dort schwingt sich der Feldweg in einer langen Kehre ins Tal hinab, während wir eine Abkürzung durch offenes Felsgelände nehmen.
Am Palmietrivier stoßen wir wieder auf den Feldweg, bleiben auf ihm in Ufernähe und verlassen ihn erst am Waldrand an einer Kreuzung nahe einer 3 m langen und 3 m hohen Mauerscheibe. Rechts hinauf führt ein Waldweg, den wir ebenso ignorieren wie einen Abzweig nach links 20 m weiter. Wir gehen geradeaus leicht abwärts in den Kiefernwald, passieren eine große Abholzungsfläche auf der linken Seite und stoppen kurz vor einem Holztor, das den Fortgang zu den ersten Häusern der Nuweberg-Siedlung versperrt. Ab hier legen wir die 5-minütige Reststrecke zum **Parkplatz (1)** auf einem Trampelpfad zurück, der uns links neben dem Forstweg durch ein Drehkreuz führt (kleines Schild mit der Aufschrift »P«).

Wanderergruppe am Fuß des Nuwebergs.

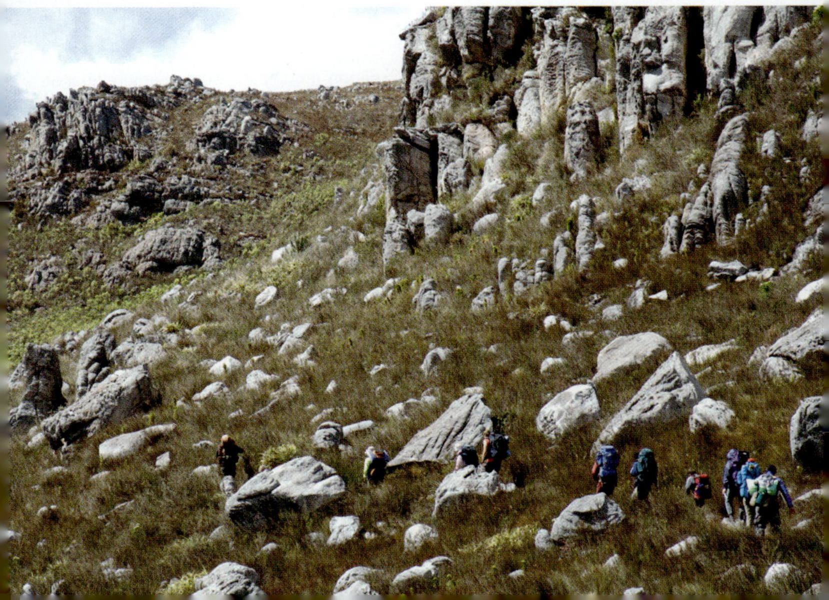

TOP 16 The Dome, 1137 m, und West Peak, 1003 m

7.30 Std.

Zwei Prachtgipfel im Helderberg Nature Reserve an einem Stück

Der Helderberg nördlich von Somerset West besteht aus acht hintereinander gereihten Gipfeln, von denen die drei vorderen – West Peak, Central Peaks und The Dome –, jeweils getrennt durch einen niedrigeren Sattel, eine Sonderstellung einnehmen. Sie bilden das Endstück einer fingerartigen Gebirgskette, die sich aus dem Hottentots-Holland-Massiv mitten durch die Weinfelder zwischen Stellenbosch und Somerset West schiebt. Fährt man von Stellenbosch auf der R44 Richtung Somerset West, ist es besonders The Dome, der den Beobachter begeistert: Aus einem bestimmtem Blickwinkel gleicht sein Kopf tatsächlich einer riesigen Domkuppel. Die Kuppen sind Ziel unserer abwechslungsreichen Bergtour, zu der wir vom kleinen, nur 400 ha großen Helderberg Nature Reserve aus aufbrechen. Mit seinen Buntböcken, Schildkröten, Perlhühnern und Wasservögeln sowie dem Picknick- und Spaziergelände ist das Reservat ein beliebter Naherholungspark.

Ausgangspunkt: Parkplatz hinter dem Information Centre des Helderberg Nature Reserve, 125 m. Anfahrt von Kapstadt aus auf der N2, nach 36 km links abbiegen auf die R44 Richtung Somerset West und Stellenbosch, nach etwa 1,6 km an der Ampelanlage rechts auf die Main Street Richtung Somerset West weiterfahren, etwa 2,5 km die Main Street hindurch, am Visitor Centre vorbei bis zur Ampelanlage, dort links in die Lourensford Road abbiegen Richtung Land-en-Zeesicht und Hottentots-Holland Hospital, nach 2 km an der Shell-Tankstelle links ab in die Hilcrest Road, dem Schild »Helderberg Nature Reserve« folgend, nach 1 km rechts auf die Reservoir Road, nach 700 m links in die Verster Avenue bis zum großen Tor am Parkeingang und am Information Centre vorbei.

Höhenunterschied: Etwa 1170 m.

Anforderungen: Im unteren Teil einfache, breite Pfade, im oberen Teil Hangpfade ohne Sicherung, kleine Geröll-Passagen, im Gipfelbereich Klettereinheiten unter Zuhilfenahme der Hände. Konzentration, Trittsicherheit und Ausdauer sind erforderlich; mindestens 2 l Wasservorrat mitnehmen.

Einkehr/Unterkunft: Snacks und Getränke im Oak-Café (geöffnet Sa–So 9.30–17.00 , Di–Fr. 10.00–16.00 Uhr), gegenüber dem Info Centre, unterwegs keine. Unterkünfte aller Kategorien in Somerset West.

Hinweis: Helderberg Nature Reserve, Öffnungszeiten 7.30–19.00 Uhr.

Der Eingang zum Wandergebiet des **Helderberg Nature Reserve (1)** ist nicht zu verfehlen: eine hohe Holzpergola, die auf drei Steinsäulen ruht. Sternförmig laufen hier die Pfade aus dem Gelände auf den Besucher zu. Direkt vor uns im Norden erhebt sich der Helderberg mit seinen drei prägnanten Kuppen. Eine Infotafel gibt Aufschluss über das Wegenetz. Gelb mar-

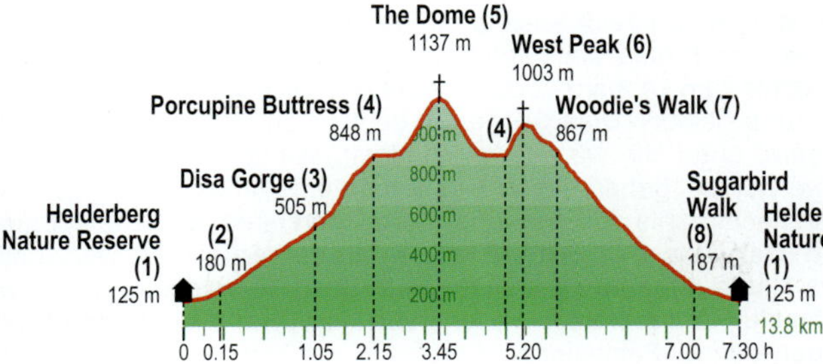

kiert der Sugarbird Walk im unteren Teil des Parks, etwas höher gelegen, blau markiert, der Protea Trail und dicht unterhalb des Helderbergs der Leopard Loop, rot markiert. Hellblau gestrichelt sind einige kurze Trampelpfade und Boardwalks. Von der Infotafel aus schräg rechts führt ein Holzsteg ab, dem wir folgen. Wir biegen mit dem Steg nach ein paar Metern nach links und gehen in der Folge etwa 5 Min. durch üppig wachsende Proteen-Felder hindurch bis zu einer Kreuzung mit einem Baum in der Mitte, der von einer hölzernen Sitzbank eingefasst ist. Wir überqueren die Kreuzung, biegen nach ca. 30 m links ab und bleiben stets auf dem Pfad durch hohe Proteen-Bäume, bis wir einen Schotterweg erreichen. Wir überqueren ihn und folgen dem markierten, breiten **Protea Trail (2)** in langen Kehren aufwärts. Die Proteen lassen wir hinter uns, vor uns sichtbar unsere drei Gipfel. Die folgenden Abzweige rechts zum Watsonia Trail und links zum Caracal Trail bleiben unberücksichtigt. Wir halten Kurs auf die Disa Gorge, die Schlucht zwischen West Peak und Central

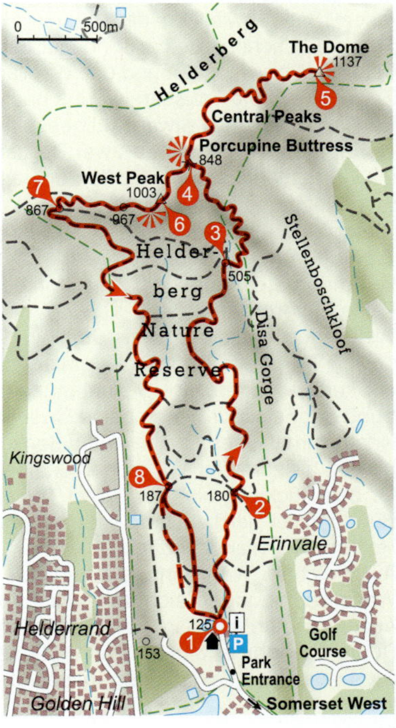

Peaks, die man schon beim Anstieg auf der rechten Seite erkennen kann. Wir verlassen den Protea Trail nach etwa 50 Min. Gehzeit und nehmen den Abzweig rechts zum Leopard Loop. Er führt uns nach weiteren 5 Min. Gehzeit direkt zur schattigen **Disa Gorge (3)**, deutlich zu erkennen an den hohen Bäumen, unter die wir jetzt eintauchen. Wir folgen dem Hinweisschild »The Dome«, gehen einige Minuten an einem Bach entlang, überqueren ihn nach rechts abbiegend und erreichen einen großen, fast quadratischen Fels mit etwa 4 m Seitenlänge, an dem ebenfalls ein Hinweisschild für unsere Route angebracht ist. Oberhalb des Felsbrockens finden wir einen schmalen Trampelpfad, der uns von hier über den offenen Berghang zu den Central Peaks leitet.
Unser Weg gewinnt bis zur ersten steilen Felswand des Bergmassivs stetig an Höhe. Es geht über Felsstufen weiter zu einem kleinen Plateau. Weinhänge, die False Bay, die Kuppen der Hottentots-Holland-Berge und Somerset West liegen unter uns. Auf einem kurzen Kletterabschnitt führt der Pfad dann direkt entlang einer schroffen Steilwand, hinauf zum **Porcupine Buttress (4)**, einem Sattel zwischen den beiden Gipfeln von West Peak und Central Peaks. Ein schöner Platz, denn hier haben wir auch in die andere Richtung freie Sicht bis Kapstadt und das Weinland um Stellenbosch.
Zum Dom-Gipfel müssen wir uns nach rechts orientieren, um die Central Peaks herum, auf etwas ausgesetztem, aber immer gut erkennbarem Hangpfad. Wir passieren zwei Bergeinschnitte und erreichen nach gut 0.15 Std. Gehzeit die schroffe Südwand des Doms. Von Weitem betrachtet scheint es hier nicht weiterzugehen, doch rechts hinauf setzt sich der Steig dann eine weitere 0.15 Std. lang in einem sehr steilen, gerölligen Pfad bis zum nächsten Sattel fort. Es ist der höchste Punkt in der vor uns liegenden Stellenbosch Gorge, von dem aus wieder der Blick in Richtung False Bay frei wird.
Weiter geht es zunächst ein Stück in die Schlucht hinab, dann aber in der steilen Wand des Doms links entlang in engen Kehren nach oben, zuletzt als kurzer Klettersteig. Steinmännchen und die etwas bräunlichere Färbung der Felsspur bieten beste Orientierung beim Fortkommen.
Noch einmal hinab in eine kleine Senke, dann über die letzten Felsbrocken hinweg bis zum Ziel. Wir prägen uns bis dahin die markantesten Felspunkte für den Rückweg ein. Der Gipfel **The Dome (5)** bietet einen fantastischen Rundumblick, jetzt auch über die hinteren Kuppen des Helderbergs und des Hottentots-Holland-Gebirges.
Auf gleichem Weg geht es zurück bis zum Porcupine Buttress. Falls die Wetterbedingungen sich verschlechtert haben, steigen wir links auf der Aufstiegsroute hinab ins Tal. Bei Sonnenschein allerdings nehmen wir die Route über den zweithöchsten Gipfel: Zum **West Peak (6)** geht es geradeaus weiter. Noch ein giftiger Anstieg über Felsstufen, dann haben wir auch ihn erreicht.

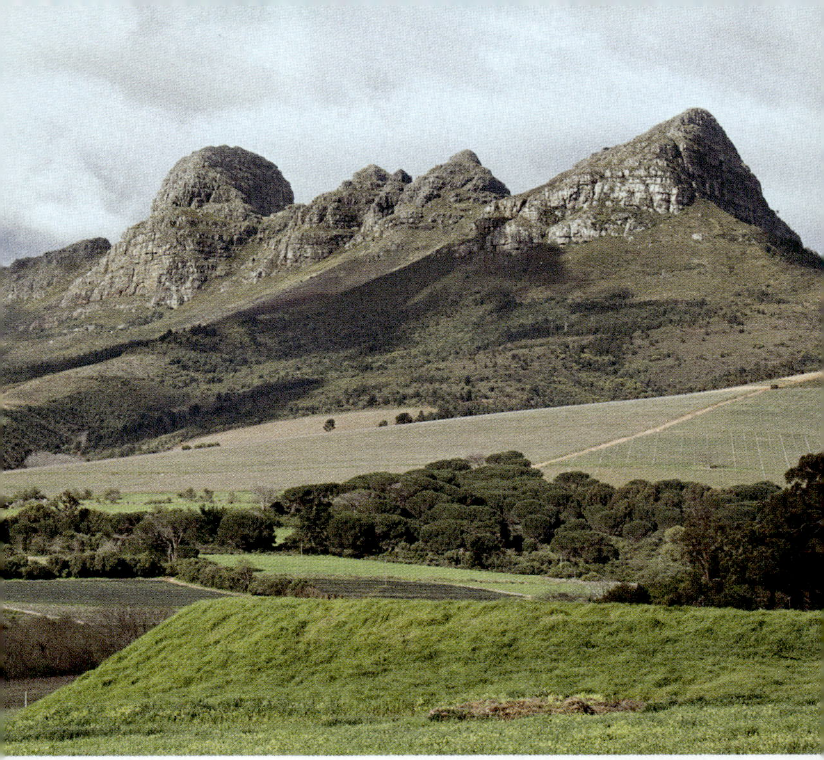

Der Helderberg von Westen mit The Dome, Central Peaks und West Peak.

Beim Abstieg gehen wir zunächst auf einem Kamm bis zum hinteren westlichen Punkt des Höhenzugs und anschließend auf einem Sandpfad auf der Südseite des West-Peak-Massivs abwärts. Wir erreichen **Woodi's Walk (7)**, eine Route, der wir nach rechts hinab durch ein Feld mit Farnbüschen hindurch bis zur roten Leopard Loop-Route folgen. Wir biegen erneut rechts hinunter, stoßen auf den Protea Trail, lassen den links einmündenden Caracal Trail unberücksichtigt und nehmen kurz darauf bei einer Sitzbank den linken Trampelpfad-Abzweig hinunter zum **Sugarbird Walk (8)**. Wir biegen auf diesem Schotterweg nach rechts ab, folgen ihm ein paar Schritte und nehmen den alsbald deutlich erkennbaren Trampelpfad links, der uns durch die Proteenfelder hinab zu unserem Ausgangspunkt am Parkplatz bringt.
Wahlweise kann man auf dem breiten Sugarbird Walk bleiben und gelangt dadurch ebenfalls zum Startpunkt der Tour.

Overberg

Reisende, die sich von Kapstadt aus auf der N2 in Richtung Garden Route aufmachen, gelangen zunächst über den **Sir Lowry's Pass** in den Hottentots-Holland Mountains nach Overberg. »Über den Berg« mussten schon die ersten Trekburen mit ihren Karrenwagen auf der Suche nach neuem Farm- und Weideland. Sie fanden es im heutigen Distrikt Overberg. Ein Patchwork aus gelben Raps- und Kornfeldern, grünen Wiesen und braunem Ackerland überzieht von Juni bis Dezember die sanft gewellten Hügel zwischen Botrivier und Heidelberg, Swellendam und Bredasdorp. Vor allem Schafherden, Rinder und Strauße sind überall auf dem dünn besiedelten Land zu entdecken. Im Norden markieren die Gebirgsketten der Riviersonderend Mountains und Langeberge die natürliche Grenze zum Tal des Breede River und der Klein Karoo.

Swellendam ist mit seinen 9000 Einwohnern größte Stadt des Distrikts und drittälteste Stadt Südafrikas. Sehenswert ist der Gebäudekomplex des Drostdy-Museums mit denkmalgeschützen Häusern in kapholländischem Stil und originalgetreu restaurierter Inneneinrichtung. Der Ort ist günstiger Ausgangspunkt für Ausflüge an die Küste, den Bontebok

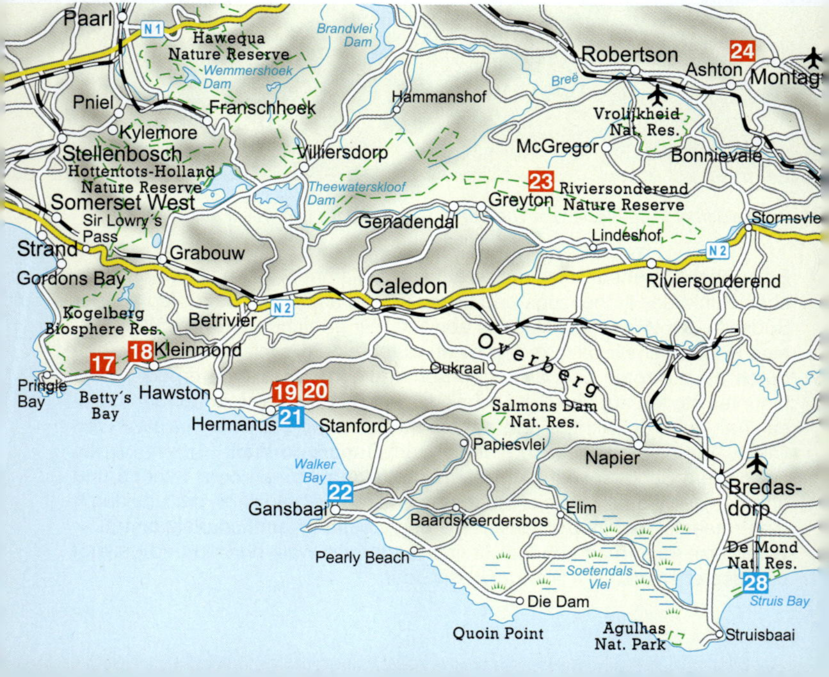

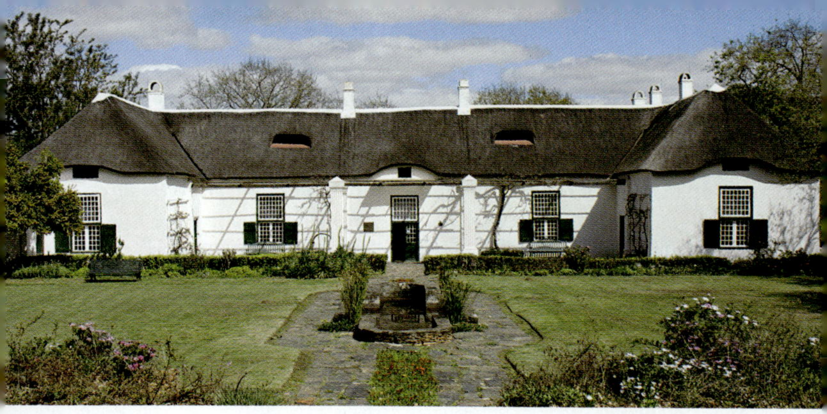

Das Drostdy-Museum in Swellendam.

National Park, die Langeberge oder nach Montagu. Ein Kurzabstecher lohnt sich auch nach **Greyton**, einem schmucken Örtchen in den Riviersonderend Mountains und zur benachbarten Missionsstation von **Genadendal** mit seinem Moravian Mission Museum.

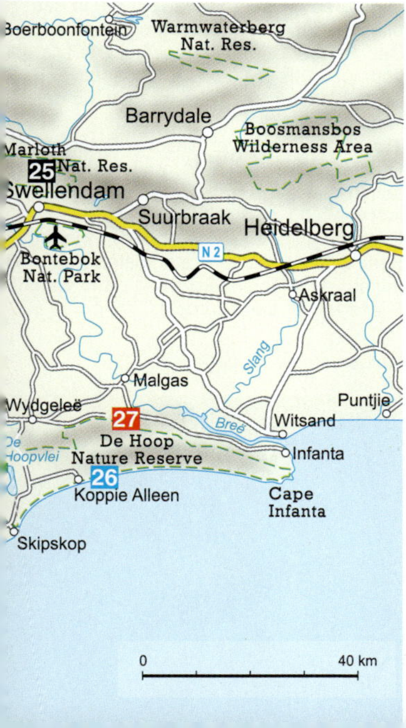

Kap-Besucher zieht es aber hauptsächlich an Overbergs Küste. Im Abschnitt zwischen Gordons Bay und Gansbaai reihen sich mehrere Naturschutzgebiete aneinander, in denen die weltweit einmalige Pflanzenvielfalt der Fynbos-Gewächse zu bewundern ist. Die Kogelberg, Kleinmond und Fernkloof Nature Reserves und der Harold Porter National Botanical Garden beheimaten über 1500 verschiedene Arten von Proteen, Eriken, Astern, Orchideen und Riedpflanzen.

Zum Touristenmagnet wird die Küste zwischen Juli und November, wenn sich Hunderte von Walen in Küstennähe tummeln. Vor allem Südliche Glattwale mögen die warmen Gewässer in der Walker Bay bei Hermanus oder an der Küste des De Hoop Nature Reserve.

TOP **17**

Oudebosch-Leopard's Gorge Trail

3.00 Std.

Mitten durch das Fynbos-Königreich im Kogelberg Nature Reserve

Hier kommen Botanik-Fans auf ihre Kosten: im Kogelberg Nature Reserve am östlichen Rand der False Bay, mit Betty's Bay und Kleinmond als Küstenorten. Von der Natur gesegnet, vom rauen Klima gezeichnet und von Überweidung verschont konnten sich auf diesem 18.000 ha großen Areal ungestört über 1600 Fynbos-Pflanzen entwickeln, darunter allein 98 Erika-Arten. Der Park erhielt 1999 von der UNESCO das Naturschutzprädikat eines Biosphere Reserve. Unsere One-Way-Tour führt direkt hinein in diese Pflanzenpracht.

Ausgangspunkt: Parkplatz am Ranger-Büro im Kogelberg Nature Reserve, 70 m. Anfahrt vom Harold Porter Botanical Garden in Betty's Bay auf der R44 in Richtung Kleinmond, nach ca. 7 km vor der Brücke über den Palmietrivier links abbiegen, Hinweis »Kogelberg Reserve«. Auf der Schotterpiste noch 3 km bis zum Ranger-Büro fahren. – Von Kleinmond aus sind es etwa 5 km bis zum Abzweig.
Endpunkt: Harold Porter Botanical Garden in Betty's Bay, 30 m. Es empfiehlt sich, sein Fahrzeug am Botanischen Garten zu parken und sich mit einem zweiten Pkw oder Taxi (Vermittlung durch das Tourist Bureau in Kleinmond, Tel. 028-271 5657) zum Startpunkt bringen zu lassen.
Höhenunterschied: 270 m Aufstieg, 310 m Abstieg.
Anforderungen: Gut begehbare Pfade (durch Pflanzenbewuchs teilweise eng). Abstieg in die Leopard's Gorge zum Botanischen Garten steil, ein kurzer Abschnitt mit Stahlseil-Sicherung.
Einkehr/Unterkunft: Sugarbird Tea Room im Botanischen Garten. Im Naturpark Chalets für Selbstversorger, Buchung über Cape Nature Conservation. Unterkünfte, vor allem Gästehäuser und B&B, in Betty's Bay und Kleinmond.
Hinweise: Man kann die Tour nur in der hier beschriebenen Richtung machen. Das Ranger-Büro im Kogelberg NR ist von 7.30 bis 19.00 Uhr geöffnet, Tel. 0027-87 288 04 99, hier anfragen, ob der Trail begehbar ist.
Tipps: Harold Porter National Botanical Garden, einer der acht großen Botanischen Gärten Südafrikas, geöffnet täglich von 8.00–16.30 Uhr.
Brillenpinguin-Kolonie am Stony Point in Betty's Bay (möglichst am späten Nachmittag, die Pinguine kommen dann vom Beutefang an Land zurück).

Sonnentau.

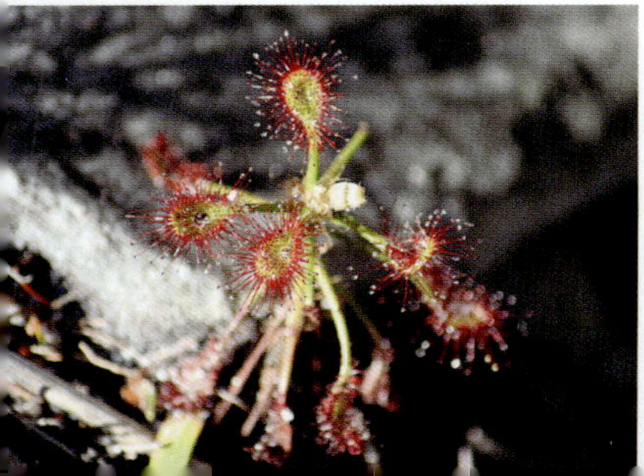

Goldbrustnektarvogel.

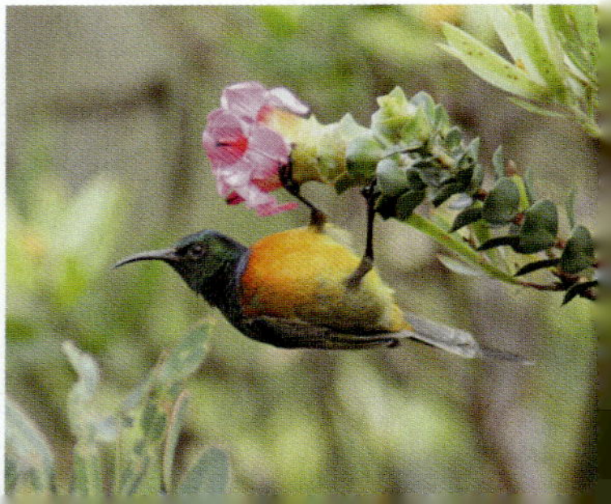

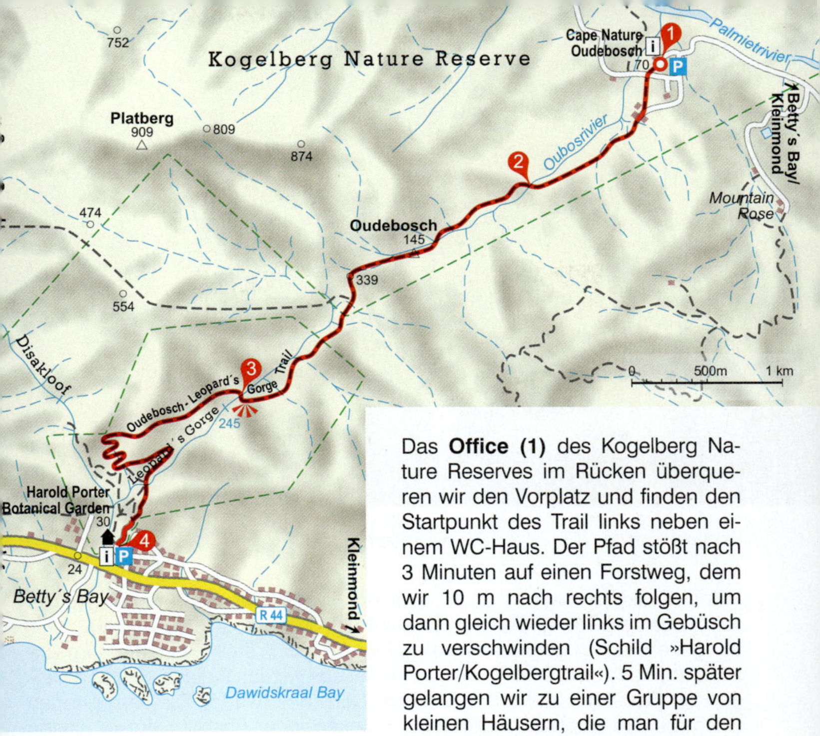

Das **Office (1)** des Kogelberg Nature Reserves im Rücken überqueren wir den Vorplatz und finden den Startpunkt des Trail links neben einem WC-Haus. Der Pfad stößt nach 3 Minuten auf einen Forstweg, dem wir 10 m nach rechts folgen, um dann gleich wieder links im Gebüsch zu verschwinden (Schild »Harold Porter/Kogelbergtrail«). 5 Min. später gelangen wir zu einer Gruppe von kleinen Häusern, die man für den Aufenthalt im Park anmieten kann. Wir überqueren auch hier den Vorplatz und finden unseren Trail wieder mit gleichem Hinweisschild wie zuvor. Ab jetzt können wir nichts mehr falsch machen. Der Pfad durch das Fynbos-Dickicht führt langsam ansteigend am Bachlauf des Oubosrivier entlang. Farne, Schilf, Proteen und andere Büsche wachsen hier so dicht, dass Mensch und Pflanze scheinbar zu einer Einheit verschmelzen. Nach knapp 1.00 Std. erreichen wir die ersten schattigen Gelbholzbäume, die uns in den kleinen **Oudebosch-Wald (2)** kurz unterhalb der Passhöhe führen. Auch Assegaai-Bäume und wilde Oliven wachsen hier. In

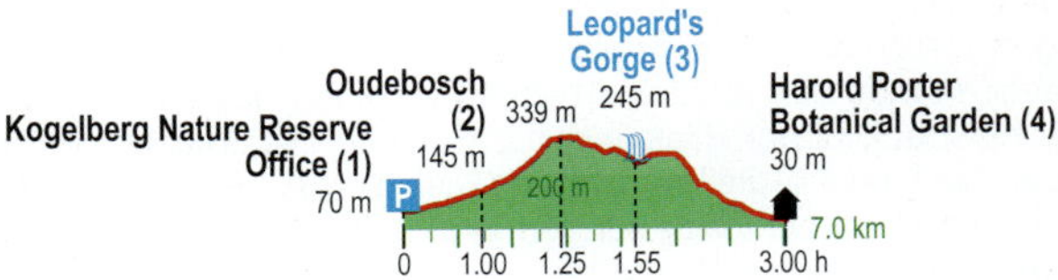

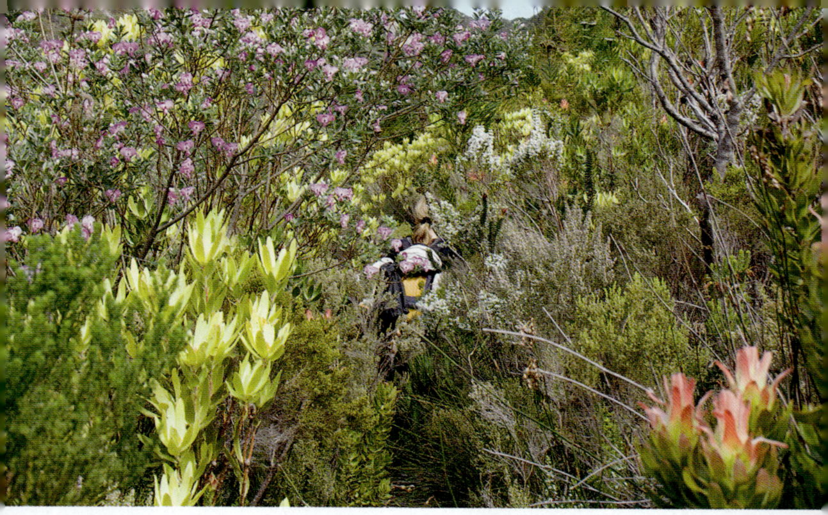

Wanderer inmitten blühender Fynbos-Pflanzen.

kleinen Kaskaden fließt der Bach neben uns. Wir passieren den Abzweig rechts zum Kogelberg Trail (8-Std.-Runde durch das ganze Kogelberg-Gebiet).
Wir gehen jedoch geradeaus weiter. Es wird etwas steiler, einige Baumwurzeln sind noch zu übersteigen, dann verlassen wir das Waldstück und gelangen zur Passhöhe, die uns in offenem Gelände erwartet. Die umliegenden Hänge sind mit Proteen bedeckt, Felsbrocken liegen überall verstreut; einige so markant geformt, dass sie unsere Fantasie anregen. Nach der Hälfte der Gehzeit gibt vor uns nun auch die andere Pass-Seite den Blick in die Landschaft frei. Das Meer ist zu sehen und ein kleiner Ausschnitt von Betty's Bay. Wir steigen zwischen Felsfiguren hindurch hinab zur **Leopard's Gorge (3)**, die wir 0.30 Std. später erreichen. Der Wildbach, der bisher ruhig neben uns im Abstieg daher plätscherte, stürzt hier 40 m tief in die Leoparden-Schlucht hinunter. Das Gelände ist überall mit der insektenfressenden Sonnentau-Pflanze bedeckt. Wir überqueren den Bachlauf direkt am Hochpunkt des Wasserfalls, steigen an der gegenüberliegenden Seite der Schlucht ein kurzes Stück an, bevor es in engen Kehren hinunter zum Botanischen Garten geht. Die Stufen im Steig sind teilweise mit Holzbohlen stabilisiert, an einigen engen Stellen helfen Stahlseile beim Weiterkommen.
Nach mehr als 0.30 Std. Abstieg erreichen wir einen kleinen Sattel mit schöner Aussichtsbank für den Blick über das Gelände des Botanischen Gartens, zum Meer und hinein in die benachbarte Disa Gorge. Für die letzte Wegstrecke stehen uns mehrere Pfade zur Verfügung, die aber alle direkt im **Harold Porter Botanical Garden (4)** zwischen den Pflanzbeeten enden.

Three Sisters Trail 18

Aussichtsreiche Kammwanderung im Kleinmond Nature Reserve

»Where to walk in Kleinmond« heißt das kleine Büchlein der Kleinmond Nature Conservation Society (erhältlich im Tourist-Office). Mit viel Engagement und Eigeninitiative haben die Mitglieder dieses Vereins einige schöne Wanderwege im Kleinmond Nature Reserve zusammengestellt. Das Reservat liegt in einem kleinen Gebirgszug zwischen dem Kogelberg-Naturschutzgebiet im Westen und der Lagunenlandschaft des Bot River im Osten, direkt am Ortsrand von Kleinmond. Unsere lohnenswerte Kammwanderung über die südlichen Gipfel dieses Höhenzugs bietet vortreffliche Ausblicke über die Küste und die Ausläufer der Hottentots-Holland-Berge im Hinterland. Pflanzenfreunde kommen auch hier wieder ins Staunen: Mimetes cucullatus, Leucadendron xanthoconus, Erica placentiflora, Protea repens und Protea compacta gedeihen in einem einzigartigen Fynbos-Cocktail.

Ausgangspunkt: Kleinmond, Parkplatz (Sand) Ecke 4th Street und 15th Avenue, 35 m. Von der N2 hinter Somerset West auf die R44 Richtung Gordons Bay/Kleinmond abbiegen, der Küstenstraße bis Kleinmond folgen, in Kleinmond 1 km hinter dem Ortsanfang links in die 4th Street einbiegen, 800 m bis zum Ende an der Ecke 15th Street durchfahren.
Höhenunterschied: 600 m.
Anforderungen: Auf den unteren Hängen einfache, gut präparierte Pfade, im mittleren Abschnitt einfache Kletterpassagen auf dem Kammweg, im Abstieg vom Gipfel etwas geröllig.
Einkehr/Unterkunft: Unterwegs keine; in Kleinmond Coffee Shops und Läden sowie Unterkünfte (B&B, Gästehäuser). Auskunft im Tourist-Office am Hafen, Tel. 028-271 5657.

Den Startpunkt unserer Tour in **Kleinmond (1)** markiert eine etwa 1 m hohe Betonsäule. Auf dem mit Rundpfählen stabilisierten Sandpfad steigen wir durch dichten Protea-Bewuchs den Hang hinauf, einen geradeaus weiterführenden

Felsnadeln am Rand des Kammpfads.

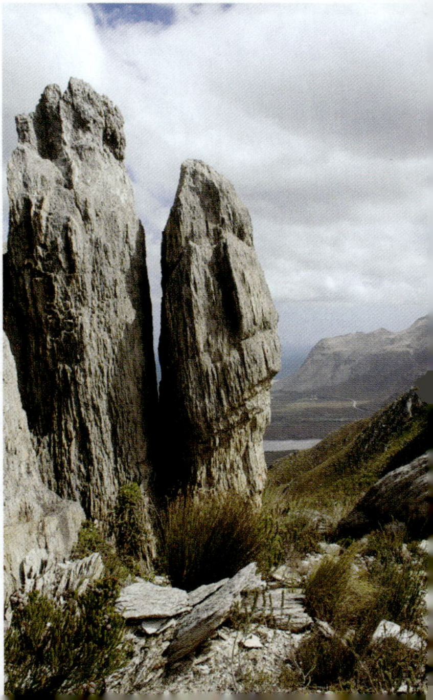

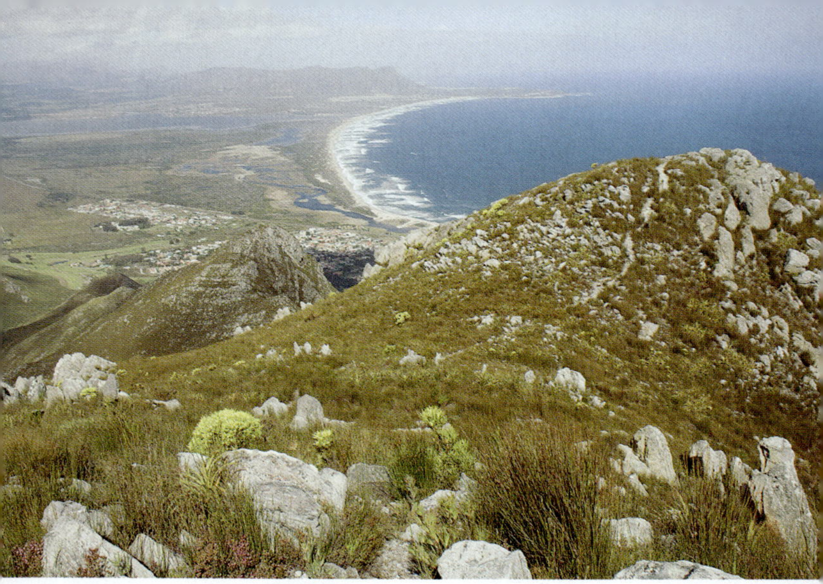

Blick über Kleinmond und die Sandbucht am Bot River.

Trampelpfad nach knapp 5 Min. Gehzeit ignorieren wir, während wir weiter links hinauf auf unserem Sandweg bleiben, der kurz danach abrupt in einen Felssteig übergeht. Bei den beiden folgenden Gabelungen halten wir uns beim ersten Mal links, beim zweiten Mal rechts weiter steil aufwärts (Schilder: »H« für Highland-Trail und »Three Sisters«).
Wir erreichen einen **Sattel (2)**, hier müssen wir nach links auf unsere Kammroute. Bis zum Gipfel der Drei Schwestern geht es immer auf steinigem, aber sicherem Pfad entlang, markiert mit gelben auf den Felsboden gemalten Schuhabdrücken.
Nach insgesamt 1 Std. Gehzeit erreichen wir den Fußpunkt des **Sandown Peak (3)**, machen für den Ausblick einen kurzen Abstecher links hoch auf

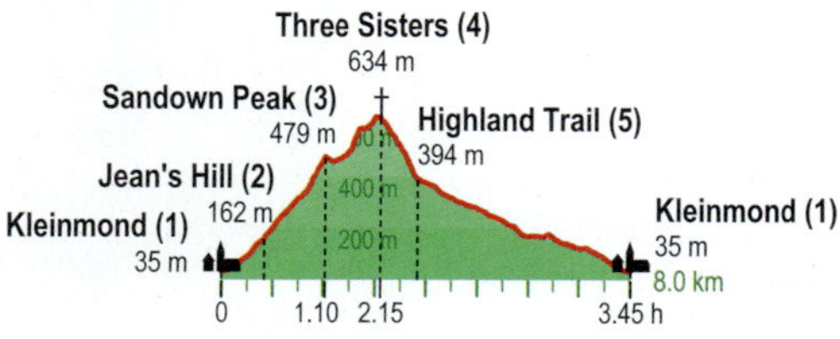

seine Kuppe, gehen anschließend weiter auf dem schmalen Bergrücken und erreichen erneut einen Sattel, von wo aus wir jetzt auch weit in westliche Richtung schauen können: über den Küstenstreifen unterhalb des Kogelberg-Terrains und den Mündungsbereich des Palmietrivier. Linker Hand liegt eine Kuppe, die wir aber nicht weiter beachten. Rechter Hand ist bereits ein Vorgipfel der Three-Sisters-Kuppe zu erkennen. Dorthin starten wir auf einem einfachen, schönen Klettersteig, zunächst noch einmal kurz hinauf, dann gleich wieder hinunter zu zwei markanten Felsnadeln, genannt Pimples, und von dort wieder steil hinauf zu einem ebenen Felsplateau. Nur 50 m weiter zeigt sich auch schon das Gipfelzeichen von **Three Sisters (4)** – ein wunderbarer Rundumblick über die Hänge des Kogelbergs und das Tal des Palmietrivier zur einen, Kleinmond und die Sandküste am Bot River zur anderen Seite.

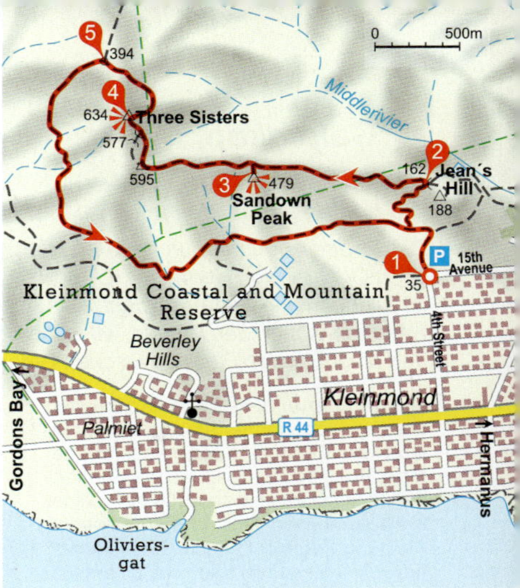

Auf der Rückseite des Gipfels steigen wir in engen Windungen zu einem Querweg hinab, dem **Highland Trail (5)**, der rechts entlang weiter zum Perdeberg Peak führt. Wir biegen hier aber links ab und folgen dem gemächlich abfallenden Hangpfad um den Three-Sisters-Berg im Bogen herum, stets in einer relativ konstanten Höhenlage von 200 m über der Küste und den Häusern von Kleinmond. Wir ignorieren zwei Abgänge nach rechts zum Ort hinunter und bleiben auf dem Pfad, immer Richtung Jean's Hill. Langstielige, rot blühende Proteen wachsen hier über 3 m hoch, einem Spalier gleich, dicht am Wegrand.

Wir gelangen zum oberen Gabelungspunkt unserer Aufstiegsroute und nach 10 Min. zum Startpunkt unserer Route.

Nadelkissen-Proteen.

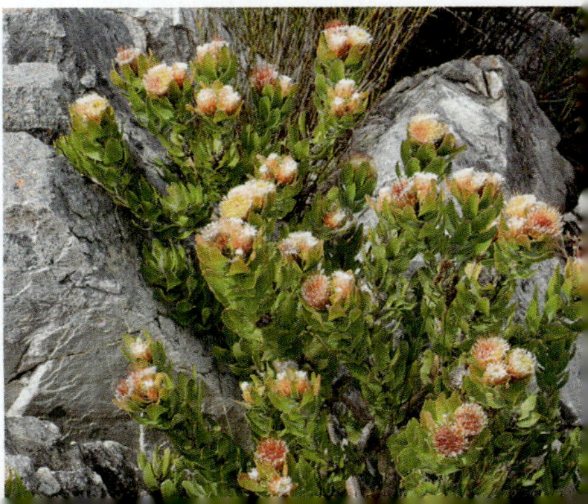

19 Galpinkop, 596 m

4.15 Std.

Die bunte Fynbos-Welt im Fernkloof Nature Reserve

Dieser Streifzug führt durch die uralte Fynbos-Landschaft am hügeligen nördlichen Ortsrand von Hermanus. Ein dichtes Netz von Spazier- und Wanderwegen ist für Blumenfreunde angelegt. Uns interessieren aber nicht nur die unteren Hänge zwischen den Hügeln, wir wollen auf unserer Runde hinaus aus dem Tal und hinauf zu den Pfaden zwischen Galpinkop, Platberg und Aasvoëlkop.

Ausgangspunkt: Parkplatz am Eingang des Fernkloof Nature Reserve, 90 m. Anfahrt vom Zentrum in Hermanus auf der Main Road Richtung Gansbaai/Stanford etwa 3 km stadtauswärts; 100 m vor einer Kreisverkehrinsel links in die Fir Avenue Richtung Fernkloof Nature Reserve/Indigious Nursery. Etwa 1 km weiter, am Botanischen Garten vorbei, bis zum Ende der Stichstraße fahren.
Höhenunterschied: 510 m.
Anforderungen: Gut gepflegte und beschilderte Wanderpfade im ganzen Gebiet; im Ausstieg aus der Fernkloof felsiger Steig.
Einkehr/Unterkunft: Am Weg keine. In Hermanus Coffee Shops, Restaurants und Läden sowie Unterkünfte aller Kategorien.
Variante: Die Tour kann auf gut beschildertem Pfad bis zum Aasvoëlkop, 824 m, verlängert werden, dem höchsten Gipfel im Gebiet (insgesamt ca. 1.30 Std. zusätzliche Gehzeit).

Am Eingang des **Fernkloof Nature Reserves (1)** steht ein kleiner gläserner Pavillon mit einer Ausstellung zur endemischen Pflanzenwelt. Links neben dem Pavillon startet der Klipspringer Trail, dem wir ein paar Minuten folgen, bevor wir am ersten Abzweig nach rechts auf die **rote Route (2)** schwenken. Auf ihr geht es fast eben 15 Min. am Hang entlang hinein in die Fernkloof (übersetzt »Farn-Schlucht«), die links und rechts des Wegs von üppigem Fynbos-Bewuchs bedeckt ist. An ihrem hinteren Ende biegt noch ein kleiner Stichpfad links zum Assegaaibos Waterval ab, den wir, von dicht stehenden Assegaai-Bäumen umgeben, versteckt in einer Nebenschlucht finden.

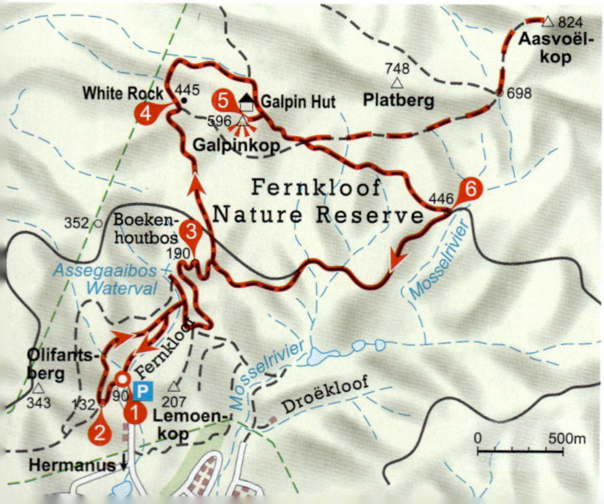

Zurück zum Hauptweg lenken uns kurz aufeinander folgend die Schilder »Lemoenkop/Boekenhoutbos« und »Galpinkop/Boekenhoutbos« jeweils links abbiegend aus der Schlucht empor. Der Pfad verengt sich, es geht steiler bergan, wir verlassen die Fernkloof, durchqueren einen kleinen Buchenhain, den **Boekenhoutbos (3)**, und erreichen einen Abzweig, dem wir links aufwärts Richtung Galpin Hut folgen (Der Pfad rechts weiter ist unsere Rückwegroute). Knapp 10 Min. später wird ein Feldweg gekreuzt, bevor es weiter aufwärts geht. Hier oben haben wir schon freie Sicht in alle Richtungen.

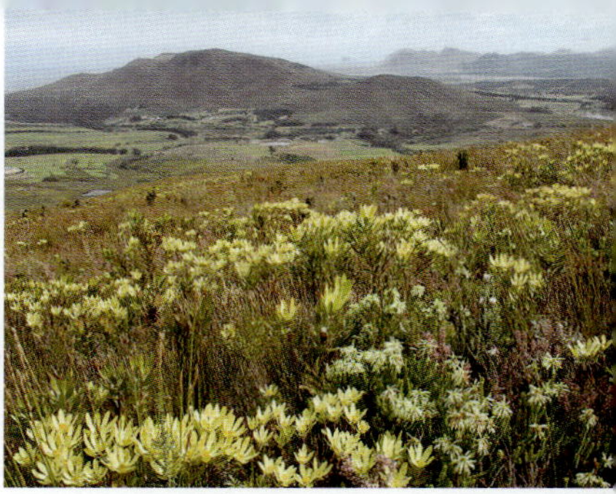

Gelber Zuckerbusch am Rande des Hemel-en-Aarde-Tals.

Umgeben von blühenden Gelbbüschen gelangen wir zu einer weiteren Gabelung an einem markanten Felsbrocken, dem **White Rock (4)**. Rechts ginge es direkt zur Galpin Hut. Sie ist zwar Ziel unserer Runde, wir machen aber noch einen kurzen Schlenker nach links Richtung Sculptured Corner, denn auf ihm kommen wir noch am Hemel-en-Aarde-Tal vorbei, einer schönen weiten Ebene mit Weinfeldern und Wiesen. Auch diese Route verlassen wir 20 Min. später nach rechts in Richtung Galpin Hut. An einem Bach entlang auf nassem Terrain wandern wir weiter aufwärts durch hochstielige Proteen bis zum Gipfel des **Galpinkop (5)**, mit einer kleinen Übernachtungshütte, die mit Voranmeldung bei der Gemeindeverwaltung gebucht werden kann. Herrliche Weitblicke erwarten uns: Hermanus und die Walker Bay sind zu sehen, Kleinmond und die Gipfel von Aasvoelkop und Platberg.
Zurück setzen wir den Weg auf unserem Pfad fort und gehen um den Gipfel herum zu einer Kreuzung. Links empor führt der Weg zum Aasvoëlkop (siehe Variante). Wir gehen geradeaus Richtung Mossel River Drift. Ein schmaler Trampelpfad führt uns den Hang hinunter. Wir erreichen 20 Min. später den kleinen Bachlauf des **Mosselrivier (6)**, biegen auf dem Schotterweg rechts ab und folgen ihm noch einmal 20 Min. bis zum Abzweig nach links zurück Richtung Boekenhoutbos. Ab dort ist der Rückweg bekannt, mit einer Abweichung: Auf der Fernkloof-Talsohle gehen wir diesmal direkt zum Car Park zurück.

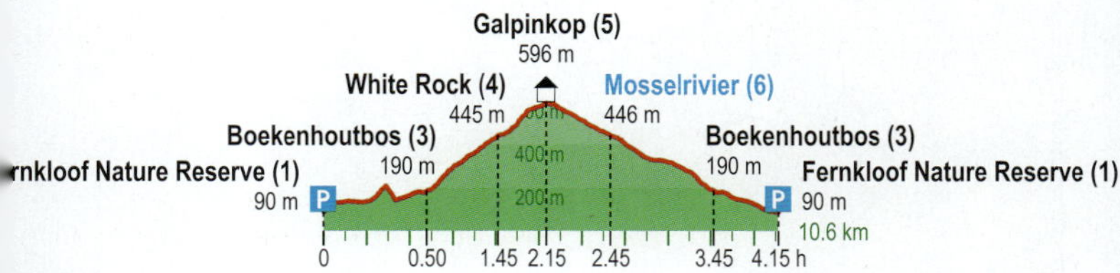

20 Mosselberg, 342 m

2.45 Std.

Auf den Hausberg von Hermanus

Etwas abseits der vielen Pfade im Fernkloof Nature Reserve liegt die Route zum Mosselberg. Der Aufstieg dort hinauf durch die Droekloof ist zwar mühsam, wird aber mit schönen Rundum-Aussichten über Hermanus und die Walker Bay belohnt. Unterwegs werfen wir einen Blick auf die 3 Mossel River Dams, kleine Stauseen, eingeklemmt in die enge Mossel River Kloof.

Ausgangspunkt: Parkplatz am Ende der Reservoir Road in Hermanus, 27 m. In Hermanus auf der R43 Richtung Gansbaai/Stanford fahren, ca. 250 m nach dem Abzweig zum Fernkloof Nature Reserve im Kreisverkehr die 1. Abfahrt links in die Reservoir Road nehmen und noch 500 m bis zum Ende der Straße fahren. Dort links auf dem Parkplatz vor dem Eingang zum Naturschutzgebiet parken.

Höhenunterschied: 350 m.

Anforderungen: Zumeist steiniger, teilweise sandiger Pfad, im oberen Teil der Droekloof abschüssiger und steiler Kammweg.
Beim Abstieg vom Mosselberg mit Holzbrettern gesicherter Zick-Zack-Kurs. Kein Schatten.

Einkehr/Unterkunft: Unterwegs keine, in Hermanus ausreichend Auswahl.

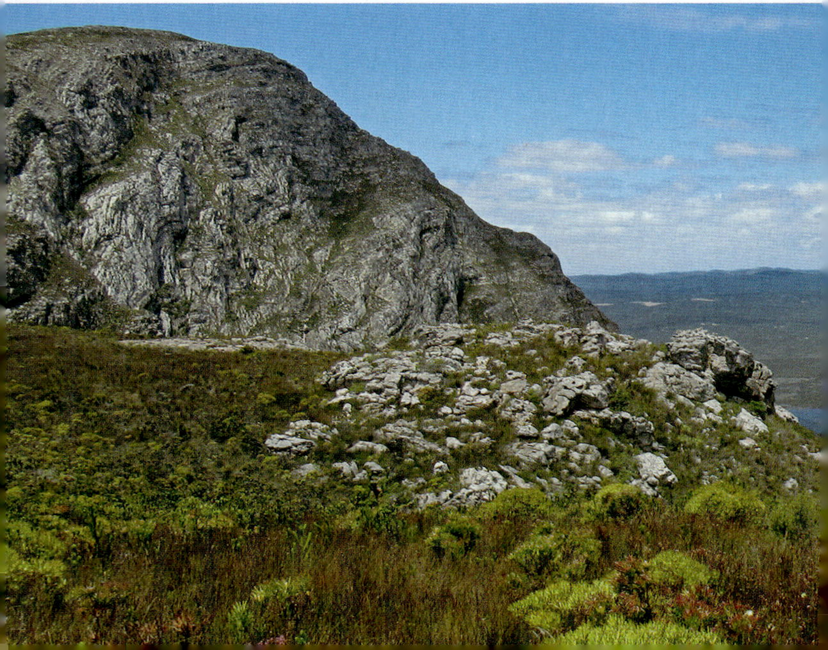

Der Eingang zum Fernkloof Nature Reserve an der **Reservoir Road (1)** ist mit einem Stahlgittertor und dem Hinweisschild »Gate 3 Dams/Damme« gekennzeichnet. Wir umgehen das Tor und gehen zunächst auf einem breiten Schotterweg etwa 450 m weit bis zu einem Trampelpfad, der rechts Richtung Droekloof und Pipe Track abzweigt, gekennzeichnet mit einem Holzschild. Wir folgen ihm etwa 5 Minuten, an einem verfallenen runden Wasserbecken vorbei und von dort noch 100 m weiter bis zu einem weiteren Abzweig auf der linken Seite. Er ist nicht markiert. Hier biegen wir ab und gehen stetig aufwärts in die windstille **Droekloof (2)** hinein. Der Pfad ist steinig, im oberen Verlauf auch sandig. Die Hänge sind mit Fynbos und Proteen bedeckt. Wir erreichen eine **Weggabelung (3)** auf einem kleinen Sattel, bei dem sich vor uns die schmale Schlucht des Mossel River öffnet. Wir biegen nach rechts ab

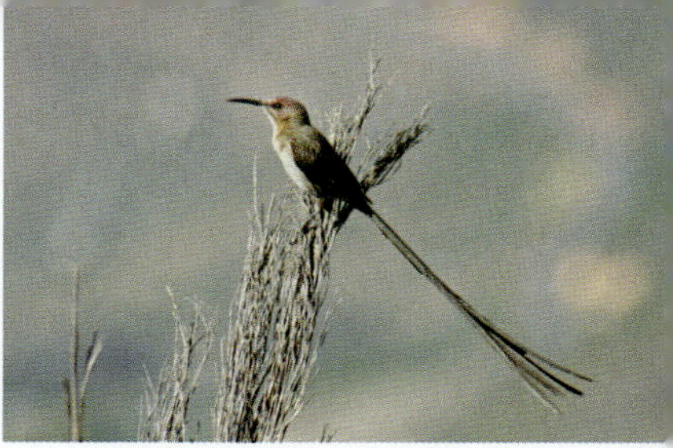

Kaphonigfresser.

Blick zur Walker Bay.

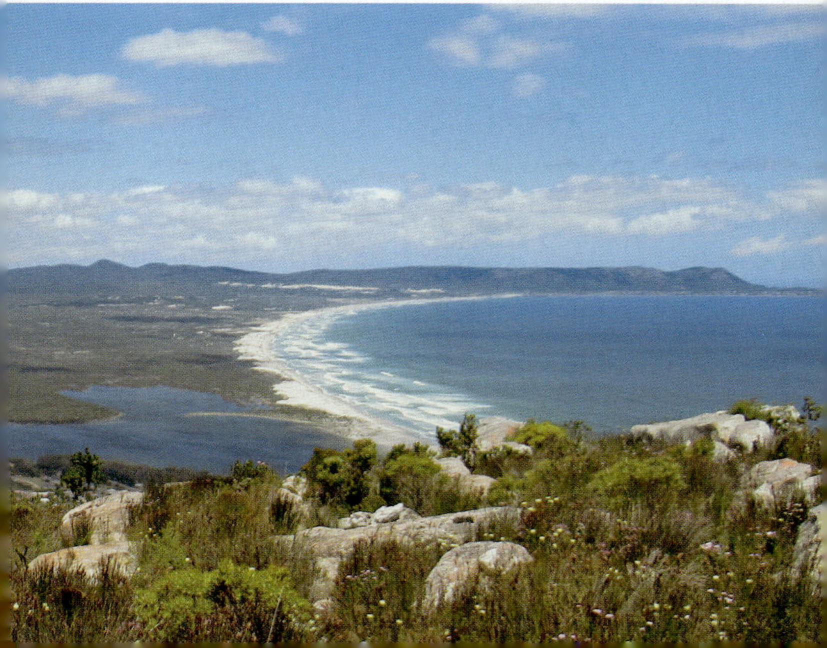

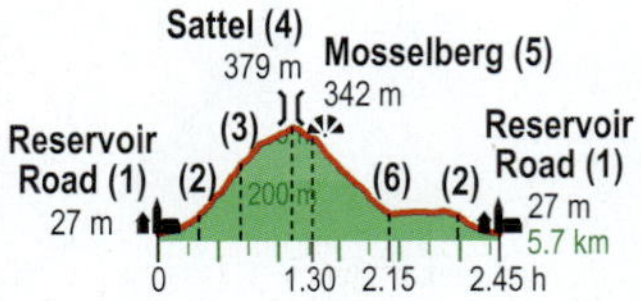

und können im weiteren Verlauf des schmalen Kammpfads einen Blick nach links hinunter zu den 3 kleinen Stauseen (3 Dams) werfen. An einigen Felsbrocken vorbei zieht sich der Pfad weiter am Hang empor bis zu einem weiteren **Sattel (4)** auf dem höchsten Punkt unserer Wanderung. Den Abzweig links zum Jeep Track ignorieren wir. Erstmals können wir von hier aus einen Blick auf die Küstenlinie der Walker Bay werfen. Abwärts geht es nun bis zu einem weiteren Sattel, bei dem wir nach rechts auf dem Zick-Zack-Kurs wieder nach Hermanus absteigen werden. Doch zunächst ein paar Schritte geradeaus bis zur Gipfelstele auf dem **Mosselberg (5)**. Von dem kleinen Plateau haben wir einen herrlichen Ausblick über die Küste. Die Ortsteile von Hermanus sind zu erkennen, der lange Strand der Walker Bay und die Klein River Lagoon im Hinterland.

Zurück zu unserem Abzweig geht es in engen Kehren den Hang des Mosselbergs hinunter zu einer Wegkreuzung, an der wir rechts auf den **Pipe Track (6)** abbiegen und, gesäumt von vielen unterschiedlichen Fynbospflanzen, wieder den breiten Schotterweg erreichen. Wir biegen links ab und kehren zurück zu unserem Parkplatz am Eingangstor des Naturschutzgebiets.

Bildmitte: Sattel zwischen Droekloof und Mossel River.

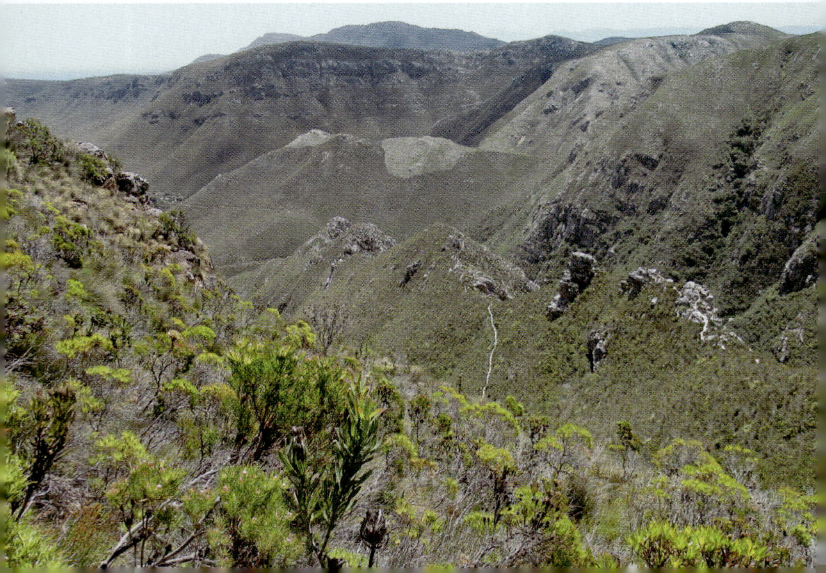

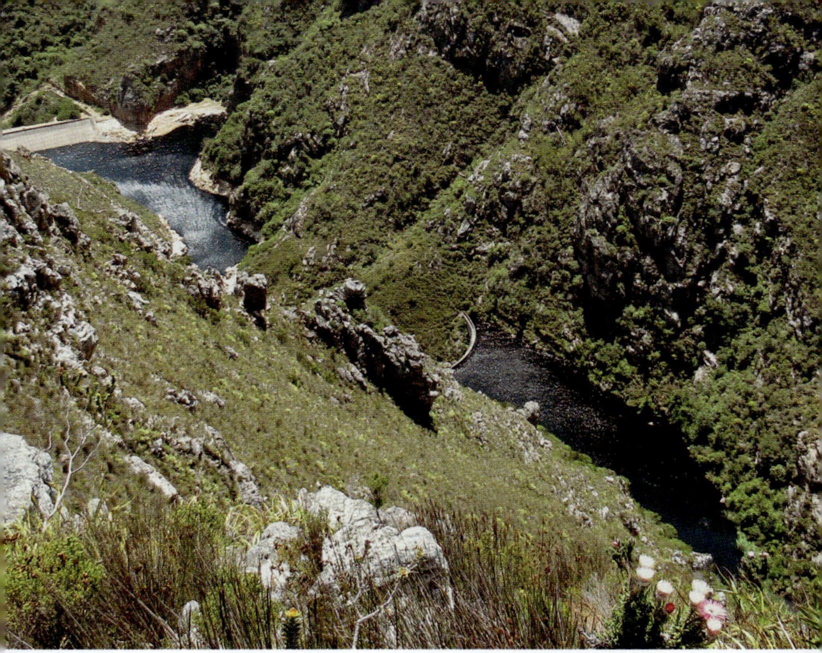

Blick zu den Stauseen des Mossel River.

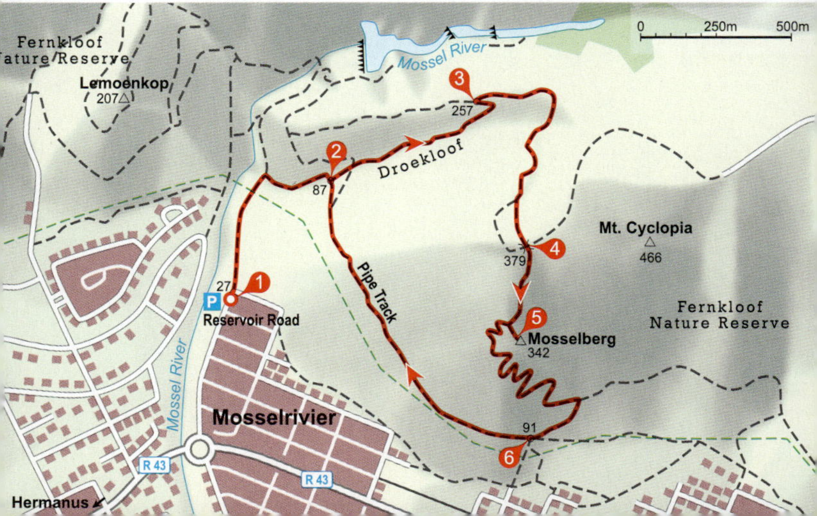

21 Hermanus Cliff Path

3.45 Std.

Abwechslungsreicher Küstenspaziergang in Südafrikas Wal-Hauptstadt

Hermanus boomt. Mehr und mehr Menschen zieht es an die Walker Bay, um jedes Frühjahr zwischen Juli und Oktober am großen Wal-Spektakel teilzunehmen. »The whales are back!« heißt es dann überall, wenn sich die Südlichen Glattwale im Hafenbecken einfinden. Eigens für die Beobachtung dieser wunderbaren großen Säuger wurde ein Klippenweg angelegt, der vom neuen Hafen im Westen bis zum Badestrand nahe des Walker Bay Nature Reserve im Osten verläuft. Sitzbänke zur Walbeobachtung auf exponierten Felsspitzen, aber auch herrliche Badebuchten, Surfspots und Muschelbänke machen diesen Landstrich zu einem sehr beliebten Ausflugsziel.

Ausgangspunkt: Parkplatz am Grotto Beach östlich von Hermanus, 5 m. Von Hermanus kommend auf der Hauptstraße (R43) in Richtung Gansbaai/Stanford fahren, nach 4,5 km dem Hinweis nach rechts Richtung Grotto Beach folgen und in die 10th Ave abbiegen, noch 600 m bis zum Parkplatz.
Höhenunterschied: Unwesentlich.

Anforderungen: Bequeme Wanderung auf befestigten Wegen.
Einkehr/Unterkunft: Restaurant »Dutchis« am Strand, Restaurants, Läden und Cafés im Zentrum von Hermanus, ebenso Unterkünfte aller Kategorien.
Hinweis: Im Frühjahr das Fernglas, im Sommer die Badesachen nicht vergessen.

Whale Watching am Gearing's Point.

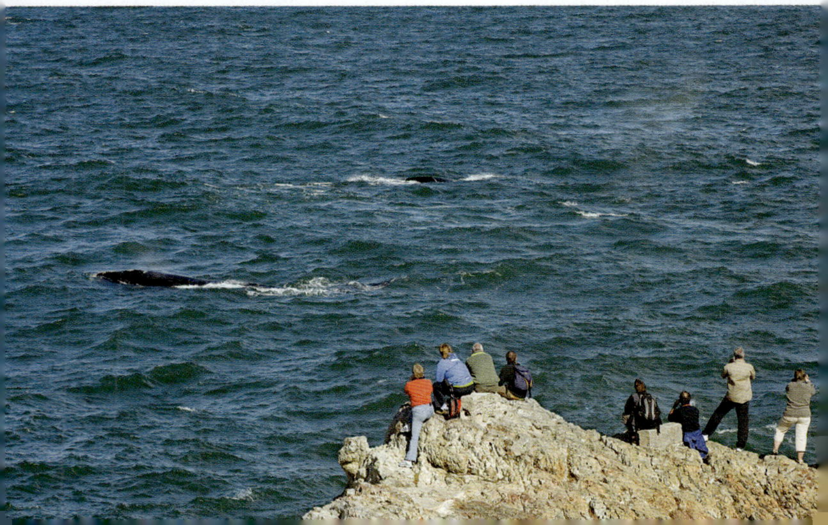

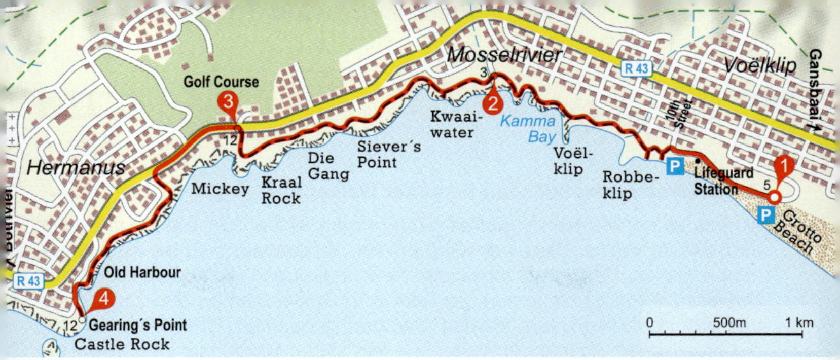

Unsere Tour startet vom Parkplatz am **Grotto Beach (1)** in westliche Richtung. Selbstverständlich kann man sie auch in umgekehrter Richtung vom Zentrum von Hermanus aus machen. Alle Etappenpunkte des Cliff Path, die man unterwegs auch von Stichstraßen aus erreichen kann, sind auf nummerierten Schildern gekennzeichnet. Etappenschild Nr. 18 (Cliff Path–Grotto Beach) ist nicht zu übersehen, wenn wir etwa 200 m auf der Teerstraße zurückgehen, auf der wir mit dem Auto zum Strand gefahren sind.

Auf dem befestigten, teils betonierten Weg geht es nun immer an der Küste entlang. Offene Strandabschnitte und zerklüftete Klippenpassagen auf der einen, Ferienhäuser, Villen und Apartmentblocks auf der anderen Seite, bieten ein abwechslungsreiches Panorama. Stichwege führen zu den Buchten und Badestränden hinunter. An der Kamma Bay, die wir nach 15 Min. erreichen, sind neben Sonnenhungrigen auch Surfer zu Hause. Die folgende Mündung des **Mosselrivier (2)** ist einfach am Strand zu überqueren. Den besten Wal-Blick hat man von den Hochpunkten am Siever's Point, Die Gang und bei Mickey.

Nach etwas mehr als 1 Std. Spaziergang knickt der Weg für die Dauer von knapp 15 Min. auf die Hauptstraße **R43 (3)** ab (der Küstenabschnitt hier befindet sich in Privatbesitz), bevor er sich kurz vor einer Wohnsiedlung wieder dem Klippenrand nähert. Ein kleines Wegzeichen mit einem Cliff- Path-Symbol dient als Kennzeichnung. Am alten Hafen im Zentrum von Hermanus gelangen wir zum **Gearing's Point (4)**, einer gepflasterten Promenadenfläche, auf der sich stets die meisten jener Wal-Schaulustigen einfinden, die Hermanus nur einen Kurzbesuch abstatten wollen.

Man könnte den Weg noch weitere 5 km bis zum neuen Hafen fortsetzen, wir machen hier jedoch kehrt, damit noch Zeit bleibt für das Badevergnügen in einer der Buchten bei Grotto Beach.

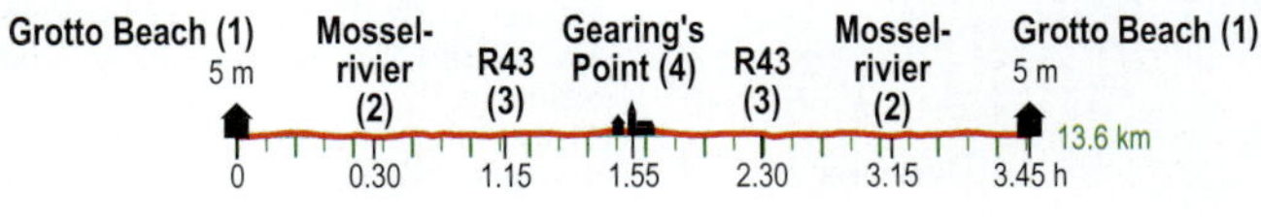

22 Klipgat Trail

4.00 Std.

Zu den Walen am südlichen Rand der Walker Bay

Ähnlich wie in Hermanus gibt es auch in dem kleinen Ort Gansbaai an der Südseite der Walker Bay einen Klippenweg, von dem aus sich die Wale beobachten lassen. Besonders an einigen Felsvorsprüngen in der Umgebung des Ortsteils De Kelders kommen die Tiere zum Greifen nah an die Küste. Auge und Ohr des Zuschauers werden gleichzeitig inspiriert. Unvergesslich sind die akustischen Signale der Wale, vor allem in den Morgenstunden, wenn sie laut tönend Wasserfontänen durch ihre Blaslöcher in die Luft prusten.

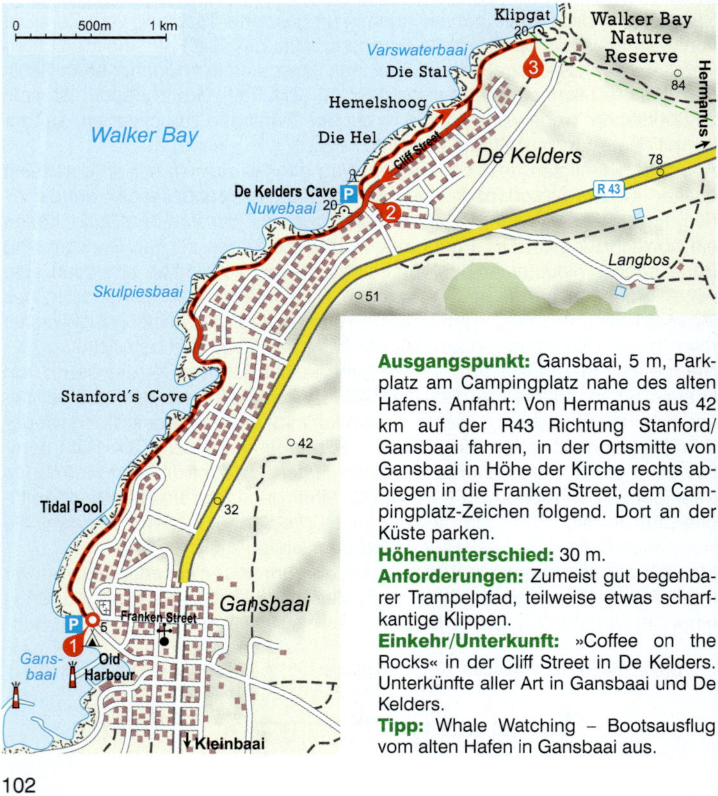

Ausgangspunkt: Gansbaai, 5 m, Parkplatz am Campingplatz nahe des alten Hafens. Anfahrt: Von Hermanus aus 42 km auf der R43 Richtung Stanford/Gansbaai fahren, in der Ortsmitte von Gansbaai in Höhe der Kirche rechts abbiegen in die Franken Street, dem Campingplatz-Zeichen folgend. Dort an der Küste parken.

Höhenunterschied: 30 m.

Anforderungen: Zumeist gut begehbarer Trampelpfad, teilweise etwas scharfkantige Klippen.

Einkehr/Unterkunft: »Coffee on the Rocks« in der Cliff Street in De Kelders. Unterkünfte aller Art in Gansbaai und De Kelders.

Tipp: Whale Watching – Bootsausflug vom alten Hafen in Gansbaai aus.

Gegenüber der Einfahrt zum Campinggelände von **Gansbaai (1)** startet unser Trail, stets entlang dem schmalen Küstenstreifen zwischen dem Meer und den etwas höher gelegenen Wohn- und Ferienhäusern. Auf befestigtem Fahrweg geht es vorbei am Tidal Pool, einem ehemaligen Gezeiten-Schwimmbecken, dann auf einem Trampelpfad hinab zur Stanford's Cove, einer kleinen Badebucht mit Milchholz-Bäumen und 150 Jahre alten Würgefeigen. Wir überqueren die Zufahrtsstraße zur Badebucht und bleiben noch ein kurzes Stück auf einem breiten Sandweg bis zur nächsten Stichstraße, die aus dem Ort an die Küste führt. Ab hier nimmt uns ein Trampelpfad auf, der uns, manchmal etwas undeutlich, an den Klippen entlang zu einer kleinen Kuppe führt, hinter der sich nach gut 1 Std. Gehzeit die Walker Bay zeigt.

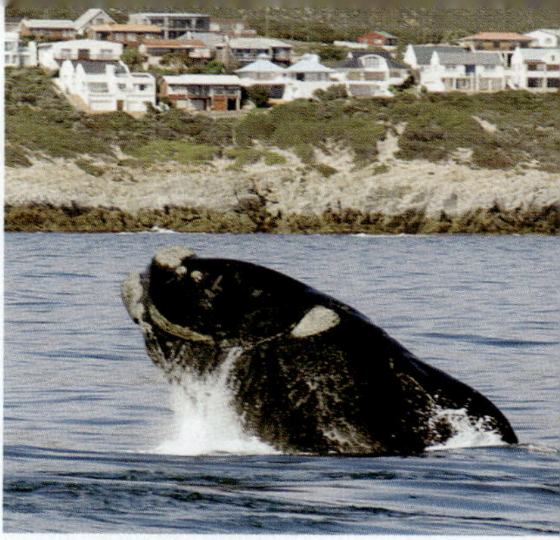

Ein Glattwal im Sprung.

Auf einer kleinen Holzbrücke überqueren wir einen Felsspalt und steigen gleich dahinter auf ein paar betonierten Stufen zu einem Schotterweg hoch, dem wir bis zum asphaltierten Parkplatz oberhalb der **De Kelders Cave (2)** folgen. In der Höhle gibt es einen mineralienreichen Süßwasserpool, den man auf einer geführten Tour besichtigen kann.
Am hinteren Ende des Parkplatzes beginnt die Cliff Street, Teil unseres Rückwegs. Links neben der Straße, vorbei an einer großen Informationstafel über Wale und andere Meerestiere, gehen wir auf felsigem Klippenterrain weiter. Auf dem folgenden schönen Streckenabschnitt laden Sitzbänke zum Verweilen ein, der Sandstrand des Walker Bay Nature Reserve und die dahinter liegenden Dünen sind zu erkennen. Wir kommen vorbei am Duiwelsgat, einem tiefem Felsloch, in dem Tauben nisten, und erreichen alsbald das Ende des Trail an einem Zaun, der das Gelände des Walker-Bay-Naturparks von der Ortschaft abtrennt. Kurz vor dem Zaun kann man über die Klippen hinunter zum **Klipgat (3)** steigen, einer Felshöhle, in der während der Steinzeit San-Ureinwohner lebten.
Auf gleichem Weg geht es zurück. Diesmal aber verlassen wir nach gut 20 Min. den Küstenpfad und biegen in die parallel verlaufende Cliff Street ein, in der uns das gemütliche »Coffee on the Rocks« erwartet.

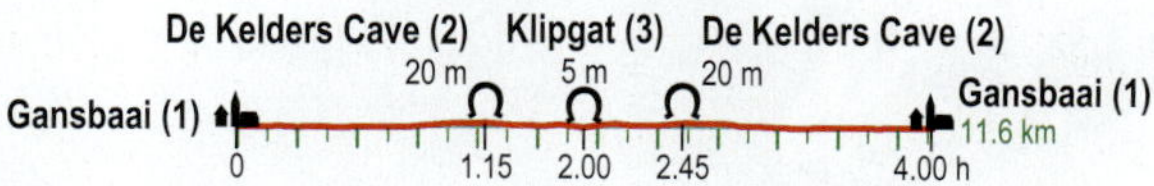

23 Boesmanskloof Trail (Greyton – McGregor)

2 Tage

Quer durch die Schluchtenlandschaft der Riviersonderend-Berge

Der Gebirgszug der Riviersonderend-Berge (übersetzt etwa: »Berge am endlosen Fluss«) markiert die Trennung zwischen der hügeligen Overberg-Region und der flachen Ebene des Breede River Valley bei Worchester und Robertson. Die Orte Greyton und McGregor liegen jeweils auf den Außenseiten der Hügelkette. Ursprünglich sollten sie durch eine Passstraße miteinander verbunden werden. Doch die Pläne wurden 1941 zu den Akten gelegt. Für die Rugbyteams beider Orte spielte das keine Rolle: Noch einige Jahre, bis etwa 1950, nutzten sie die Kurzstrecke durch die Boesmanskloof (die »Schlucht des bösen Mannes«) quasi als Konditionstraining vor dem Spiel, wenn sie gegeneinander antreten mussten. Der Weg zu Fuß war offensichtlich immer noch angenehmer, als 150 km in weitem Bogen um das Gebirge herumfahren zu müssen. Wir folgen ihren Spuren entweder von der Greyton- oder von der McGregor-Seite aus.

Badebecken unter den Oaks Falls.

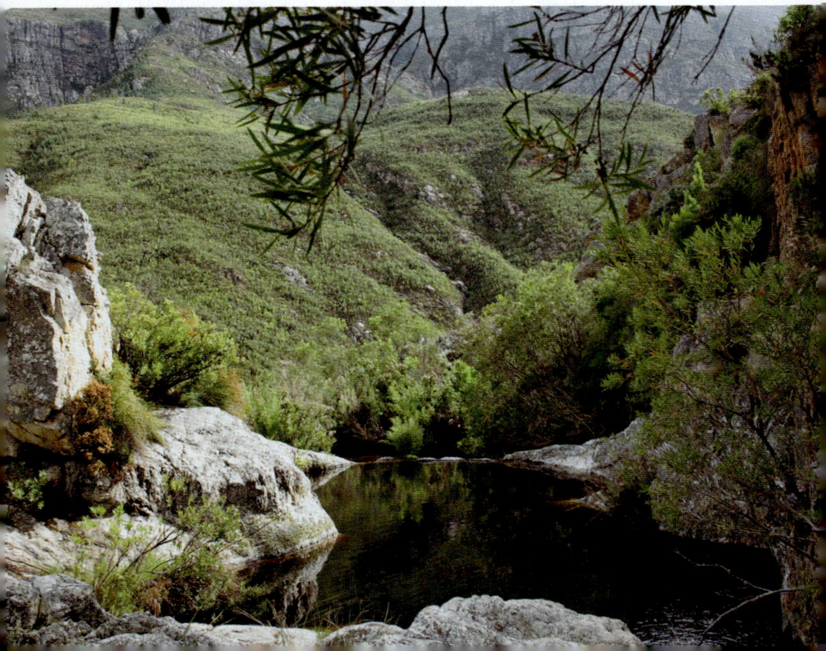

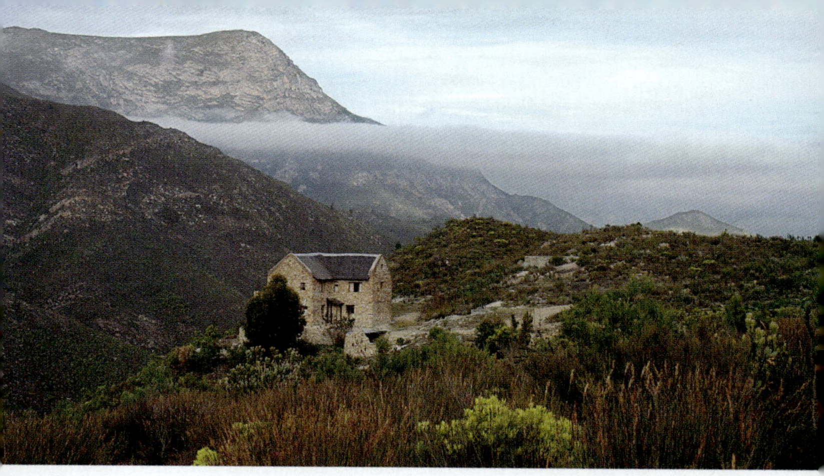

Berghütte am Rand der Boesmanskloof.

Ausgangspunkte: McGregor-Seite: Parkplatz Die Galg vor dem Eingang zum Vrolijkheid und Greyton Nature Reserve, 730 m. Anfahrt von Kapstadt auf der N1 bis Worchester fahren, dort auf die M60 nach Robertson abbiegen, direkt gegenüber dem Tourist-Office in der Ortsmitte links nach McGregor weiterfahren, dort weiter auf der Schotterstraße ca. 14 km bis Die Galg, auf dem Gelände vor den Übernachtungsgebäuden parken.
Greyton-Seite: Parkplatz am Ende der Park Street in Greyton, 232 m. Anfahrt: Auf der N2 aus Kapstadt kommend nach 110 km links abbiegen auf die R406 Richtung Genadendal/Greyton, nach 33 km durch Greyton hindurch, auf der Main Street nach 1 km links ab auf die Nerinda Street, dem P-Schild folgend, dann 500 m weiter rechts ab auf die Park Street bis zum Ende.
Höhenunterschied: Insg. gut 920 m.
Anforderungen: Lange Strecken auf steinigem Feldweg, Hangpfade in der Schlucht teilweise mit losen Steinen und tiefen Regenfurchen, Berg-Fynbos teilweise dicht bewachsen.
Einkehr/Unterkunft: In Greyton Restaurants und Coffee Shops. Unterkunft in Greyton u. a.: Post House Tel. 028-2549 995, www.theposthouse.co.za; in Die Galg: einfache Unterkunft mit Selbstversorgung; in McGregor: Ruth Oosthuizen, Tel. 072 240 0498 und Whipstock Farm, Tel. 073 042 3919.
Hinweise: Beim Start von der Greyton-Seite aus geht man vom Eingang des Naturschutzgebiets zunächst rechts aufwärts Richtung Boesmanskloof Trail (gelb-blaue Fußabdrücke), dann wieder hangabwärts, um den Boesmans River bei einem roten Poller zu überqueren und auf dem Schotterweg auf der anderen Flussseite weiter bergan zu gehen (siehe die gestrichelte Route auf der Karte).
Wegen der komfortablen Übernachtungsmöglichkeiten in Greyton reduziert sich die mitzunehmende Gepäckmenge (ohne Schlafsack, Kochutensilien, Teile des Proviants) merklich.
Buchung: In Greyton direkt im Tourist Office (Tel. 028-254 9414), sonst über Cape Nature Conservation oder im Nachhinein bei der Ankunft in Greyton.
Tipps: Badesachen für die Oaks Falls mitnehmen!
Greyton: Samstagsmarkt, kleine Läden.
Genadendal: Moravian Church-Areal.

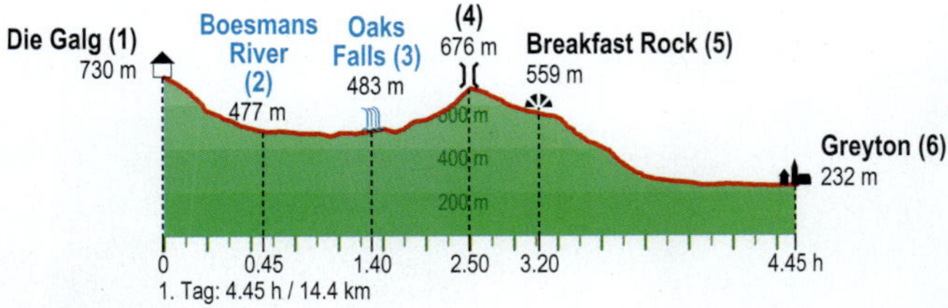

1. Tag: Die Galg – Greyton

4.45 Std., gut 210 Hm Aufstieg, 710 Hm Abstieg, 14,4 km

Wir wählen den Start auf der McGregor-Seite, denn, wie schon unter »Hinweise« erwähnt, läuft es sich mit einem Tagesrucksack sehr viel einfacher. Die Verlängerung der Schotterstraße im **Die Galg (1)** endet an einem stählernen Gatter. Links daneben ist die schmale Passierstelle für Wanderer, durch die wir auf das Gelände des Naturschutzgebiets gelangen. Nach gut 100 m erwartet uns links der »Boesmanskloof Hiking Trail – 14 km«, gekennzeichnet mit einem großen Schild.

Der Pfad windet sich im Zickzack steil nach unten in die Schlucht zum **Boesmans River (2)**, den wir zwischen Farnen und hohen Reetgewächsen hindurch überschreiten. Auf der anderen Uferseite steigen wir ein Stück an und bleiben ab dort auf dem Hangpfad parallel zum Flusslauf, nicht höher als 20 m von seinem Ufer entfernt. Die umgeknickten Büsche im Flussbett sind deutliche Zeichen, welche Wassermassen er nach starken Regenfällen bewegen kann. Die Schlucht ist hier noch recht eng, öffnet sich aber nach gut

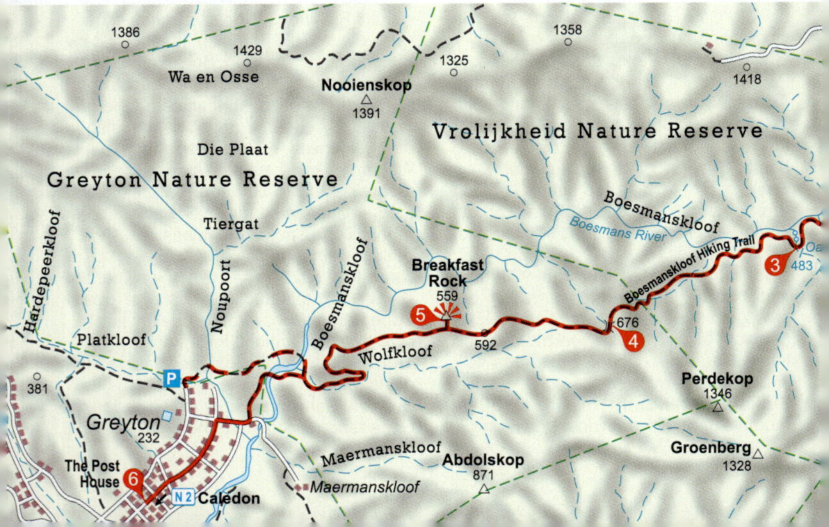

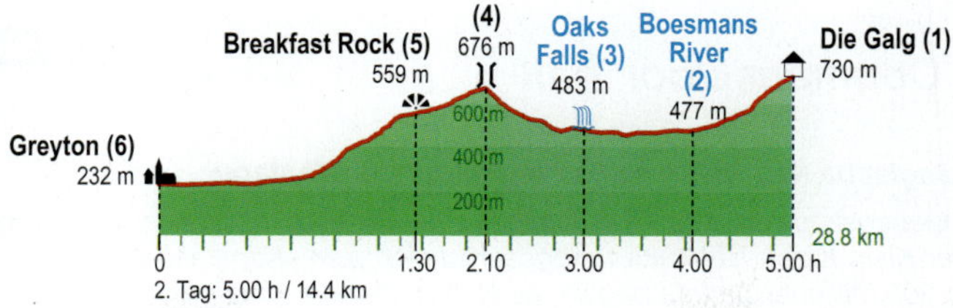

1.30 Std. Gehzeit in einen Seitencanyon. 15 Min. später sind die **Oaks Falls (3)** erreicht. Ein kleiner Nebenfluss des Boesmans River fließt hier in mehreren Kaskaden über weißen Fels und füllt mehrere hintereinander folgende Pools mit tinningefärbtem Gebirgswasser – ideal für einen Badestopp.
Weiter geht es flussaufwärts, die Schlucht verengt sich, wir streifen das Flussbett des Boesmans River, steigen dann aber stetig zwischen dicht stehenden, etwas stacheligen Karoo-Büschen am Hang empor, überqueren einen kleinen Nebenbach und gelangen zu einem riesigen Feld mit mannshohen Proteen. Zuckerbüsche mit roten und weißen Blütenständen umgeben uns zu Tausenden, Goldbrustnektarvögel (Orange-breasted Sunbird) und Kap-Honigfresser (Cape Sugarbird) zwitschern um uns herum. Gut 0.30 Std. dauert der mühsame Anstieg durch das Pflanzenmeer, der Pfad ist tief zerfurcht von Spalten, die sich nach langen Regenfällen in den Boden gegraben haben. Dann ist die **Passhöhe (4)** erreicht. Links von uns thront der Perdekop, rechts verläuft die Boesmanskloof und vor uns öffnen sich die Kornfelder rund um Greyton. Den Ort selbst werden wir auch bald sehen.

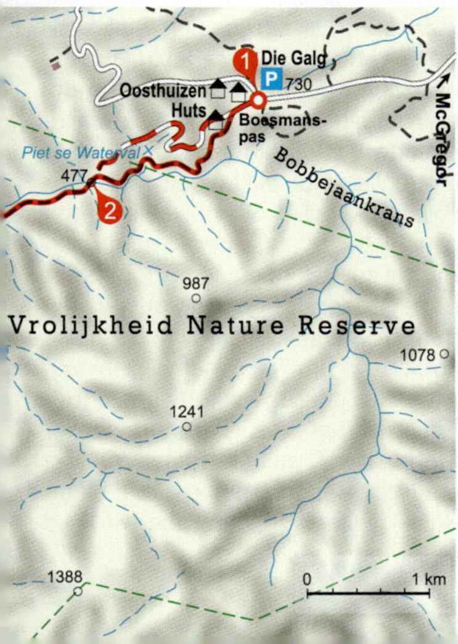

Von der Passhöhe bis zum Tal verläuft der Weg für die letzten 2 Std. auf breitem Jeep Track. Wir kommen noch am **Breakfast Rock (5)** vorbei, einem markanten Felsplateau mit prächtigem Tiefblick in die Boesmanskloof, und erreichen das Flussbett des Boesmans River nicht weit vom Ortsrand entfernt. Etwa 50 m flussabwärts überschreiten wir ihn, ein grauer Sandweg führt uns ab dort direkt nach **Greyton (6)**.

2. Tag: Greyton – Die Galg
5 Std., 710 Hm Aufstieg, gut 210 m Abstieg, 14,4 km
Am zweiten Tag geht es auf gleicher Strecke zurück nach Die Galg.

24 Cogmanskloof Trail

4.15 Std.

Geologische Kap-riolen im Faltengebirge bei Montagu

Alle Gebirgszüge am Kap, vom Tafelberg bei Kapstadt bis zu den Swartbergen in der Klein Karoo, zählt man erdgeschichtlich zum »Kap-Faltengebirge«. Vor über 200 Millionen Jahren begann es sich zu formen. Flache Sandsteinschichten wurden seinerzeit unter gewaltigem Druck gegeneinander geschoben, verbogen und manchmal sogar senkrecht aufgestellt. In der Cogmanskloof bei Montagu lässt sich dieses Phänomen in beeindruckender Weise nachvollziehen.

Ausgangspunkt: Parkplatz unterhalb der alten Wassermühle Ou Meul, 268 m. Anfahrt: Auf der R62 aus Richtung Robertson kommend am Ortsanfang von Montagu links in die Barrystreet abbiegen. Dem I-Zeichen folgend vorbei am Abzweig rechts in die Bath Street (Tourist-Info nach 200 m), weiter geradaus noch 1 km Richtung Mountain Reserve und Hiking Trails aufwärts, durch die Meulstreet und Tanner Street, bis zum Eingang des Mountain Reserve. Von dort noch 300 m, vorbei am Picknickgelände.
Höhenunterschied: 560 m.
Anforderungen: Steiniger, gut präparierter Bergpfad, manchmal bei Anstiegen etwas scharfkantiger Fels, kleine Klettereinheit beim Aufstieg.
Einkehr/Unterkunft: Unterwegs keine; in Montagu Coffee Shops, Padstalls und Restaurants sowie Unterkünfte aller Kategorien.

Blick hinunter in die Cogmanskloof.

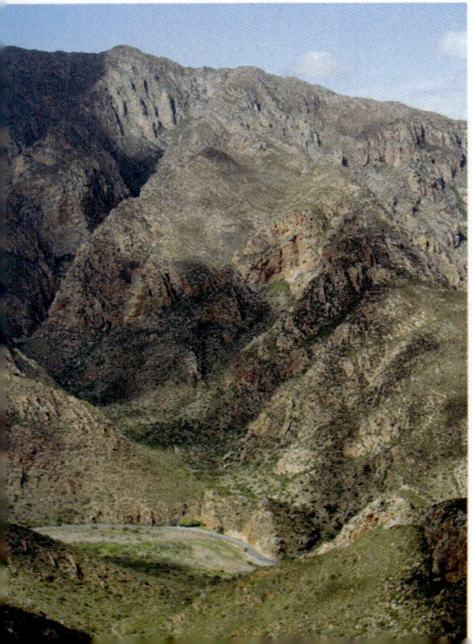

Cogmanskloof Trail und Bloupunt Trail starten gemeinsam links am alten Mühlengebäude **Ou Meul (1)** vorbei in die Donkerkloof. Wir kommen durch einen kleinen Platanenwald, vorbei an einem Picknickareal und der **Klipspringer Hut (2)**, die man für Übernachtungen bei der Gemeinde buchen kann. 100 m dahinter trennen sich die beiden Trails. Der Bloupunt Trail zieht sich weiter durch die Rietkloof in einer 6-stündigen Runde zu den höchsten Kuppen der umliegenden Berge, während wir mit dem Cogmanskloof Trail scharf links abbiegen, um mit einem 10-minütigen Steilanstieg wieder aus der Schlucht herauszugelangen. Unser Pfad ist mit gelben Fußabdrücken markiert. Danach geht es über einen Sattel weiter, von dem aus wir links

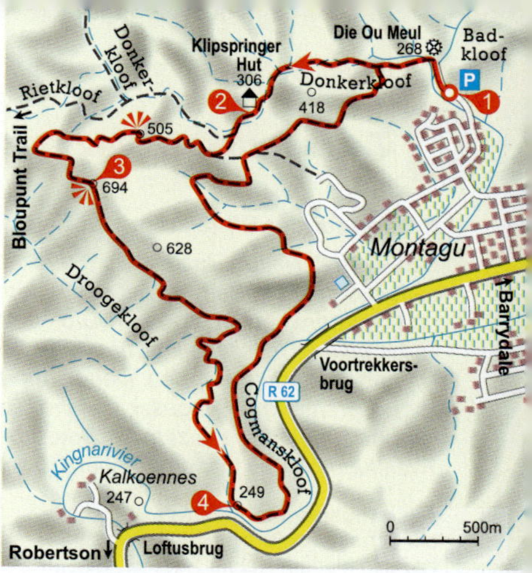

auf Montagu, rechts zur Donker- und zur Rietkloof schauen können. Den besten Ausblick haben wir nach 1 Std. von einem Felsplateau aus. Jetzt müssen wir kurz über Felsstufen klettern. Es geht 10 Min. steil hinauf auf eine flache Kuppe bis zum **Hochpunkt (3)** der Tour, hinter dem schon die nächste Schlucht auftaucht, die Droogekloof.

Der Abstieg in diese Schlucht zieht sich fast 1 Std. lang an ihrem Südwesthang entlang bis zur Talsohle hinunter. Im letzten Teil dieses Abstiegs rückt die Cogmanskloof mehr und mehr ins Blickfeld. Sie verläuft quer zur Droogekloof und macht an der Schnittstelle einen hufeisenförmigen Bogen, dem auch der Kingnarivier und die R62 folgen. Bisher konnte man schon sehr gut die einzelnen Sandsteinformationen in den Schluchten erkennen, aber hier in der Cogmanskloof fallen sie besonders auf. Wie Zwiebelringe liegen sie gewölbt übereinander. Wir gehen noch 5 Min. auf der ebenen Talsohle der Droogekloof zwischen einzelnen Macchia- und Fynbosbäumen hindurch bis zum **Kingnarivier (4)** in der Cogmanskloof, nur einen Steinwurf von unserem Pfad entfernt.

Wir folgen dem Flusslauf nach links, steigen noch einmal kurz über einen kleinen Hügel und wieder hinab zum Fluss, an dessen Ufer wir jetzt 0.30 Std. lang entlangwandern. Ein weicher Graspfad führt an Schilffeldern und kleinen Tümpeln vorbei. Schwalben und Webervögel schwirren in der Luft. Rechts neben uns taucht die Straßenbrücke auf, über die man nach Montagu gelangt. Unser Weg knickt aber vorher auf einen Trampelpfad in die Gegenrichtung ab (»Cogmanskloof Trail«) und zieht sich in einer langen Schleife am Hang westlich des Ortes entlang. Zu Beginn steigt er leicht an, verläuft dann ohne größere Steigungen und endet nach kurzem Abstieg auf der Hinroute; rechts geht es zur alten Mühle zurück.

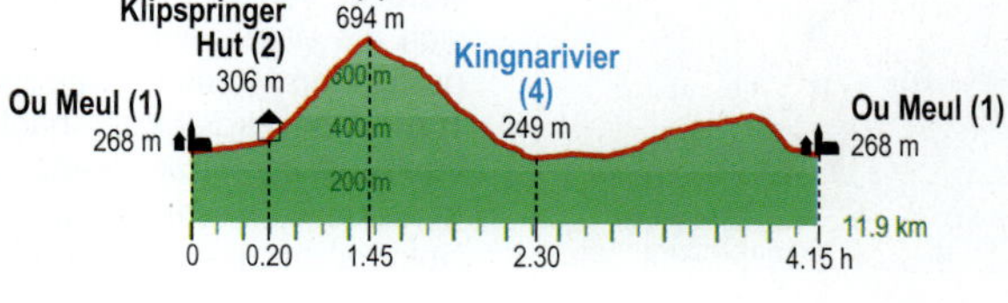

25 Twaalfuurkop, 1426 m

6.30 Std.

Anstrengender Gipfelsturm auf einen Panoramaberg

Das Marloth Nature Reserve liegt direkt am nördlichen Ortsrand von Swellendam in den Langebergen. Auf den unteren Hängen finden sich Picknickplätze und Spazierwege, die oberen Gipfelketten sind sportlichen Bergwanderern vorbehalten. Unser Steilaufstieg führt hoch zu einem der vier vorderen, vom Ort aus sichtbaren Kuppen. Den Farmarbeitern dienten sie wohl ursprünglich zur Bestimmung der Tageszeit: Stand die Sonne über dem Tienuurkop, würde sie noch 1 Stunde bis zum Elfuurkop brauchen. Die Mittagspause folgte am Twaalfuurkop und war am Eenuurkop schon wieder zu Ende.

Ausgangspunkt: Parkplatz am Ende der Schotterstraße hinter dem Ranger Office des Marloth Nature Reserve, 257 m. Anfahrt: Von der N2 in Höhe Swellendam die Abfahrt Swellendam/Railton nehmen, durch die Stadion Street 1 km bis zur Voortrek Street fahren, dort rechts Richtung Zentrum abbiegen, nach gut 300 m wieder links in die Andrew Whyte Street, nach 1 km am Golfplatz rechts auf die Schotterstraße, dem Schild »Marloth Nature Reserve« folgen. 1 km Fahrt bis zum Ranger Office, dann noch 1 km weiter auf der Schotterstraße am Picknickgelände vorbei bis zu einer Weggabelung, dort auf dem Grünstreifen parken.

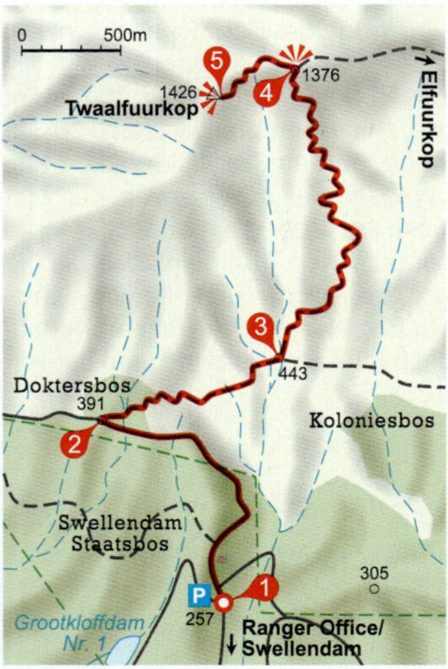

Höhenunterschied: 1170 m.

Anforderungen: Im unteren Abschnitt steiler Bergpfad, im Gipfelbereich Klettersteig zwischen größeren Felsbrocken, Trittsicherheit und Ausdauer sind erforderlich. Pullover und Windjacke sind mitzunehmen.

Einkehr/Unterkunft: In Swellendam ausreichend Auswahl an Einkehr und Unterkunftsmöglichkeiten; am Weg keine.

Tipps: Drostdy-Museum in Swellendam. Bontebok National Park mit Bergzebras, Kuhantilopen, Bunt- und Steinböcken.

Hinweis: Anmeldung im Ranger Office, Öffnungszeiten 7.00–16.00 Uhr. Das Tor bleibt für Wanderer auch nach 16.00 Uhr ohne Zeitlimit geöffnet.

Hinter dem Parkplatz im **Marloth Nature Reserve (1)** verzweigen sich die Wege: links zu den schön gelegenen Mountain Cabins, rechts zum Picknickgelände, nach Plaat-East und zum Tienuurkop-Aufstieg, geradeaus unser Weg Richtung Doktersbos und Twaalfuurkop. Der

Schotterweg, dem wir jetzt folgen, endet, leicht aufwärts führend, an einer Wendeschleife im **Doktersbos (2)**. Ab hier beginnt der Bergpfad rechts ab hangaufwärts (Schild »Plaat/Twaalfuurkop«), bis zum Gipfel deutlich mit gelben Fußabdrücken auf den Felsen markiert. Nach gut 1 Std. Gehzeit müssen wir auf dem **Abzweig (3)** nach links abbiegen (geradeaus führt er weiter nach Plaat East durch die unteren Parkgebiete).

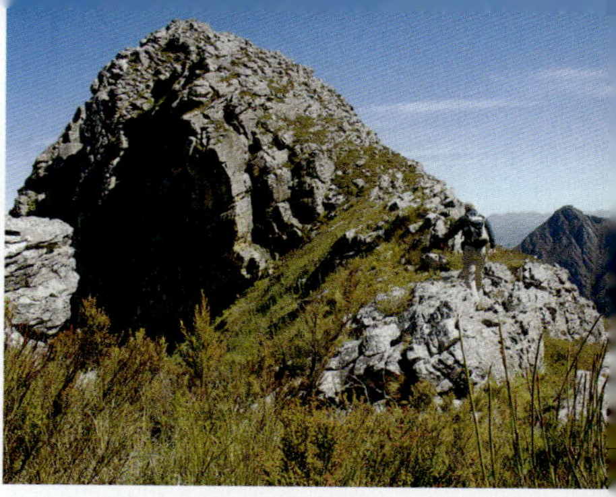

Schlussanstieg auf den Twaalfuurkop.

Vor uns liegt die Aufstiegsroute über eine vorgeschobene Kuppe zwischen Twaalfuurkop und Elfuurkop, begrenzt durch zwei tiefe Schluchten unterhalb der Gipfel, die wir auf unseren Kehren abwechselnd zu Gesicht bekommen. Fast 3 Std. brauchen wir bis hinauf auf den **Sattel (4)** dieser Kuppe. Schon bisher bot sich eine weite Sicht über Swellendam, die Windungen des Breede River und das Patchwork von Kornfeldern, jetzt kommt noch ein einmaliges Bergpanorama hinzu: die hinteren Gipfel der Langeberge mit Misty Point, Leeurivierberg und Hermitage Peak, dazu tiefe Schluchten und kleinere Hügelflächen. War die Vegetation bisher noch von Fynbos-Pflanzen bestimmt, wird der Bewuchs ab hier karger, nur noch zähe Gras- und Riet-Gewächse halten sich zwischen den Felsen. Links führt der Trampelpfad weiter, zunächst in eine Senke, dann über einen schmalen Kamm und schließlich zwischen größeren Felsbrocken hindurch zum Gipfel des **Twaalfuurkop (5)**. Er ist gut markiert mit Steinmännchen. Noch einmal lassen wir dieses großartige Panorama auf uns wirken, stundenlang möchte man dort oben verweilen.
Auf der gleichen Route geht es ins Tal zurück.

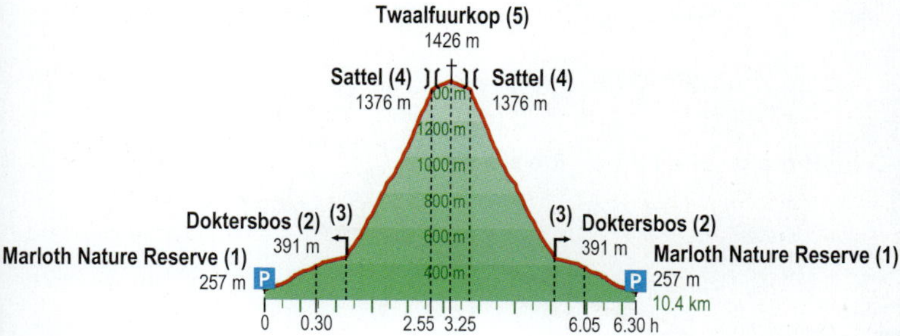

26 Coastal Trail (De Hoop Nature Reserve)

4.00 Std.

Zur Wal-Schau am türkisblauen Meer bei Koppie Alleen

So viele Glattwale wie an der Küste des De Hoop Nature Reserve findet man sonst nirgends in Südafrika. An manchen Tagen zwischen Juli und November tummeln sich bis zu 100 Tiere gleichzeitig in den Wellen. Vor allem Walkühe fühlen sich in dem warmen Wasser wohl. Gemächlich schwimmen sie ihre Bahnen, während ihre Kälber um sie herum springen und verspielt mit ihren Schwanzflossen auf die Wasseroberfläche schlagen. Doch nicht nur zur Walbeobachtung lohnt sich ein Abstecher nach Koppie Alleen: Klippen, Sandstrände und Badepools bietet viel Anregung für eine abwechslungsreiche Küstenwanderung.

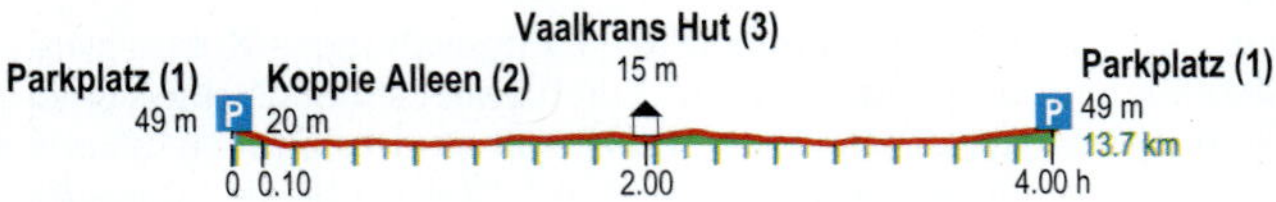

Ausgangspunkt: Parkplatz vor Koppie Alleen im De Hoop Nature Reserve, 49 m. Anfahrt: Auf der N2 von Swellendam kommend in Richtung Kapstadt nach 7 km links auf die Schotterstraße abbiegen (Schild »Malgas/Infanta«), nach 23 km rechts Richtung Ouplaas/De Hoop, nach weiteren 14 km an der T-Kreuzung rechts Richtung Bredasdorp/De Hoop Nature Reserve (links geht es Richtung Potberg, siehe Tour 27). Nach 2 km Fahrt links zum De Hoop Nature Reserve abbiegen, weitere 7 km bis zum Eingang. Von dort aus im Park den Schildern »Koppie Alleen« folgend noch 16 km bis zum Parkplatz.

Höhenunterschied: 40 m.

Anforderungen: Leichte Strand- und Klippenwanderung.

Einkehr/Unterkunft: Keine Einkehrmöglichkeit. Unterkunft in den Chalets im Rest Camp (etwas überteuert), Buchung über Cape Nature Conservation (S. 10).

Hinweis: De Hoop Nature Reserve geöffnet 7.00–18.00 Uhr.

Tipps: An der Küste: Sanddünen auf 8 km Länge zwischen Koppie Alleen und Die Mond.

Im Park: Buntböcke, Elenantilopen und Bergzebras.

Fernglas für die Walbeobachtung und im Sommer Badesachen nicht vergessen.

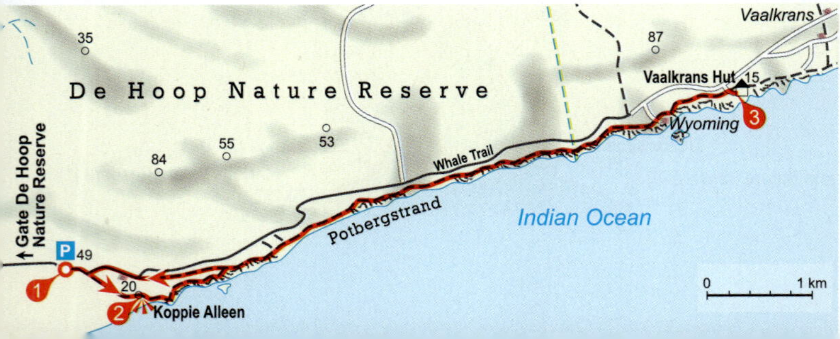

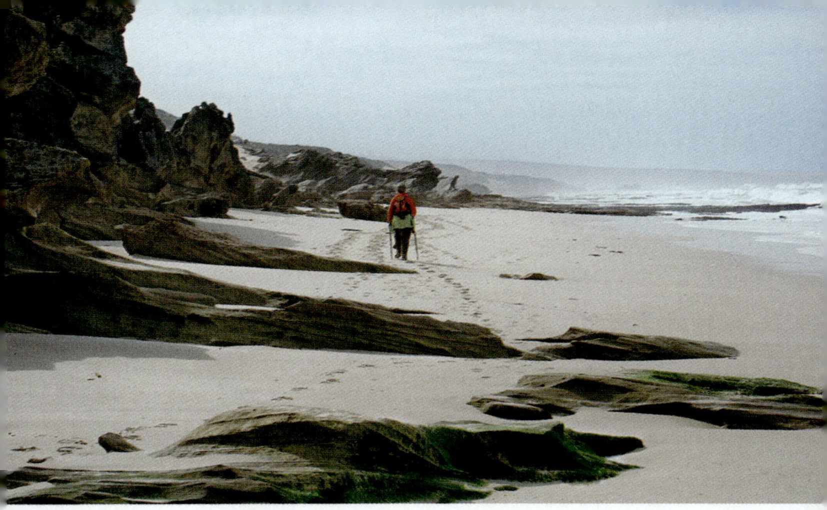

An der Küste bei Koppie Alleen.

Vom Parkplatz (1) aus führt ein Holzsteg in knapp 10 Min. hinunter zu **Koppie Alleen (2)**, einem kleinen Aussichtsplatz mit weiß getünchtem, reetgedecktem WC-Häuschen. Viele Parkbesucher begnügen sich mit dem Abstieg bis hierhin, um einmal die Wale zu sehen und dann wieder umzukehren. Wir gehen jedoch hinter dem Häuschen auf dem Holzsteg weiter hinab bis zum Strand. Von dort aus führt der Pfad deutlich sichtbar immer an der Küste entlang von Bucht zu Bucht, teils über Holzstufen, teils über den nackten Fels oder direkt durch den feinen Sand. Abhängig vom Gezeitenzyklus kann man bei Ebbe herrliche Gesteinsformationen im flachen Wasser umrunden oder bei Flut etwas höher durch bewachsene Dünenfeder ziehen.
Dabei sind die Wale immer in Sichtweite. Je höher man geht, umso eher kann man sie beobachten. Nach etwa 2 Std. passieren wir die Ruine einer früheren Unterkunft und erreichen kurz danach die **Vaalkrans Hut (3)**. Prägnant auf einem Felsplateau gebaut, von Wellenbrechern umspült, ist sie die letzte Station des 5-tägigen Whale Trail, der in Potberg startet und in Koppie Alleen endet (Buchung Whale Trail siehe Hinweis bei Tour 27).
Für den Rückweg folgen wir lange Zeit der Route des Hinwegs. Nach ca. 1.30 Std. Gehzeit ab Vaalkrans Hut gabelt sich der Weg (auf dem Hinweg merkt man es gar nicht). Wir nehmen diesen Pfad, der von der Küste weg allmählich nach rechts durch Fynbos-Büsche ansteigt und uns zum Holzsteg nach Koppie Alleen bringt. Geradeaus weiter sollte man noch einen Abstecher zu den Sanddünen machen, die sich gleich hinter einer Kuppe anschließen.

27 Klipspringer Trail (De Hoop Nature Reserve) 2.15 Std.

Unter Geiern

Im östlichen Teil des De Hoop Nature Reserve erhebt sich der kleine Höhenzug des Potbergs. Hauptattraktion in diesem Teil des Parks sind die mehr als 100 Kap-Geier (Cape Vultures), die in der geschützten Boskloof nisten. Einst von den Farmern fälschlicherweise als Lämmerjäger fast ausgerottet, hat sich ihr Bestand durch die Ansiedlung in dieser kleinen Kolonie merklich erholt. Auch ihr Ansehen bei Farmern ist gestiegen: Als Aasfresser vertilgen sie schnell alles, worin sich Parasiten und unliebsames Getier sammeln könnte, auch zum Nutzen der Schafe.

Ausgangspunkt: Parkplatz vor dem Potberg Environmental Education Centre, 174 m. Anfahrt von Swellendam aus zunächst wie in Tour 24, an der T-Kreuzung aber links ab Richtung Potberg. Nach 7 km Fahrt, dem Schild »Whale Trail« folgend, am Zaun des Naturschutzgebiets entlang bis zum unbesetzten Eingang der Potberg Section. Noch 2 km auf dem Schotterweg weiter bis zum Potberg-Umwelt-Bildungszentrum.
Höhenunterschied: Etwa 220 m.

Anforderungen: Steinige, aber gut begehbare Pfade, beim Abstieg zum Potberg River etwas geröllig und steil.
Einkehr/Unterkunft: Am Weg keine. Etwa 7 km vom Parkeingang entfernt Unterkunft: The Cottage, Else-Marie Neethling, Tel. 028-542 1205.
Hinweise: Anmeldung zum 5-tägigen Whale Trail über Cape Nature Conservation (siehe Seite 10); nur für Gruppen von 4–6 Personen geeignet.
Fernglas nicht vergessen!

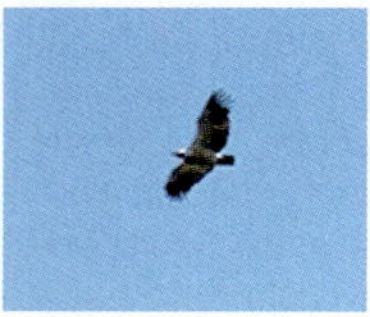

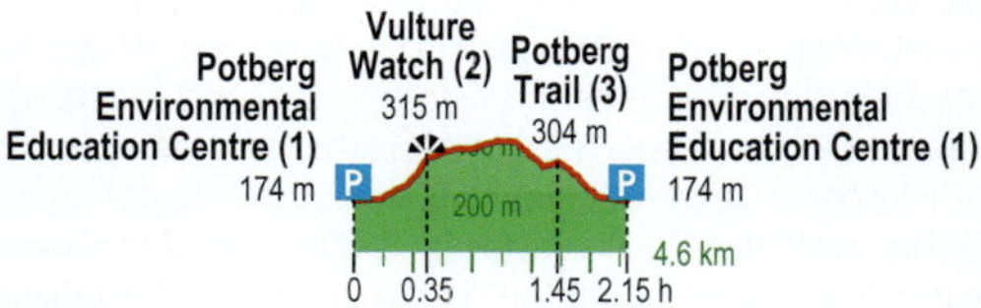

Gegenüber dem **Potberg Environmental Education Centre (1)**, am linken Ende des Parkplatzes, informiert eine Tafel über die beiden eintägigen Wanderrouten, die von diesem Punkt aus losgehen: Der Potberg Trail (rot markiert) führt hinauf zum höchsten Punkt des Potbergs, der Klipspringer Trail (gelb markiert) bleibt etwas unterhalb auf seinen Südhängen. Beide verlaufen zunächst auf gemeinsamem Pfad durch einen Hain mit Eukalyptusbäumen, bevor sie sich nach 5 Min. teilen. Unser Weg biegt rechts ab, gabelt sich nach wenigen Minuten aber erneut; hier steigen wir nach links einen Hang hinauf (rechts geht es hinunter zum Parkplatz der Whale-Trail-Teilnehmer).
Wir erreichen nach etwa 0.30 Std. die Black Eagle Cave, eine tiefe Nische im

Berg, in der einst Felsadler nisteten, und kurz darauf den **Vulture Watch (2)**, eine Felsplattform, von der aus wir einen guten Überblick über die Ebene des De Hoop Nature Reserve haben, bis hin zur bewaldeten Boskloof, wo die Geier wohnen. Insbesondere morgens steigen sie zur Futtersuche empor. Bis zu 250 cm beträgt ihre Flügelspannweite, ein prachtvoller Anblick, wenn sie sich so in den Aufwinden über uns treiben lassen.

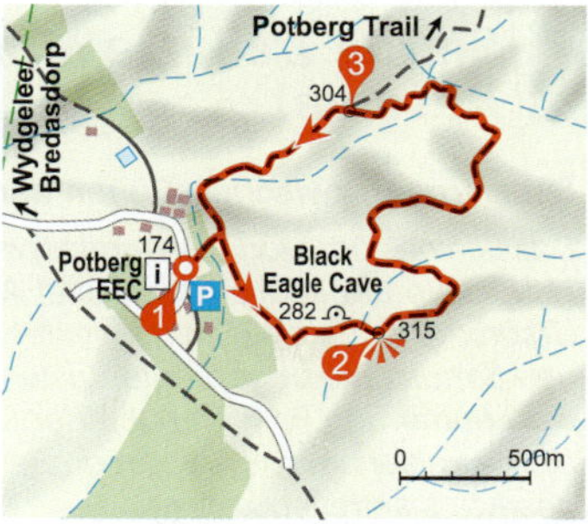

Der Pfad gewinnt noch etwas an Höhe, durch dichten Berg-Fynbos hindurch, bis zum höchsten Punkt der Tour, um von dort nach einer kleinen Schleife steil hinunter zu einem kleinen Bachlauf abzufallen. Vor uns liegt der Höhenzug des Potbergs. Wir überqueren den Bach auf ein paar großen Steinbrocken, steigen am anderen Ufer erneut zu einem Felsrücken auf und erreichen den **Potberg Trail (3)**. Wir biegen hier links ab, talwärts, überqueren noch einmal den kleinen Bach, diesmal etwas tiefer gelegen, erreichen wieder den Eukalyptuswald und sind kurz danach beim Ausgangspunkt.

Am Vulture Watch.

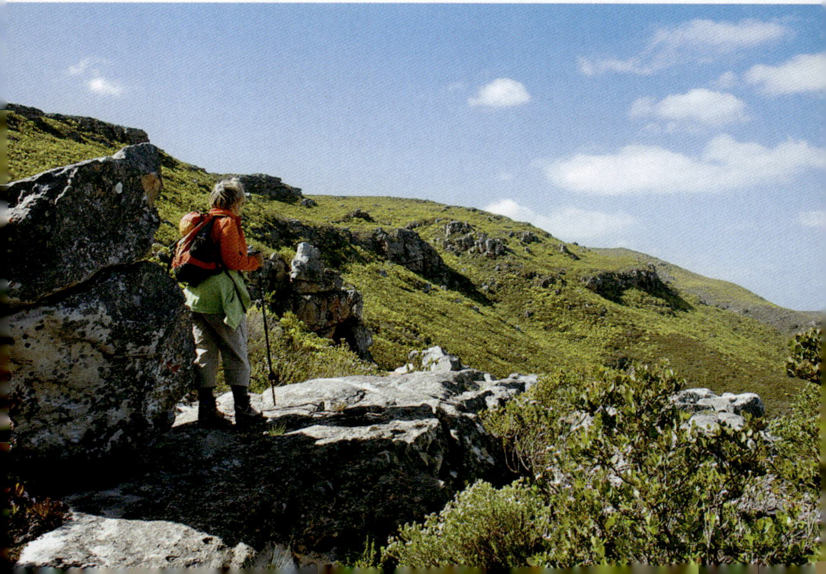

28 Sterna Trail (De Mond Nature Reserve)

2.00 Std.

Spaziergang zwischen Dünen und Meer

Das kleine De Mond Naturreservat liegt etwas abseits der touristischen Hauptziele am südlichsten Zipfel Afrikas zwischen Arniston und L'Aghulas. Ursprünglich und fast menschenleer offenbart sich dieser von Dünen und feinen Sandstränden geprägte Küstenabschnitt am Indischen Ozean. Der Fußweg durch den Park ist nach der Damara-Seeschwalbe benannt, lateinisch sterna balaenarum, die wir in großer Zahl im Mündungsbereich des Heuningnesriviers antreffen können.

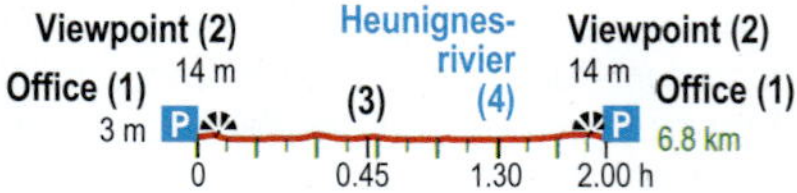

Ausgangspunkt: Parkplatz vor dem Cape Nature Office, 3 m. Von der N2 nach Caledon abbiegen und bis Bredarsdorp auf der R316 fahren, ab Bredarsdorp weiter auf der R316 Richtung Arniston, und nach knapp 9 km rechts ab auf den Schotterweg Richtung De Mond/ Struisbaai/L'Aghulas. Bis zum Naturschutzgebiet am Ende der Straße sind es noch 14 km, dort vor dem Eingang parken. Unterwegs die Abzweige nach Arniston und L'Agulhas ignorieren.
Höhenunterschied: 15 m.
Anforderungen: einfache Wanderung, anfangs auf breitem Sandweg, dann am Strand entlang, teilweise über Holzstege und -brücken. Sonnenschutz ist erforderlich, ein Fernglas nicht vergessen. Bis in den November hinein sind manchmal Wale zu beobachten.
Einkehr: Unterwegs keine.
Hinweis: Öffnungszeiten des Parks von 7.00–18.00 Uhr, Office für das Permit von 7.00–16.00 Uhr
Tipps: Warenhuiskrans-Höhle in Arniston, ca. 20 km entfernt und Cape L'Agulhas (südlichster Punkt Afrikas), ca 35 km entfernt.

Strand und Dünen im De Mond Naturreservat.

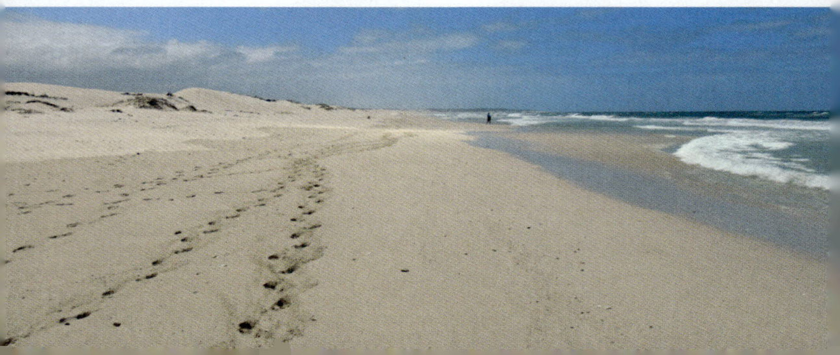

Nachdem wir uns im **Office (1)** des Parks registriert haben, gehen wir über das Picknickgelände bis zum Ufer des Heunignesriviers. Wir halten uns rechts und überqueren den Fluss sogleich auf einer schmalen Holzbrücke. An deren Ende zeigt uns ein Wegweiser die Richtung der Sterna-Route, rechts entlang führt unser Weg. Der Holzsteg, der von links einmündet, ist unser Rückweg. Zunächst geht es ein paar Stufen geradeaus hinauf zum **Viewpoint (2)**. Den Ausblick von dort oben über den Mündungsbereich des Flusses und die Dünenlandschaft lassen wir uns nicht entgehen. Wieder zurück auf den Hauptweg, biegen wir nun nach links ab. Auf breitem Sandweg geht es im Rücken des von Fynbos-Pflanzen befestigten Dünengürtels bis zu den Stränden direkt am Ozean. Unterwegs achten wir auf die von Maulwürfen aufgehäuften Sandhügel (mole holes). Tritt man hinein, kann man leicht ins Stolpern geraten. Wir kommen an 3 Abzweigen vorbei, die ersten beiden rechts und links ignorieren wir, den dritten, kurz vor den unbewachsenen Sanddünen können wir benutzen, wenn die Flut ein Gehen am Strand entlang unmöglich macht.

Von den **Sanddünen (3)** steigen wir zum Strand hinab und gehen links entlang fast 2,5 km weit bis zum Mündungsbereich des **Heuningsriviers (4)**. Hier endet der Dünenkamm. Bei niedrigem Wasserstand folgen wir dem ebenen Flussbett links entlang zurück in Richtung Brücke, die wir deutlich erkennen

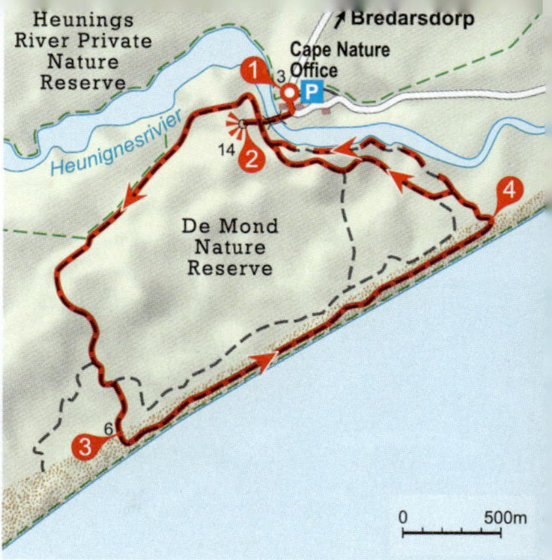

Maulwurfhügel (Mole Holes).

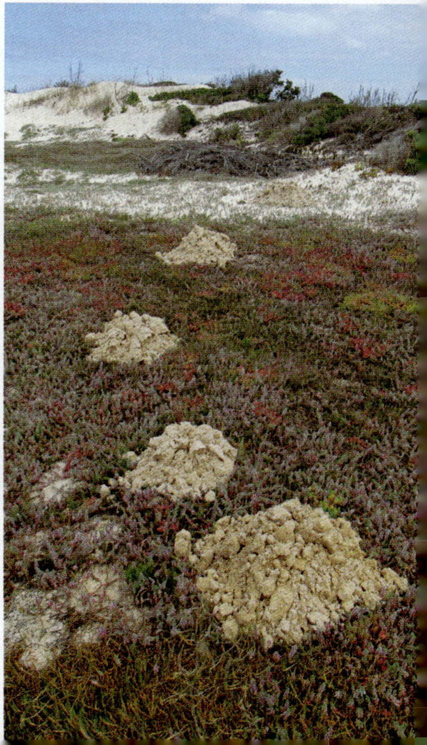

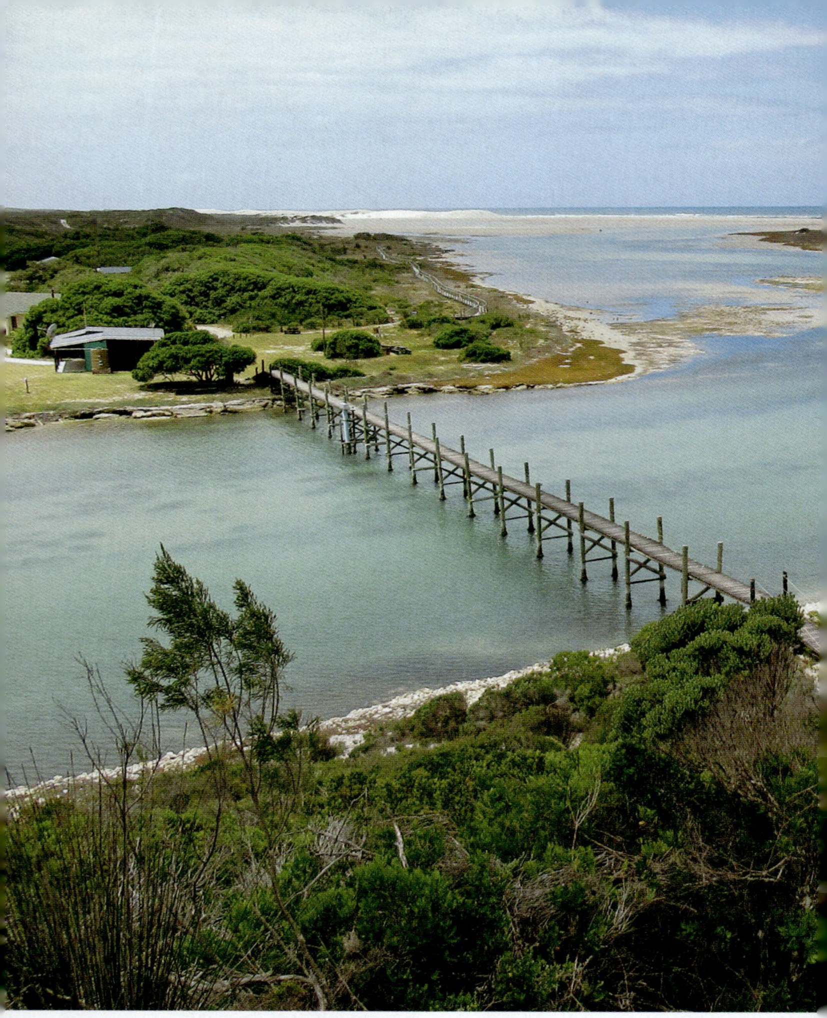

Blick vom Viewpoint über den Heuningsriviers zum Indischen Ozean.

können. Dabei achten wir darauf, nicht zu nah an die Nester der Seemöwen zu gelangen, die hier in großer Zahl auf kleinen Erdhügeln hocken und zur Brutzeit auch energisch ihr Revier durch Geschrei verteidigen. Bei hohem

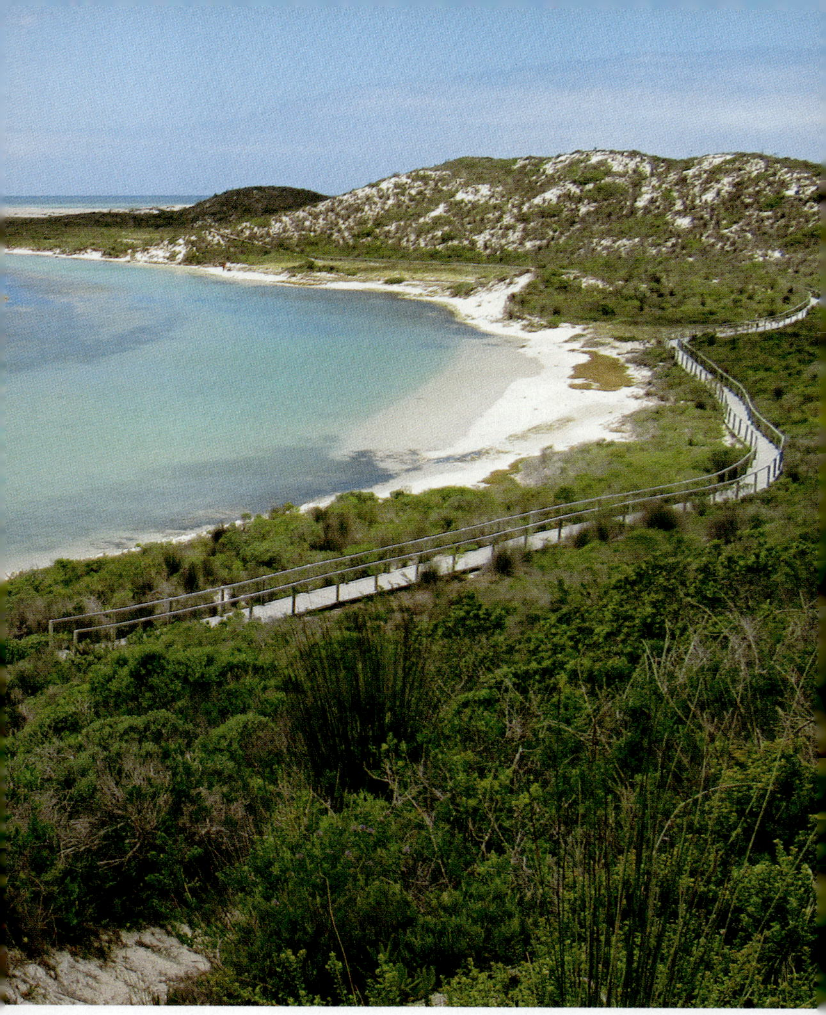

Wasserstand bleiben wir nahe der Dünen und benutzen einen Trampelpfad, der mit etwa 40 m Abstand parallel zum Flusslauf durch einen flache Heidelandschaft bis zu einer Holztreppe verläuft. Auf ihr steigen wir hinauf und gehen auf hölzernem Steg bis zur Brücke und zurück zu unserem Ausgangspunkt am Eingang des Parks.

Klein Karoo

Verlässt man die Garden Route über den Outeniqua-Pass Richtung Norden, verändert sich die Landschaft schon nach 0.30 Std. Fahrt schlagartig. Es ist merklich trockener, der Boden steinig und mit unendlich vielen Stoppelbüschen bedeckt, Bossies genannt. Wir sind in der Klein Karoo, einem knapp 60 km breiten und 300 km langen Halbwüstenbecken. Das Wort Karoo kommt von kuru, was in der Sprache der San so viel bedeutet wie trocken. Die Niederschlagsmenge ist hier tatsächlich wesentlich geringer als an der Garden Route. Wolken vom Ozean werden an den Bergketten der Outeniqua- und Tsitsikamma-Berge abgefangen und regnen sich nur auf der Garden-Route-Seite ab.
Im Norden wird das Becken von den Swartbergen begrenzt, die mit über 2000 m hohen Gipfeln den Übergang zur Great Karoo markieren. Zentrum der Klein Karoo ist **Oudtshoorn**. In der Stadt dreht sich alles um Vogel Strauß. Auf den Farmen der Umgebung werden die Riesenvögel gepäppelt, hauptsächlich wegen ihrer Federn, ihrer großen Eier und ihres Fleisches. Ein gut zubereitetes Ostrich-Steak gehört zu den Delikatessen vieler Restaurants in der Stadt. Straußenfarmen bieten Besichtigungen an, bei einigen gehört auch ein Ritt auf dem Vogel zu den Programmpunkten.

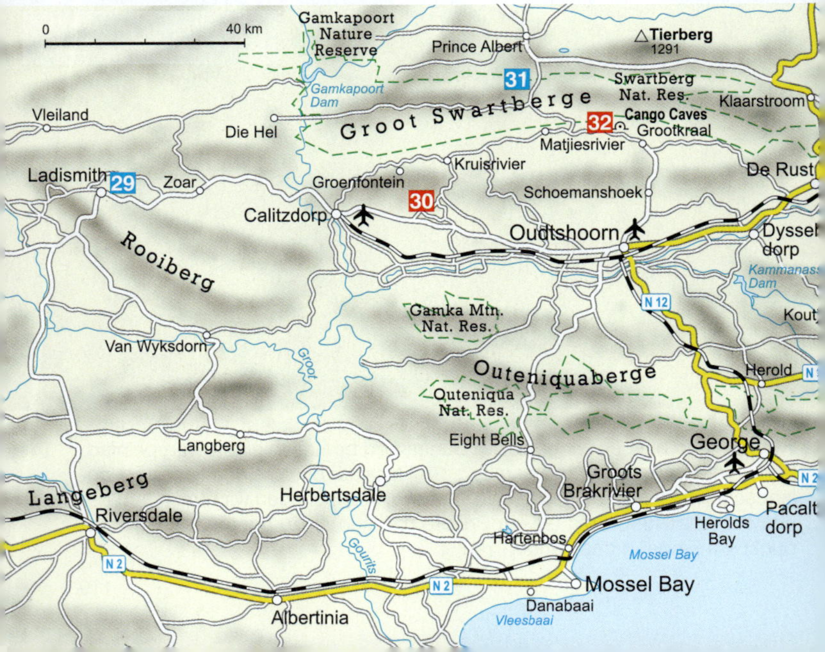

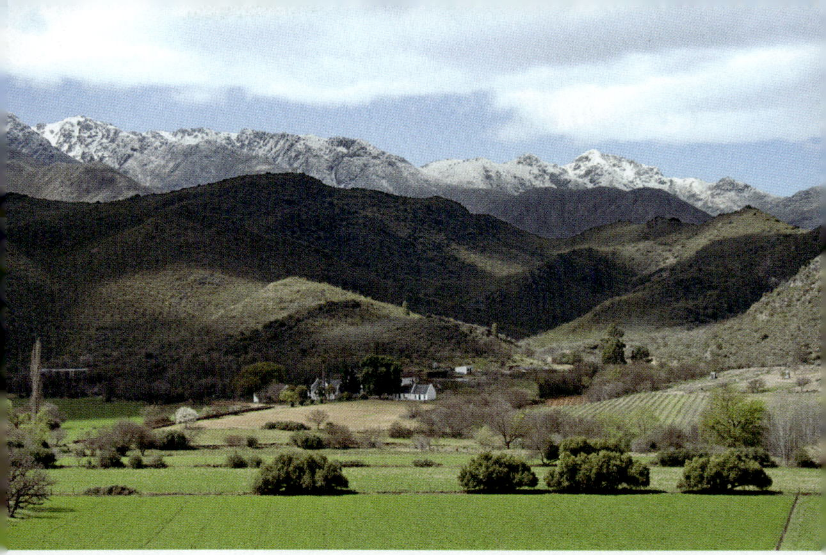

Die schneebedeckten Swartberge bei Oudtshoorn.

Etwas außerhalb von Oudtshoorn liegen die Tropfsteinhöhlen der Cango Caves, die man ebenfalls zu den Besuchermagneten der Gegend zählen muss. Der Ort **Calitzdorp**, etwas weiter westlich von Oudtshoorn, ist bekannt durch seinen Portwein, der Ort De Rust ganz im Osten durch seine Dessertweine. Quer durch die Klein Karoo verläuft die **Route 62**. Besonders am Wochenende erfreut sich die Straße großer Beliebtheit bei Auto- und Motorradfahrern. Jeder kleine Ort entlang der Strecke lockt mit Restaurants und Farmstalls (Afrikaans: Pad Stal), einer Mischung aus Antiquitätenladen, Flohmarkt, Obst- und Souvenirshop.
Geologisch hochinteressant sind die mächtigen **Swartberge**, die dem Kap-Faltengebirge zuzuordnen sind. Ähnlich wie in der Cogmanskloof bei Montagu gibt es drei markante Einschnitte durch die Falten: den Sevensisterpoort bei Ladismith, den Swartbergpass zwischen Oudtshoorn und Prince Albert und den Meiringspoort bei De Rust. Zumindest einen dieser Einschnitte sollte man sich unbedingt ansehen.
Auch die kleineren **Red Stone Hills** in der Umgebung von Outdshoorn haben geologische Besonderheiten aufzuweisen: Geröll und Steine wurden über Millionen von Jahren mit einem Gemisch aus Sand, Schlamm und oxydierten, eisenhaltigen Mineralien zusammengepresst. Wo die verwitterte Oberfläche weggekratzt ist, kommen rot leuchtende Hügel zum Vorschein, kräftige Farbtupfer in einer sonst eher kargen Landschaft.

29 Towersig Wandelpad

2.15 Std.

Die höchsten Gipfel der Klein Swartberge auf einen Blick

Das unscheinbare Örtchen Ladismith inmitten der Klein Karoo bleibt vielen Autofahrern zumeist nur in Erinnerung, weil die beliebte Route 62 im Ort eine scharfe 90°-Kurve macht. Dabei lohnt sich hier aber ein Stopp für einen kurzen Spaziergang. Von einem kleinen Höhenzug am nördlichen Ortsrand bietet sich ein vortrefflicher Ausblick auf die höchsten Gipfel der Klein Swartberge, unter anderen auf den 2126 m hohen Toringberg und den 2325 m hohen Seweweekspoortpiek, den höchsten Berg in der Western-Cape-Provinz.

Ausgangspunkt: Parkplatz am Ortsrand von Ladismith unterhalb von zwei Trinkwasserzisternen, 583 m. Anfahrt: Auf der R62 aus Montagu kommend in Ortsmitte von Ladismith in einer 90°-Kurve links Richtung Laingsburg. Etwa 100 m weiter, gegenüber der Tourist-Information (in der Otto Hager Church untergebracht), rechts abbiegen und noch 1,5 km dem Schild »Towersig« folgen; die letzten 200 m davon auf einem Schotterweg.

Höhenunterschied: 280 m.

Anforderungen: Steiniger, aber gut präparierter Hangpfad. teilweise mit weißem Fußabdruck markiert.

Einkehr/Unterkunft: Unterwegs keine; in Ladismith Coffee-Shops, Farm-Stalls und Restaurants, u. a. The Post House , Tel. 064 797 7397, Unterkünfte aller Kategorien.

Tipp: Fahrt durch den Seweweekspoort-Canyon, 21 km östlich von Ladismith, direkt von der R62 abzweigend.

Direkt neben dem Parkplatz unterhalb der Zisternen von **Ladismith (1)** signalisiert ein kleines grünes Schild mit der Aufschrift »Towersig Wandelpad« den Startpunkt unserer Runde.

Zunächst macht der Weg einen Schwenk nach Osten, an der südlichen Hangseite unseres Höhenzugs entlang. Einen Abzweig rechts nach 150 m ignorieren wir. Wir gehen an den weißen Großbuchstaben des weithin sichtbaren Ortsnamens Ladismith vorbei, umrunden eine kleine Kuppe, steigen auf deren Nordseite bis zur nächsten Erhebung mit einer gemauerten Sitzbank und erreichen anschließend einen Kammpfad, von dem aus wir die beste Aussicht auf die Berge haben.

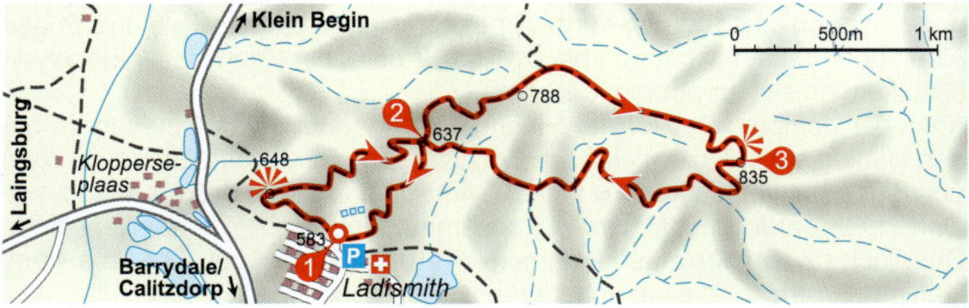

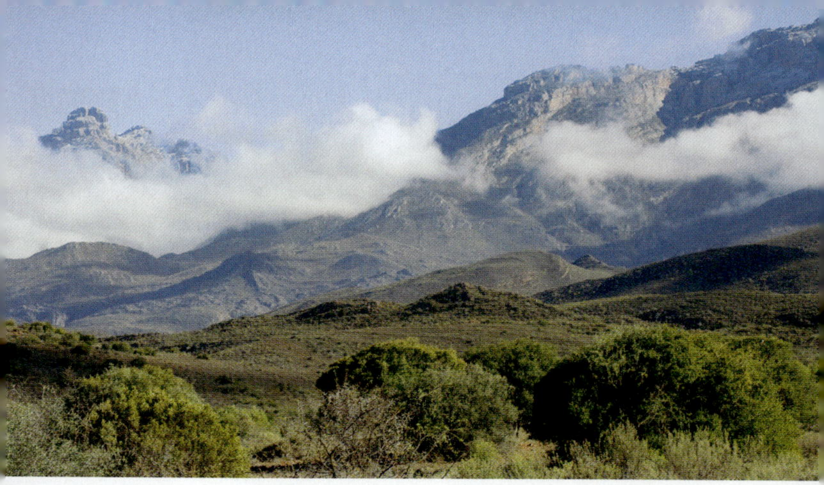

Gipfelreihe der Klein Swartberge, links der Toringberg.

Wir kommen erneut an einer kleinen Erhöhung mit gemauerter Sitzbank vorbei und gelangen zu einer **Gabelung (2)**, an der wir uns links hangaufwärts halten, rechts entlang ist eine Abkürzung zu dem Punkt, an dem auf unserer Rückrunde der Abstieg beginnt. Wir lassen diese Abkürzung aber unbeachtet. Der Pfad wird schmaler. Er zieht sich auf und ab am Hang entlang mit schönen Ausblicken zu den Swartbergen. Schließlich kommen wir zum **höchsten Punkt (3)** der Tour. Noch einmal können wir rundum schauen, neben den hohen Bergkuppen ringsum rückt jetzt auch die hügelige Karoo-Ebene um Ladismith in unser Blickfeld.
Auf der Rückseite der Kuppe geht es zurück, zunächst durch felsiges Terrain mit einzelnen Protea-Büschen, dann durch niedrig bewachsenes Gelände mit Karoo-Sträuchern. Erneut gelangen wir zu einem Abzweig, der links hinauf zu einer Kuppe führt. Wir ignorieren ihn und gehen geradeaus weiter. Bei der folgenden Gabelung führt ein Pfad rechts hoch zu unserem Abzweig-Punkt vom Hinweg. Wir ignorieren ihn und gehen links hinunter ins Tal, um wenig später beim Parkplatz am Ortsrand von **Ladismith (1)** anzukommen.

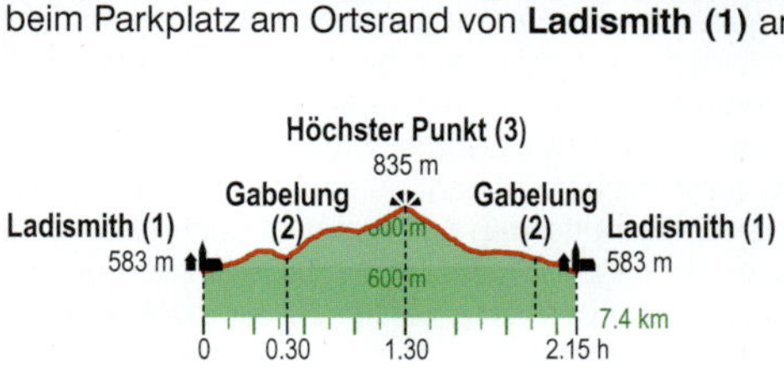

30 Enon Trail (Red Stone Hills)

2.30 Std.

Zum Window Rock in den roten Karoo-Bergen

Unseren ersten Ausflug in die roten Berge der Karoo machen wir auf dem Gelände der Red Stone Hills Farm 40 km westlich von Oudtshoorn, unweit von Calitzdorp. Die abwechslungsreiche Hügellandschaft ist geprägt von roten Kegelspitzen und Felszinnen. Dort, wo die verwitterte Oberfläche etwas aufgerissen ist, scheinen rote Münder und Augen die Kegel in kapuzenbekleidete Wesen zu verwandeln. Markantester Fixpunkt in dieser Fantasielandschaft ist der Window Rock, ein etwa 10 x 20 m großer Torbogen, das Ziel unserer Tour.

Ausgangspunkt: Brücke auf der Schotterstraße, etwa 4 km von der Red Stone Hills Holiday Farm in Richtung Calitzdorp entfernt. Petro, die Farmerin, bringt die Wanderer hin. Anfahrt zur Farm: Von Oudtshoorn auf der R62 Richtung Calitzdorp, nach 32 km rechts Richtung Redstone Hills, B&B/Kruisrivier. Nach 6 km auf der Schotterstraße rechts weiter Richtung Kruisrivier, nach 1 km erneut rechts ab auf das Farmgelände zur Rezeption.

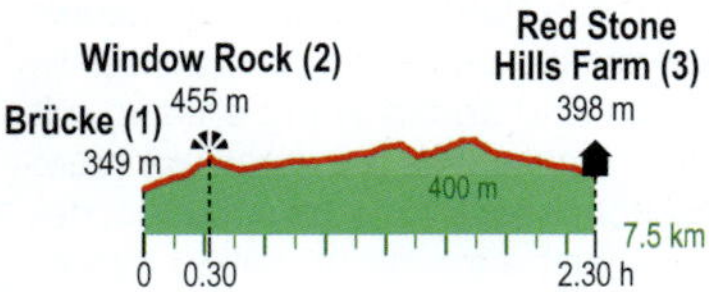

Höhenunterschied: 140 m.

Anforderungen: Einfacher Sandweg durch das Karoo-Gelände, Aufstieg zum Window Rock auf nicht markierten Schotterhängen.

Einkehr/Unterkunft: Red Stone Hills Holiday Farm, Tel. 072 901 5654, www.redstone.co.za, auf der Farm Frühstück und Dinner, wahlweise Selbstversorgung.

Hinweis: Für Farmgäste ist die Benutzung des Trail frei, für Tagesgäste wird eine kleine Schutzgebühr erhoben (an der Rezeption melden).

Tipp: Beste Fotos von den Felsen macht man im Sonnenlicht am frühen Morgen.

20 m hinter der **Brücke (1)** biegen wir rechts durch ein eisernes Gatter auf das Wiesengelände der Farm ab und folgen hier einem breiten zweispurigen Feldweg. Über offenes Gelände an der Grundstücksgrenze entlang führt der Weg auf die roten Berge zu. Wir erreichen nach 15 Min. eine Gabelung. Geradeaus verläuft der Weg durch die Karoo-Ebene – unser Weiterweg nach dem Abstecher zum Window Rock.

Um zu ihm zu gelangen, biegen wir auf den rechts aufwärts führenden Schotterweg ein und folgen ihm 10 Min. lang bis zu seinem Ende direkt unterhalb der Ausläufer der roten Felsen. Das Gestein eignet sich bestens für Kletterer. Die rauhe Oberfläche mit hervorstehenden Steinen bietet Halt und ideale Trittflächen. Der Weg zum Felsloch ist nicht gekennzeichnet. Dennoch sind in unserer Gehrichtung vom Schotterweg aus rechts abgehend einige Pfadspuren zu entdecken, denen wir folgen. Sie führen ein Stück weit hinunter in eine mit einzelnen Karoo-Sträuchern bedeckte Senke, zu der die Ausläufer der roten Felsen schräg abfallen. Wir halten uns möglichst nah an den Felsen, steigen aber

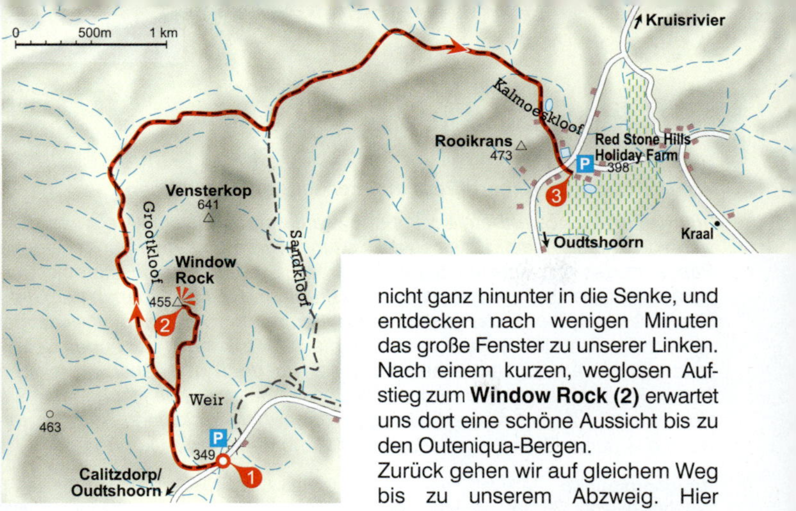

nicht ganz hinunter in die Senke, und entdecken nach wenigen Minuten das große Fenster zu unserer Linken. Nach einem kurzen, weglosen Aufstieg zum **Window Rock (2)** erwartet uns dort eine schöne Aussicht bis zu den Outeniqua-Bergen.
Zurück gehen wir auf gleichem Weg bis zu unserem Abzweig. Hier schwenken wir jetzt rechts auf den Feldweg, der durch die Karoo-Felder zurück zur Farm führt. Der Weg ist nicht zu verfehlen, solange man immer auf diesem Jeep Track bleibt. Ein paar Tore in den Zäunen sind unterwegs zu öffnen und wieder zu schließen, manchmal auch zu überklettern. Wir entdecken Erdlöcher von Stachelschweinen, Botterblom-Bäume und die ganze Vielfalt der Karoo-Vegetation. Nachdem wir ein paar rote Hügel umrundet haben, sind wir wieder bei den ersten Cottages der Farm angelangt. Wir passieren ein großes Staubecken, an dessen Ufer häufig Leopard-Schildkröten zu beobachten sind, und erreichen die Schotterstraße zur **Holiday Farm (3)**.

Blick zum Window Rock.

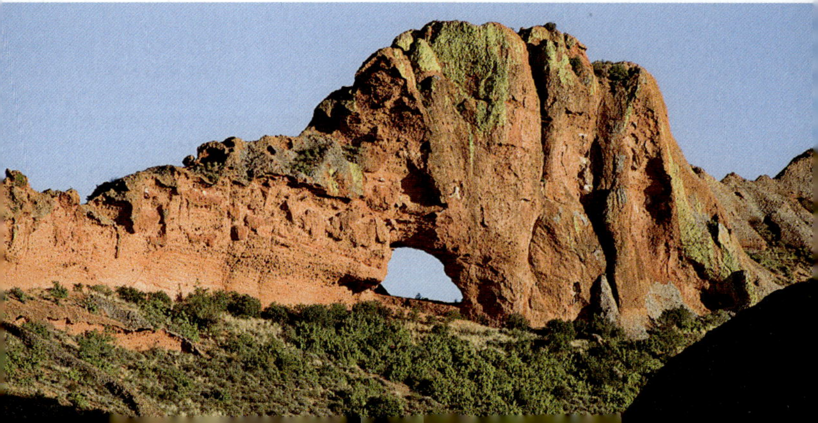

31 Platberg Sirkelroete

2.45 Std.

Auf dem alten Swartberg-Pass inmitten karger Bergkuppen

1888 wurde der Swartberg-Pass eingeweiht, eine der letzten Meisterleistungen von Thomas Bain. Unter seiner Leitung waren schon vorher zahlreiche Pässe im ganzen Land fertiggestellt worden. Die kurvenreiche Strecke verbindet die Orte Oudtshoorn in der Klein Karoo und Prince Albert in der Great Karoo. Als Hauptverbindungsstraße zwischen diesen Orten fungiert sie längst nicht mehr, dennoch ist die Fahrt durch die Swartberge auf der engen Schotterstraße als Ausflugsroute beliebt, bietet sie doch abwechslungsreichen Nervenkitzel. Hinter der Passhöhe »Die Top« öffnet sich eine Hochebene, auf der wir einen Zwischenstopp einlegen, um auf einem kleinen Bergspaziergang das ganze Swartberg-Panorama in Ruhe genießen zu können.

Ausgangspunkt: Parkplatz vor den Berghütten von Ou Tol (= alter Zoll), 1439 m. Anfahrt: Von Oudtshoorn über die R328 Richtung Prince Albert/Cango Caves, nach 28 km (etwa 2 km vor den Cango Caves) links Richtung Prince Albert abbiegen, auf der geteerten Straße noch 15 km bergauf, dann auf der Schotterstraße 9 km bis zur Passhöhe Die Top fahren, von dort noch 2 km abwärts bis zu den beiden Ou Tol Huts, dort links die Rampe hinauf.

Höhenunterschied: 120 m.

Anforderungen: Einfacher, gut ausgetretener Pfad mit steilerem Abschnitt hinunter zur Passstraße; auf der Passhöhe häufig sehr windig und kühl.

Einkehr/Unterkunft: Keine Einkehr. Unterkunft in den Ou-Tol-Übernachtungshütten möglich. Buchung über Cape Nature Conservations (siehe Seite 10).

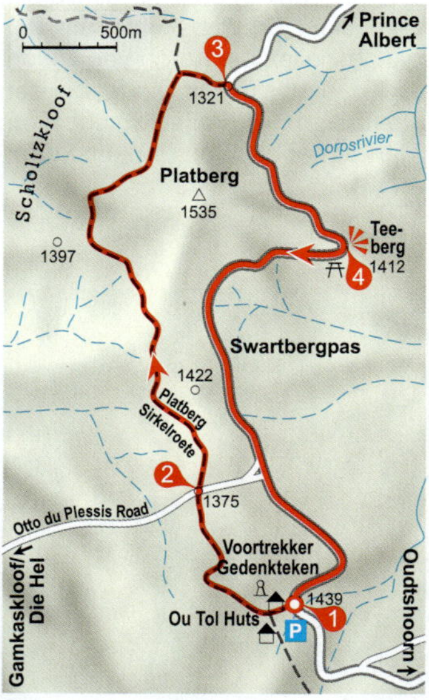

Die beiden Berghütten an der alten Passstelle von **Ou Tol (1)** sind einfache, nach einem Flächenbrand frisch renovierte Etappenunterkünfte des Swartberg Hiking Trail. Hinter den Hütten sind auf einem Schild einzelne Routen aufgelistet. Wir wählen die Platberg Sirkelroete rechts entlang, die mit 8,3 km ausgewiesen ist. Wir lassen zunächst ein Gittertor hinter uns (nicht verschlossen) und steigen auf schma-

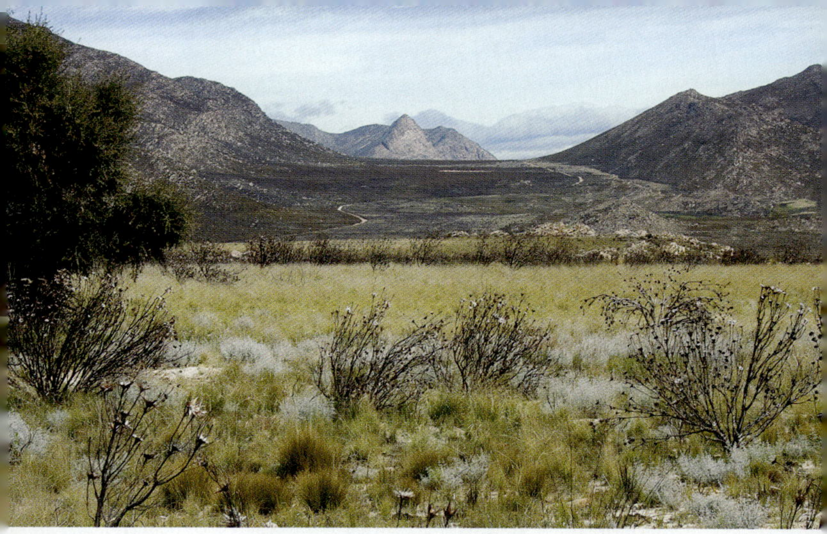

Der Weg hinunter zur Gamkaskloof (»Die Hel«).

lem Pfad kurz hinauf zu einer Kuppe, an deren Rückseite es gleich wieder hinab zur **Otto du Plessis Road (2)** geht (sie führt in das abgelegene Naturschutzgebiet der Gamkaskloof, auch Die Hel genannt). Unser Pfad quert die Straße (Schild »Sirkelroete«), als Wegzeichen sind weiße Schuhabdrücke in kleine Betonquader eingelassen. Leicht abwärts laufend nähern wir uns der abgeflachten Kuppe des Platbergs, den unser Weg umrundet. Links befindet sich parallel zum Weg die Scholtzkloof, die etwas weiter in die Aspalathuskloof übergeht. Dies ist ein tiefer Bergeinschnitt mit rot- und orangefarbenen Felsschichten, durch den früher eine Etappe des Swartberg Trail führte.
Wir erreichen nach 1.15 Std. Gehzeit einen ca. 1 x 1 m großen Quader, bei dem der Weg nach rechts abknickt. Der Pfad geradeaus hinunter in die Schlucht ist mit Steinen auf dem Boden gesperrt. Noch kurz hoch zu einem Sattel, dann ist der Platberg umrundet. Der Abstieg von hier aus hinunter zur **Pass-Straße (3)** ist nicht zu verfehlen. Wir biegen auf der Straße nach rechts ab und gehen noch 4 km zurück zum Parkplatz. Unterwegs kommen wir am **Teeberg (4)** vorbei, einer kleinen Aussichtsplattform mit herrlichem Blick in den Canyon des Dorpsrivier, an dessen Rand sich die Passstraße in Richtung Prince Albert windet.

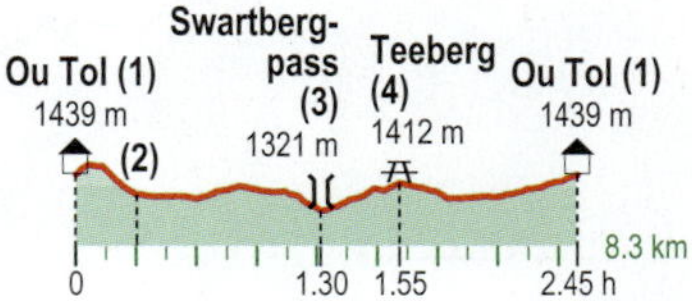

32 De Hoek Circuit

4.30 Std.

Durch die zerklüfteten Südhänge der Swartberge

Das De-Hoek-Freizeitgelände liegt 30 Autominuten von Oudtshoorn entfernt am Fuße der Groot Swartberge, unweit der Cango-Caves-Tropfsteinhöhlen. Es grenzt an das Swartberg Nature Reserve, ein Naturschutzgebiet, das sich in einem schmalen Gebirgsstreifen von der Gamkaskloof im Westen bis zum Meiringspoort bei De Rust im Osten erstreckt. Auf unserem Tagesausflug machen wir eine Runde auf Teiletappen des Swartberg Trail, der wahlweise in drei oder vier Tagen durch die Gebirgswelt in diesem Teil des Naturparks führt.

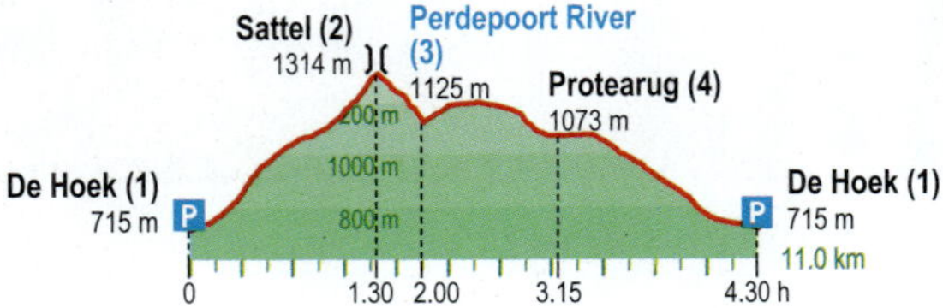

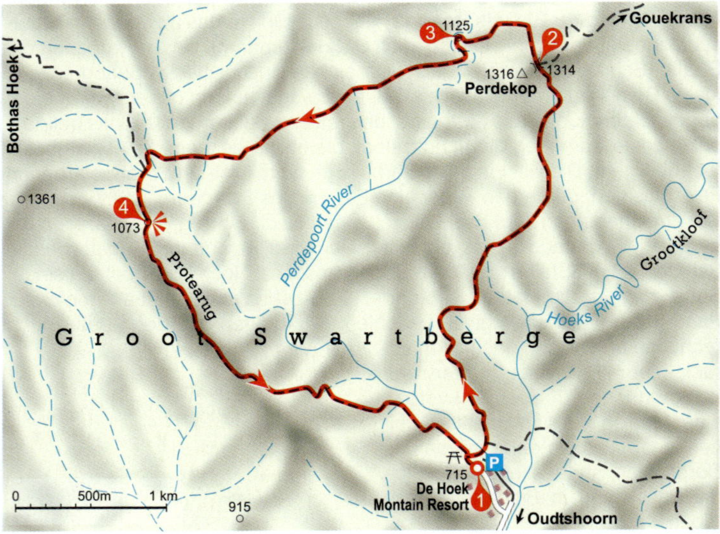

Ausgangspunkt: Parkplatz auf dem Picknick-Gelände des De Hoek Mountain Resort, 715 m. Anfahrt: Von Oudtshoorn 27 km auf der R328 Richtung Cango Caves, kurz davor links ab Richtung Prince Albert und nach 5 km rechts Richtung De Hoek. Die Straße endet nach 2 km am Eingangsportal zum De Hoek Mountain Resort. Nach Anmeldung auf das Freizeitgelände fahren, nach 300 m rechts ab Richtung Day Visitors und auf der mittleren Picknick-Terrasse links bis zum hinteren Ende. Nahe Spielplatz und Sanitärgebäude unter hohen Bäumen parken.
Höhenunterschied: 730 m.
Anforderungen: Im ersten Teil raues, felsiges Terrain, im unteren Teil beim Abstieg teils überwachsener, steiniger Pfad. Pullover und Windschutz sind mitzunehmen; im Sommer früh starten.
Einkehr/Unterkunft: Am Weg keine; das Bachwasser des Perdepoort River ist trinkbar. In Oudtshoorn findet man Unterkünfte aller Kategorien, z. B. Haus Victoria B&B, Tel. 044-272 6996, www.housevictoria.co.za; Backpackers Paradise, Tel. 044-272 3436, www.backpackersparadise.net.
Hinweise: Das Freizeitgelände wird privat genutzt, die Verwaltung von Cape Nature Conservation hat mit den Eigentümern ein Überfahrtrecht vereinbart.
Tipp: Die Cango Caves bei Oudtshoorn: Tropfsteinhöhlen mit zwei unterschiedlich anspruchsvollen geführten Routen (Standard Route und Adventure Route).

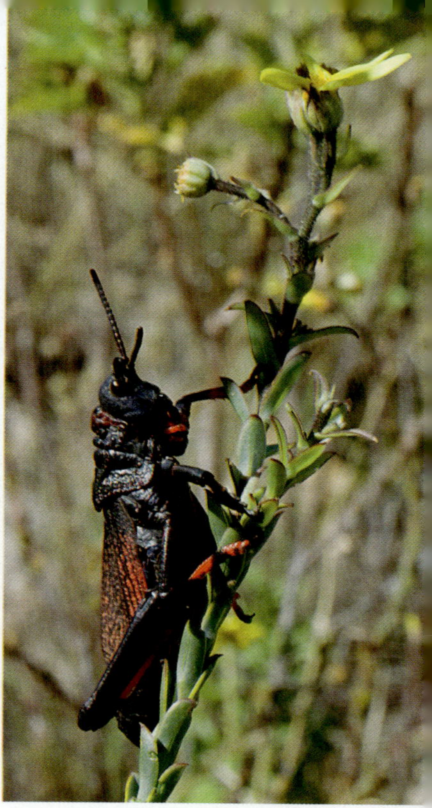

Wehrt sich mit Gestank: die Stinkheuschrecke.

Vom Parkplatz in **De Hoek (1)** auf der mittleren Terrasse des Freizeitgeländes gehen wir rechts am Spielplatz mit Holzklettergeräten vorbei hinunter zum Bachlauf des Perdepoort River, den wir bei einer Furt überqueren. Wir verlassen das Freizeitgelände und steigen auf einer Holzstiege über einen Zaun hinüber, der das Gelände vom angrenzenden Naturschutzgebiet trennt. Ein Holzschild mit gelber Aufschrift informiert über die einzelnen Trails, die von diesem Punkt aus starten. Es geht zur Gouekrans-Hütte, zur Bothas-Hoek-Hütte oder im Kreis herum auf »unserer« Circle Route.
Sogleich steigen wir steil auf, über ein paar gesetzte Holzstufen hinweg, und erreichen nach 10 Min. ein eisernes Drehkreuz, durch das wir auf das

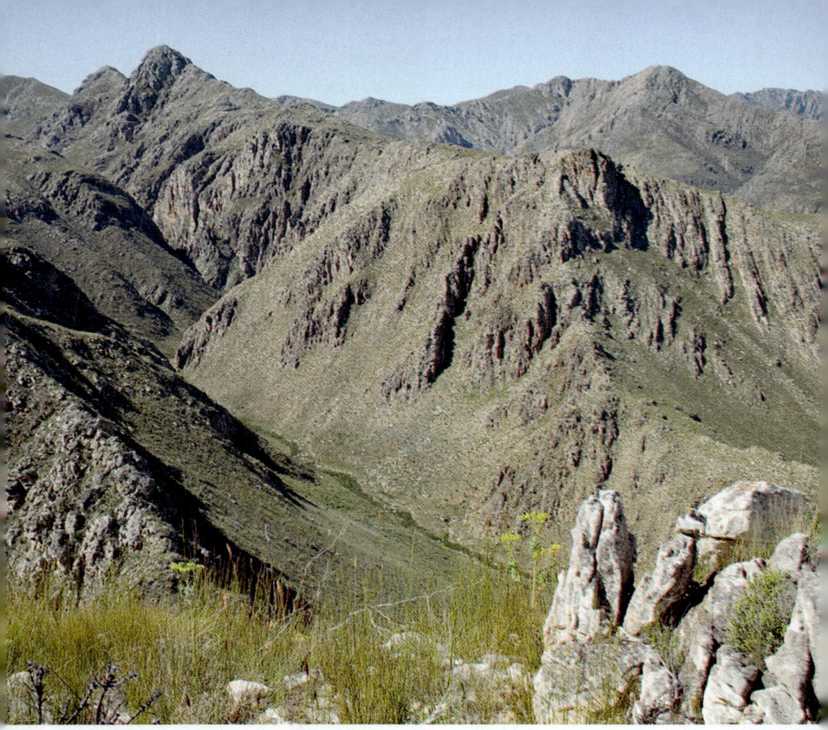

Blick vom Protearug in die Schlucht des Perdepoort River.

innere Parkgelände gelangen. Gleich anschließend stößt bei einem Abzweig von der linken Seite ein Weg auf unseren Aufstiegspfad – unser späterer Rückweg.

Wir wandern aber rechts herum entgegen dem Uhrzeigersinn weiter bergan. Unsere Markierungen sind weiße Abdrücke von Wanderstiefeln, auf eine kleine Betonplatte aufgemalt. Es geht durch Fynbos-Vegetation, etwas weiter oben dann durch Rietbüsche hindurch, über zwei Kuppen hinweg bis zu einem **Sattel (2)**, an dem sich die Wege gabeln. Direkt vor uns liegt eine Senke, halbkreisförmig umgeben von einer Bergkette mit den Gipfeln von Boesmanskop und Perdekop als höchste Erhebungen. Hier ist es immer windig. Wir sind auf dem höchsten Punkt der Tour angelangt.

Wir folgen dem »Circle«-Zeichen nach links, gleichzeitig auch noch die Richtung zur Bothas-Hoek-Hütte (nach rechts würde man in 3 Std. die Gouekrans-Hütte erreichen), und schrauben uns in kleinen Kehren abwärts zum

Bachbett des **Perdepoort River (3)**, das wir nach 0.30 Std. Abstieg erreichen. Klares Gebirgswasser sorgt für eine angenehme Erfrischung. Wir überqueren den Fluss zwischen ein paar großen Felsbrocken hindurch, steigen dabei nur etwa 10 m weiter abwärts, um anschließend am anderen Ufer wieder steil aus der Furt aufzusteigen. 5 Min. später erkennt man linker Hand einen kleinen Pfad hinunter zu einem Badebecken, nur 30 m weiter unten in der Schlucht gelegen. Auch das ist an heißen Sommertagen sicherlich eine angenehme Erfrischung.

Wir steigen noch weiter auf und erreichen einen Kamm, von dem aus wir ins Tal blicken können. Am meisten beeindruckt aber die enge Schlucht des Perdepoort River. Die steilen Schluchtwände sind pittoresk mit grünen und roten Flechten bedeckt. Wir erreichen erneut eine Wegverzweigung. Links entlang setzt sich unsere Circle-Runde fort.

Sie verläuft ab hier weiter abwärts und nach 15 Min. über den **Protearug (4)**, mit herrlichen Ausblicken ins Tal vor uns und in die Schlucht des Perdepoort River links neben uns. Der Weg ist holprig, sehr viele lose Steine verleiten zum Stolpern, wenn man nicht auf den Boden schaut. Vor uns taucht alsbald das Holiday-Camp auf. Schon weit unten im Tal, kurz vor der Camp-Grenze, kreuzen wir noch einmal einen Feldweg und steigen auf einem Pfad hinunter zu unserem Parkplatz auf dem Freizeitgelände.

Auf dem Weg zum Perdekop.

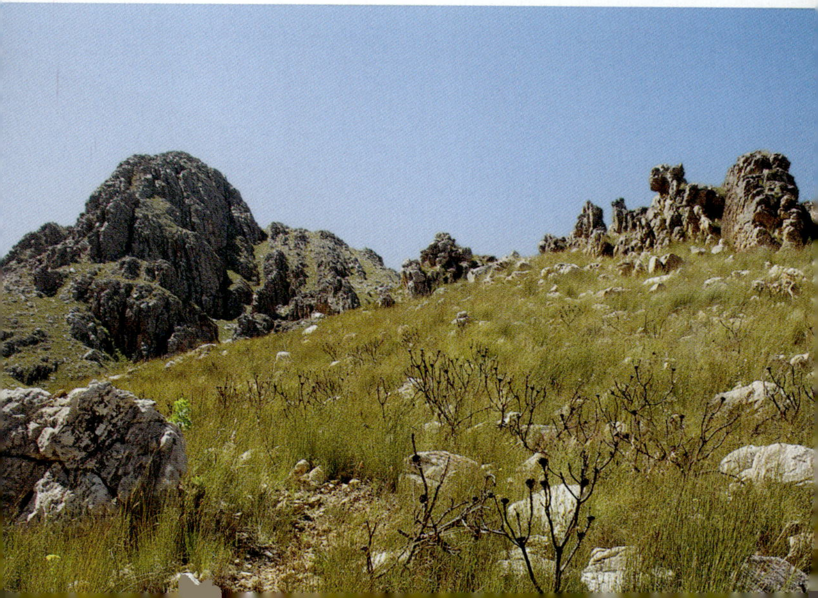

Garden Route

Das Gebiet der Garden Route erstreckt sich von Heidelberg im Westen bis Humansdorp bei Port Elizabeth im Osten. Die Gegend ist eines der beliebtesten Reiseziele Südafrikas. Einig ist man sich über den schönsten Streckenabschnitt: Er liegt zwischen Mossel Bay und der Mündung des Storms Rivier im Tsitsikamma National Park. Steile Felsklippen wechseln hier mit versteckten Badebuchten, ausgedehnten Sandstränden und immergrünem Küstenwald. In den Hochlagen der Outeniqua- und Tsitsikamma-Berge entspringen zahlreiche Flüsse, die sich in tiefen Canyons durch die Landschaft schlängeln, bevor sie im Indischen Ozean enden. Das Klima ist mediterran, die touristische Infrastruktur funktioniert. Safari-, Vögel-, Elefanten-, Affen- und Adventure-Parks sorgen dafür, dass einem nicht langweilig wird. Hauptattraktion an der Garden Route sind die natürlich gewachsenen Küsten- und Bergwälder mit artenreichem Baumbestand. 87 verschiedene Baumhölzer zählt man, darunter viele unverwechselbare Gelbholz-Giganten, Milchholz- und Eisenholzbäume. Die Wälder stehen glücklicherweise unter Naturschutz. Der Klimawandel hat allerdings auch vor dieser Region nicht halt gemacht. Extreme Trockenheit führte 2017 zu einer großen Feuerkatastrophe, die große Waldflächen insbesondere zwischen Knysna und Plettenberg Bay zerstört hat. Die Folgen sieht man heute noch.

Die Lagune von Knysna.

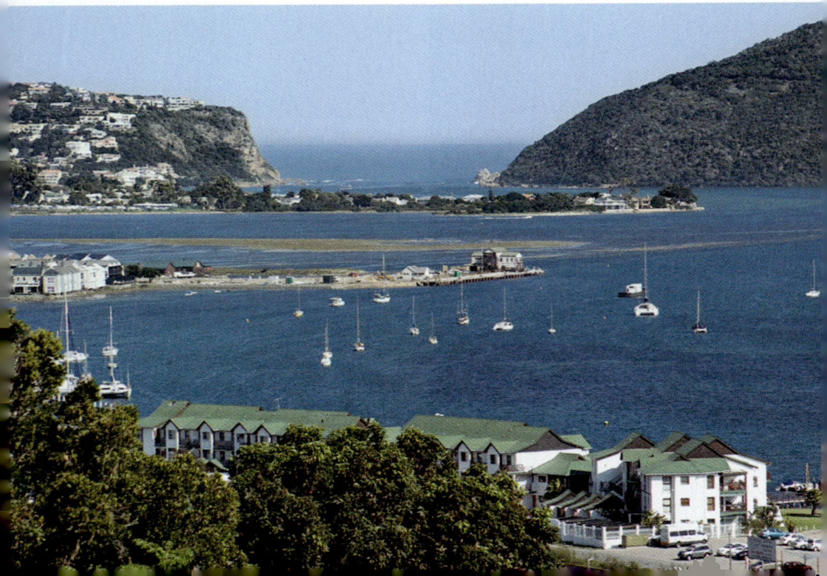

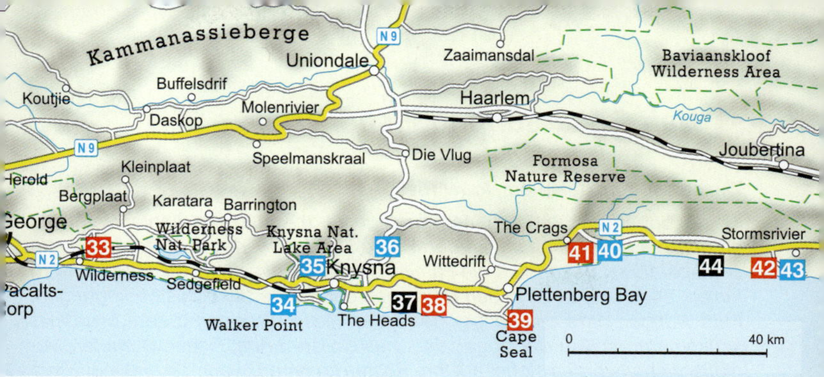

George ist mit über 130.000 Einwohnern die größte Stadt im Distrikt, liegt aber noch gut 10 km von der Küste entfernt. **Mosselbay**, der erste Ort direkt am Wasser, imponiert mit schöner Altstadt, Leuchtturm und besten Bedingungen für Surfer. **Wilderness**, ein Stückchen weiter, war vor 20 Jahren tatsächlich noch wild und unberührt. Inzwischen ist jeder bebaubare Fleck besetzt mit Ferien- und Gästehäusern. Verständlich, denn die Umgebung reizt auf der Meerseite mit endlos langen Stränden, auf der Landseite mit fünf hintereinander gereihten Binnenseen, ein Paradies für Vögel und Vogelfreunde.

Touristisches Zentrum der Garden Route ist **Knysna** am Rand einer ausgedehnten Lagune. Ähnlich wie in Kapstadt wurde eine Waterfront mit Yachthafen, Restaurants und Läden gebaut, um vor allem Gäste mit größerem Geldbeutel anzusprechen. Sehenswert sind die Sandsteinklippen an der Schneise von The Heads, durch die das Meerwasser in die Lagune dringt. 30 km von Knysna entfernt liegt **Plettenberg Bay**, ebenfalls expandierender Ferienort mit Sandstrand und Lagunenlandschaft.

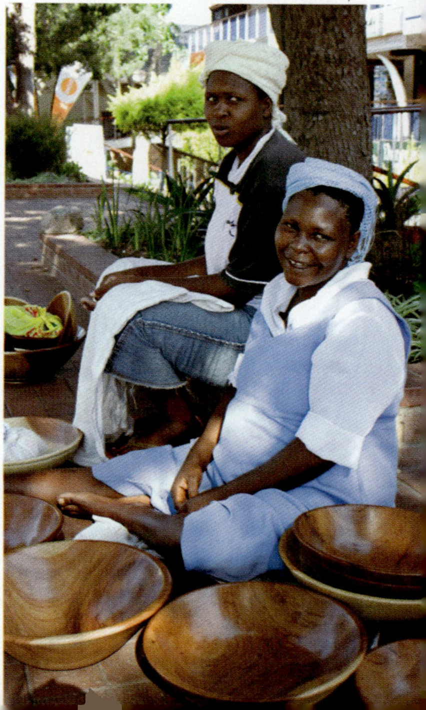

Schalenverkäuferinnen in Knysna.

33 Half Collared King Fisher Trail

2.30 Std.

Wasserfall-Spektakel am Touw River

Kleine Binnenseen und Lagunen, tinningefärbte Flüsse und dichter Bergwald prägen die Landschaft im Garden Route National Park bei Wilderness – ein Vogelparadies. Besonders die Familie der Eisvögel scheint sich hier wohl zu fühlen, finden sie doch in den Uferzonen der Flüsse beste Nistbedingungen. Kein Wunder, dass die Ranger des Parks diese Wanderung dem blautürkis schimmernden Kobalteisvogel, dem Half Collared King Fisher widmeten. Vogelliebhaber werden sicher auf ihre Kosten kommen, wenn sie sich ganz früh auf den Weg machen. Wir versuchen es auch. Ziel unserer Tour am Ufer des Touw River entlang ist ein Granitplateau mit großem Wasserfall und schönen Badebecken.

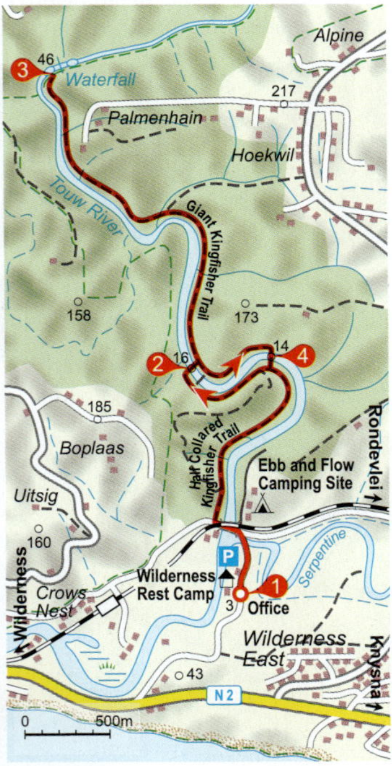

Ausgangspunkt: Parkplatz an der Rezeption im Ebb & Flow Camp South im Garden Route National Park, 3 m. Anfahrt: Auf der N2 von George kommend am Abzweig nach Wilderness noch ca. 2,5 km weiterfahren und links abbiegen Richtung Garden Route National Park Wilderness. Am Gate nach 500 m das Permit bezahlen und noch ca 400 m bis zur Rezeption des Camps fahren, dort parken.
Anfahrtsvariante: Von der N2 nach Wilderness abbiegen, im Ort der Hauptstraße (George Road) bis zum Kreisel folgen, dort rechts ab in die Waterside Road und noch ca. 3 km bis zum Startpunkt der Tour fahren, dort vor der Brücke parken.
Höhenunterschied: 130 m.
Anforderungen: Leichte Waldwanderung, im Uferbereich etwas verwurzelt, besonders auf dem letzten Streckenabschnitt komfortable Holzstege und -treppen. Permit stets mitnehmen! Markierung: weiße Fußabdrücke auf grüner Plakette.
Einkehr/Unterkunft: Am Weg keine, in Wilderness Läden sowie Unterkünfte aller Kategorien. Nächtigung im Rest Camp Chalet mit Selbstversorgung (Reservierung vor Ort oder über SANParks), Zeltplatz und Rondavels (kleine, mit geringem Standard ausgestattete Rundhütten).
Tipps: Kanuverleih bei der Tarentaal Visitor Day Visitor Area im Park.

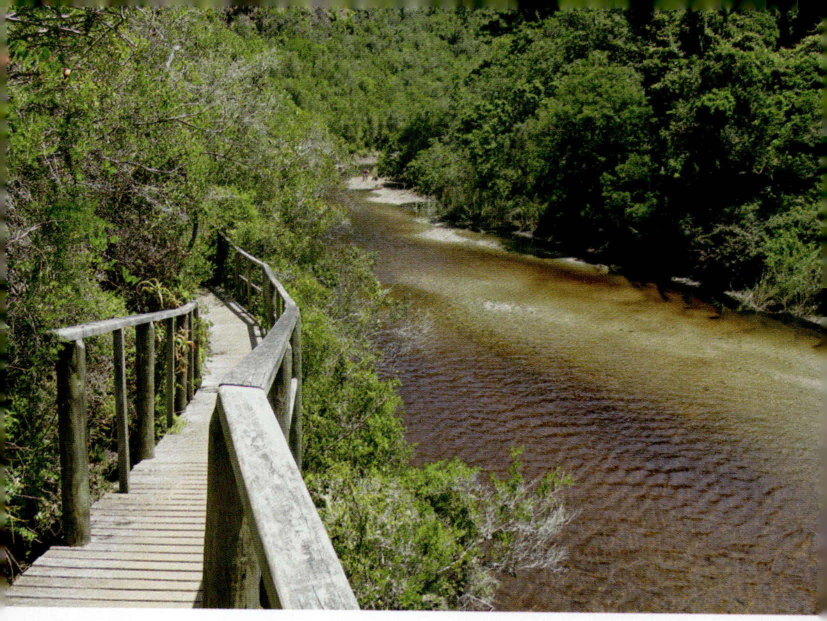

Steg am Ufer des Touw River.

Von der Rezeption im **Rest Camp (1)** aus gehen wir links neben dem Gebäude auf gepflastertem Weg um das Camp-Gelände herum zu dessen hinterem Eingang. Wir überqueren eine hölzerne Brücke über einen Nebenfluss des Touw Rivers, halten uns auf der Schotterstraße links, überqueren eine weitere Brücke über den Touw River und gelangen 20 Schritte hinter der Brücke zu einem kleinen Wärterhäuschen rechts, dem Startpunkt der Tour (Schild »Half Collared Kingfisher Trail«). Nach Vorzeigen unseres Permits gehen wir los. Der Pfad schlängelt sich dicht am Wasser entlang. Weiße Milchbäume, Walderlen und Saffron-Bäume machen die Mischung des Waldes in diesem Gebiet aus. Einen Abzweig links nach 200 m zum Bosduif Loop ignorieren wir und bleiben auf dem Hauptweg. Der Fluss ist anfangs noch sehr breit, verjüngt sich dann aber zu einem schma-

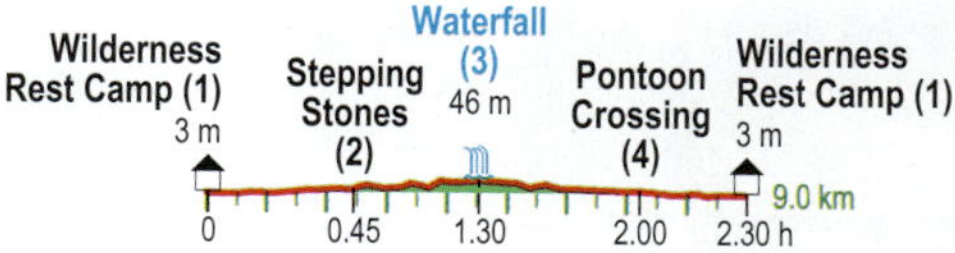

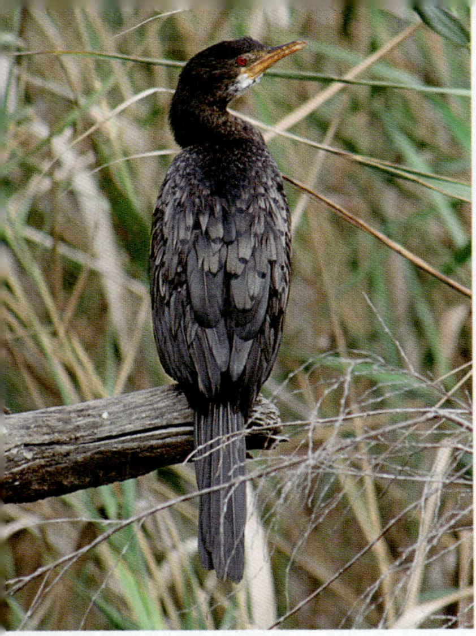

Riedscharbe am Ufer des Touw River.

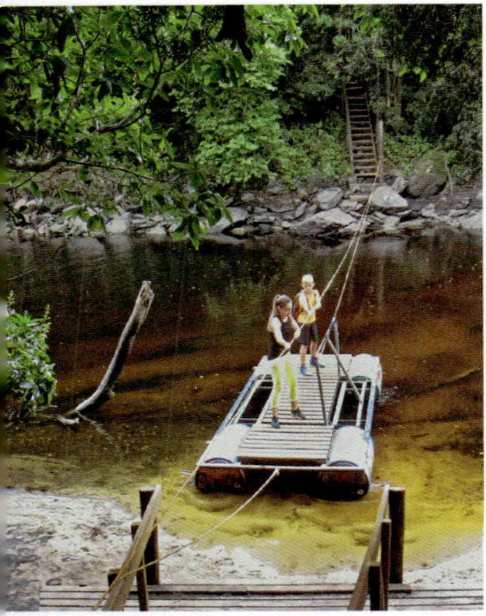

len Bach. Wir erreichen eine Gabelung, bei der es rechts zur Flussüberquerung mit einer Ziehfähre geht, unser Rückweg. Wer es einfach möchte, nimmt diesen Weg und folgt der Route am andern Ufer links entlang zum Ziel. Wir nehmen den etwas unbequemeren Weg geradeaus, der dicht am Hang entlang auf und ab bis nah an den Fluss führt. An dieser Stelle noch nicht den Fluss überqueren, erst erst ein Stück weiter geadeaus. Dort kommt die Flussüberquerung, genannt **»Stepping Stones« (2)**. Hier sind Wanderstöcke hilfreich, die Steine zum Überqueren des Flusses sind teilweise nass und glatt. Eventuell muss man auch die Schuhe ausziehen. Am andern Ufer halten wir uns auf gut markiertem Weg links. Auf bequemem Holzsteg, unterbrochen von einigen Holztreppen-Einheiten erreichen wir unser Ziel: einen großen, etwa 8 m hoher **Wasserfall (3)** der viele schöne Badegumpen zwischen Granitfelsen füllt. Man kann noch ein Stück höher auf den Felsen klettern und so zu einem weiteren Wasserfall und großem Pool gelangen. Es gibt also reichlich Auswahl für ein Picknick- oder Badevergnügen.

Auf gleichem Weg geht es zurück, diesmal nicht über die Stepping Stones Route, sondern an der Gabelung geradeaus zur Fähre. An diesem **Pontoon Crossing (4)** kann man sich selbst über den Fluss ziehen. Der Rückweg zur Rezeption im Camp und zum Ausgangspunkt ist dann einfach.

Die Zieh-Fähre über den Touw River.

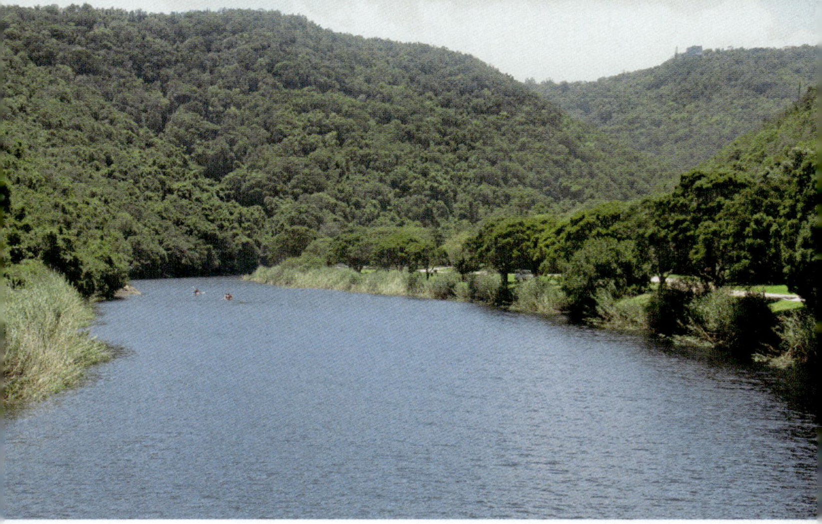

Der Touw River am Restcamp.

Der Obere Wasserfall des Touw River.

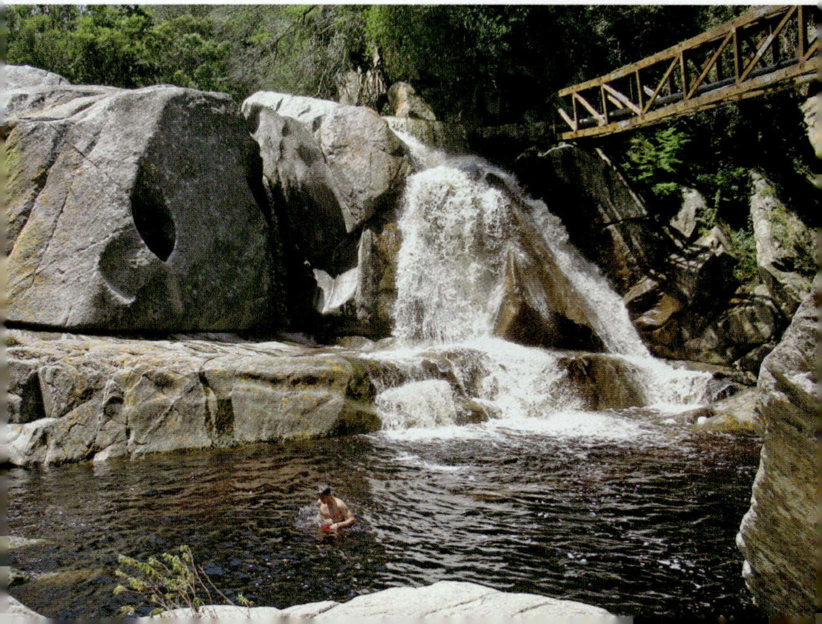

34 Goukamma Coast Walk

3.30 Std.

Erfrischender Dünen- und Strandspaziergang

Das 18 km lange Goukamma Nature Reserve zwischen Sedgefield und Buffels Bay besteht vorwiegend aus bewachsenen Dünen, Sandstrand und niedrigen Milchholzbäumen. Am Ostrand schlängelt sich der breite Goukamma River durch die hügelige Landschaft, bevor er mit flachem Bett am Indischen Ozean endet. Unsere Runde führt über Dünenkämme und einen menschenleeren Strand bis zu den Sandbänken im Mündungsbereich des Goukamma. Dominikanermöwen, Kormorane und Strandläufer hocken hier in großen Gruppen. Sie steigen erst auf, wenn wir uns bis auf wenige Meter nähern.

Ausgangspunkt: Parkplatz am hinteren Ende des Picknickgeländes im Goukamma Nature Reserve, 3 m. Anfahrt: Ab Knysna auf der N2 in Richtung George/Wilderness, 12 km bis zum Abzweig »Buffalo Bay«, dort nach links abbiegen, noch 6 km weiterfahren und kurz hinter einer Kuppe rechts abbiegen (Schild »Goukamma«). An der Eingangsschranke zum Parkgelände das Permit bezahlen und weitere 300 m bis zum Picknickgelände am Goukamma River fahren, dort auf der Wiese parken.

Höhenunterschied: 120 m.

Anforderungen: Einfache Dünenwanderung, Turnschuhe oder Badesandalen sind ausreichend.

Einkehr/Unterkunft: Unterwegs keine. In Buffalo Bay-Waterfront Restaurant und Café.

Hinweise:
Die Tour lässt sich am besten bei Niedrigwasser +/– 3 Std. durchführen. Bei hohem Wasserstand nimmt man entweder die Dünenroute (Circular Route) im Kreis zurück oder die Abkürzung zur Bootsfähre ca. 20 Min. vor der Goukamma-Mündung (gestrichelte Routen auf der Karte).

An der Mündung des Goukamma River.

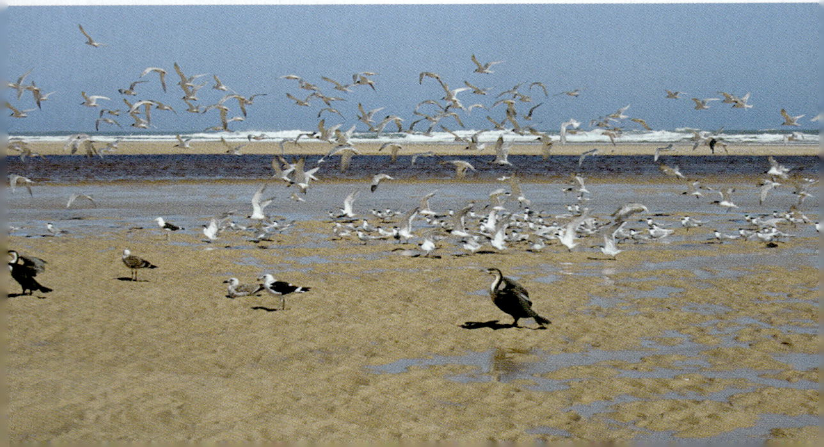

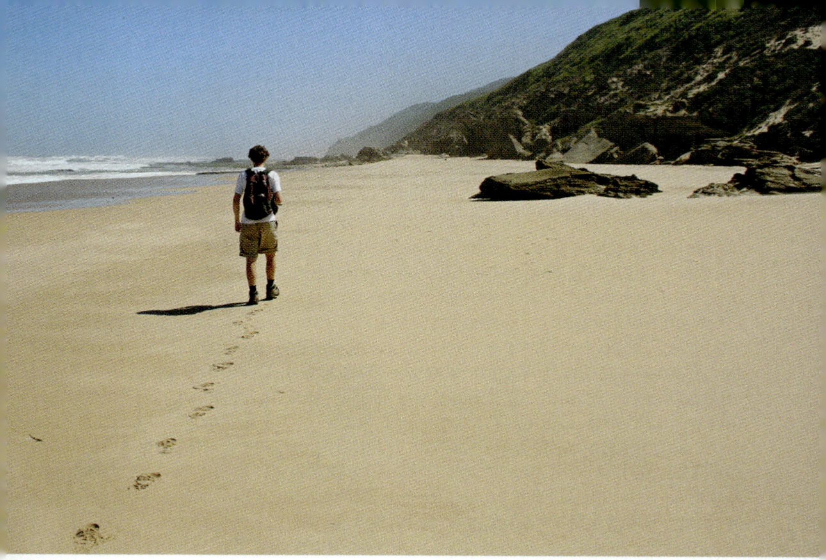

Am Skimmelkrans Beach.

Das Picknickgelände am Ufer des **Goukamma River (1)** ist beliebt bei Anglern und Kanufahrern. Wie bei allen großen Flüssen an der Garden Route ist sein Wasser sauber, auch wenn seine tiefbraune Färbung nicht den Eindruck erweckt. Der Feldweg, auf dem wir gekommen sind, endet am Zaun zum Waldgebiet vor einem eisernen Tor, das sich leicht öffnen lässt. Wir folgen dem Weg noch 200 m und biegen dann links ab zum Ufer des Goukamma.
Ein kleiner Kahn erwartet uns im Fluss. Er ist auf einfachste Weise zu einer Seilfähre umfunktioniert: Man steigt ins Boot und zieht sich selbst an einem Stahlseil zum anderen Ufer, immerhin gut 50 m weit. Eine der Sturmfluten der letzten Jahre hat die alte Hängebrücke weggerissen; Reste davon sieht man noch in Ufernähe.
Drüben angekommen starten wir den Trail entgegen dem Uhrzeigersinn (Schild »Wandelpad«) aufwärts durch die bewachsenen Dünen. Wir gehen auf dem sandigen Hauptweg. Ein Trampelpfad auf der rechten Seite nach knapp 10 Min. Wegstrecke ab der Fähre markiert den Endpunkt der Circular Route, die man als Rückweg wählen kann, wenn Hochwasser oder andere Umstände ein Weiterkommen auf der Strandroute unmöglich machen.
Wir gehen geradeaus weiter hinauf bis zu einem 116 m hohen **Dünenkamm (2)**, markiert mit einem Gipfelzeichen. Wir stehen auf der höchsten Düne Südafrikas. Um uns herum Wälder mit Milchholzbäumen, der dunkle Goukamma-Fluss mit gelben Sandbänken, der Ozean und in der Ferne die

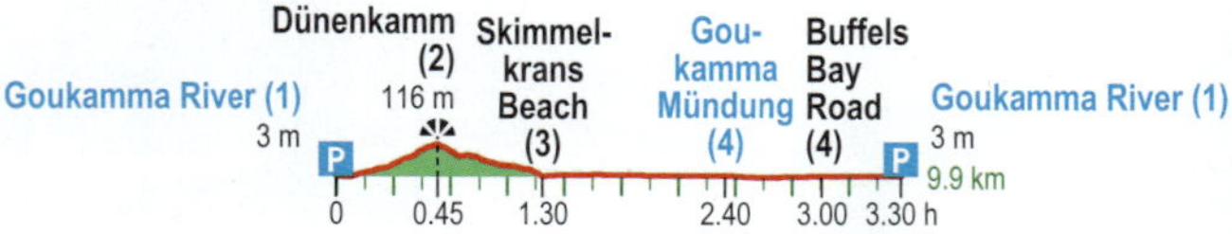

hohen Outeniqua-Berge. Den Dünenkamm hinunter, durch schattenspendende, mittelhohe Büsche hindurch, gelangen wir zu einem Feldweg, auf den wir nach rechts schwenken. 3 Min. später eine Kreuzung: Geradeaus führt ein Feldweg zum Groenvlei Bush Camp, rechts beschreibt ein Fußweg die Runde zur Fähre zurück (Circular Route) und nach links bringt uns der Trampelpfad zum **Skimmelkrans Beach (3)**. Der Wind bläst uns frisch entgegen, die Brandung schlägt die Wellen auf den Strand, die Luft ist gefüllt mit salzigem Dunst. Nur ein paar Austernfischer hocken auf den Klippen. Am besten barfuß, gehen wir links an der Wasserlinie entlang. Nach gut 0.45 Std. ist auf der linken Seite am Dünenrand ein Pfahl mit blauem Schild und weißem Pfeil zu erkennen. Dort entlang führt eine weitere Wegvariante, falls der Wasserstand zu hoch ist.
Wir bleiben noch am Strand bis zur **Mündung des Goukamma River (4)**. Nur kniehoch reicht der Pegelstand, also einfach zu durchqueren. Unsere Strandetappe endet auf der gegenüberliegenden Fluss-Seite. Wir schwen-

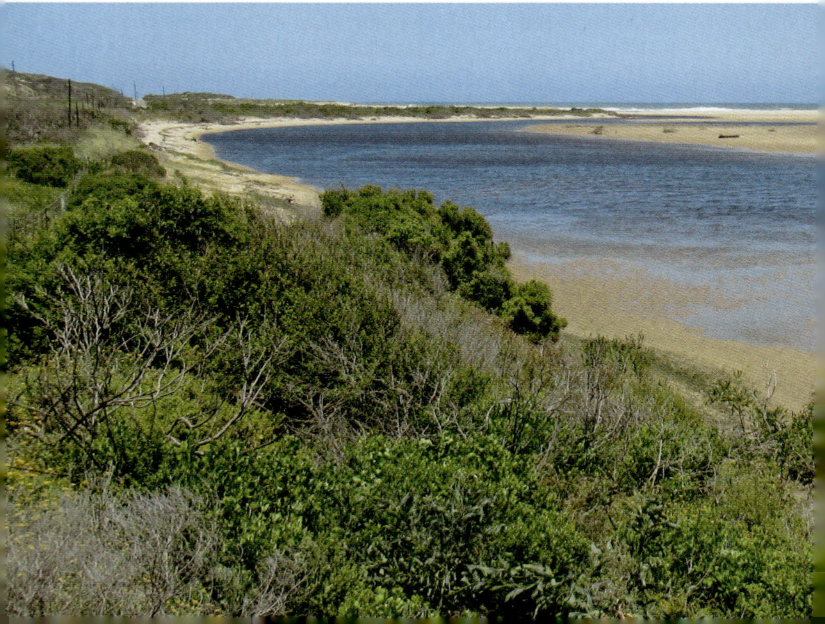

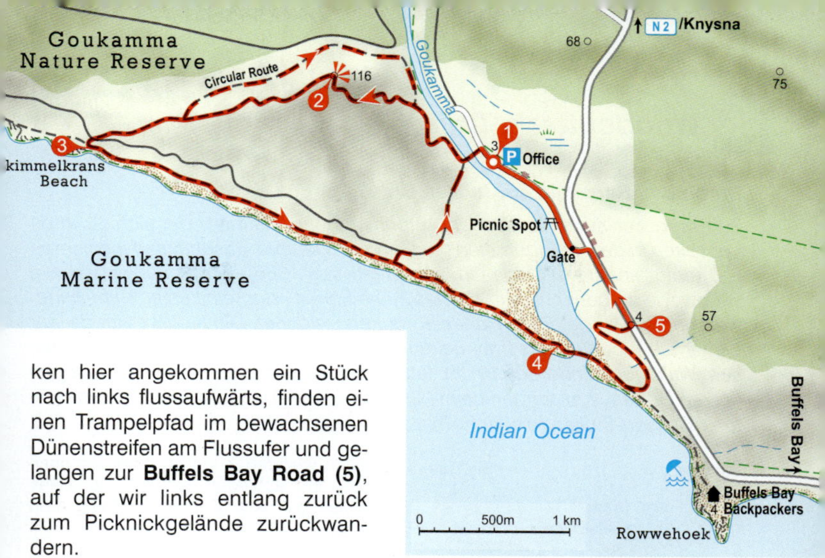

ken hier angekommen ein Stück nach links flussaufwärts, finden einen Trampelpfad im bewachsenen Dünenstreifen am Flussufer und gelangen zur **Buffels Bay Road (5)**, auf der wir links entlang zurück zum Picknickgelände zurückwandern.

Der Goukamma River (Blick in Richtung Mündung).

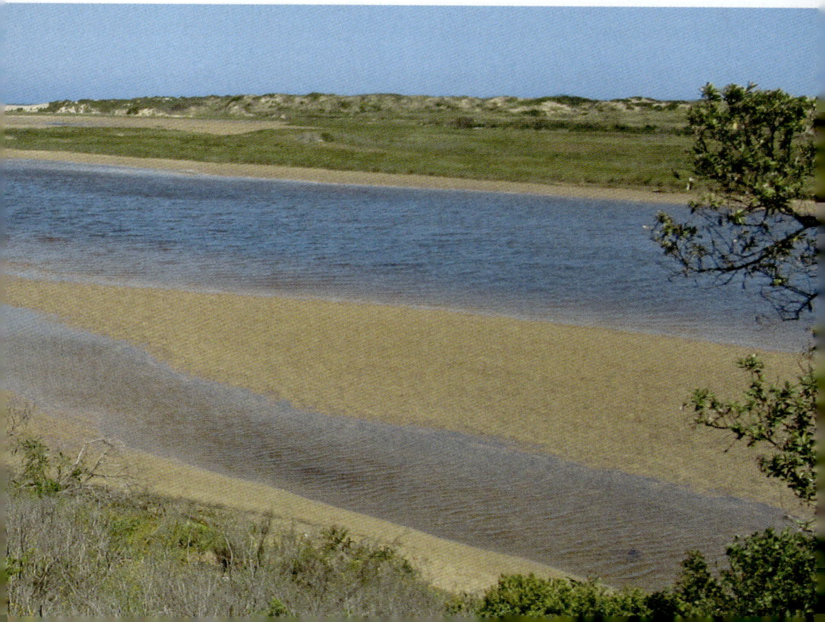

35 Woodcutter's Trail

2.30 Std.

Durch den Bergwald am Jubilee Creek

Zu Ehren der südafrikanischen Autorin Darlene Matthee, die sich zu ihren Lebzeiten in den Waldgebieten um Goudveld für ihre Geschichten inspirieren ließ (unter anderen »Circles in the Forest« von 1986), wurden unlängst zwei Waldwege umbenannt. Mit »Circles in the Forest« sind ein kurzer 3-km-Rundweg und ein langer 8-km-Rundweg gekennzeichnet. Die längere Runde war bisher als Woodcutter's Trail bekannt. Woodcutter (Holzfäller) hatten in diesem Waldstück Ende des 19. Jh. tatsächlich alle Hände voll zu tun. Für einen kurzen Goldrausch wurden beim Minenbau in dem wenige Kilometer entfernten Millwood-Stollen reichlich Holzstämme gebraucht.

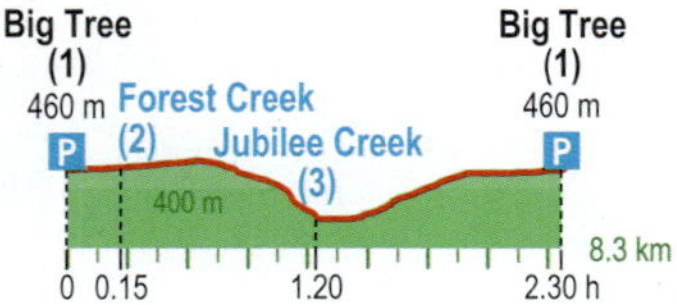

Ausgangspunkt: Parkplatz am Darlene Matthee Memorial unter einem Big Tree, 460 m. Anfahrt von Knysna aus auf der N2 Richtung Wilderness, nach 8 km rechts abbiegen Richtung Rheenendal, etwa 1 km vor dem Ort rechts auf den Schotterweg Richtung Goudveld Indigenous Forest/Millwood, nach 2 km beim Goudveld-Picknickareal links abbiegen, nach weiteren 2 km auf dem Schotterweg links abbiegen, Schild »Darlene Matthee/Big Tree« (Der Schotterweg führt noch weiter in den Wald bis zu den Millwood Goldmines).

Anforderungen: Einfacher Waldspaziergang.

Höhenunterschied: 190 m.

Einkehr/Unterkunft: Am Weg keine; 7 km weiter, Richtung Millwood Goldmines Mother Holly's Tea Garden and Museum. Unterkünfte aller Kategorien in Knysna, z. B. Knysna Backpackers, Tel. 044-382 2554, www.knysnabackpackers.co.za, oder Bridgewater Guest House, Tel. 044-382 1418, www.bridge-water.co.za.

Variante: Die kurze Runde (3 km): Abzweig von Hauptroute nach knapp 0.30 Std.

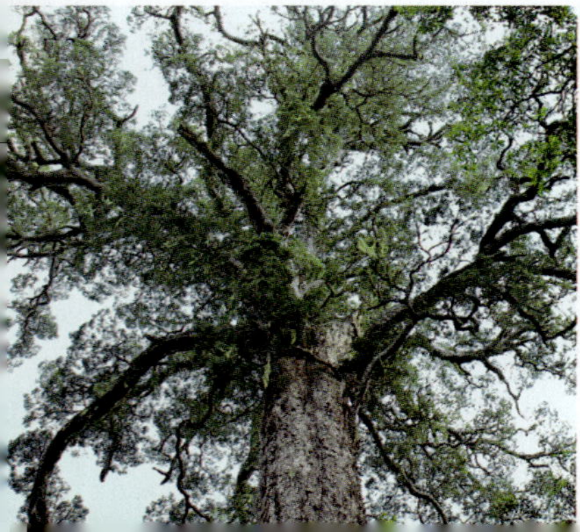

Der **Big Tree (1)** ist ein über 600 Jahre altes Exemplar eines Gelbholzbaums, die typisch für die Wälder um Knysna sind. Gegenüber steht ein WC-Häuschen. Dazwischen führt ein breiter Schotterweg in den Wald, markiert mit dem Schild »Circles in the Forest«. Im späteren Verlauf der Runde taucht dann die ursprüngliche

Krone eines Yellowwood-Baumes (Big Tree).

Markierung auf: ein Schild mit einem symbolischen Kreuz aus einer Axt und einem Sägeblatt.
Schon nach 250 m biegen wir rechts auf einen schmalen Waldpfad, der uns zum kleinen **Forest Creek (2)** führt. Das Bächlein überqueren wir auf einem schmalen Holzsteg, hinter dem es durch ein kleines Feuchtgebiet voller schöner Farnbäume geht. Nach knapp 0.30 Std. Gehzeit erreichen wir einen Abzweig nach rechts, die kurze Runde (Variante). Wir ignorieren ihn und bleiben auf dem Hauptweg durch den Wald, zunächst stetig ansteigend, dann aber hinter einer Kuppe wieder leicht abfallend bis zum **Jubilee Creek (3)**. Das Rauschen des Baches zu unserer Rechten ist nicht zu überhören. Die nächste 0.30 Std. bleiben wir immer in seiner Nähe, zunächst oberhalb des Flusslaufs. Ein kurzer Abstieg bringt uns zu einer Furt, wo wir ihn queren. An dieser Stelle gibt es im Flusslauf ein paar Badegumpen, bei heißem Wetter Grund genug für eine kleine Rast. Hinter der Furt entfernen wir uns wieder vom Flussufer, bleiben aber auf dem Hangpfad parallel zu ihm in Sichtweite. Der Pfad macht einen scharfen 180°-Knick und endet an einem alten Feldweg.
Hier beginnt unser Rückweg. Anfangs etwas mühsam steil hinauf, dann aber leicht auslaufend, folgen wir für die nächste Stunde der Spur zurück zum **Big Tree (1)** und unserem Auto.

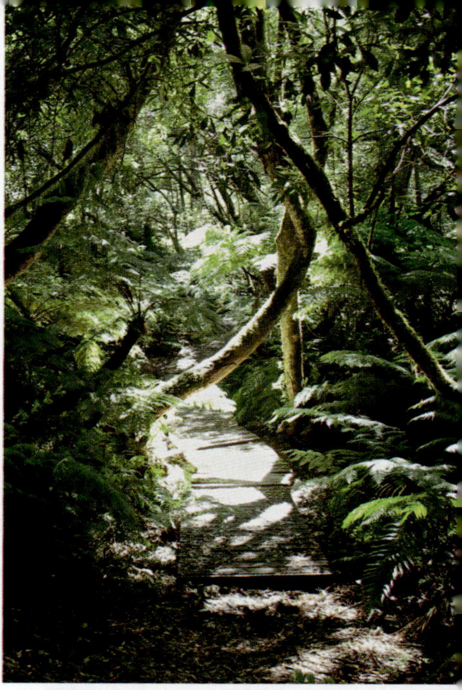

Im Wald von Goudveld.

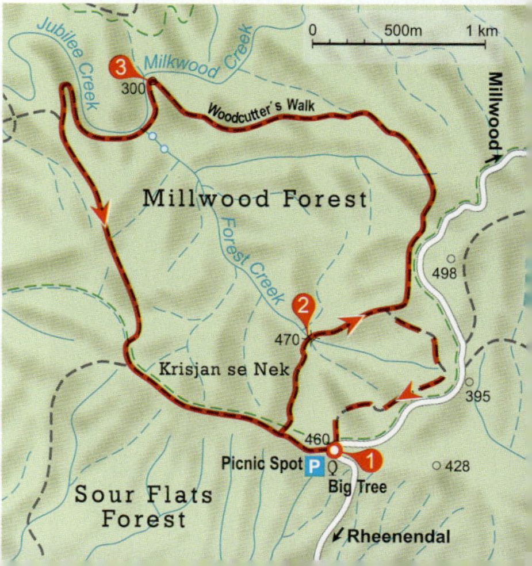

36 Elephant Walk III

2.30 Std.

Auf den Spuren der Knysna-Elefanten

Bis 1870 waren es über 500, 1969 nur noch 10, der letzte Elefantenbulle wurde 2002 in den Wäldern um Knysna gesichtet. Elfenbeingier und Jagdfieber ließen die Kap-Elefanten in diesem Gebiet gänzlich verschwinden. 2011 sollen hier 16 Elefanten neu angesiedelt worden sein. Wir werden sie aber auf unserer Runde im Diepwalle Forest nördlich von Knysna persönlich vermutlich nicht antreffen. Sehen werden wir allerdings »King Edward VII« und einige seiner dicken Brüder. Über 600 Jahre alt sind diese mächtigen Gelbholzbäume (Outeniqua Yellowwood). Von den drei Elefantenrunden wählen wir den mit rot auf gelbem Untergrund markierten Trail Nr. III, weil er am meisten Abwechslung verspricht.

Ausgangspunkt: Parkplatz hinter dem Diepwalle Office, 498 m. Anfahrt von Knysna auf der N2 Richtung Plettenberg Bay, nach 5 km in einer lang gezogenen Kurve links auf die R339, Richtung Uniondale. Auf der Schotterstraße 16 km bis zum Abzweig zum Diepwalle Office, rechts abbiegen und nach 1 km hinter dem Office parken.

Höhenunterschied: 370 m.

Anforderungen: Leichte, schattige Waldwanderung.

Einkehr/Unterkunft: Community Tea Garden auf dem Office-Gebäude, unterwegs keine. Unterkünfte aller Kategorien in Knysna.

Varianten: Elephant Walk I (ca. 3 Std.); Elephant Walk II (ca. 2.30 Std.).

Hinweis: Anmeldung im Diepwalle Forestry Office, Tel. 044 382 9762 (geöffnet Mo–Fr 7.30–16.00 Uhr) oder mit Self-Issue Permit aus der Holzbox vor dem Gebäude.

Tipps: King Edward VII – Big Tree.
Valley of Ferns, kleines Tal mit Farnbäumen, etwa 10 km weiter auf der Straße Richtung Uniondale.

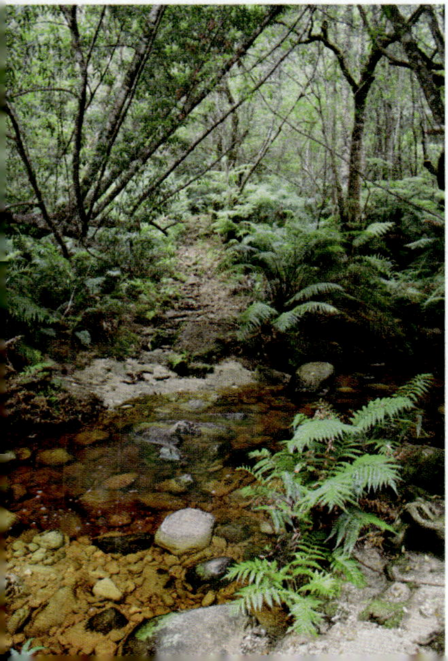

Vom Parkplatz hinter dem **Diepwalle Office (1)** aus gehen wir ca. 150 m auf dem Anfahrtsweg zurück bis zu einer großen Hinweistafel mit den Elefanten- Symbolen. Das rote Elefantenbild auf gelbem Grund weist uns den Weg in den Wald nach rechts. 5 Min. später kreuzen wir die Landstraße nach Uniondale, bevor wir endgül-

Bachlauf im Diepwalle Forest.

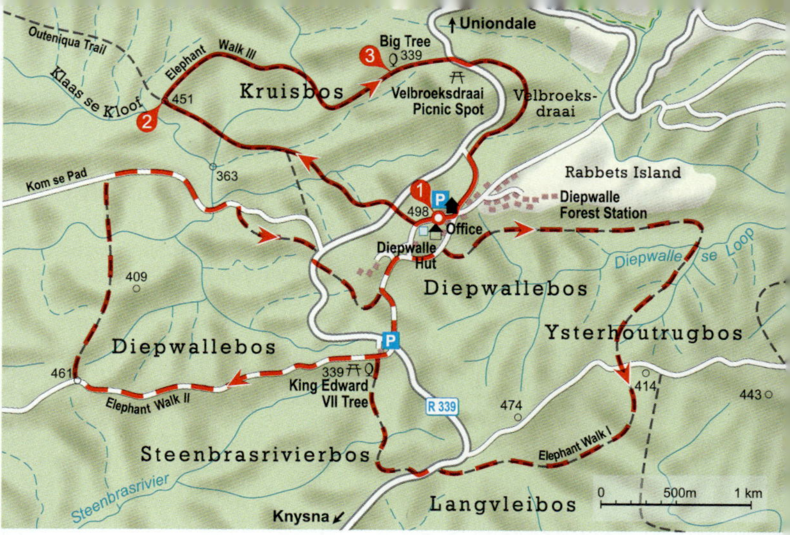

tig im Busch verschwinden. Die Bäume stehen so dicht, dass nur wenig Licht durchfällt. Einige Bäche sind in der Folge zu überqueren. Seichtes tinningefärbtes Wasser, Farnsträucher und weißer Sand an den Uferzonen bieten an diesen Stellen herrlich lauschige Rastplätze, den ersten nach 15 Min. Gehzeit.
Ab dort gehen wir für ein Stück auf dem Outeniqua Trail, einem Fernwanderweg durch die Outeniqua-Berge. Die zweite Furt folgt 15 Min. später. Nach weiteren 20 Min. erreichen wir einen **Abzweig (2)** nach rechts, deutlich mit dem Elefantenlogo gekennzeichnet. Wir verlassen den Fernwanderweg und folgen dem markierten Abzweig, zunächst leicht aufwärts, dann gleich wieder hinab zum nächsten Bachlauf. Er führt etwas mehr Wasser als die vorherigen. Ab hier ist es nicht mehr weit bis zum Velbroeksdraai Picnic Spot direkt an der Straße nach Uniondale. 50 m vor Ankunft auf dem Gelände entdecken wir den ersten **Big Tree (3)** auf unserer Runde, 46 m hoch, 7 m Umfang, 600 Jahre alt. Wir biegen rechts ab auf die Schotterstraße, folgen ihr 200 m und schwenken dann wieder links ab in den Wald. Auf dem verwurzelten Weg finden wir nach 15 Min. das nächste Big-Tree-Prachtexemplar. Kurz darauf stoßen wir erneut auf die Schotterstraße, der wir jetzt links entlang leicht aufwärts zum **Diepwalle Office (1)** folgen.

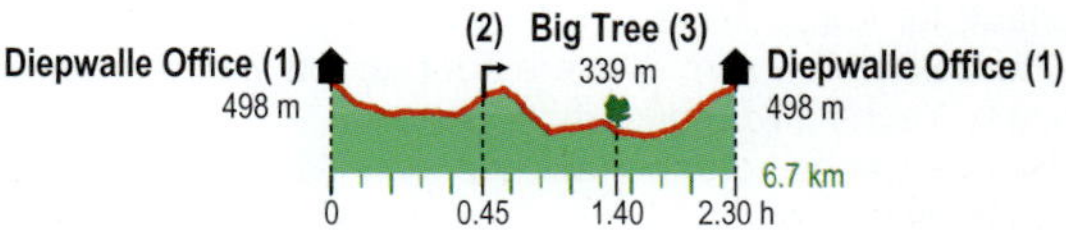

37 *Harkerville Coast Hiking Trail*

2 Tage

Abenteuer und Nervenkitzel auf einer spannenden Klippentour

Der Küstenstreifen zwischen Knysna und Plettenberg Bay gehört zu den spektakulärsten Landstrichen Südafrikas: Dichter afrikanischer Bergwald mit einheimischen Edelhölzern überzieht die oberen Hänge, zähe Fynbos-Vegetation bedeckt die unteren Regionen in Wassernähe. Ruppige rot- und orangefarbene Klippen ragen fast senkrecht aus dem Meer empor. Kieselsteinstrände, Badebuchten und kleine Höhlen ergänzen das Szenario. Die Brandung verursacht ein ständig gleichbleibendes Getöse. Unsere Tour folgt dieser Küstenlinie an zwei unvergesslichen Trekkingtagen.

Ausgangspunkt: Parkplatz gegenüber der Harkerville Forest Station, 200 m. Anfahrt von Knysna auf der N2 Richtung Plettenberg Bay, nach 20 km rechts hinter der Tankstelle abbiegen Richtung Harkerville Forest (von Plettenberg Bay bis hierhin sind es etwa 15 km). Die Schotterstraße gabelt sich nach 900 m, hier rechts entlang und nach 200 m gegenüber der Forest Station (Info- und Kartenmaterial) parken und im Office anmelden.
Höhenunterschied: 390 m.
Anforderungen: In den Waldabschnitten einfache Pfade, auf den beiden Küstenabschnitten sind Trittsicherheit, Konzentration und Orientierungsvermögen erforderlich, schwierige Passagen sind mit Stahlketten, Steigbügeln und Leitern gesichert (siehe Foto!), Klippen teilweise scharfkantig.
Einkehr/Unterkunft: Keine; Proviant für zwei Tage mitnehmen. Wasser aus der Regenwasserzisterne an der Sinclair Hut. Einfache Unterkunft mit Stockbetten, Matratzen, Grillstelle, Regenwasserzisterne, Latrine. Schlafsack, Gaskocher und Zubehör sind mitzunehmen. In Plettenberg Bay und Knysna Unterkünfte aller Kategorien. Die Harkerville Hut, direkt neben neben der Harkerville Forest Station gelegen, kann bei der Buchung für Übernachtung vor und/oder nach der Tour mitgebucht werden.
Hinweise: Buchung zentral über SANParks oder direkt vor Ort, wenn Hüttenkapazität frei ist; Büro SANParks Knysna, Tel. 044-3825863 oder 044-302 5606.
Nach den Waldbränden im Jahr 2017 wurden Reparaturarbeiten auf dem Trail durchgeführt. Sie sollten bis Dezember 2019 abgeschlossen sein. Vor Antritt der Tour deshalb im SANParks Office Knysna oder in der Harkerville Forest Station erkundigen, ob der Trail wieder begehbar ist. Harkerville Forest Station, Tel. 044-532 7770, 7.00–16.30 Uhr.

1. Tag: Harkerville Forest Station – Sinclair Hut

5.45 Std., 170 Hm Aufstieg, 200 Hm Abstieg, 13.9 km.
Der Einstieg zu unserem Trail in den Wald ist nicht zu verfehlen: Gegenüber dem Büro der **Forest Station (1)** führt er direkt in den Wald. Auf der gleichen Strecke verläuft für kurze Zeit auch der Perdekop Nature Walk, dargestellt durch ein Pferdekopf-Emblem. Unsere Tour ist mit weißem Schuhabdruck auf schwarzem Blechschild markiert.
Sofort sind wir umgeben von hochwachsenden Bäumen. Kreuzdorn, Gelb-, Stink- und Schwarzholzbäume bilden eine abwechslungsreiche Mischung.

Im Unterholz wachsen verschiedene Farnarten. Anders als der Hochwald oberhalb von Knysna lassen die Baumkronen viel Licht durch. Immer wieder ist der Knysna Lourie zu hören. Nach 1.15 Std. Gehzeit erreichen wir den **Witrivier (2)** mit lauschigem Rastplatz zwischen Farnbäumen, 10 Min. später einen Schotterweg. Wir halten uns 20 m lang nach rechts (der Schotterweg führt links entlang direkt zur Sinclair Hut), dann biegen wir wieder nach links ab in den Wald. Es folgt eine große Lichtung mit Kiefern und Farnen, auf deren rechter Seite unser Weg einen langen Bogen beschreibt. Bevor wir dort weitergehen, machen wir kurz Halt, denn auf der linken Wegseite, gegenüber der Lichtung, wachsen ein paar 33 m hohe Californian Redwoods, die 1925 hier versuchsweise angepflanzt wurden. Wie Eukalyptusbäume gedeihen auch sie in diesen Breitengraden prächtig, entnehmen aber dem Boden viel zu viel Wasser.
Nur kurz bleiben wir auf dem breiten Weg, dann weist unsere Wegmarkierung rechts auf einen Trampelpfad. Auf einem großen Schild gibt es noch einmal einen deutlichen Hinweis: »Entry by permit only«. 0.30 Std. später teilen wir uns den Weg kurz mit einer Mountainbike-Route, bevor es auf einem dicht bewachsenen Kammpfad zur Küste geht. Sie empfängt uns mit dem Lärm der Brandung und herrlichem Ausblick über die zerklüftete Klippenlandschaft.
Jetzt liegt eine mehr als 2-stündige Abenteuer-Etappe vor uns. Auf einer steilen Holzstiege geht es hinunter zum 80 m unter uns liegenden **Kiesstrand (3)**.

Klippenpassage an der Harkerville-Küste.

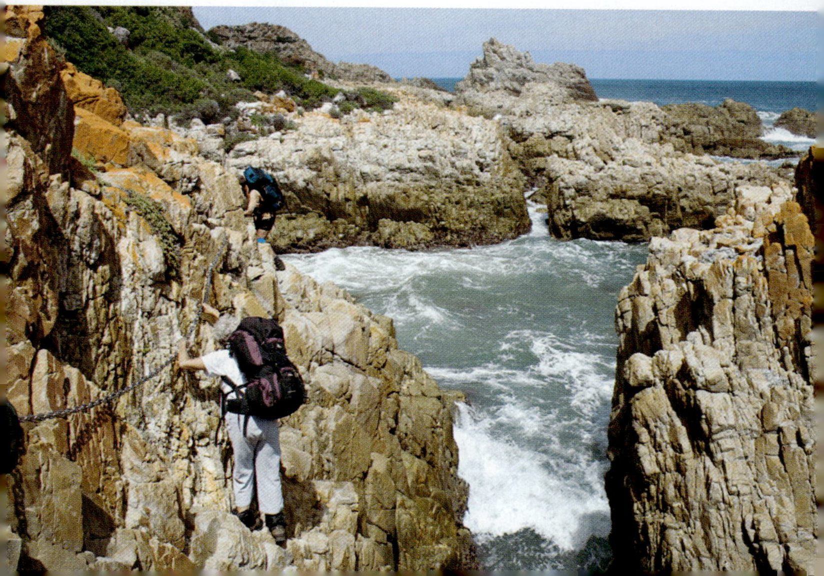

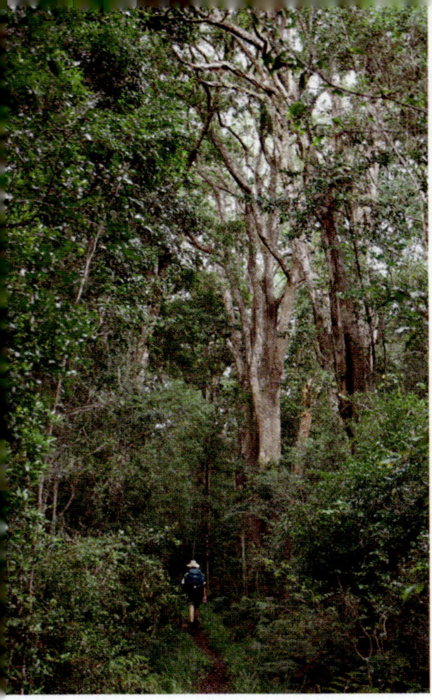

Baumriesen im Harkerville Forest.

Unsere Route setzt sich links in östliche Richtung fort, gekennzeichnet mit weißen Schuhabdrücken, die jetzt auch direkt auf den Fels gemalt sind. Wir wandern von Bucht zu Bucht, hinter jeder Biegung oder Kuppe wartet eine neue Überraschung. Manchmal geht es direkt am Wasser entlang, manchmal wechseln wir die Höhenlage, über Klippen hinweg und am Hang entlang durch niedrig wachsende Fynbos-Büsche. An einigen Kletterpassagen ist höchste Konzentration gefragt. Zuletzt geht es über einen felsigen Strandabschnitt, an dem man in kleinen Gumpen, geschützt von der Brandung, baden kann. Die Schlussetappe führt einen steilen Hang empor, auf ein Plateau hinauf. Wir kreuzen zwei Querpfade und einen breiten Sandweg bis zu einer hohen, frei stehenden Platane. Unter ihr hindurch sind wir 2 Min. später auf dem Vorplatz der **Sinclair Hut (4)**.

2. Tag: Sinclair Hut – Harkerville Forest Station

5.45 Std., 220 Hm Aufstieg, gut 190 Hm Abstieg, 11,8 km.

Unser Trail setzt sich am folgenden Tag auf eindeutig markiertem Pfad vom Vorplatz aus in östliche Richtung fort. Die folgenden 2 km geht es durch Ginster- und Heidebüsche hindurch auf dem Küstenplateau entlang, weiter über einen Kamm am Rand der Schlucht des Witrivier und schließlich in engen Kehren zu dessen Mündung hinunter. Wieder am Meer angelangt überqueren wir ihn und starten unsere zweite Etappe an der Küste entlang, wie am Vortag, diesmal noch etwas länger. Wieder sind schroffe Felsen zu passieren, Kletterpassagen an den Klippen zu bewältigen, es geht über ein Geröllfeld und durch den Rock Arc hindurch, einem großen Fenster im Fels. Wir sehen Austernfischer und Kormorane und wenn wir Glück haben, auch den scheuen Kap-Fingerotter. Ein letzter Strandabschnitt führt über den 500 m langen

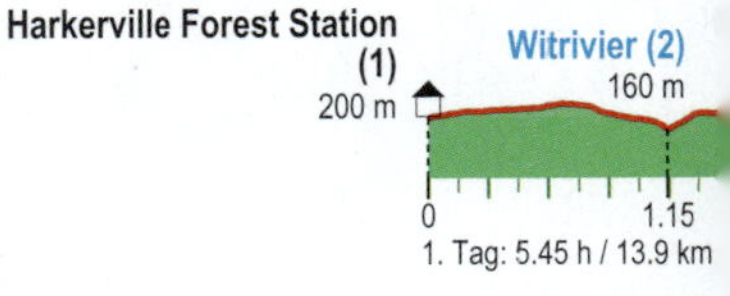

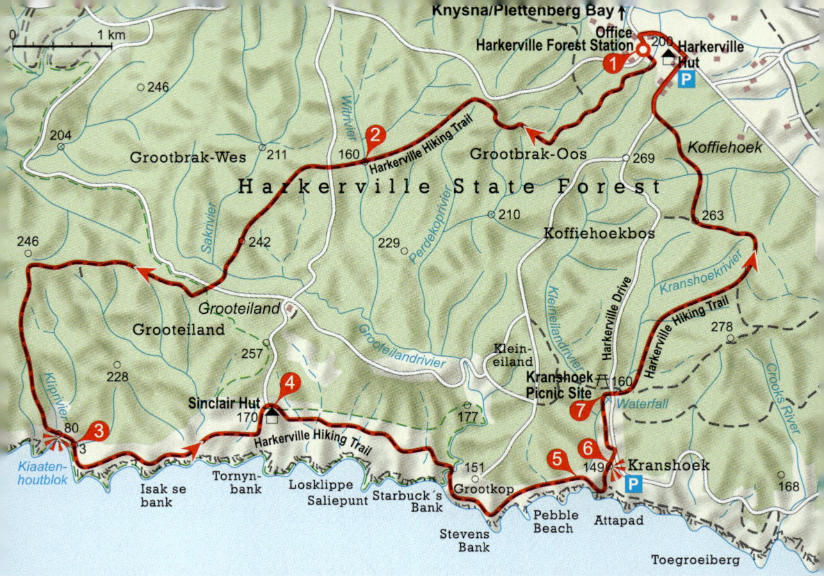

Pebble Beach, bei dem die Brandung rundgewaschene Steine mit grollendem Ton ins Rollen bringt. Am hinteren Ende erreichen wir den Zulauf des **Kranshoekrivier (5)** – siehe Tour 38 – und bleiben ein kurzes Stück auf dem Kranshoek Trail. Während dieser jedoch weiter an der Küste entlangführt, biegen wir steil links den Hang hoch, unserer Markierung folgend.

Wir erreichen den **Kranshoek View Point (6)** gut 0.30 Std. später, folgen 50 m weit dem Schotterweg links entlang und biegen gleich wieder links ab auf den Gehweg, der uns an der Schlucht des Kranshoekrivier entlang bis zum **Kranshoek Picnic Site (7)** am Wasserfall aufnimmt. Wir überqueren den Platz (Schild »Harkerville Hut – 5 km«) und ziehen wieder durch den Wald. Der Pfad endet an der Schotterstraße, die zum Picknickgelände führt. Wir folgen ihr rechts entlang an ein paar Privathäusern vorbei bis zur nächsten Querstraße. Dort noch einmal links ab und gleich wieder links, dann sind wir zurück an der **Harkerville Forest Station (1)**.

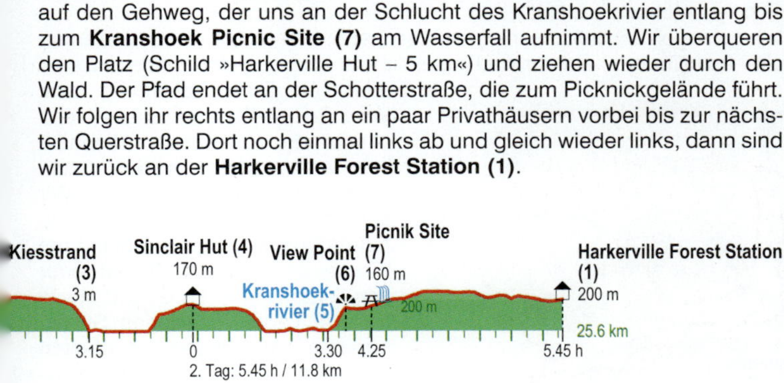

TOP **38** # Kranshoek Coast Hiking Trail

3.30 Std.

Grüner Urwald, rote Klippen, blaues Meer – was will man mehr!

Wenn die Zeit für die 2-Tages-Tour entlang der Harkerville-Küste nicht reicht (siehe Tour 37), sollte man sich zumindest zu diesem Halbtagesausflug aufmachen. Es lohnt sich. Auf- und Abstieg verlaufen durch schattigen Urwald, der Küstenabschnitt am Meer entlang über zerklüfteten Felsklippen, Sand- und Kieselsteinstrände.

Ausgangspunkt: Parkplatz am Kranshoek Picnic Site, 160 m. Anfahrt: Wie in Tour 37 bis am Abzweig zur Harkerville Forest Station, geradeaus noch 4 km auf der Schotterstraße bis zum Kranshoek-Picknickgelände.
Höhenunterschied: 250 m.
Anforderungen: Durch den Wald einfache Pfade, teilweise mit Holzstufen, an der Küste kurze Klettereinheiten über mittelgroße Steine und Klippen. Badesandalen und Badesachen mitnehmen!
Einkehr/Unterkunft: Unterwegs keine, am Picknickgelände WC und Wasserzapfstelle. Unterkünfte aller Kategorien in Knysna und Plettenberg Bay.

Die Wanderung, mit weißen Schuhabdrücken klar markiert, beginnt am **Kranshoek Picnic Site (1)**. Bevor wir uns auf den Weg machen, werfen wir noch einen Blick auf den Wasserfall des Kranshoek River, der vom Picknick-Plateau aus 50 m steil in die Schlucht stürzt. Rechts davon, neben einem überdachten Info-Schild, beginnt unser Abstieg durch den dichten Kranshoek Forest. Der Weg ist gut präpariert. Im Zickzack geht es den Hang hinunter, über den Bachlauf des Kleineiland River hinweg bis zum **Kranshoek River (2)** auf der Talsohle der Schlucht, durch die er bis zum Meer fließt. Im Mündungsbereich sind seine Uferzonen von Farnen und Schilfgewächsen bedeckt.
Wir gelangen schließlich an einen Kiesstrand. Von rechts stößt der Harkerville Trail (Tour 37) auf unsere Route, schwenkt aber gleich wieder links hinauf (mögliche Abkürzung zum View Point). Für uns beginnt erst einmal ein aufregender Abschnitt links an der Küste entlang, 3 km lang, von gut 1.30 Std. Dauer. Wir achten auf die Markierungen, sie führen uns abwechselnd direkt am Wasser und über die Klippen oder parallel am Hang entlang in etwas höherer Lage. An einigen Stellen ergeben sich Badegelegenheiten zwischen den Felsen. Eine Steinpy-

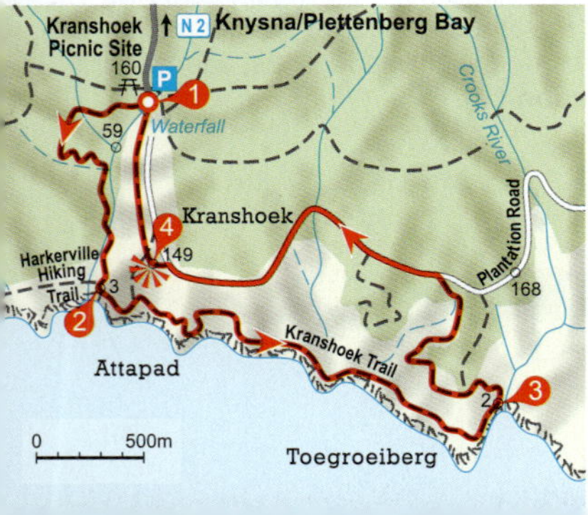

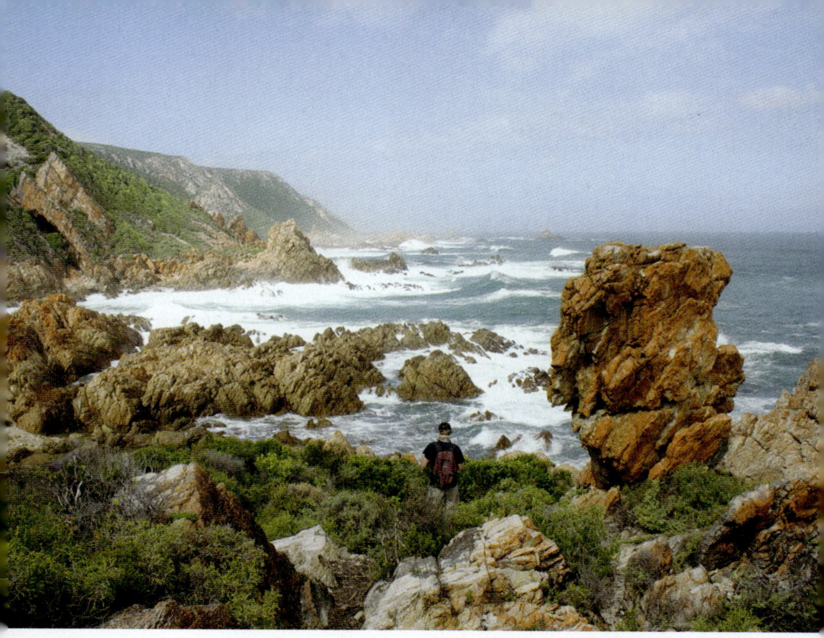

Durch die Klippen an der Kranshoek-Küste.

ramide, von Wanderern aufgehäuft, an einem flachen Sandstrand markiert das baldige Ende der Strandetappe, welches wir rund 10 Min. später nahe der Mündung des **Crooks River (3)** erreichen. Wir können die Flussmündung sehen, unten an der Küste entlang geht es aber nicht mehr weiter. Wir steigen daher den Hang zu einem Plateau empor und biegen gleich am ersten Abzweig links ab, um wieder einem Pfad zu folgen, der direkt an der Steilküste entlang führt. Er mündet in eine Schotterstraße, auf der wir links entlang bis zum **Kranshoek View Point (4)** wandern (Kurzbesucher können bis hierher auch mit dem Pkw fahren). Von dort folgen wir der Route des Harkerville Trails an der Schlucht des Kranshoek Rivers entlang zurück zur **Kranshoek Picnic Site (1)**.

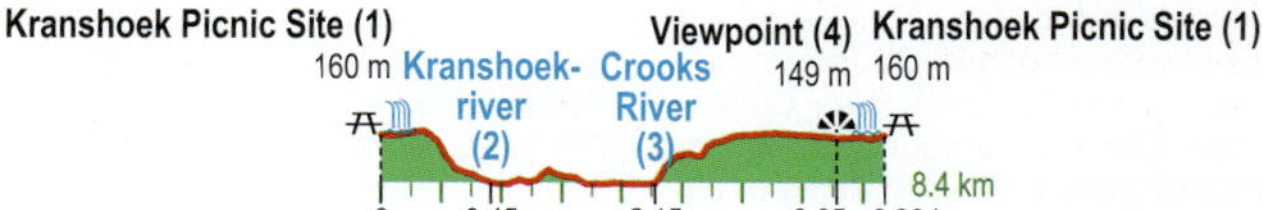

TOP 39

Robberg Trail

4.45 Std.

Zur Pelzrobben-Kolonie auf einer Halbinsel bei Plettenberg Bay

Plettenberg Bay ist ein beliebter Urlaubsort an der Garden Route. Abgesehen von langen Badestränden direkt am Ort oder an der Lagune des Keurbooms River lockt er auch mit reichlich Freizeit- und Sportangeboten. Viel besuchtes Ausflugsziel ist das Robberg Nature Reserve auf einer kleinen Halbinsel etwas außerhalb der Stadt. Die 4 km lange und nur 700 m breite Felszunge aus hartem Tafelberg-Sandstein hat bisher allen geologischen Veränderungen standgehalten. Schon in der Steinzeit lebten hier Menschen auf hohem Niveau, wie archäologische Funde in der großen Nelson-Bay-Höhle in der Nähe des Eingangs zum Naturreservat beweisen. Hauptattraktion auf der Halbinsel ist allerdings eine Ansammlung afrikanischer Pelzrobben. Auf einem Felsvorsprung an der steilen Nordseite dösen Hunderte von ihnen in der Sonne oder tummeln sich mit viel Geschrei im Wasser.

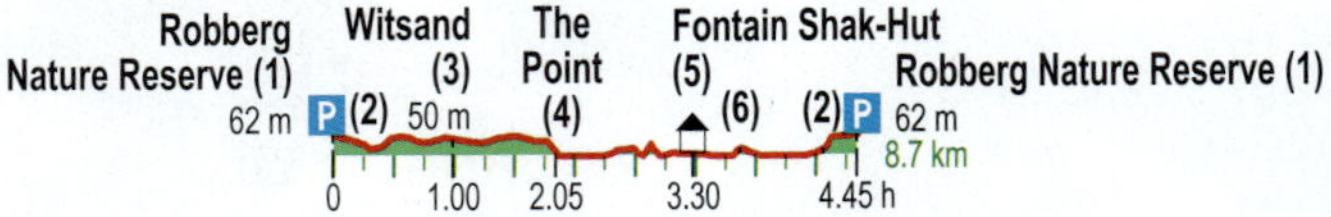

Ausgangspunkt: Robberg Nature Reserve, Parkplatz am Picknickgelände vor dem Info-Pavillon, 62 m. Anfahrt: Auf der N2 von Knysna kommend direkt am Ortsanfang von Plettenberg Bay, 200 m vor einem Verkehrskreisel, links einordnen Richtung Piesang Valley (eine hohe Fußgängerbrücke überspannt hier die Straße). Am Plettenberg Bay Golf and Country Club vorbei, nach 3 km gegenüber dem River Club rechts ab in die Robberg Road, Richtung Flughafen (nicht ausgeschildert). Nach weiteren 4 km Fahrt am Ortsende links abbiegen zum Robberg. Noch 2 km bis zum Eingang des Naturschutzgebiets, dort anmelden. Anschließend noch 500 m bis zum Parkplatz.
Vom Zentrum in Plettenberg Bay aus kommend über den Marine Drive am Central Beach vorbei hoch in die Piesang River Road, gegenüber dem River Club in die Robberg Road nach rechts abbiegen.
Anforderungen: Zu Beginn der Tour zumeist sandiger Pfad, ab The Gap schmaler Felssteig, manchmal etwas abschüssig; der Rückweg ab The Point anstrengend, über Klippen und mehrere steile Auf- und Abstiege am Klippenrand. Teilweise mit Stahlseilen gesichert. Teilweise ist auch der Einsatz der Hände erforderlich. Ausreichend Wasser mitnehmen. Kein Schatten.
Höhenunterschied: 250 m.
Einkehr/Unterkunft: Am Weg keine. In Plettenberg Bay Einkehr und Unterkünfte aller Kategorien, z. B. Nothando Backpackers Lodge, Tel. 044-533 0220, www. nothando.co.za.
Varianten: 1. Bei Wegfall des Abstechers zur Halbinsel Die Eiland verkürzt sich die Gehzeit um 30 Min.
2. Witsand-Runde: Ab Witsand rechts über das Dünenfeld direkt zum Strand vor Die Eiland (Gehzeit ca. 2.15 Std.).
Hinweise: Fernglas nicht vergessen!
Für Notfälle sind in bestimmten Abständen auf der Klippenseite Schilder mit der Sea Rescue Telefonnummer angebracht.

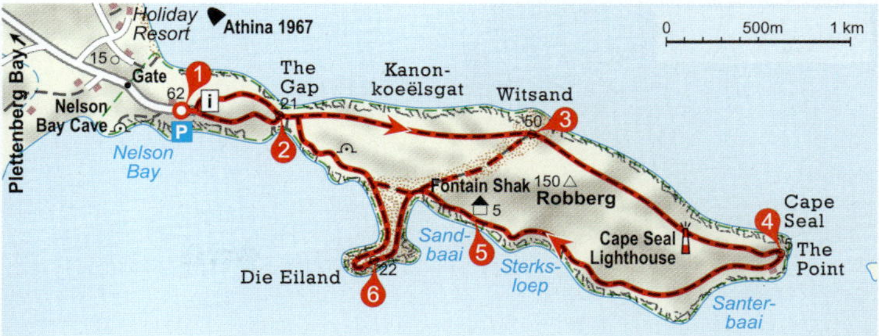

Im kleinen Pavillon am nördlichen Rand des Parkplatz- und Picknickgeländes werden Besucher über Geologie, Geschichte, Flora und Fauna der Halbinsel informiert, ein lohnenswerter Abstecher vor oder nach der Wanderung.
Nicht zu übersehen ist unsere Route, die links neben dem Pavillon im **Robberg Nature Reserve (1)** beginnt. Ein Blechschild mit einer Pelzrobbe ist ab hier unser Markierungszeichen. Durch hohen Küsten-Fynbos hindurch geht es ca. 40 m hinab zur engsten Stelle der Halbinsel, genannt **The Gap (2)**. Der Weg verläuft in diesem Bereich auf Holzstegen. Die 3 nacheinander rechts abzweigenden Wege ignorieren wir. Wir machen die große Runde Richtung Witsand/The Point. Den Hang geht es steil hinauf zu einem Aussichtspodest. An einigen Stellen sind Stahlgeländer zur Sicherung angebracht. Der Pfad durch den Fynbos wird allmählich sandiger. Wir erreichen das schmale Sanddünenfeld von **Witsand (3)**, überqueren es und müssen ab jetzt nur noch der Nase nach gehen, denn alsbald liegt der stechende Geruch von Robbenkot in der Luft. Es dauert nicht lange, dann können wir sie sehen. Etwa 30 m unter uns liegen die Robben auf der Felsbank, dicht gedrängt neben- und übereinander. Frühmorgens sind sie am lebendigsten,

Dicht gedrängt: Kap-Pelzrobben.

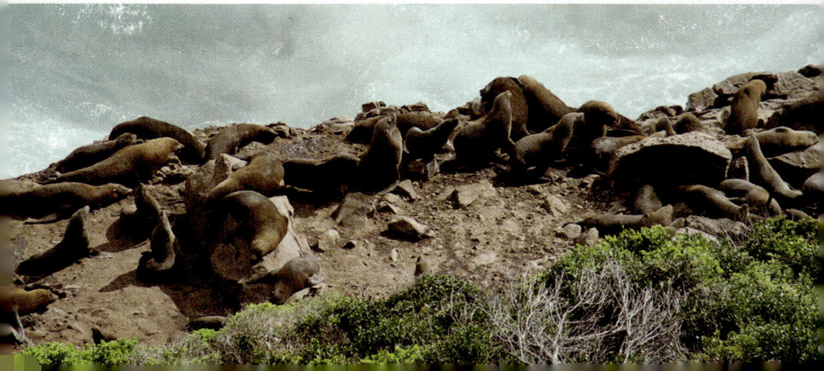

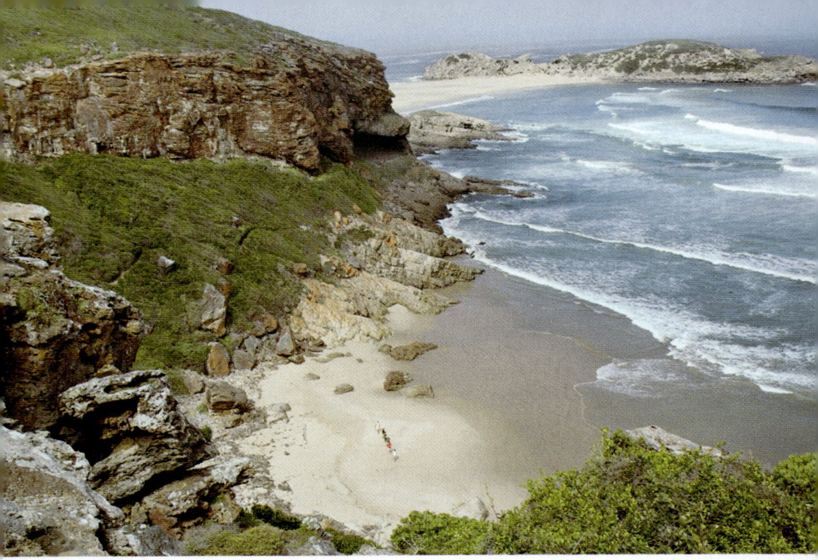

Blick auf die Sandbuchten bei Die Eiland.

wenn sie von der Klippe springen und zum Fischfang ausschwärmen. Von mehreren Punkten am Wegrand aus können wir sie beobachten, bis der Pfad von der Steilküste wegdreht und uns über rotfarbene Felsen zur äußersten Spitze der Halbinsel führt, genannt **The Point (4)**. Hier lohnt sich eine Rast auf den Klippen, denn auch hier tummeln sich häufig Robben in der Brandung. Kormorane breiten ihre Schwingen zum Trocknen aus. Möwen und Ibisse hocken in großen Scharen auf den Felsen.
Zurück geht es auf der Südseite der Halbinsel, zunächst über flache Felsplatten hinweg und zwischen Klippen hindurch. Ein kontinuierliches Fortkommen über die Klippen ist aber nicht möglich. Immer wieder wird der Pfad durch steile, kräftezehrende Auf- und Abstiege am Klippenrand unterbrochen. Schließlich erreichen wir die Übernachtungshütte **Fontain Shak (5)** und kurz darauf den herrlichen Sandstrand, der von zwei Seiten vom Wasser umspült wird. Den Abstecher nach links entlang zum vorgelagerten Felsplateau von **Die Eiland (6)** nehmen wir noch mit. Er lohnt sich besonders bei Flut: Wie ein Wellenbrecher stemmt sich der Fels gegen die Brandung. Auf breiten Holzstegen können wir das laute Spektakel verfolgen.
Wir verlassen den Strand, steigen wieder am Hang empor, unter einem Felsüberhang hindurch und erreichen **The Gap (2)**. Wir biegen auf dem Holzsteg nach links und nehmen diesmal für den Rückweg den zweiten der nun folgenden Abzweige, ebenfalls nach links, zurück zum Parkplatz.

2.30 Std.

Salt River Route (Nature's Valley) 40

Über weißen Sand und blaue Klippen zur Mündung des Salt River

Nature's Valley ist alles andere als ein boomender Urlaubsort. Glücklicherweise, denn durch die strikten Auflagen im Tsitsikamma National Park konnte bisher verhindert werden, dass eine der schönsten Badebuchten der Garden Route zubetoniert wurde. Wanderwege durchziehen das waldbedeckte Küstengelände, der 5-tägige Otter Trail endet hier. Unser Strandspaziergang von der Mündung des Groot River zu der des Salt River führt zu den blaugrauen Felsen der Blue Rocks mit beliebten Sonnen- und Badeplätzen.

Ausgangspunkt: Parkplatz neben der Lagune des Groot River, 4 m. Anfahrt auf der N2 von Plettenberg Bay Richtung Humansdorp/Port Elizabeth, nach 23 km beim Hinweisschild »Nature's Valley« auf die R 102 nach rechts, 12 km weiter in Nature's Valley erneut rechts und noch 700 m auf der Straße geradeaus an der Lagune entlang bis zum Parkplatz.
Höhenunterschied: 90 m.

Anforderungen: Leichte Strandwanderung, auf den hinteren Klippen der Blue Rocks ist einfaches Kraxeln erforderlich.
Einkehr/Unterkunft: Valley Inn (Restaurant und Shop). Unterkunft z. B. Nature's Valley Guest House (Hiker's Haven), Tel. 044-531 6805, www.hikershaven.co.za.
Hinweis: Bei Flut sind die Klippen hinter Blue Rocks nicht passierbar; siehe auch Tour 41.

Die Bucht von Nature's Valley.

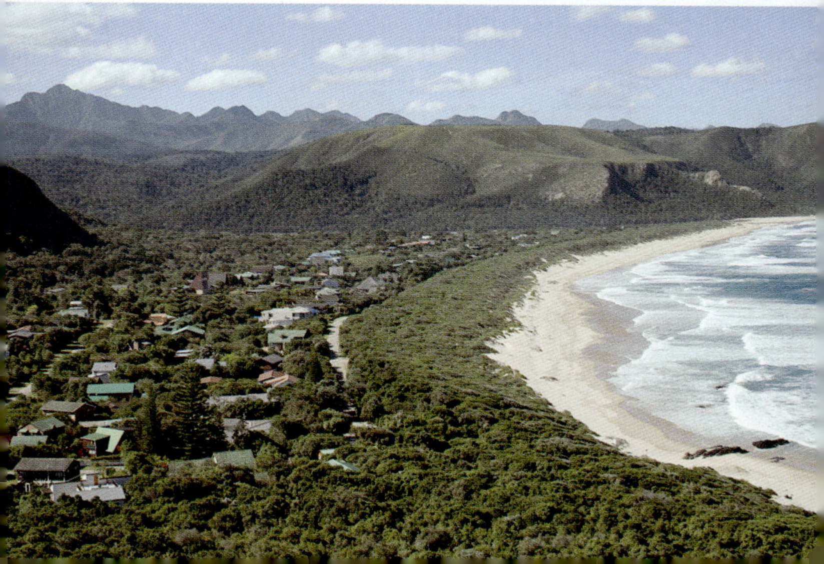

Der Parkplatz grenzt direkt an die Lagune des **Groot River (1)**. Am Ufer entlang, vorbei an ein paar bewachsenen Dünen stoßen wir nach wenigen Minuten auf sein flaches Mündungsbett. Die Bucht von Nature's Valley liegt vor uns. Im Osten wird sie begrenzt durch einen Felssporn, genannt Die Punt, über den die Wanderer auf dem Otter Trail zum Strand hinuntersteigen, im Westen durch die Blue Rocks und die Hügel an der Mündung des Salt River. Wir gehen auf dem Strand in westliche Richtung, die Wellen des Ozeans auf der linken, das Dünenfeld zwischen Strand und Ferienhäusern auf der rechten Seite. Insgesamt acht »Emergency«-Schilder kennzeichnen die Verbindungspfade, auf denen man zwischen dem Strand und der hinter den Dünen liegenden St. Michael's Ave pendeln kann. Ausgang 1 im letzten Teil unserer Strandetappe unweit der **Blue Rocks (2)** führt zum Valley Inn Restaurant, in dem wir später auf unserer Tour einkehren können.
Etwa 300 m weiter zweigt ein weiterer Pfad vom Strand ab und führt in den Küstenwald, Aufschrift »Salt River via Nature's Valley Outlook« (Die Alternative, falls die Flut zu hoch ist und den Durchgang an den hinteren blauen Klippen versperrt).
Wir verlassen das Strandgelände und die Blue Rocks auf einem Trampelpfad, ein kleines Stück den mit einem Geländer gesicherten Küstenhang hoch und wieder zu den Klippen hinunter. Hier müssen wir aufpassen, die

Strandleben zwischen den Blue Rocks.

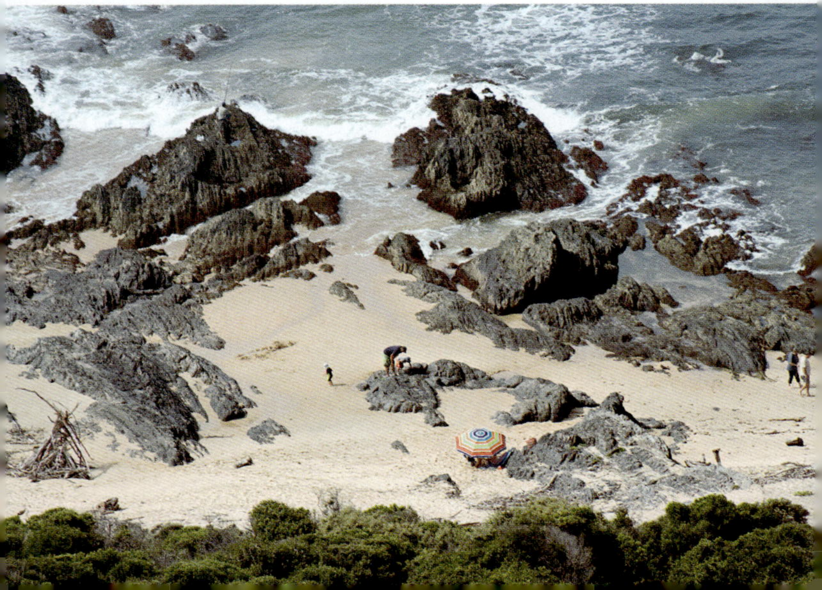

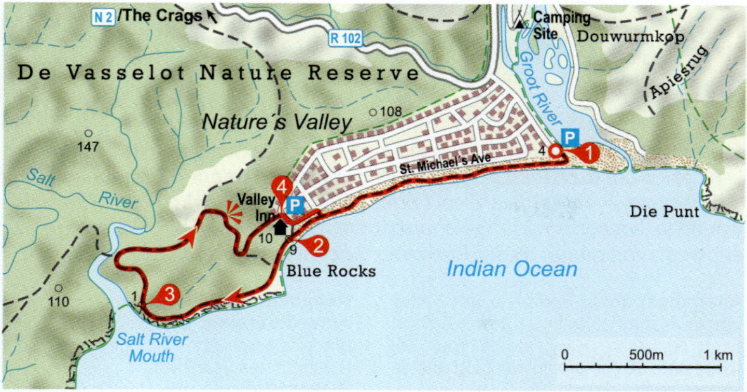

Klippen sind etwas scharfkantig. Bei Hochwasser wird der Pfad überspült. Über einen Kieselstein-Strand geht es weiter, ein kurzes Stück hoch durch den Küstenwald, dann steigen wir hinab zur Mündung des **Salt River (3)**, der in mehreren großen Bögen in den Ozean fließt, ein beliebter Ort für Angler. Wir folgen ihm flussaufwärts am Ufer entlang gut 400 m weit bis zu einem Orientierungspfahl mit Hinweisschildern. Unser Weg führt uns rechts bergauf Richtung Nature's Valley/R102 – Picnic Site; links geht es über den Fluss hinweg Richtung Brak River (siehe Tour 41).

Der Waldpfad lichtet sich nach gut 10 Min. und geht in einen breiten Graspfad über. Erneut biegen wir rechts ab, Richtung Nature's Valley, während es geradeaus weitergeht Richtung R102 – Picnic Site. Wir laufen bergab und erreichen nacheinander zwei schöne Aussichtspunkte über den Ort und die Bucht von Nature's Valley, ganz in der Ferne die Kette der Tsitsikamma-Berge. Weiter abwärts durch den Wald wandernd stoßen wir auf den Zaun eines Privatgeländes, halten uns dort zunächst rechts, dann nach 100 m links an diesem Zaun entlang bis zu einem WC-Häuschen an der St. Michael's Ave. Gegenüber liegt das Restaurant **Valley Inn (4)** mit schönem Biergarten. Eine Erfrischung im Pub, danach ein Stück auf der St. Michael's Ave entlang und bei nächster Gelegenheit rechts ab noch einmal zurück zum Strand und wie beim Hinweg am Strand entlang zurück zum Parkplatz am **Groot River (1)**.

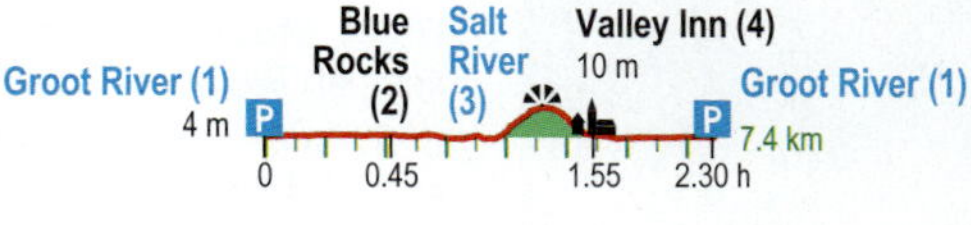

41 Rugpad Route (Nature's Valley)

4.45 Std.

Abwechslungsreiche Runde durch artenreichen Küstenwald

Nature's Valley ist umgeben von dichtem Wald. Die Mischung aus wilden Oliven, Milch- und Eisenholzbäumen ist einzigartig. Offene Hochebenen sind mit riesigen Protea-Beständen bedeckt. In den Schluchten der Flussläufe wachsen hochstämmige Gelbholzbäume. Ein Geflecht aus Waldwegen ist angelegt, von denen dieser Rundweg durch alle Vegetationszonen führt.

Ausgangspunkt: Parkplatz am Valley Inn in Nature's Valley, 10 m. Anfahrt nach Nature's Valley wie in Tour 40, nach dem Abbiegen in den Ort gleich wieder rechts in die St. Georges Ave, noch 2 km an Ferienhäusern vorbei bis zum Shop/Restaurant Valley Inn weiterfahren.

Höhenunterschied: 330 m.

Anforderungen: Gut begehbare Waldpfade, steilere Ab- und Aufgänge in der Schlucht des Salt River.

Einkehr/Unterkunft: Unterwegs keine, Einkehr/Unterkunft siehe Tour 40.

Hinweise: Badesandalen für Flussdurchquerungen sind zu empfehlen.

Schluchtenlandschaft am Salt River.

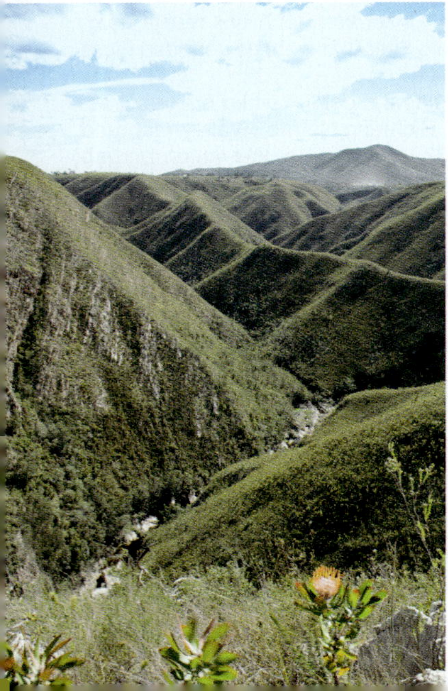

Bei Flut sind die Klippen hinter den Blue Rocks nicht passierbar, dann ist der Weg zum Salt River vom Strand aus über die »Route Salt River via Nature's Valley Lookout« zu wählen. Die Durchquerung des Salt River ist auch bei Flut möglich (Wasser dann kniehoch). Eine Gezeitentabelle ist am Shop neben dem Restaurant erhältlich.

Gegenüber dem Restaurant **Valley Inn (1)** führt ein betonierter Weg zu zwei Informationstafeln mit Bildern und Daten über die Tier- und Pflanzenwelt im Naturschutzgebiet. An einem WC-Häuschen vorbei geht es durch bewachsene Dünen hindurch zum Strand. Wir stoßen auf die Route von Tour 40 und folgen ihr rechts entlang bis zum Wegweiser am **Salt River Mouth (2)**. Hier biegen wir links ab Richtung Brak River. Auf der gegenüberliegenden Seite des Flusses sind zwei grüne Schilder zu er-

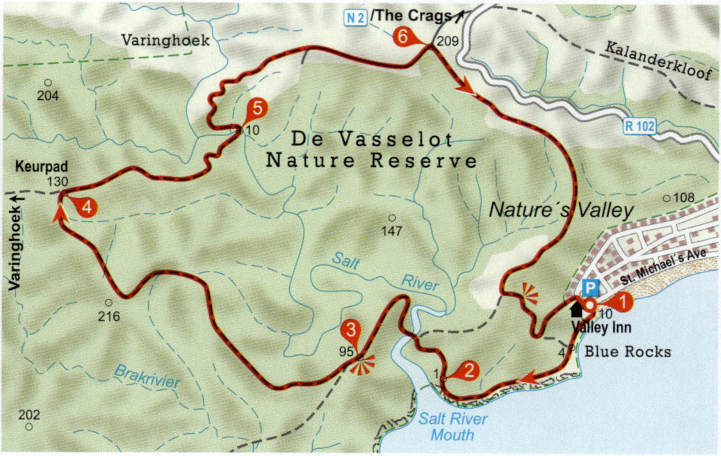

kennen, das eine verblichen, das andere etwas weiter rechts stehend mit einem gelben Richtungspfeil, stromaufwärts. Diesem Zeichen folgen wir – nachdem wir den Fluss von Stein zu Stein hüpfend überquert haben – etwa 10 Min. lang, zunächst direkt am Ufer, dann über einen Graspfad bis zu einer Flussbiegung, hinter der der Pfad in einen breiten Waldweg übergeht. Er ist mit Holzstufen stabilisiert, die den Aufstieg zum **View Point (3)** erleichtern. Eine schmale Schneise im Wald führt zum Rand der Salt River Schlucht. Ein herrlicher Ausblick auf die Mündung des Salt River wird uns geboten. Sein dunkelbraun gefärbtes Flussbett schlängelt sich durch grüne Hänge, bevor es in einer großen S-Schleife im Ozean endet. Wir gehen weiter steil aufwärts, nach wenigen Minuten dann aber auf dem Rugpad (»Rücken-Pfad«) auf fast ebenem Gelände. Der Wald ist hier sehr dicht und schattig. Dann und wann ist ein Knysna Lourie zu hören. Ein Abzweig links Richtung Brak River wird ignoriert. Wir bleiben auf dem Hauptweg Richtung Keurpad, der uns nach mehr als 1 Std. Gehzeit ab View Point zu einer T-Gabelung führt. Dort biegen wir nach rechts Richtung Nature's Valley via **Keurpad (4)**. Entlang einer Nebenschlucht des Salt River geht es abwärts, zum Schluss in engen Kehren bis zum **Salt River (5)**, der an dieser Stelle von hohen Gelbholzbäumen gesäumt ist. Das Flussbett ist

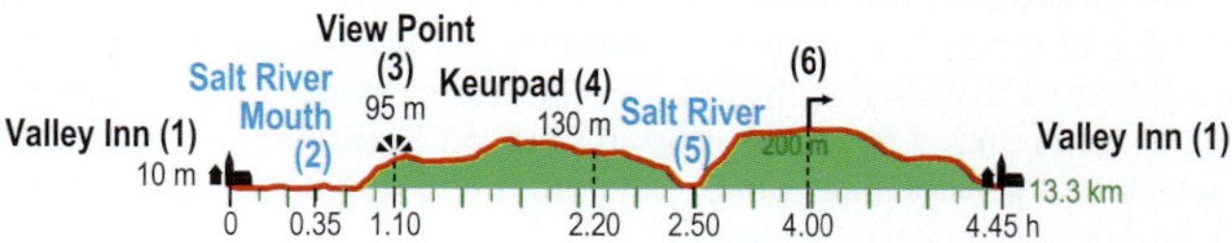

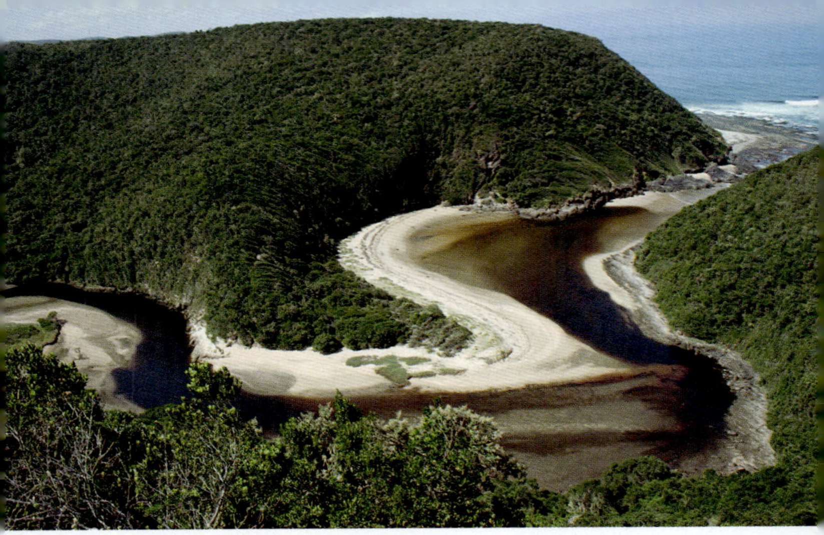

Die Mündung des Salt River.

hier allerdings längst nicht so breit wie in seinem Mündungsbereich. Wir gehen noch etwa 30 m flussaufwärts, überqueren den Fluss und gelangen zu einer Stelle, an der ein Schild mit der Aufschrift »Trail«, an einem Holzpfahl befestigt, den Beginn der Aufstiegsroute markiert. Sie verläuft steil am Hang empor. Wir durchqueren einen kleinen Blütenbaum-Hain, bevor wir das Ende der Waldzone erreichen und auf eine offene Hochebene gelangen. Fast 40 Min. hat der Aufstieg bisher gedauert. Der Weg verläuft noch ein Stück nach oben, jetzt parallel entlang der tiefen Schlucht des Salt River. Ein prachtvolles Panorama öffnet sich vor uns, eine Mäanderlandschaft von hintereinander gereihten Schluchten, über und über mit dichtem Urwald an den unteren und mit Fynbos-Pflanzen auf den oberen Hängen bedeckt. Dann sind wir auf der Höhe angekommen. Der Pfad mündet in einen zweispurigen grasbedeckten Fahrweg, dem wir für die nächste Stunde folgen. Ein **Abzweig (6)**, markiert mit einem Hinweisschild, führt uns rechts ab, Richtung Salt River (Geradeaus gelangt man zur Asphaltstraße in den Ort, Richtung Nature's Valley via Kalanderkloof/Picnic Site R102).

Noch einmal erwartet uns einfaches Gehen auf einem grasbedeckten Weg, der alsbald in einen Schotterweg übergeht, bis wir nach links abzweigen, Richtung Nature's Valley, während der Hauptweg geradeaus hinunter zum Salt River führt und dort endet. Wie in Tour 40 kommen wir an zwei Aussichtspunkten mit Blick über die Bucht vorbei und gelangen zurück zu unserem Ausgangspunkt beim **Valley Inn (1)**.

Blue Duiker Trail und Waterfall Trail

Ausflug zu einem Süßwasserpool, umgeben von tosender Brandung

Der Garden Route Nation Park – Tsitisikamma an der Küste östlich von Plettenberg Bay gehört zu den beliebtesten Ausflugszielen an der Garden Route. Keinen größeren Ort gibt es hier, dafür aber unverfälschte Natur mit dichtem Wald, tiefen Schluchten, Flüssen und versteckten Badebuchten. Das Gelände scheint undurchdringlich, nur einzelne Stichstraßen führen zu kleinen Ansiedlungen an der Küste, eine davon auch zur Mündung des Storms River. Ein Abstecher dorthin ist fester Programmpunkt bei vielen Reiseveranstaltern, die Unterkünfte in den SANPark-Chalets sind häufig ausgebucht. Mehrere Wanderungen starten vom Rest Camp nahe der Flussmündung. Der kurze Lourie Trail und der etwas längere Blue Duiker Trail führen durch den Wald, der Mouth Trail zur Fußgänger-Hängebrücke über den Storms River und der Waterfall Trail zu einem Wasserfall mit Badebecken am Jerling River, gleichzeitig erstes Teilstück des Otter Trail. Wir verbinden zwei dieser Trails zu einer abwechslungsreichen Runde.

Brandung an der Küste des Tsitsikamma National Park.

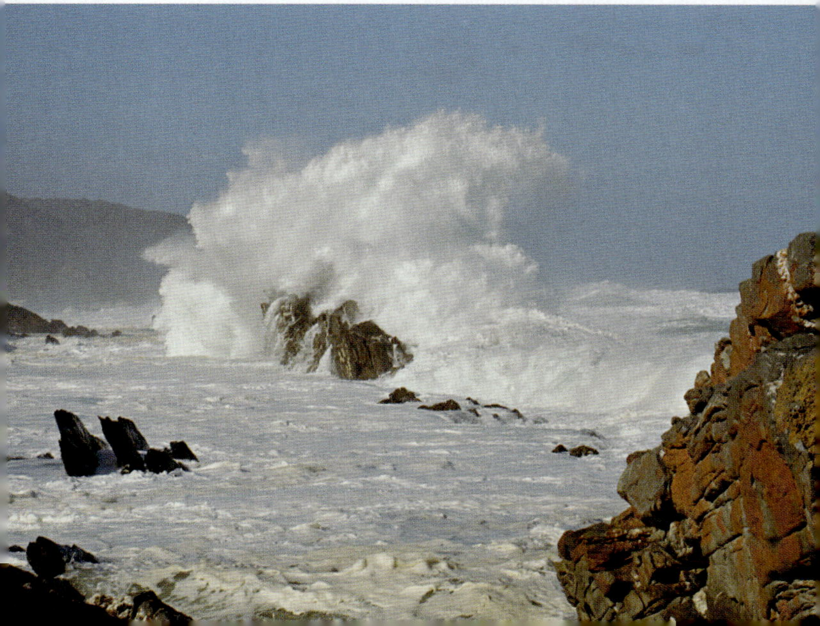

Ausgangspunkt: Parkplatz am Ende der Zufahrtstraße zum Rest Camp am Storms River Mouth, 8 m. Anfahrt auf der N2 von Knysna kommend Richtung Port Elizabeth, 68 km hinter Plettenberg Bay rechts abbiegen, Richtung Garden Route National Park – Tsitsikamma. Nach 6 km am Eingangsportal das Permit bezahlen und noch weitere 4 km bergab bis zum Ende der Straße fahren. Dort am Rest Camp parken.
Höhenunterschied: 200 m.
Anforderungen: Im Wald zunächst keine besonderen Anforderungen, im letzten Wegstück zum Wasserfall geht es allerdings über scharfkantige Klippen, teilweise nicht ohne etwas Klettern. Bei zu starker Brandung besteht Rutschgefahr.
Einkehr/Unterkunft: Unterwegs keine; Restaurant und Shop im Rest Camp. Dort gibt es auch Chalets oder Campingplätze, Reservierung über SANParks. In der Umgebung Unterkünfte in allen Kategorien.
Tipp: Badesachen und Badeschuhe mitnehmen!

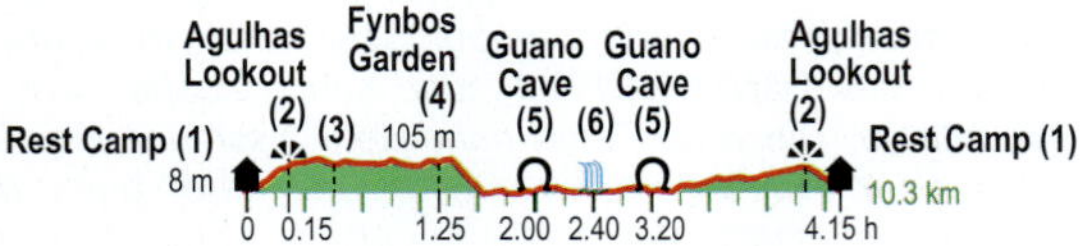

Auf der asphaltierten Zufahrtsstraße zum **Rest Camp (1)** gehen wir etwa 10 Min. entgegen der Anfahrtsrichtung zurück bis zum Startpunkt unserer Runde: Ein Holzschild auf der rechten Straßenseite markiert den Beginn des Lourie Trails und Blue Duiker Trails. Ein kleines grünes Metallschild mit dem Blue-Duiker-Logo ist unsere Wegmarkierung. Es geht zunächst steil auf Holzstufen den Berg hoch in den Küsten-Wald, auf gut präpariertem Trampelpfad bis zu einem offenen Streckenabschnitt, der am **Agulhas Lookout (2)** endet. Von der Holzplattform aus kann man in beide Richtungen an der Küste entlangschauen. 20 Min. später erreichen wir einen Abzweig, auf dem wir nach rechts abbiegen (Geradeaus führt der Lourie Trail in kleinem Bogen zurück zur Küste).
Der Wald wird dichter, kleine Schildchen an den Baumstämmen helfen, die vielen Holzarten zu unterscheiden: Assegaai-Bäume kommen vor, Gelbholz-, Saffran- und Milchholzbäume ebenso. Wir gelangen zu einem kleinen, lang gestreckten **Stausee (3)**, den wir an seinem hinteren Ende bei einem kleinen

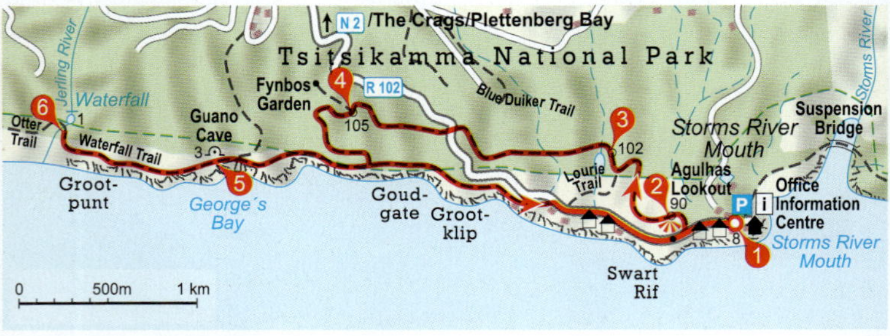

Wasserfall umrunden, und stoßen auf die Zufahrtsstraße, auf der wir bei der Anfahrt zum Camp hergekommen sind. Wir überqueren sie, gewinnen noch etwas an Höhe und sehen einen Abzweig, an dem rechts hoch ein Pfad zu einem **Fynbos Garden (4)** führt. Diesen Abzweig ignorieren wir und bleiben auf dem Hauptweg links hinunter zur Küste. Deutlich ist schon die Brandung zu hören. Parallel zum Küstenpfad ist eine Riffreihe vorgelagert, an der sich die Wellen mit weißen Schaumfontänen brechen.
Wir haben den Waterfall Trail erreicht, auf den wir rechts einbiegen. Er führt am Wasser entlang über Klippen und Fynbos-Wiesen. Wir ignorieren den Abzweig rechts zum Main Gate, über den die Teilnehmer des Otter Trail auf unseren Weg stoßen, und gelangen zur **Guano Cave (5)**, einer tiefen Nische im Fels. Hier beginnt die Kletterpartie, zunächst über eine Holzleiter den Hang hinauf, dann über große Felsbrocken und Klippen hinweg, dicht an der Brandung vorbei. Wir halten Ausschau nach gelben Ottertatzen, die unseren Pfad markieren. Schließlich ist der **Wasserfall (6)** erreicht. In mehreren Stufen fällt er den Steilhang hinab und füllt unser Badebecken.
Zurück geht es auf gleichem Weg, wobei wir jetzt aber immer an der Küste bleiben und nicht wieder in den Wald hochsteigen. Der Pfad endet an einer mit Chalets gesäumten Freifläche. Wir überschreiten sie, passieren einen Caravan-Stellplatz und gelangen zu unserer Zufahrtsstraße zurück, der wir rechts hinunter bis zum **Rest Camp (1)** folgen.

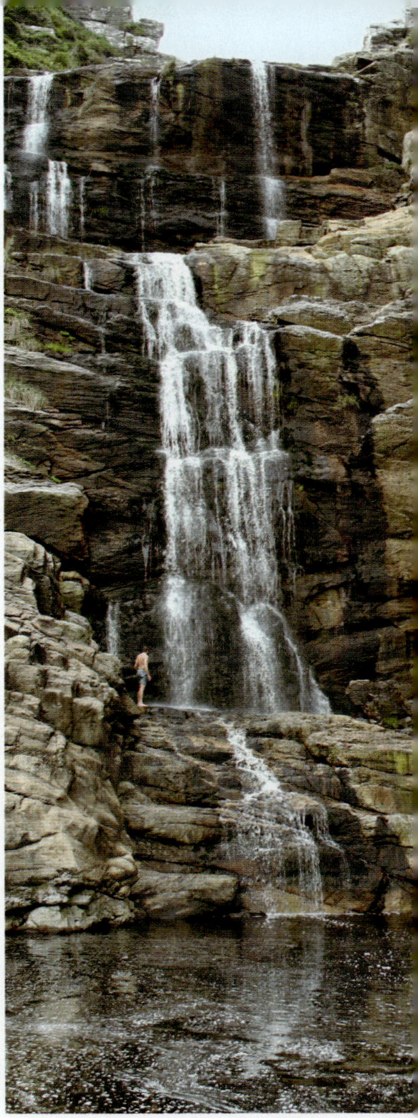

Wasserfall an der Mündung des Jerling River.

43 Mouth Trail

1.15 Std.

Ein »Must do«-Spaziergang an der Mündung des Storms River

Hauptattraktion im Tsitsikamma Park ist die Suspension Bridge, die sich mit einer Länge von 77 m über die Mündung des Storms River spannt. Diese elegante Fußgänger-Hängebrücke ist aus Stahlseilen und Holzbohlen konstruiert. Bei jedem Schritt schwingt sie. Meist sind wir nicht allein und teilen das Spektakel mit vielen anderen Tagesgästen aus der ganzen Welt. Maximal 25 Personen dürfen sie gleichzeitig benutzen. Wer die Brücke von unten sehen möchte, macht es mit dem Kajak. Bis weit in die Schlucht des Storms River hinein kann man paddeln.

Ausgangspunkt: Parkplatz am Ende der Zufahrtstraße zum Rest Camp im Garden Route Nation Park – Tsitisikamma wie in Tour 42 beschrieben.
Höhenunterschied: 50 m.
Anforderungen: einfacher Spaziergang auf Stegen aus Kunststoffbohlen und -treppenstufen.
Einkehr: Unterwegs keine. Im Rest Camp Restaurant und Shop.
Hinweis: Der kurze Ausflug ab dem Ende der Suspension Bridge lässt sich noch durch einen ca. 30-minütigen Aufstieg zu einem ca. 80 m höher gelegenen Aussichtspunkt verlängern. Der Pfad dort hinauf ist steil und anstrengend. Der Schwierigkeitsgrad ist mit »schwarz« einzustufen.

Hängebrücke über den Storms River.

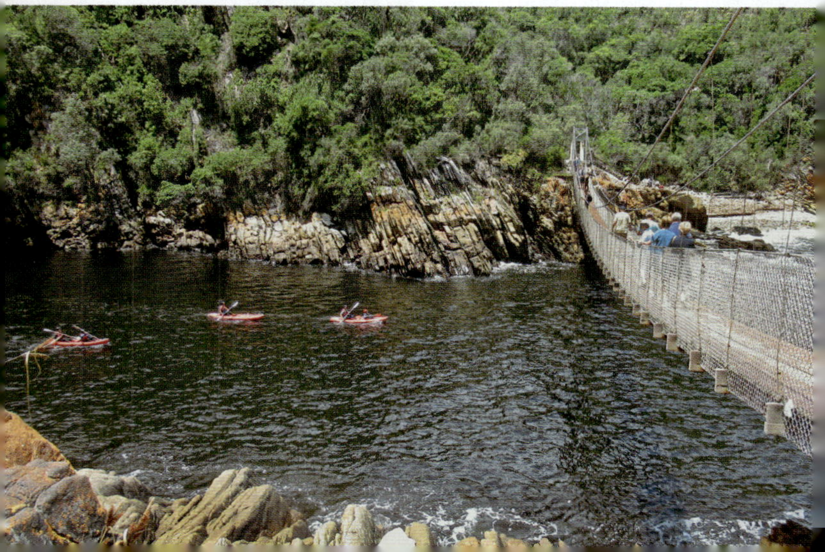

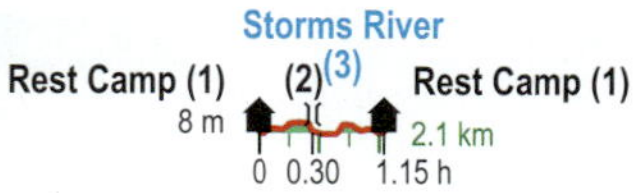

Am hinteren Ende des Parkplatzes am **Rest Camp (1)** führen ein paar Stufen zur An- und Ablegestelle der Kajakboote. Wir steigen dort hinab, über ein schmales Strandfeld hinweg und gehen auf gut präparierten, markierten und mit Geländern gesicherten Stegen durch herrlichen Küstenwald am Hang entlang. Vereinzelt zweigen rechts Wegspuren ab und führen hinunter zu den Klippen an der Flussmündung. Wir bleiben auf dem Hauptweg und erreichen nach gut 30 Minuten Gehzeit die **Suspension Bridge (2)**. Über die Hängebrücke hinweg – den Kajakfahrern zugeschaut – zum anderen Ende der Brücke. Ein kleiner Steinstrand am Rande des **Storms River (3)** lädt uns nun ein zu einer kurzen Rast. Wer möchte, folgt von hier aus noch links dem Hang empor zum View Point mit Ausblick zum Rest Camp und auf die Küste des Tsitsikamma Parks.
Wir kehren über die große Hängebrücke zurück und nehmen nun an ihrem Ende links den Weg über die beiden kurzen Hängebrücken, die einen Küstenabschnitt am Rande des Storms River überspannen. Auch dieser Weg ist sehr gut präpariert. Er führt den Hang hinauf und trifft auf den Weg, über den wir gekommen sind. Links entlang geht es zurück zum **Rest Camp (1)**.

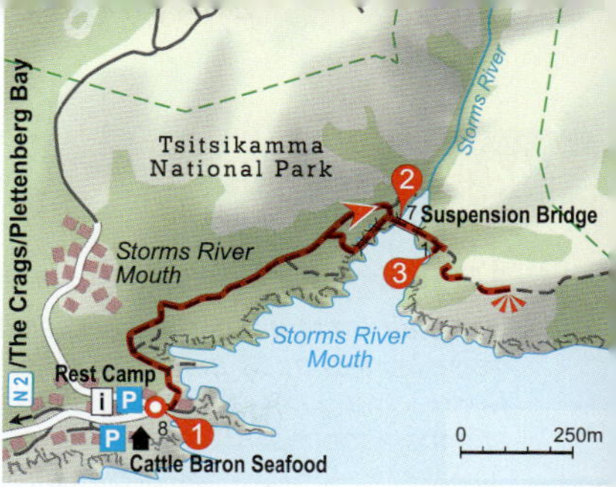

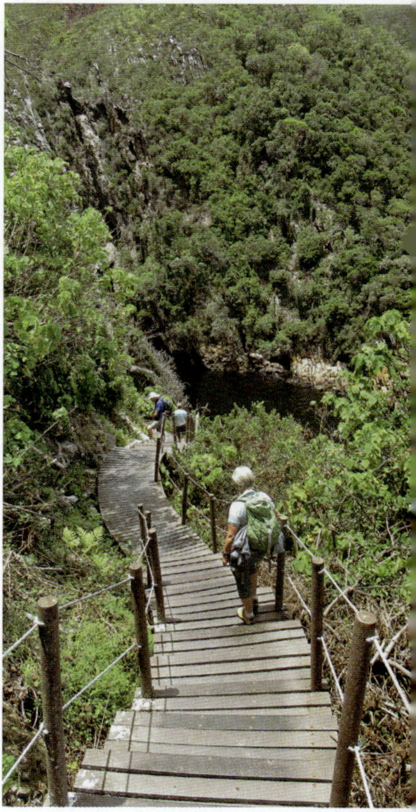

Abstieg zum Storms River.

TOP **44** ## Otter Trail

5 Tage

5 Tage entlang der wilden Küste des Tsitsikamma National Park

Der Otter Trail zählt zu den spektakulärsten Mehrtagestouren Südafrikas. Lange im Voraus muss man sich anmelden, um einen freien Platz zu ergattern. Nur 12 Wanderer dürfen pro Tag losziehen. Die Route verläuft durch eine atemberaubende Küstenkulisse, sieben breite Flüsse sind zu überqueren, viele namenlose kleine Bäche ebenso. Teamarbeit ist dafür gefragt. Es geht ständig auf und ab, entweder direkt am Wasser entlang über Klippen und Sand oder 80–180 m höher auf dem bewaldeten Küstenplateau. Viele Meeresvögel sind zu sehen, kleine Antilopen grasen manchmal am Waldrand. Wer Glück hat, entdeckt den scheuen Kap-Fingerotter (Cape Clawless Otter). Ihm zu Ehren wurde die Route »Otter Trail« so benannt.

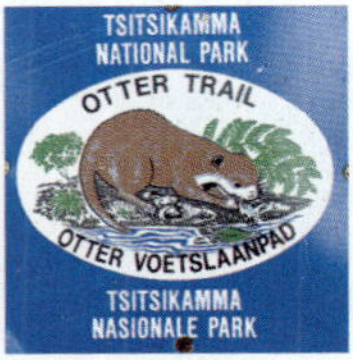

Ausgangspunkt: Otter Room (kleines Ausstellungsgebäude) direkt neben dem Otter Parking, 200 m. Anfahrt zum Garden Route National Park – Tsitsikamma wie in Tour 42, hinter dem Parkeingang aber zunächst links an der Rezeption anmelden.
Endpunkt: Nature's Valley, 4 m; siehe Touren 40 und 41. Den Rücktransport muss man selbst organisieren, z.B. mit Taxi-Shuttle (Info an der Rezeption des Otter Trail). Zu empfehlen ist auch, sich in Nature's Valley im Hikers Haven (siehe Tour 40) einzuquartieren und sich von dort zum Startpunkt bringen zu lassen.
Höhenunterschied: Insg. etwa 1300 m Aufstieg, 1500 m Abstieg.
Anforderungen: Bequemes Gehen auf den Waldpfaden, an der Küste teils scharfkantige Klippen-Passagen, Trittsicherheit beim Durchqueren des Bloukrans River bei hohen Wasserständen sowie gute Kondition für Wandern mit Gepäck sind erforderlich. Badesandalen mitnehmen!
Einkehr/Unterkunft: Vor dem Start Restaurant und Shop im Rest Camp am Storms River Mouth; Restaurant Valley Inn in Nature's Valley. Unterwegs keine Einkehr; Proviant, Gaskocher und Kochzubehör mitnehmen, Wasser aus Bächen oder aus Regenwasserzisternen bei den Hütten. Nächtigungen unterwegs in einfachen Holzhütten mit Stockbetten und Matratzen, Grillstelle mit Feuerholz, Kaltwasserduschen, WC. Schlafsack mitnehmen! Unterkünfte aller Kategorien in Nature's Valley und Storms River Village.
Hinweise: Für Notfälle gibt es entlang der Strecke sechs Emergency-Routen.
Die Überquerung des Bloukrans River bei Hochwasser sollte man vermeiden (evtl. dann Schwimmen erforderlich)! Zum Schutz der Ausrüstung großen, wasserdichten Survival Bag mitnehmen (erhältlich in allen Läden für Camping- und Wanderausrüstung).
Besonders bei den Ngubu Huts (1. Etappe) Vorräte verschlossen halten, diebische Ginsterkatzen sind unterwegs.
An der Rezeption sind Info-Material und Gezeitentabelle erhältlich. Zusätzlich zu den Übernachtungskosten sind Parkgebühren für 5 Tage zu zahlen.
Buchung: Zentral über SANParks (siehe Seite 10); oder Tel. 012 – 426 5111, Auskunft: Office Tsitsikamma NP, Tel. 042-281 1607.

1. Tag: Otter Room – Ngubu Huts

2.00 Std., 60 Hm Aufstieg, 240 Hm Abstieg, 5 km.

Die erste Tagesetappe ist kurz. Wir informieren uns zunächst im **Otter Room (1)** über Streckenverlauf und Wanderbedingungen, hinterlassen Namen und Anschrift in einem großen Gästebuch und machen uns auf den Weg. Direkt links neben dem Gebäude beginnt der Trail, markiert mit dem Emblem eines Kap-Fingerotters. Am Weg dienen gelbe, auf den Fels gemalte Ottertatzen unserer Orientierung. Rund 0.30 Std. brauchen wir durch den Wald hinunter, dann stoßen wir auf den Waterfall Trail, dem wir rechts entlang bis zum Badepool am **Wasserfall (2)** des Jerling River folgen. Von dort aus steigen wir ein Stück die Böschung am Hang hoch, bleiben in Küstennähe und gelangen alsbald zu den beiden **Ngubu Huts (3)**, in denen wir uns für die erste Nacht einrichten.

2. Tag: Ngubu Huts – Scott Huts

4.45 Std., 520 Hm Aufstieg, 530 Hm Abstieg, 7,6 km.

Eine abwechslungsreiche und nicht zu schwere Etappe liegt vor uns. An den beiden Hütten und einem überdachten Gemeinschaftsplatz vorbei führt der Weg zunächst steil in den Wald hoch. Wir gelangen nach 0.30 Std. Anstren-

Blick auf die Oakhurst Huts am Lottering River.

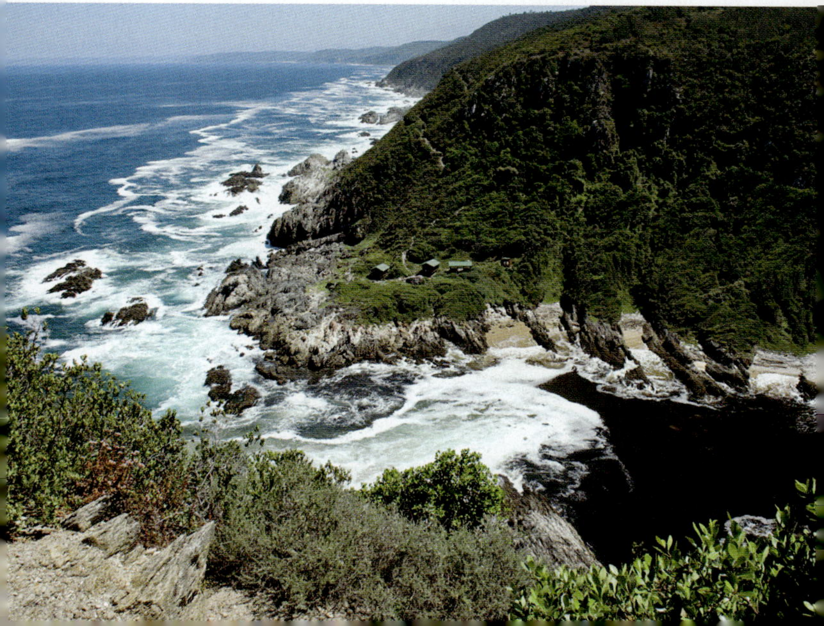

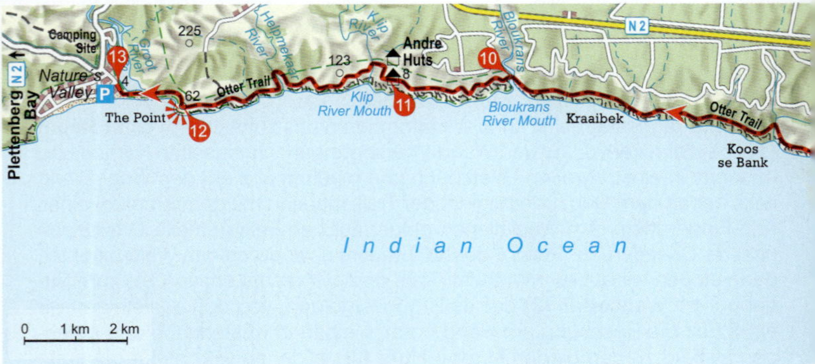

gung zu einem schönen Aussichtsbalkon aus Holz, weitere 0.30 Std. später zu einem markanten Felsturm. Wir nehmen die Rucksäcke kurz ab, klettern dort hinauf und genießen die Fernsicht der Steilküste entlang. Das Gepäck wieder geschultert, geht es auf dem Pfad mehrmals hinauf und hinunter bis zum **Kleinbos River (4)**. Auf der Hangseite zwängt sich der Fluss durch eine schmale Klamm, die zeitweise von hinten durch Sonnenstrahlen geheimnisvoll beleuchtet wird. Auf der Ozeanseite bildet er hintereinander gestaffelte Badegumpen, bei schönem Wetter beste Gelegenheit für eine Abkühlung. Nächster Höhepunkt auf dieser Etappe ist der Strand von **Blue Bay (5)**, den wir nach 3 Std. Gehzeit erreichen. Der Abzweig dorthin ist mit einem kleinen Schild markiert. Eine unberührte kleine Bucht mit feinem Sandstrand erwartet uns. Türkisblaues Wasser und weiche Wellen verlocken auch hier zu einer Badeunterbrechung. Auf dem letzten Wegabschnitt passieren wir noch einmal eine schöne Aussichtsplattform, diesmal mit Blick zurück an der Küste entlang, dann erreichen wir die **Scott Huts (6)**, direkt an der Mündung des Geelhoutbos River und am Meer gelegen.

3. Tag: Scott Huts – Oakhurst Huts

4.00 Std., 240 Hm Auf- und Abstieg, 6,8 km.

Zwei breite Flüsse sind auf dieser Etappe zu überqueren, der Elandsbos River und der Lottering River. Zunächst aber queren wir das flache Bachbett des kleinen Geelhoutbos River, steigen steil empor zu einem Hochplateau und gehen ein Stück an der oberen Kante des Steilhangs entlang. Auf und

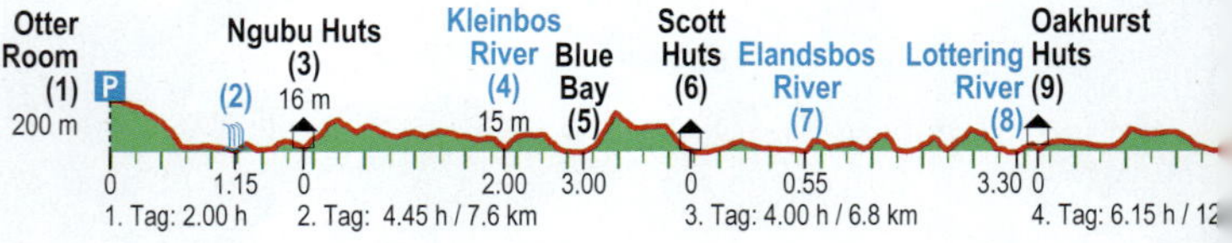

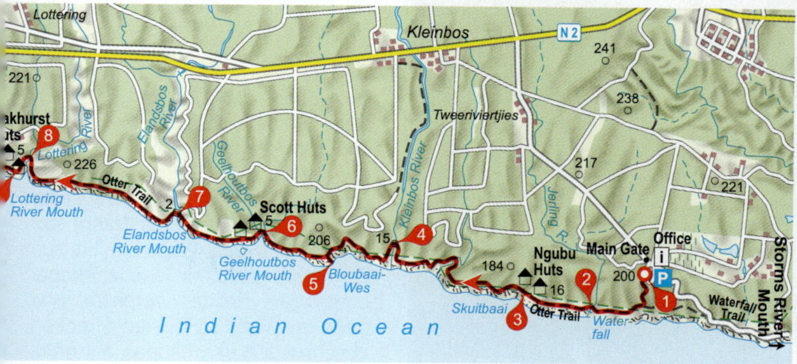

ab geht es weiter, stets mit herrlichen Ausblicken auf das Meer. An der Schlucht des **Elandsbos River (7)** angelangt, steigen wir zu seinem Ufer hinab. Auf der gegenüberliegenden Seite hat sich eine breite Sandbank gebildet. Vorsichtig gehen wir in Badesandalen hinüber, das Wasser reicht stellenweise bis zu den Oberschenkeln.

Nach kurzer Pause steigen wir wieder aus der Schlucht zur Hochebene hinauf, die großflächig mit Küsten-Fynbos bedeckt ist. Im letzten Teilstück der Etappe überqueren wir den **Lottering River (8)**, auch hier durch kniehohes Wasser. 0.30 Std. später sind wir an den **Oakhurst Huts (9)**. Sie liegen sehr nah am Wasser, direkt hinter einer Klippenreihe, an der sich die Brandung bricht. 300 m von der unteren Hütte entfernt gibt es prima Badebecken, in die das Wasser mit jeder Welle hineinschwappt.

4. Tag: Oakhurst Huts – Andre Huts

6.15 Std., 330 Hm Auf- und Abstieg, 12,7 km.

Die schwierigste, aber auch abenteuerlichste Etappe liegt vor uns. Der Zeitpunkt für den Aufbruch hängt wesentlich von der Gezeitentabelle ab. 4 Std. Gehzeit bis zum Bloukrans River sind einzuplanen und auf den Wasserstand von Ebbe und Flut abzustimmen, denn wie bei keinem anderen Fluss auf der Tour drückt die Flut das Meerwasser in die Flussmündung. Am sichersten ist die Überquerung bei Ebbe, auch bei den Zwischenzeiten ist der Wasserstand in der Regel noch akzeptabel. Schwieriger kann es bei Flut werden. Es kommt vor, dass die Überquerung dann nur schwimmend möglich ist. Das

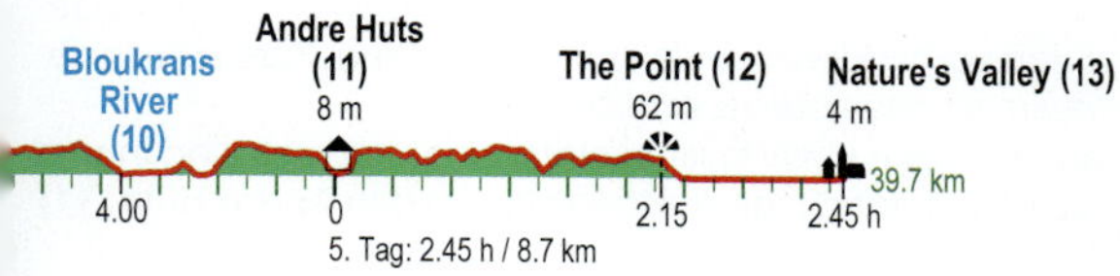

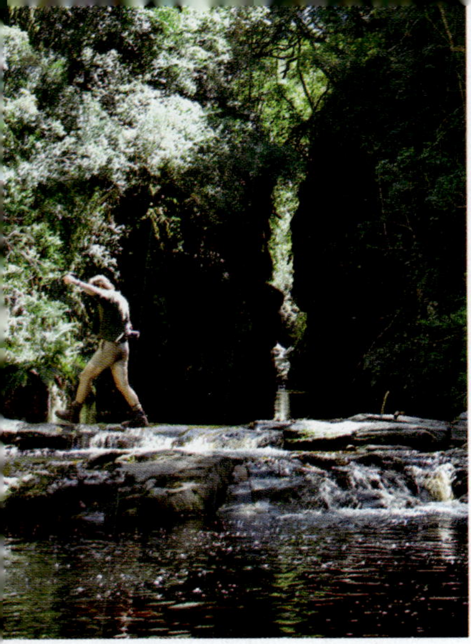

Einfach geht es über den Kleinbos River.

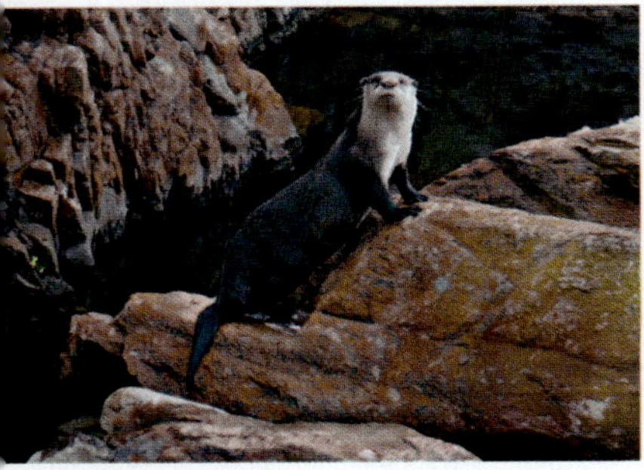

Kap-Fingerotter.

Gepäck muss in diesem Fall wasserdicht in den Survival Bags verstaut werden. Zusammen mit den anderen Wanderern gilt es daher, den geeigneten Zeitpunkt für den Aufbruch abzuwägen. Nicht selten muss man mitten in der Nacht starten und das erste Wegstück bis zum Sonnenaufgang mit Taschenlampen bewältigen. Leider verpasst man dann den wohl schönsten Streckenabschnitt auf den Klippen mit herrlichem Naturspektakel.
Wir steigen hinter den Hütten am Hang auf den Klippenpfad, der mit grasbedeckten Abschnitten wechselt. Es geht dicht an den Wellenbrechern vorbei, um ein paar Meerzungen herum und über kleine Bachläufe hinweg, die flach über die Felsen laufen. Nach 3 Std. Gehzeit auf dem höher gelegenen Küstenplateau kommen wir zu einem wunderschönen Pool, dessen vordere Beckenkante knapp an der Steilküste endet. Hier sollte man unbedingt noch einmal seine Wasservorräte auffrischen. 1 Std. später erreichen wir die Schlucht des **Bloukrans River (10)**. Eine steile Holzleiter führt zu seinem Ufer hinunter. Der Flusslauf ist hier gut 100 m breit. Je nach Gezeitenstand werden im Beiblatt zum Trail drei Routen für die Überquerung empfohlen, bei Ebbe etwas weiter zum Meer hin auf einer Sandbank, bei Flut nahe einer steilen Felswand, an der man sich und sein Gepäck mithilfe eines dort vorhandenen Seils auf ein Zwischenplateau hochziehen muss. Gemeinsam ist das aber zu schaffen.
Der weitere Weg an der Küste entlang ist anstrengend, denn es sind in den folgenden 2 Std. noch ein paar giftige Aufstiege bis zu den **Andre Huts (11)** zu bewältigen.

5. Tag: Andre Huts – Nature's Valley
2.45 Std., 120 Hm Auf- und Abstieg, 8,7 km.
Auf dem Kiesstrand vor den Hütten geht es zum Klip River, der sich leicht kreuzen lässt. Wir steigen auf das höher gelegene Küstenplateau. Nacheinander erwarten uns zwei Aussichtsplattformen aus Holz, bevor es durch weitgehend offenes Gelände mit Fynbos-Büschen und hohen Proteen bis zum Felssporn von **The Point (12)** weitergeht – ein prächtiger Aussichtspunkt über den Strand von Nature's Valley kurz vor dem Ende unserer Tour. Wir gehen schräg am Hang in einem Bogen hinunter und durch den nassen Sand bis zur Mündung des Groot River. Den Fluss durchwatet, gehen wir noch ein Stück am Strand entlang bis zum Ortsende in **Nature's Valley (13)**. Zum gemütlichen Ausklang eignet sich ein kleiner Umtrunk im nahen Valley Inn. Der Wirt dort spendiert uns einen Shooter (Likör) und händigt uns das Otter Trail Certificate aus.

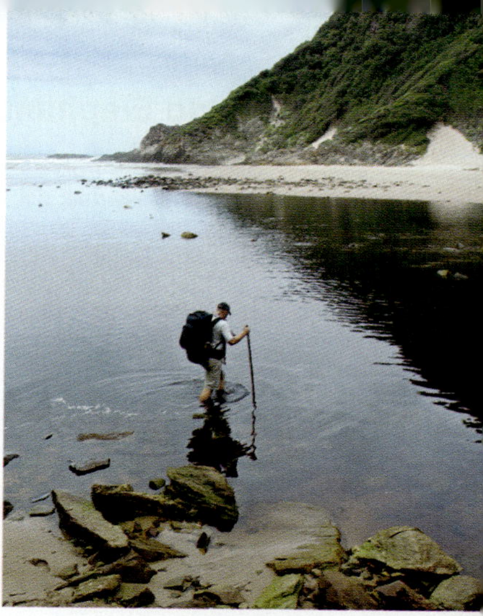

Kniehoch durch den Elandsbos River.

Sollte man vermeiden: durch den Bloukrans River bei Hochwasser.

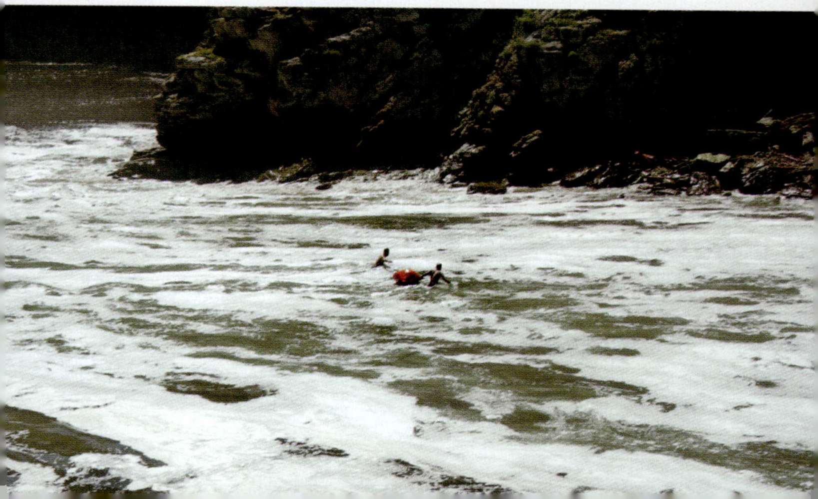

Greater Addo Elephant National Park

Gut 60 km nordöstlich von **Port Elizabeth** ist eine der Attraktionen der Eastern-Cape-Provinz angesiedelt: der Addo Elephant National Park. Abgesehen von über 400 Elefanten leben hier Spitzmaulnashörner, Zebras, Büffel und Warzenschweine, Löwen, Leoparden, Antilopen und viele andere Tiere. Dabei waren die Kap-Elefanten schon fast völlig ausgerottet, als die Farmer Jack und Natt Harvey in den 20er-Jahren die letzten noch lebenden elf Exemplare retteten und ihnen auf ihrer Farm Lebensraum boten. Dies war der Grundstein für das heutige Naturreservat, das 1931 seine Tore öffnete und seitdem ständig steigende Touristenzahlen verzeichnen kann.
Zum Wandern ist das mit dichtem Gebüsch bedeckte Parkgelände natürlich wenig geeignet. »Beware of the Lion« heißt es an den wenigen Stellen, wo man sich die Füße vertreten kann. Seit einiger Zeit allerdings werden ständig mehr und mehr Gebiete im Umkreis des Parks angegliedert, um sie zu einem großräumigen Tier- und Landschaftsschutzgebiet, dem **Greater Addo Elephant National Park**, zusammenfassen zu können.
Für Natur- und Wanderfreunde tun sich somit ganz neue Möglichkeiten auf: Die **Zuurberg Section** im Norden, die Colchester und **Woody Cape Section** am Indischen Ozean im Süden gehören zu diesen Gebieten. Das Zuurberg-

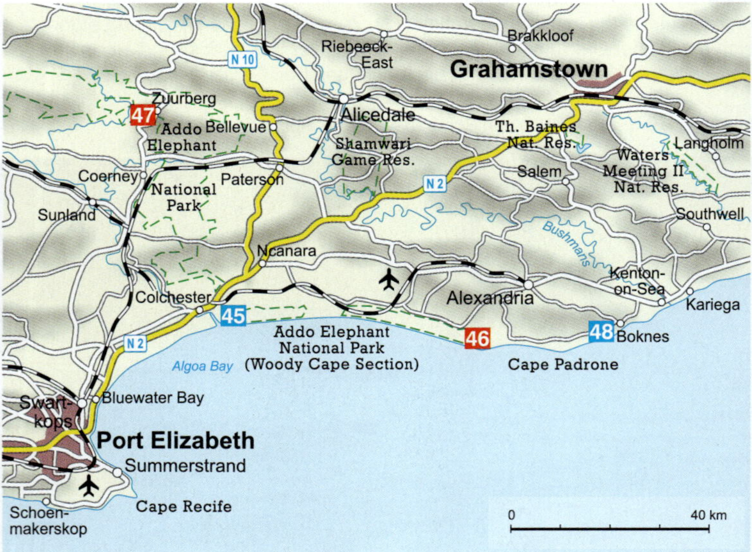

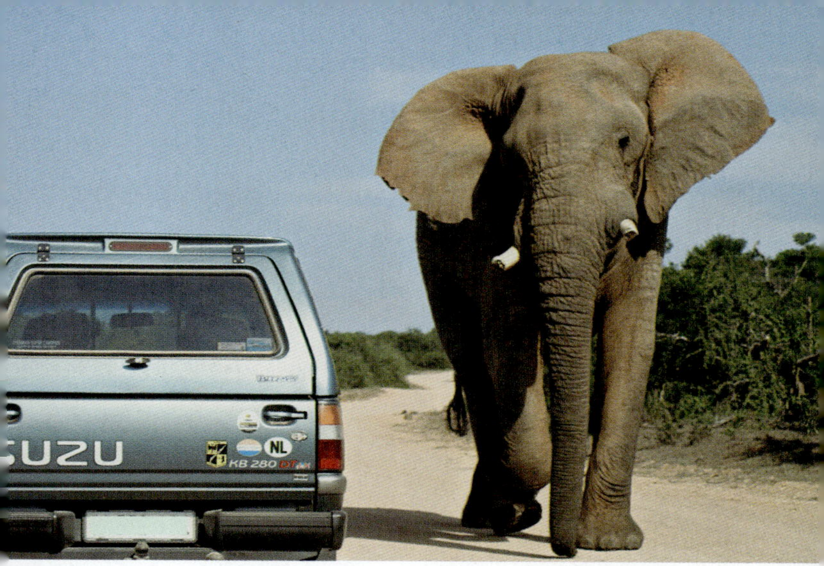

Begegnung mit einem Elefantenbullen.

Naturreservat wird von 600 bis 800 m hohen, abgerundeten Bergkuppen durchzogen, die kleinen Täler und Schluchten sind von hier immergrüner Buschvegetation bedeckt.
Im Colchester- und Woody-Cape-Schutzgebiet finden wir die größte Sanddünenlandschaft südlich der Namib-Wüste in Namibia. Überwältigend ist der Anblick endloser Dünenfelder mit bis zu 50 m hohen Dünenkämmen, die sich auf einem bis zu 4 km breiten und 50 km langen Streifen von der Mündung des **Sundays River** bis Cape Padrone direkt an der Küste entlang ausbreiten. Entstanden ist das Dünenfeld im Lauf der letzten 6000 Jahre durch Schwankungen des Meeresspiegels; starke Südwestwinde sorgen noch heute dafür, dass sich die Dünen im Jahr 4 bis 5 m weit fortbewegen. Das Gebiet war früher touristisch kaum erschlossen. Durch die Eröffnung des neuen Südeingangs am Addo Park im Jahre 2005 bei Colchester hat sich das allerdings geändert.

Leicht reizbar: Spitzmaulnashorn.

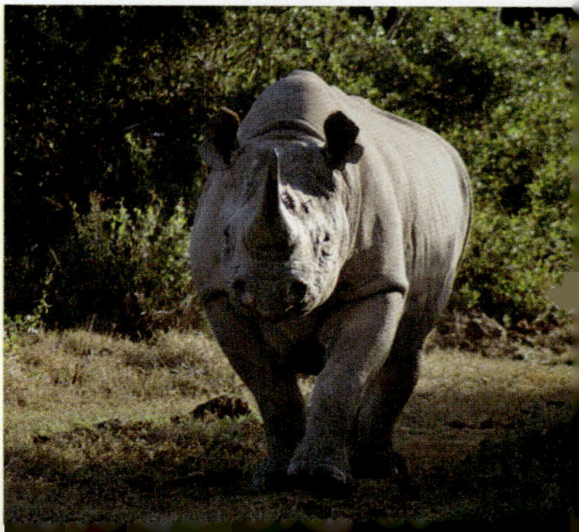

45 Sundays River Mouth Walk

1.15 Std.

Gemütlicher Spaziergang zur Mündung des Sundays River

Das Campinggelände im Pearson Park Resort an der Mündung des Sundays River ist beliebt bei Anglern, Wassersport- und Motorbootfreunden. Wie der Flussname schon sagt, ist sonntags hier auf dem Wasser besonders viel los. Die Sanddünen des Alexandria Dune Field reichen bis an das Ufer des Flusses heran, ein pittoresker Hintergrund für die vorbeigleitenden Boote. Unser Spaziergang führt uns hinter dem Campinggelände des Pearson Park am Fluss entlang zu den Dünen am Meer.

Ausgangspunkt: Parknische am B-Camp im Pearson Park Resort, 2 m. Von Port Elizabeth aus ca. 37 km auf der N2 Richtung Grahamstown, am Abzweig nach Cannonville vorbei, kurz vor der großen BP-Tankstelle rechts Richtung Colchester abbiegen und hinter der Tankstelle im Linksbogen vorbeifahren. Nach 500 m auf der Schotterstraße bis zum Pearson Park Resort fahren, an der Eingangsschranke das Permit zahlen und noch ca. 2,7 km zunächst auf asphaltierter Straße, dann auf Schotterpiste an den Camping- und den Dayvisitor- Plätzen vorbei bis zum Wegweiser B-Camp fahren. Dort rechts abbiegen und nach ca. 30 m links parken.
Höhenunterschied: Ca. 20 m.
Anforderungen: Einfacher Feldweg bis zur Flussmündung, auf den Dünen weglos.
Einkehr/Unterkunft: Supermarkt an der Tankstelle, unterwegs keine. In Colchester und Cannonville verschiedene B&B-Gästezimmer, u. a. Dungbeetle River Lodge B&B, Tel. 041-468 0091, www.dungbeetle.co.za., Campingplatz auf dem Pearson-Park-Gelände.
Hinweis: Man kann statt am B-Camp auch direkt am River Mouth parken. Die Gehzeit verkürzt sich dann um 30 Minuten.

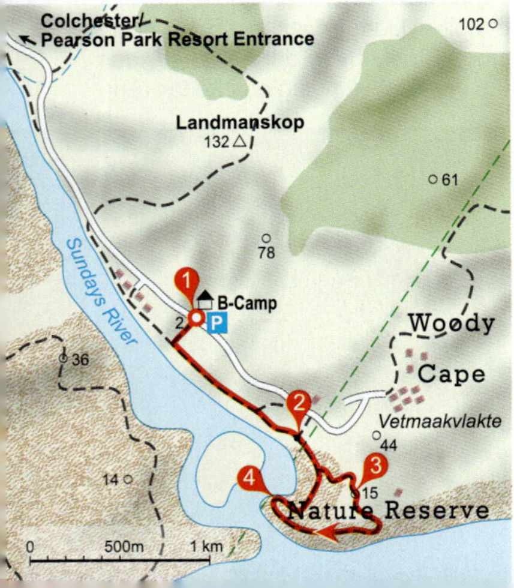

Von unserem Parkplatz am **B-Camp (1)** im Pearson Park gehen wir an einem Heidefeld vorbei ca. 150 m bis zum Ufer des Sundays River, biegen dort links ab und folgen dem Flusslauf auf einem Feldweg, wahlweise auch direkt am Flussufer entlang bis zu einem Holzzaun, der das Naturschutzgebiet des Addo Elephant Parks, Nautic Section vom Pearson

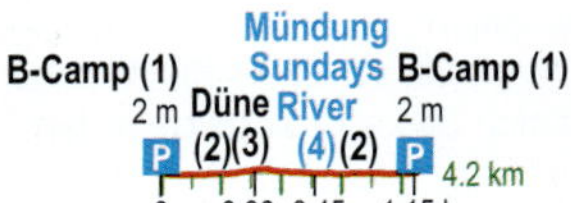

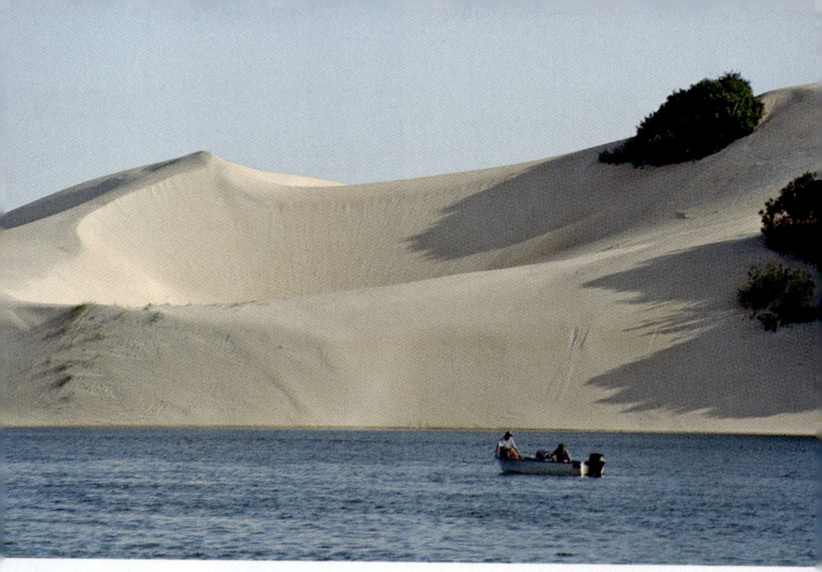

Angler auf dem Sundays River.

Park trennt. Ein **Gittertor (2)** ist für Fußgänger direkt am Flussufer geöffnet. Noch ein kurzes, etwa 10-minütiges Wegstück, dann entdecken wir links eine hohe **Sanddüne (3)**, zu deren Kamm wir weglos hinaufsteigen. Von dort oben hat man einen schönen Ausblick über die Dünenlandschaft, die sich an der Küste entlang ausdehnt, und auf die Flussmündung des Sundays River. Weglos übersteigen wir noch ein paar weitere Dünenkämme (es bleibt jedem selbst überlassen, wie viele) und schwenken dann ebenfalls weglos zum Meer hinunter. Die Orientierung ist einfach. Am Strand entlang halten wir uns nach rechts und gehen bis zur Mündung des **Sundays River (4)**. Bei Ebbe kommen im Flusslauf große Sandbänke zum Vorschein, auf denen die Angler mit ihren Motorbooten anlegen. Eine Überquerung des Flusses zu Fuß ist nicht möglich. Weiter flussaufwärts am Ufer entlang kommen wir wieder zum **Gittertor (2)** und gelangen auf gleichem Weg zurück zum Ausgangspunkt am **B-Camp (1)**.

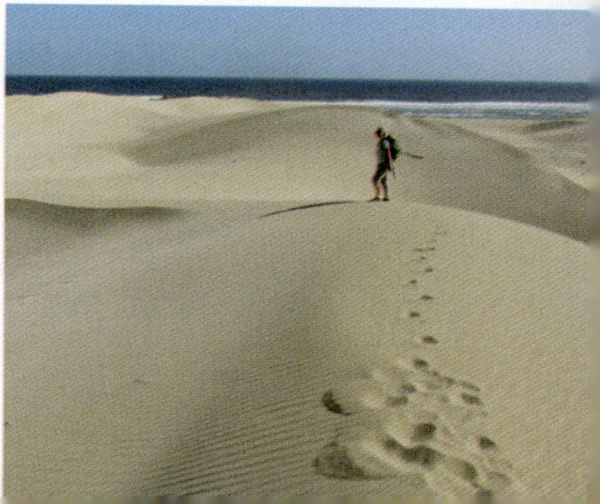

Dünenkämme neben der Mündung des Sundays River.

TOP **46**

Alexandria Hiking Trail

2 Tage

Durch atemberaubende Dünenlandschaft an der Algoa Bay

Die Woody Cape Section des Addo Elephant National Park ist für den Tourismus kaum erschlossen. Gut für Naturliebhaber. Das Gebiet südlich von Alexandria besticht durch drei unterschiedliche Landschaftszonen: einen wunderschönen Küstenwald, lichtdurchflutet und voller unterschiedlicher Singvögel, einen langen, menschenleeren Sandstrand entlang der Algoa Bay und einem endlosen Sanddünenfeld. Wir durchstreifen diese Landschaften in einer spannenden 2-Tages-Tour.

Ausgangspunkt: Parkplatz am Woody Cape Ranger Office, 180 m; dort erhält man Schlüssel und Infomaterial. Anfahrt von Port Elizabeth auf der N2 Richtung Grahamstown, nach 47 km Richtung Port Alfred auf die R72 abbiegen, nach ca. 48 km am Ortseingang von Alexandria rechts auf die Schotterstraße Richtung Kaba/Grootvlei abbiegen, etwa 6,5 km weit dem Hinweis »Alexandria Wilderness« und »Addo Elephant Park – Woody Cape Section« bis zum Ranger Office folgen.
Höhenunterschied: Insg. gut 400 m.
Anforderungen: Die Waldwege sind sehr gut präpariert, gute Kondition ist für die Länge der Strecke von Vorteil, ebenso guter Orientierungssinn bei Querung der Dünenfelder.
Einkehr/Unterkunft: Keine Einkehrmöglichkeit. Übernachtung in den Langebos Huts und Woodycape Hut: alle Hütten mit Stockbetten, Matratzen, WC, Gaskochern und Regenwasserzisternen; Schlafsäcke und Proviant sind mitzunehmen. In Alexandria, Kenton on Sea oder Colchester B&B-Unterkünfte.
Hinweise: Bei Übernachtung vor der ersten Etappe in den Langebos Huts (etwa 1 km vom Ranger-Büro; Buchung wie unten) muss die Schlüsselannahme im Ranger-Büro bis 16.00 Uhr erfolgen. Am zweiten Tag ausreichend Wasser mitnehmen, unterwegs keine Wasserstellen. Im Sommer für die Dünendurchquerung früh starten.
Die GPS-Daten des 2. Tags sind mit Vorbehalt zu verwerten, da die Routen in den Wanderdünen ständig den Gegebenheiten angepasst werden.
Buchung: Zentral über SANparks oder über Camp Matyholweni, Addo Elephant National Park, Colchester, Tel: 041 – 4680916, Fax 041-4680949, E-Mail matyholweni@sanparks.org, Kontakt vor Ort im Ranger Office, Tel. 046-653 0601 und 078-9524280 (7.00–16.00 Uhr).
Tipp: Fernglas mitnehmen, von der Woody Cape Hut aus sind häufig Delfine zu beobachten.

1. Tag: Ranger Office – Woody Cape Hut

6.30 Std., 190 Hm Aufstieg, 320 Hm Abstieg, 19,7 km

Vom **Woody Cape Ranger Office (1)** aus führt der Weg zunächst etwa 300 m zurück auf die Schotterstraße, auf der wir bei der Anfahrt hergekommen sind. Der Weg ist mit kleinen schwarzen bzw. braunen Schildern mit aufgemalten weißen Schuhsohlen markiert. Wir biegen nach rechts auf einen Graspfad, überqueren einen Schotterweg, gehen zunächst an offenem Farmland vorbei und erreichen nach 1.30 Std. Gehzeit einen markanten,

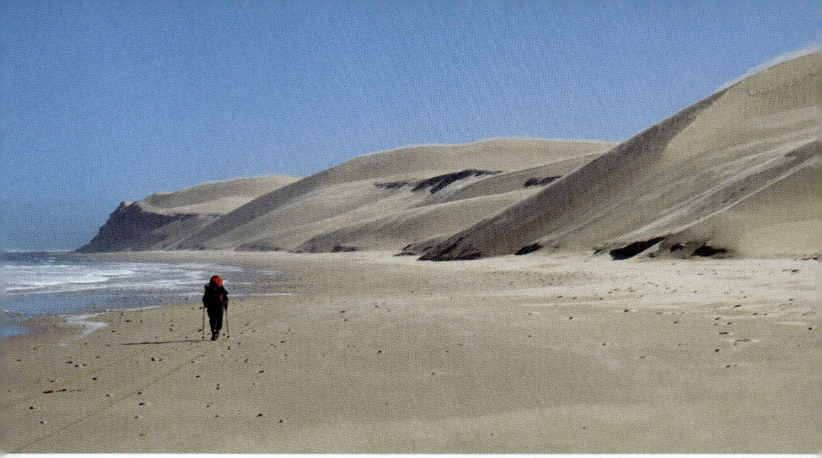

Sanddünen reichen bis an die Küste der Algoa Bay.

kräftigen Gelbholzbaum, genannt **Waterboom (2)**, unter dem einige Holzklötze zu einem Picknickarrangement aufgestellt sind.
Wir tauchen mit einem Rechtsknick in den Alexandria Forest ein. Schnell wird der Baumbestand dichter und artenreicher. Zu den Milchholzbäumen kommen Speckbäume, Busch-Guarri, Sternkastanien und Eisenholzbäume hinzu. Artenreicher Wald garantiert auch artenreichen Vogelbestand: Das Konzert der Vögel ist einmalig, Knysna Lourie, Trompeter-Hornvogel, Bülbül, Kuckuck, Pirol, Webervogel und viele andere sind zwar kaum zu sehen, aber nicht zu überhören.
Der Pfad verengt sich, es geht zunächst bergan, dann allmählich bergab bis zum Ende des Waldabschnitts, den wir nach gut 2.30 Std. Gehzeit verlassen. Über eine Wiese erreichen wir eine landwirtschaftlich genutzte Schotterstraße, auf die wir kurz nach rechts schwenken; gleich anschließend 20 m weiter wieder nach links, Richtung Ocean View Campsite. Auf dem Feldweg gehen wir zwischen Wiesen und ein paar Gehöften hindurch Richtung Küste, das Meer in der Ferne schon vor Augen. Der Weg endet am Bayotte Adventure Extreme Education Centre.
Wir biegen auf einen Trampelpfad, rechts am Grundstückszaun vorbei, über bewachsene Dünenhügel und eine Holzstiege hinweg bis zu einem Informationsschild auf dem Dünenkamm. Vor uns liegt die **Algoa Bay (3)**. Ein wunderbarer Anblick: die hohen Dünenwellen auf der einen Seite, das Meer und die Brandung auf der anderen, dazwischen endloser Sandstrand. Wir steigen hinab zum Strand und halten uns dort rechts entlang am Fuße der Dünen. Nach 1.30 Std. Strandwanderung stößt der weiche Dünensand an hartes Sandgestein mit einem etwa 30 m hohen Steilhang. Auch der Sand-

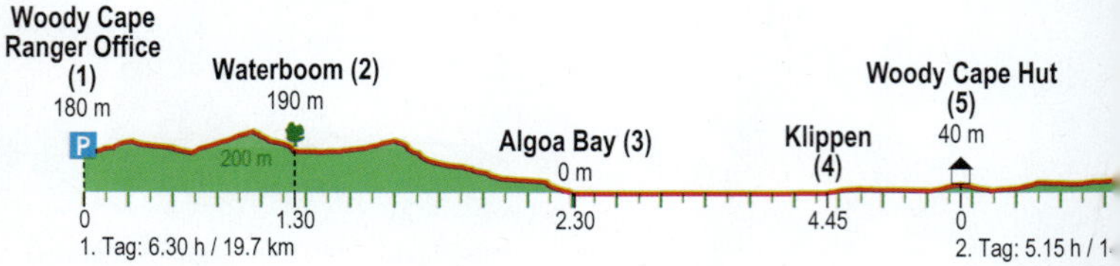

strand endet hier und geht in flaches Klippengelände zwischen Steilhang und Meer über. Bei Niedrigwasser kann man problemlos geradeaus über die Klippen weitergehen und steigt nach 0.30 Std. am Steilhang hoch. Ein dickes, von der Dünenkante herunterhängendes Seil und eine Leiter helfen beim Hochklettern. Bei Hochwasser steigt man hingegen schon vor den **Klippen (4)** bis zur festen Dünenkante hoch und folgt an ihrem Rand bis zu einem Holzpfahl, an dem auch die Leiterpassage von den Klippen heraufkommt. Von hier gehen wir ein Stück auf einem Dünenkamm und erreichen festen Dünenboden, dicht bedeckt mit niedrigen Fynbos-Heidepflanzen. Ein Trampelpfad führt hindurch, an der Steilküste entlang bis zur **Woody Cape Hut (5)**, die fein getarnt im grünen Teppich zu erkennen ist.

2. Tag: Woody Cape Hut – Ranger Office

5.15 Std., 220 Hm Aufstieg, 80 Hm Abstieg, 14,3 km

Von der Hütte aus folgen wir der Beschilderung durch dichtes Gebüsch leicht aufwärts auf einem Sandpfad. Die Dünen hier sind bewachsen, der Boden noch fest. Wieder hilft uns nach knapp 0.30 Std. Marsch ein herabhängendes Seil auf einen Absatz hinauf, an dem das Buschgelände endet. Hinter uns, in südlicher Richtung, liegen das Meer und das grüne Dickicht, vor uns die Sanddünen, die sich in der Ferne mit dem Waldrand des Alexandria Forest verzahnen.

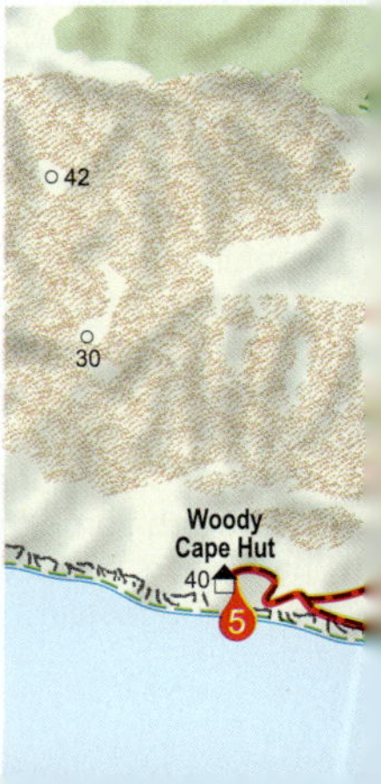

Ab hier gibt es keinen Trampelpfad, dem man folgen könnte. Die Sanddünen sind ständig in Bewegung. Als Wegzeichen dienen kleine Blechschilder, die an 3 m hohen Holzpfählen befestigt sind. Die Pfähle sind in den Boden gerammt und mit LKW-Reifen stabilisiert. Alle 100–200 m ist einer von ihnen auszumachen. Ein Fernglas ist zur Orientierung nützlich, denn manchmal ist ein Pfahl vom Wind umgekippt, die folgenden sind dann aber wieder zu erkennen.

Die derzeitige Route führt in nordöstliche Richtung. Über Dünenkämme und -täler hinweg geht es leicht aufwärts, nicht nur über weichen Sand, auch steinige Flächen sind zu überqueren. Beeindruckend sind die vielen kleinen Buschnester mit widerstandsfähigen

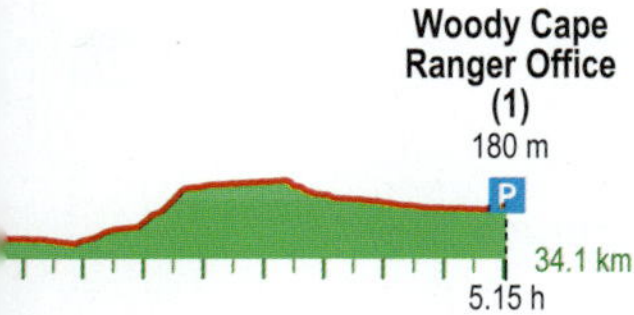

Grünpflanzen. Sie ziehen mit, wenn sich die Dünen im Laufe des Jahres langsam fortbewegen.

Ein letzter Pfahl markiert das Ende unseres Dünenwegs und den Beginn der abschließenden Waldetappe. Noch einmal kurz an offenem Wiesengelände vorbei, dann geht es nun auf festem Boden stetig bergan. Nahe am Ziel überqueren wir noch einmal einen Schotterweg, dann sind wir wieder am **Ranger Office (1)** angekommen.

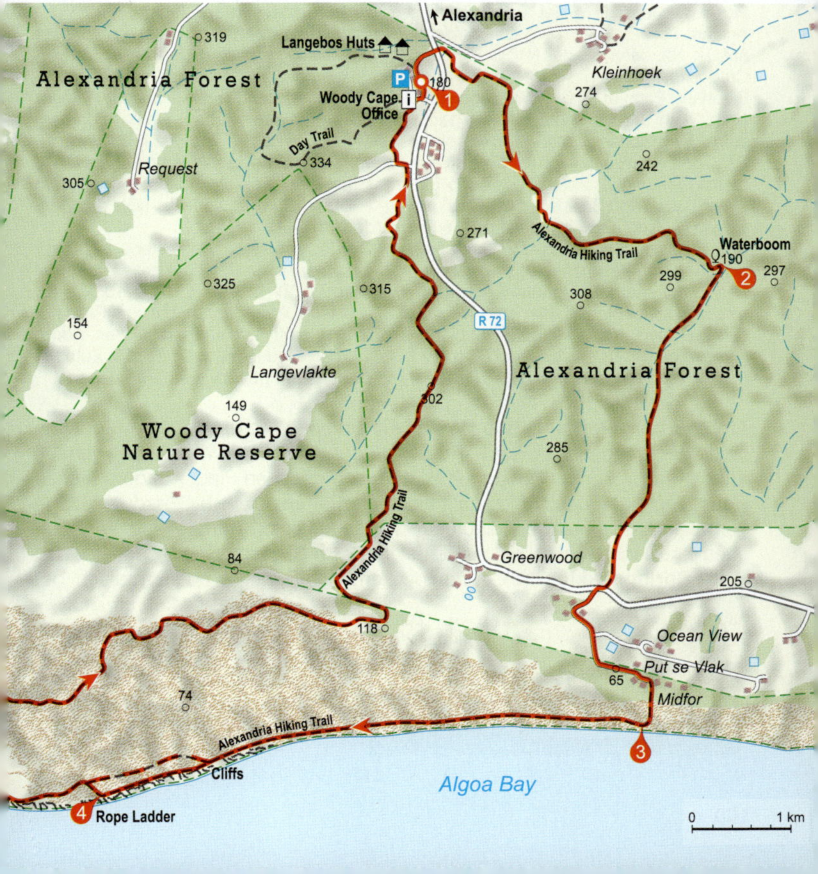

47 Zuurberg Hiking Trail

4.15 Std.

Abwechslungsreicher Rundkurs durch immergrüne Täler

Abseits des Touristenstroms im Addo Elephant National Park bietet die angegliederte Zuurberg Section ein eher ruhiges Ausflugsziel. Zu Fuß oder zu Pferd führen die Wege im Umkreis der kleinen Ranger-Station durch Hügelketten mit dichtem Busch und grüne Täler mit kleinen Bächen. Die Bergkuppen sind meist abgeflacht und mit Gras- oder Fynbos-Flächen bedeckt.

Ausgangspunkt: Parkplatz am Zuurberg Permit Office, 610 m, Tel. 042-233 0581. Anfahrt: Von Port Elizabeth aus zunächst auf der N2, dann auf der N10 in Richtung Cradock/Middelburg, links Richtung Addo Elephant Park auf die R342 abbiegen. Nach 23 km auf der R342 am Abzweig links zum Haupteingang des Addo Elephant Park, dort vorbei und nach weiteren 1,5 km rechts Richtung Zuurberg Pass/Addo Elephant Lodge and Safaris auf die R335 abbiegen. Auf der Schotterstraße ca. 16 km weit, zunächst geradeaus, dann in Kehren den Zuurberg-Pass hinauf bis zum Hotel/Restaurant Zuurberg Mountain Village fahren. Dort links, gleich hinter dem Neubau des Zuurberg Peace Memorial, abbiegen zur Zuurberg Section des Addo Elephant Parks. Nach 700 m auf holpriger Piste vor dem Permit Office parken.
Höhenunterschied: 350 m.
Anforderungen: Beim Abstieg in die Doringnekkloof steiniger Pfad, im Tal gut ausgetretene Wege, teilweise durch Grasfelder. Ausreichend Trinkwasser mitnehmen.
Einkehr/Unterkunft: Hotel Zuurberg Mountain Village , Tel. 042-233 8300. Unterwegs keine, Wasserstelle am Ranger Office
Hinweise: Für die Abkürzung ab dem Pool bei Blougat verkürzt sich die Gehzeit um ca. 1, 1/5 Std.
Die Tour muss bis spätestens 17.30 abgeschlossen sein, Öffnungszeiten Permit Office: 7.00–12.30 und 14.00–16.00.
Das teure Permit entspricht vom Preis her dem Eintritt-Tarif für den großen Addo-Tierpark und kann auch für den Zutritt in diesen Park genutzt werden.

Am **Zuurberg Permit Office (1)** sind auf einem Schild die einzelnen Tourvarianten der Wander- und Pferde-Routen aufgelistet. Unsere Wanderung verläuft auf dem mit »5 hours Doringnek Trail« ausgewiesenen Pfad. Auf dem breiten Hauptweg hinter dem Office geht es an der Sammelstelle für Pferde-Ausflüge vorbei und nach wenigen Minuten rechts ab auf einen Trampelpfad. Wir erreichen eine flache Kuppe, die mit Termitenhügeln übersät ist. Steil geht es hinab in die **Doringnekkloof (2)**. Wir entdecken wilde Geranien und Bergaloen, bevor das Gehölz um uns herum dichter wird.

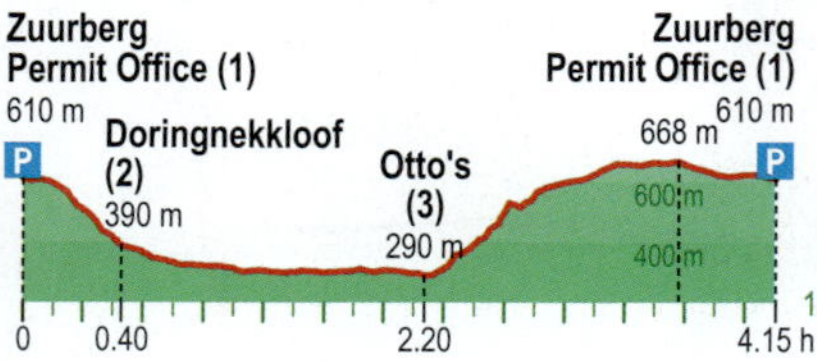

Nach knapp 0.30 Std. Gehzeit teilt sich der Weg, unsere Route führt nach rechts und ist für einige Zeit auch Teilstrecke des Horse Trail. 10 Min. später

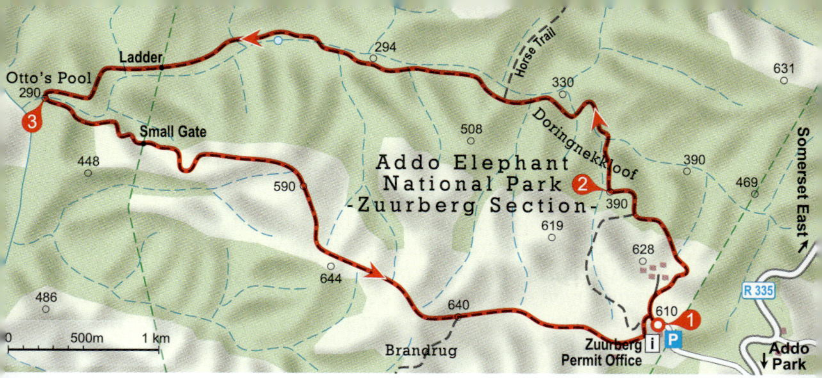

sind wir an der Talsohle der Schlucht, durch die sich ein Nebenfluss des Witrivier windet. Ab hier geht es immer am Bachbett entlang, teilweise durch Buschwald. Nach rund 1.00 Std. erreichen wir einen Abzweig nach rechts, auf dem sich der Horse Trail wieder aus dem Tal entfernt. Wir bleiben geradeaus auf dem Hauptweg, kommen an einem kleinen Pool vorbei, lassen die Abkürzung links für die 3 Std.-Runde unberücksichtigt und erreichen 15 Min. später privates Farmland an einem Zaun, über den eine Leiter führt. Wir überqueren eine Kuhweide. Links von ihr verläuft der Bach unterhalb einer Hügelkette, auf die wir bald schon hinaufsteigen werden. Mit Richtungspfeilen markiert, leitet man uns durch ein Viehgatter auf einen Traktorweg und kurz darauf links herum wieder über eine Zaunleiter zurück zum Bachbett. Am anderen Ufer erreichen wir **Otto's Pool (3)** und steigen von dort aus zunächst gemächlich, dann steiler den Hang hoch. Der Baumbestand wird dünner, das Gelände offener, noch einmal durch ein Gatter hindurch, dann sind wir wieder auf dem Zuurberg-Gelände. Wir erreichen den Hügelkamm, von dem aus wir rückblickend Farmgebäude erkennen können, zu der die Kuhweide im Tal gehört. Der Pfad verbreitert sich zu einem Feldweg, auf dem wir sicher zum Ausgangspunkt der Tour zurückkehren.

Die grünen Hügel der Zuurberge.

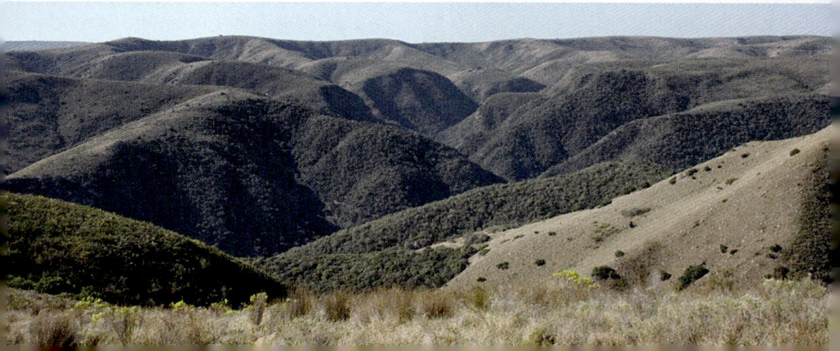

48 Cannon Trail

2.30 Std.

Herrliche Dünen und menschenleerer Strand

Cannon Rocks ist eine Ferienhaussiedlung unweit des Küstenorts Bushmans River, ganz am östlichen Rand des Addo Elephant National Park – Woodycape Section. Die SAN-Park-Ranger haben hier einen kleinen Trail angelegt, der uns durch dichten Küstenwald zu den Ausläufern der Sanddünen führt, die sich an der Küste entlang über 90 km weit vom Sundays River im Osten bis Bushmans River im Westen ausdehnen.

Ausgangspunkt: Parknischen am Zugang zum Strand in der Alice Road in Cannon Rocks, 5 m. Anfahrt von Port Elisabeth ca. 47 km weit auf der N2 bis zum Abzweig auf die R72 Richtung Port Alfred. Von dort noch ca. 90 km durch Alexandria hindurch Richtung Bushman River und am Abzweig rechts Richtung Cannon Rocks/Boknes abbiegen. Bis zum Ausgangspunkt noch knapp 12 km auf asphaltierter Straße fahren, dabei nach ca. 6 km eine Kreuzung überqueren, nach weiteren 2,5 km links abbiegen in die Dawn Street, nach 150 m rechts ab in die Alice Road und parallel zur Küste noch ca. 3 km weiterfahren, bis die Straße einen scharfen Rechtsknick macht. Dort am Picknickgelände parken.

Höhenunterschied: ca. 50 m.

Anforderungen: Schattiger Küstenpfad, weglos über die Sanddünen und schattenlos am Strand zurück. Markierung mit weißen Fußabdrücken auf schwarzen Blechtafeln.

Einkehr: Unterwegs keine. Roes Restaurant am Ende der Dawn Street in Cannon Rocks.

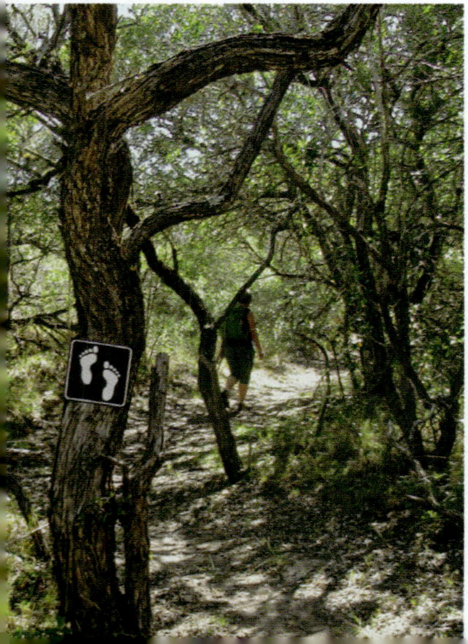

Von unserem Parkplatz in **Cannon Rocks (1)** gehen wir zum Startpunkt unserer Runde, deutlich durch das Hinweisschild »Cannon Trail« gekennzeichnet und mit einer Stahlkette von der Straße getrennt. Links sehen wir den breiten Weg, der zum Strand hinunterführt, unseren Rückweg. Unsere Route schlängelt sich zunächst auf fast ebenem Gelände durch den dichten Küstenwald bis zu einem Aussichtspodest. Von dort hat man einen schönen Blick über die dichten Baumkronen der Küstenvegetation. Weiter geht es gut markiert durch den Wald, bis wir allmählich auf sandigem Boden an-

Der Pfad durch den Küstenwald.

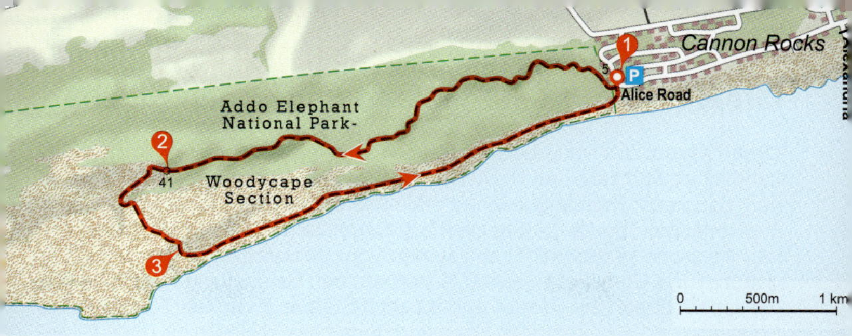

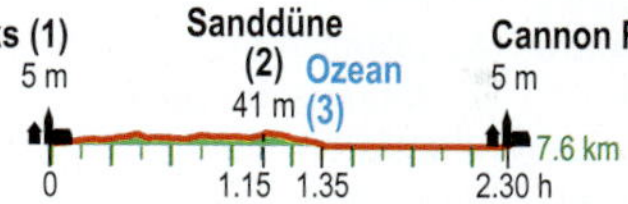

steigen. Wir steigen zu einer **Sanddüne (2)** hinauf. Auf dem Kamm angekommen schweift der Blick weit hinaus in westlich Richtung, in der sich bis zum Horizont eine schier endlose Kette von Sanddünen erstreckt. In südlicher Richtung ist deutlich das Rauschen des Meeres zu hören. Dort müssen wir hin. Ein rotes Hinweisschild auf dem Dünenkamm, auf dem die Spitzen der Fußabdrücke zunächst genau in südwestliche Richtung zeigen, ist unsere Orientierungshilfe. Das mit dichten Büschen bewachsene Feld zu unserer Linken umgehen wir, indem wir noch gut 300 m weit im Dünensand in die angezeigte Richtung laufen, ein Dünental hinuntergehen, einen weiteren Dünenkamm hinaufsteigen und von dort in südliche Richtung hinunter zum **Ozean (3)** absteigen. Wir gehen nun links am Strand entlang über den Dünensand – der hier bis ans Meer reicht – zurück nach Cannon Rocks.
Der Rückweg, auf dem es viele angeschwemmte Fundstücke zu entdecken gibt, dauert fast 1 Std. Der Aufstieg vom Strand am Ortsrand von Cannon Rocks zum Parkplatz an der Alice Road in **Cannon Rocks (1)** ist nicht zu verfehlen.

In den Sanddünen am Ozean.

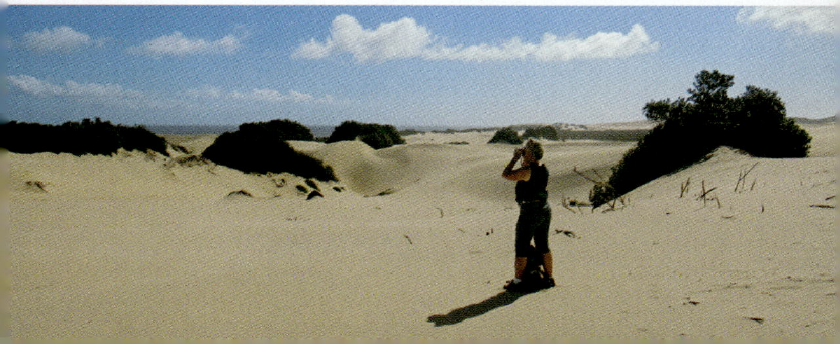

Great Karoo, Namaqualand und Green Kalahari

Great Karoo: Wir verlassen die Küstenregionen in Richtung Norden. Die Landschaft wird karg und trocken. Kleine, graue Büsche bedecken die Ebenen, dann und wann angereichert mit Aloen oder Süßdornakazien. Die Straßen verlaufen über lange Strecken schnurgerade an Telegrafenmasten vorbei, links und rechts mit Drahtzäumen vom dahinter liegenden Farmland getrennt. Die Great Karoo erstreckt sich von den Bergketten am Atlantik und Indischen Ozean bis hinauf zur Kalahari-Steppe zwischen Namibia und Botswana und zum Zentralen Hochland Südafrikas, das sich bis über Johannesburg ausbreitet. Rechnet man alle Teilgebiete zusammen (neben Great Karoo noch Klein Karoo und Upper Karoo), nimmt die Landschaft mehr als ein Drittel des gesamten Territoriums Südafrikas ein. Am Übergang der flachen Karoo-Ebenen zum Zentralen Hochland wird das Landschaftsrelief plötzlich wieder abwechslungsreich. Einzelne Bergkegel, sogenannte Karoo-Koppies, und abgeflachte Tafelberge aus hartem Vulkan-Dolorit und Granit stehen verstreut in der Gegend, umgeben von losem, verwittertem Sedimentgestein; besonders anschaulich anzusehen in der Umgebung von Beaufort West, Graaff-Reinet, Middelberg und Nouport.

Beaufort West und der Karoo National Park sind darüber hinaus bekannt für zahlreiche, teilweise vermutlich über 300 Mio. Jahre alte Fossilienfunde. Der Brandisaurus aus der Familie der Therapsids wurde hier entdeckt – eine Sauriergattung noch älter als die der Dinos. Graaff-Reinet etwas weiter östlich ist mit seinen über 200 denkmalgeschützten Gebäuden einer der am

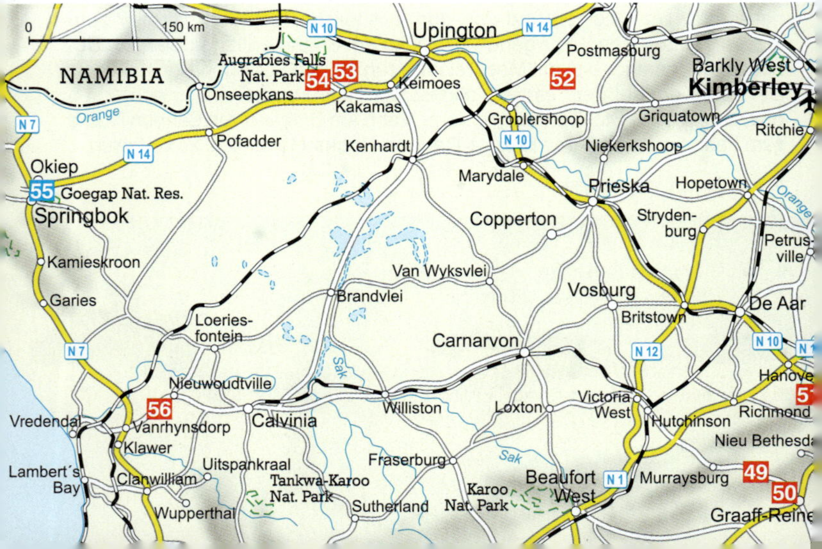

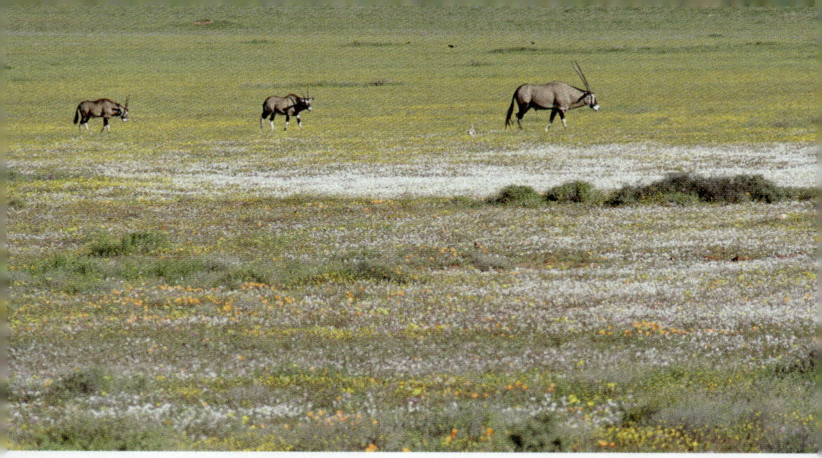

Oryxantilopen auf einer Wildblumenwiese im Goegap Nature Reserve.

besten erhaltenen historischen Orte des Landes. Der umliegende Camdeboo National Park (bis 2005 Karoo Nature Reserve) bietet außer artenreichem Wildbestand als Besuchermagnet das Valley of Desolation.

Namaqualand: Im Nordwesten der Karoo, nicht weit von der Atlantikküste, nimmt das Gebiet von Namaqualand (benannt nach dem Volk der Nama aus Zentralafrika) eine besondere Stellung ein. Mit nur 50–150 mm Niederschlag pro Jahr ist es hier besonders trocken. Doch wenn es regnet, meist im Zeitraum August/September, entfaltet sich aus dem leblos wirkenden Wüstenboden eine unbeschreibliche Blütenpracht. Millionen von Wildblumen überziehen die Ebenen mit einem farbenfrohen Teppich.
Springbok liegt im Zentrum dieser Region und ist als Ausgangspunkt für Ausflüge in die Umgebung bestens geeignet. Das Goegap Nature Reserve und der Namaqua National Park etwas weiter südwestlich sind beliebte Ziele. Im Süden reicht das Namaqualand bis an die Cederberge. Die kleinen Orte **Nieuwoudtville** und **Calvinia** stehen bei Südafrikanern ebenfalls hoch im Kurs. Neben Korbblumen findet man hier die größte Dichte an Geophyten, Bulbinen und Katzenschwänzen.
Wo die Blumen gerade am schönsten blühen, erfährt man über eine eigens eingerichtete Flower-Hotline (Tel. 063-724 6204).

Green Kalahari: Noch weiter nördlich, im Grenzbereich zu Namibia und Botswana, geht die Karoo-Landschaft in die Steppen- und Dünenlandschaft der Kalahari über. Auf südafrikanischem Boden liegt nur ein vergleichsweise kleiner Anteil dieser Halbwüste aus rotem, pulvrigem Sand. Im **Kgalagadi**

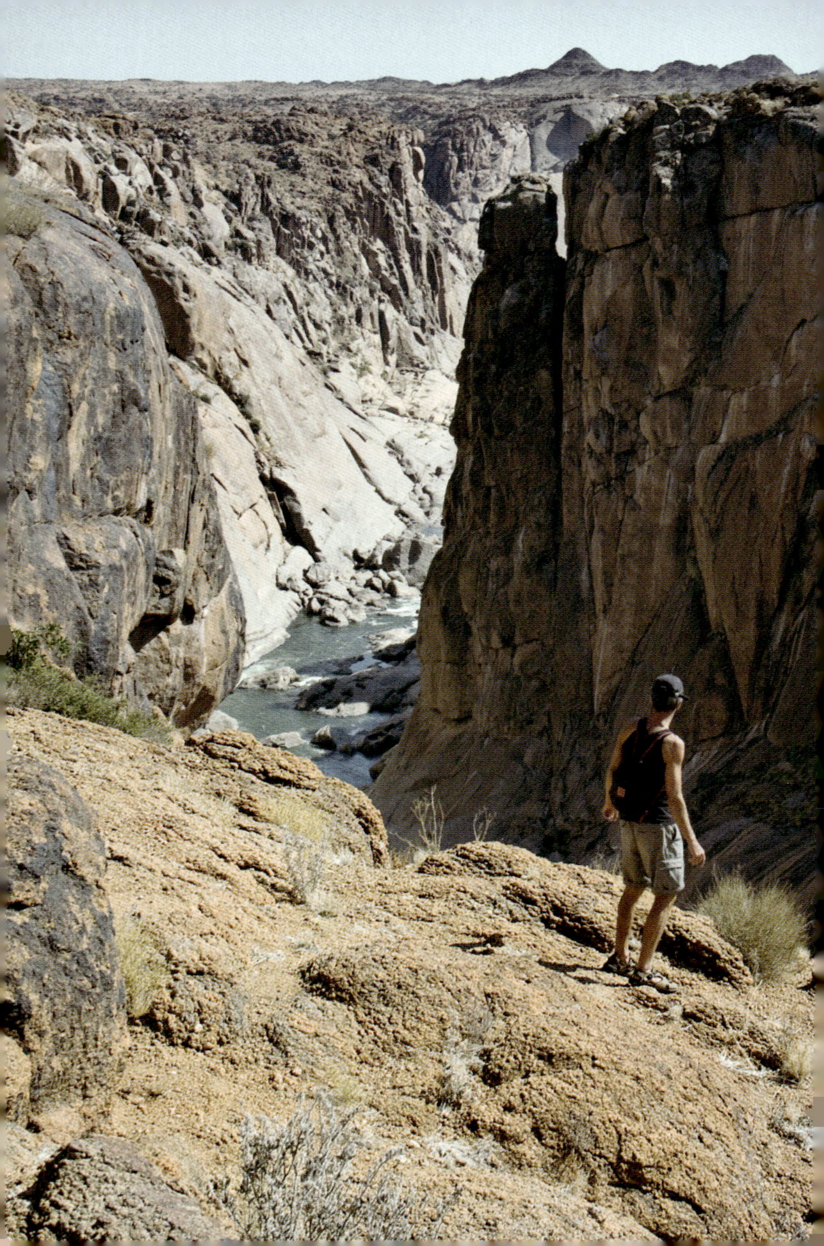

Transfrontier Park (vormals Kalahari Gemsbok Park) im Dreiländereck beeindruckt zusätzlich die einzigartige Tiervielfalt aus Löwen, Giraffen, Antilopen und Gnus. Unter Kameldornbäumen am Lagerfeuer sitzend den rot glühenden Sonnenuntergang bei einem Glas Rotwein genießen – hier erfüllen sich Träume von echter Wildlife-Atmosphäre.
Die Übergangszone zwischen Karoo und Kalahari wird bei Tourismusverbänden gern als **Green Kalahari** bezeichnet, benannt nach den fruchtbaren Landstrichen links und rechts des Orange River. Besonders in der Umgebung von **Upington** findet man Obst- und Zitrusplantagen und vor allem beste Weinanbauflächen.
Der **Orange River** ist mit 2100 km der längste Fluss Südafrikas. Vom Hochland in Lesotho fließt er durch die Drakensberge und die Karoo bis zur Atlantikküste in Namibia. Kurz vor der Grenze zu Namibia fächert er sich zu einem Delta auf und stürzt in der Nähe von Augrabies in eine tiefe Klamm. Besonders nach starken Regenfällen in den Bergen präsentieren sich die Wasserfälle von Augrabies als einzigartiges Spektakel. Nach dem Sturz in die Klamm gräbt sich der Fluss einen bis zu 200 m tiefen und 18 km langen Canyon ins harte Gestein. Er ist Teil des **Augrabies Falls National Park**, einer der touristischen Hauptattraktion der Northern-Cape-Provinz.

Links: Blick vom Arrow Point in den Canyon des Orange River (Tour 53 und 54). Rechts: Erdmännchen (Surikate).

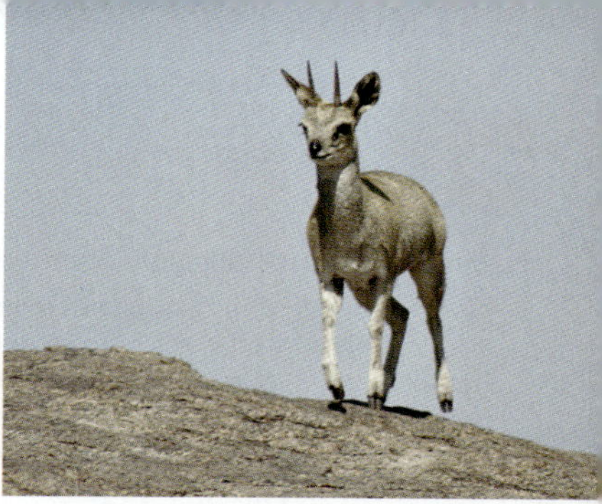

Klippspringer.

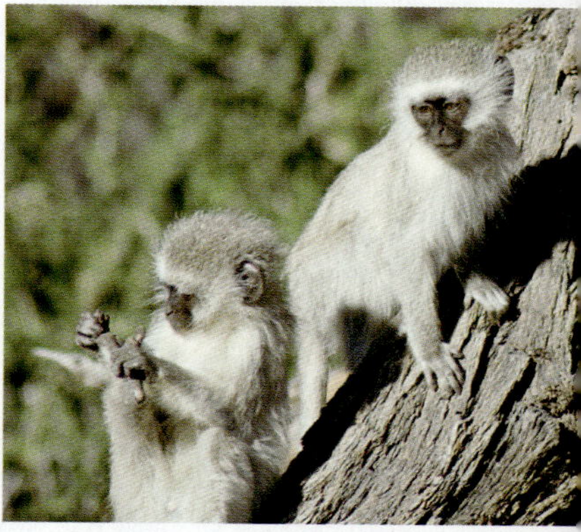

Grünmeerkatzen.

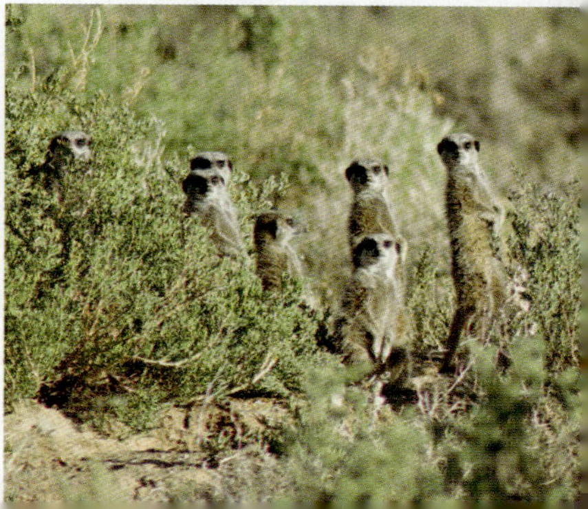

49 Crag Lizard Trail

1.00 Std.

Beeindruckende Aussicht über die endlose Karoo-Landschaft

Graaff-Reinet liegt im Herzen der Great Karoo. Beliebt bei Einheimischen wegen seiner Bedeutung bei der Besiedlung Südafrikas, beliebt bei Touristen wegen der Lage mitten im Camdeboo National Park. Nur wenige Kilometer außerhalb des Ortes geht es zum sehenswerten Valley of Desolation (»Tal der Trostlosigkeit«). Dieses liegt 1300 m hoch auf einem der überall in der Umgebung vorkommenden Felsplateaus. Der etwa 100 m lange Einschnitt in die Berg-Oberfläche erfährt seinen Reiz durch die gegenüberliegende Talseite: Sie besteht aus lauter 90–120 m hohen Dolorit-Felssäulen, die durch tiefe Kerben voneinander getrennt sind. Das harte vulkanische Gestein hat sich über Millionen von Jahren wacker gegen Erosion und Verwitterung gehalten. Unser kurzer Rundweg bietet Einblick in einen geologisch sehr interessanten Zeitabschnitt.

Blick ins Valley of Desolation.

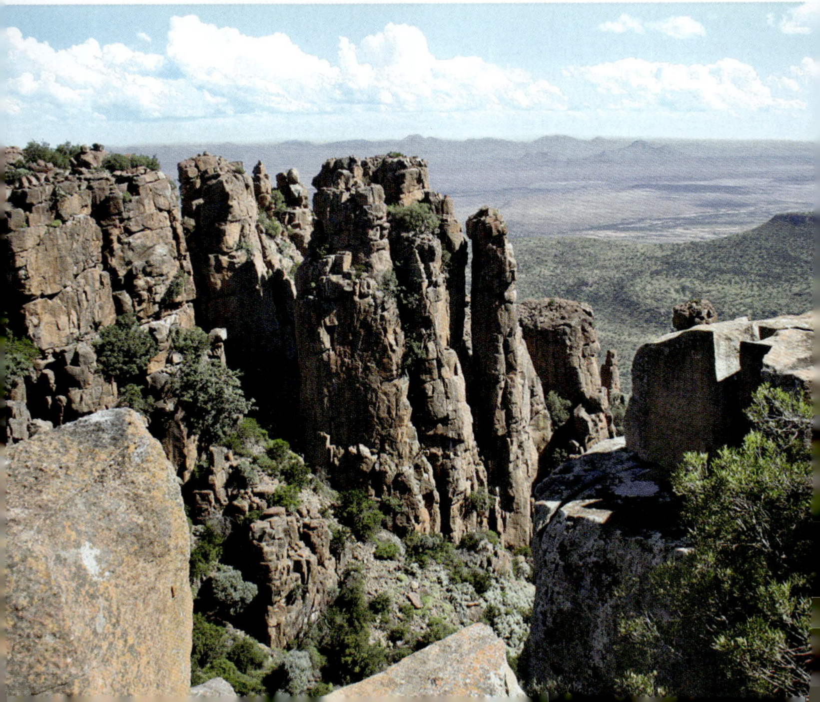

Ausgangspunkt: Parkplatz am Ende der Zufahrtsstraße zum Valley of Desolation, 1350 m. Anfahrt: Im Zentrum von Graaff-Reinet auf der Church Street auf die große Dutch Reformed Church zufahren, links an ihr vorbei in die Caledon Street abbiegen und den Wegweisern auf die R63 Richtung Murraysburg folgen, nach 5 km links Richtung Valley of Desolation zum Eingang des Parks einbiegen, noch weitere 8,5 km den Berg hinauf.
Höhenunterschied: 50 m.
Anforderungen: Gut begehbarer, etwas steiniger Pfad, teils über Felsen. Vorsicht ist an den Kanten des Abgrunds geboten.
Einkehr/Unterkunft: Am Weg keine. In Graaff-Reinet Läden und Unterkünfte aller Kategorien.

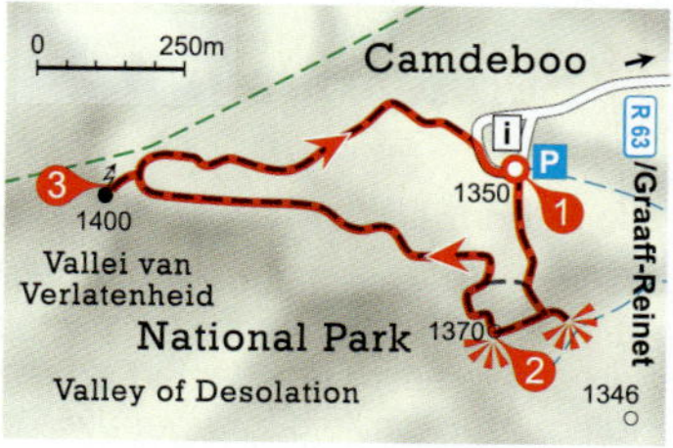

Tipps: Die historischen Häuser in Graaff-Reinet. Museum »Old Library Building« mit Fossilen-Funden und Rekonstruktionen von San-Zeichnungen.
Game Drive im nördlichen Teil des Camdeboo National Park, Zufahrt etwa 3 km weiter in Richtung Murraysburg.

Am **Parkplatz (1)** steht ein kleiner Pavillon mit WC und Informationstafeln über die Karoo-Landschaft. Gegenüber startet der Trail, markiert mit dem Logo des kleinen Crag Lizard (Klippenechse). Man sieht diese Markierung häufig auf den Steinen am Wegrand.
Auf gemauerten Stufen werden wir direkt zum Rand der Schlucht geführt, die mit einer Mauer gegen Absturz gesichert ist. Das Schild »Don't through stones – hikers below« macht Eindruck, auch wenn schon längst kein Weg mehr durch dieses Tal führt. Der Ausblick ist tatsächlich beeindruckend: auf der linken Seite die hohe Kuppe des Spandaukop nur einen Steinwurf entfernt, vor uns die spröden Felssäulen des **Valley of Desolation (2)** und dahinter die endlose Weite der Karoo. Besonders schön ist es hier oben am späten Nachmittag und Abend, wenn die Sonne das Gestein in warme Rottöne taucht.
Der steinige Pfad führt rechts entlang weiter, dicht an der Abbruchkante entlang. Kurze Stichwege leiten zum Klippenrand und ermöglichen immer wieder neue Perspektiven. Nicht unwahrscheinlich, dass man Felsadler entdeckt oder Dassies, die über die Felsen huschen. Der Hochpunkt der Tour ist mit einem kleinen **Sendemast (3)** markiert. Von dort aus können wir auch an der Rückseite des Bergplateaus hinunterschauen und unter anderem die Sneeuberge erkennen sowie die Grasebenen des Camdeboo-Wildparks und den großen Van Reynveld's Dam, der das Trinkwasser für Graaff-Reinet speichert.
Zurück zum **Parkplatz (1)** geht die Runde durch niedrige Karoo-Büsche.

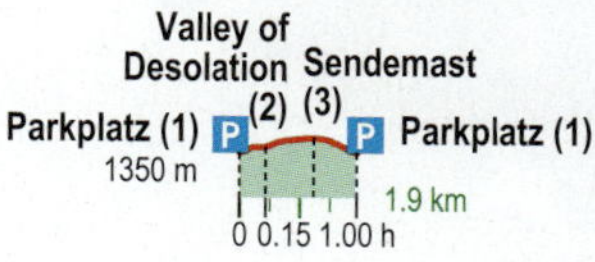

TOP **50**

Eerstefontein Trail

5.30 Std.

Die Schönheit der kargen Karoo am Spandaukop

Weithin sichtbares Merkzeichen im westlichen Teil des Camdeboo National Park ist der Spandaukop, 1316 m hoch, ein Paradeberg aus der Gattung der Karoo Koppies. Den Namen erhielt er von einem preußischen Offizier, der sich bei seinem Anblick irgendwie an die Spandauer Burg erinnert fühlte. Auf unserer Wanderung durch die weite Karoo-Landschaft ist seine Gipfelhaube bestens als Orientierungspunkt geeignet. Die Pflanzenvielfalt der Karoo-Steppe ist einzigartig, mag sie im Sommer auch noch so vertrocknet aussehen. Num Num, Anker Karoo, Jackenpflaume, Speckbaum und Süßdorn können mit wenig Wasser auskommen. Aus der Tierwelt sind Schildkröten, Agama-Echsen, kleine Ducker-Antilopen und Bergzebras zu entdecken, viele Vögel begleiten zwitschernd unseren Weg.

Geweih einer Kudu-Antilope.

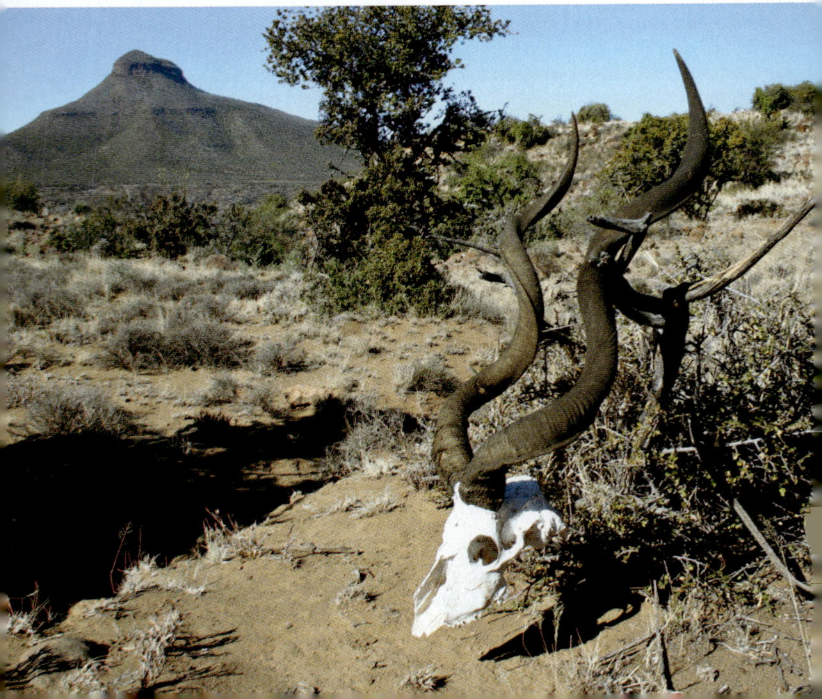

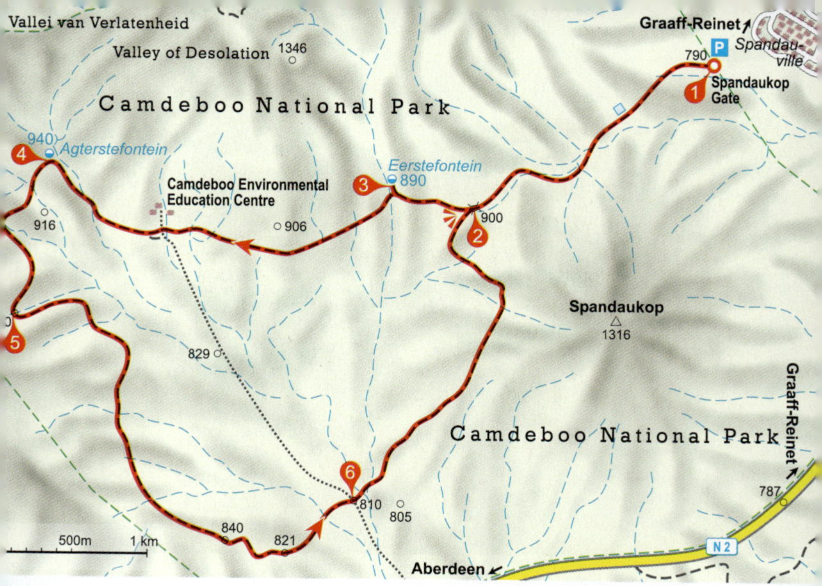

Ausgangspunkt: Parkplatz am Eingangstor (Spandaukop Gate) des Camdeboo National Park, 790 m. Anfahrt: Von Graaff-Reinet auf der N9 (Church Street) in Richtung Aberdeen, am Ortsende über die Brücke und noch ca. 700 m geradeaus in der College Road, dann rechts ab in die Woeke Street. Im Wohngebiet Spandauville, nach weiteren ca. 700 m vor einer Rechtskurve links ab in die Piet Retef Road. Die Wohnstraße macht nach ca. 350 m einen Rechtsknick und führt am Rande des Wohngebiets noch weiter geradeaus bis zum Ende der Straße (erneut ca. 700 m). Ab hier führt eine kurze Schotterpiste einen kleinen Buckel hoch und endet nach 400 m am Eingangstor zum südwestlichen Teil des Camdeboo National Park. Hinweis-Schild »Eerstefontein Trail«.

Höhenunterschied: 240 m.

Anforderungen: Steiniger, teilweise gerölliger Felspfad, Felsstufen. Sonnenschutz und ausreichend Wasservorräte sind Pflicht; im Sommer früh losgehen.

Einkehr/Unterkunft: Am Weg keine. In Graaff-Reinet Läden, Restaurants und Unterkünfte aller Kategorien.

Hinweis: Das Permit erhält man beim Park Officer in der Petrus de Clerk Street in Graaff-Reinet, Tel. 049-892 3453, auch nachträglich; wahlweise an den Zugängen zum Wildpark (Game Drive, siehe Tipp bei Tour 49) oder zum Valley of Desolation.

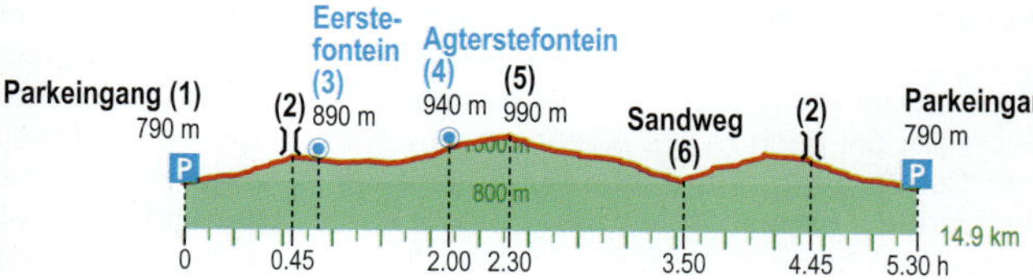

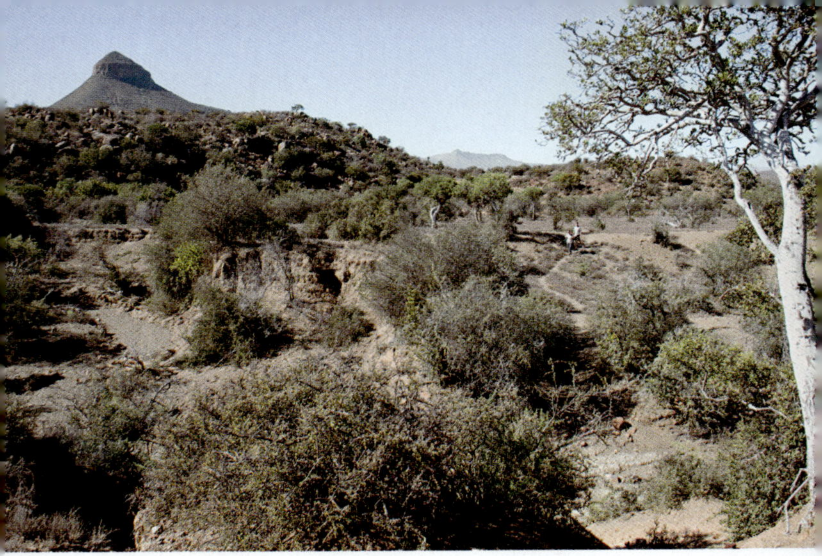

Karoo-Steppe, im Hintergrund der Spandaukop.

Der **Parkeingang (1)** ist mit einem Tor aus Holzpalisaden gesichert. Links davon ist ein Durchlass, breit genug für Wanderer, zu schmal für Antilopen und andere Tiere des Parks. Markiert ist der Weg mit der Abbildung einer Trappe, die häufig auf den Feldern links und rechts der Straßen zu sehen ist. Auf breitem, steinigem Feldweg geht es leicht aufwärts auf den Spandaukop zu. Zwischen den Karoo-Büschen wachsen Bergaloen, die mit rot blühenden Köpfen deutliche Farbakzente setzen. Wir gelangen zu einem kleinen **Sattel (2)**, den Spandaukop schon hinter uns. Vor uns breitet sich die sandige Karoo-Ebene aus, die an ihrer rechten Seite von den unteren Hängen einer Hügelkette begrenzt wird. Etwas weiter oben sind die Felszinnen des Valley of Desolation zu erkennen. Die Sandebene und den flachen Hang auf der linken Seite werden wir auf dem Rückweg durchwandern, die Hänge auf der rechten Seite gleich anschließend in einem Halbkreisbogen.
Der Pfad ist noch immer sehr breit, wir erreichen den Trinkbrunnen von **Eerstefontein (3)**. Noch ein kurzes Stück bleibt der Weg so breit, dann verengt er sich zu einem Trampelpfad. Es geht über poröse, hohl klingende Gneisfelsen zwischen größeren Steinbrocken hindurch. Wir überqueren eine Sandpiste, die nach rechts weiter bis zum Camdeboo Environmental Education Centre führt, und gehen durch ein paar sandige, vertrocknete Flusstäler hindurch bis zur zweiten Wasserstelle an der **Agterstefontein (4)**. Sie liegt etwas versteckt hinter Büschen. Der Ort ist aber nicht zu verfehlen,

stehen hier doch überraschend Holzbänke wie in einem Hörsaal hintereinander angeordnet. Bis hierher sind wir gut 2 Std. unterwegs.
Für die folgenden 1.30 Std. müssen wir manchmal über Felsstufen klettern. Wir steigen noch etwas schräg am Hang empor zum höchsten **Punkt (5)** der Tour. Anschließend sind ein paar Bergeinschnitte zu umgehen. Am letzten Abschnitt dieser Etappe setzt die Markierung des Pfades kurz aus, man ist leicht geneigt, auf einem der Antilopenpfade in die Ebene hinunterzugehen. Aber erst bei einem markanten, etwa 6 m hohen Felsbrocken führt der Pfad dann tatsächlich 50 m tief hinunter in die Ebene. Die Orientierung kann man allerdings nicht verlieren, denn wieder ist es der Spandaukop, auf den wir jetzt über die Sandebene zuhalten. Links von ihm sieht man unseren kleinen Sattel, zu dem wir zurückkehren. Wir gehen rund 0.45 Std. über sandiges Gelände, der Pfad ist seitlich durch Steine eingefasst. Danach überqueren wir noch einmal den **Sandweg (6)**, bis wir am Fuß des Spandaukop ankommen und der Weg sich durch dichteres Gebüsch aus Weißdorn- und Karoo-Akazien schlängelt. Die Bäume sind Schattenspender für die Tiere, wie man an den Kothäufchen erkennen kann.
Durch die Büsche hindurch, noch eine steile glatte Felsrampe empor, dann sind wir wieder auf dem Sattel und kehren von dort auf gleichem Weg zum **Parkeingang (1)** zurück.

Bergaloe am Fuß des Spandaukop.

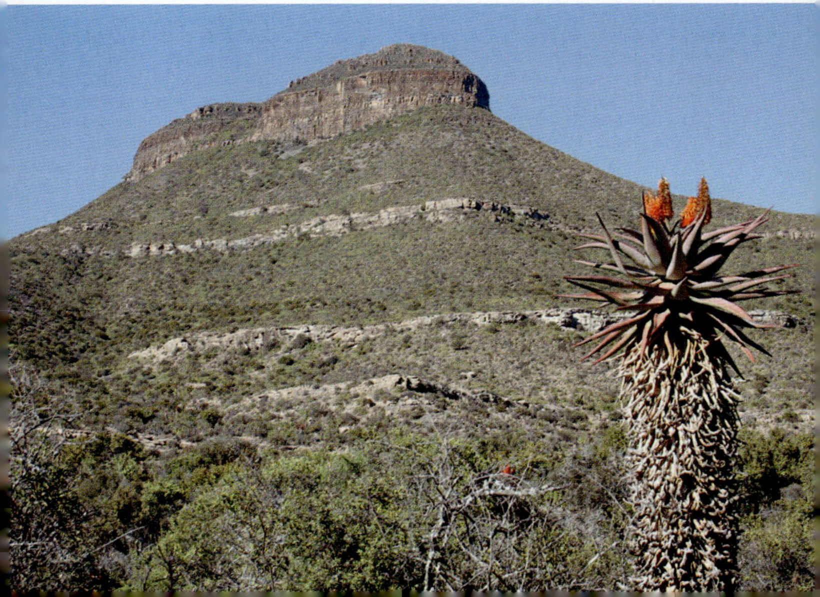

51 Trans Karoo Hiking Trail

3 Tage

Durch die Schluchten und Hochtäler der Upper Karoo

Noch einmal zieht es uns in die Karoo, diesmal auf einer 3-Tages-Tour durch die obere Karoo zwischen Middelburg und Noupoort. Im Schnitt über 1500 m hoch liegt das Gebiet, und damit in einer Höhenlage wie das Zentralplateau, das sich bis nach Johannesburg erstreckt. Der Trail verläuft auf dem hügeligen Gelände der über 10.000 ha großen Bovlei-Farm. Vor allem Rinder und Schafe werden gehalten. Ihren Gästen bieten die Farmer »Transkaroo Adventures« mit Wandern, Mountainbiken und Pferdereiten. Unterwegs treffen wir Kuhantilopen, Tschakma-Paviane und Klippschliefer, die uns auf unserem Weg beobachten. Besonderen Reiz hat die Tour, weil wir in verlassenen Farmgebäuden übernachten und so einen kleinen Eindruck vom Leben in dieser kargen Landschaft als Erinnerung mitnehmen.

Ausgangspunkt: Parkplatz beim ehemaligen Farmhaus in Wilgefontein, 1540 m. Anfahrt: Von der N1 bei Hanover auf die N10 Richtung Middelburg abbiegen, nach 42 km rechts auf dem Schotterweg Richtung Leeukop weiterfahren. Aus Middelburg kommend zunächst auf der N9 Richtung De Aar, auf die N10 Richtung Hanover abbiegen und beim Schotterweg ebenfalls Richtung Leeukop abbiegen (43 km ab Middelburg). Auf dem Schotterweg erreicht man nach 3 km die Leeukop-Farm, an ihr vorbei noch etwa 700 m, dann in einer Rechtskurve links zur Bovlei-Farm abbiegen. Nicht ausgeschildert, man sieht aber die Gebäude und erreicht sie nach gut 200 m (»Karoo Adventure«). Im Haupthaus mit grünem Dach anmelden. Anschließend nach links über einen holprigen Wirtschaftsweg noch 10 km weiter, durch die Häusergruppe von Rietpoort bis zum ehemaligen Farmgebäude Wilgefontein. Vor dem Haus oder in der Scheune parken.

Höhenunterschied: Knapp 800 m.

Anforderungen: Die Pfade sind in der Regel steinig, aber gut begehbar, an nassen Stellen in den Bachbetten etwas rutschig, am zweiten Tag in der Kanfer Ravine lange, sportliche Kraxeleinheit flussaufwärts über große Steinbrocken. Auf den Grasflächen ist Orientierungssinn erforderlich, die Markierungen (weiße Tatzen eines Wüstenluchses und weiße Pfeile auf Felsen und Steinen) sind dort teils von hohem Gras bedeckt.

Einkehr/Unterkunft: Keine Einkehr, Proviant mitnehmen; für die Unterkünfte unterwegs Schlafsack und Kochgeschirr. Wilgefontein: komplett eingerichtetes Farmhaus mit Betten, Küche, Dusche, WC, außen Grillplatz; Uitsig: umgenutzte Scheune mit Minimalausstattung (Schlafpritschen mit Matratzen, Gaslampe, Wasser-Zapfstelle); Weltevrede: altes Farmhaus, Schlafräume mit Matratzen, Gaslampen, nur kaltes Wasser in Kanistern.

Variante: 2-Day-Trail (zweiter Tag von Uitsig nach Wilgefontein ca. 3.30 Std.)

Hinweise: An der Rezeption Schlüsselübergabe, Kartenskizze und Info-Material. Im Notfall sind die Farmer per Handy zu erreichen, Tel. 082-4415 605. Gepäck wird für geringes Entgelt zu den Hütten gebracht; sehr empfehlenswert, Laufen ist mit Tagesgepäck wesentlich leichter.
Buchung: Transkaroo Adventures, Lindo und Elmarie van der Merwe, Tel. 049-843 1506, und 087 550 1368 www.transkarooadventures.co.za

1. Tag: Wilgefontein – Uitsig

4.00 Std., 310 Hm Aufstieg, 130 Hm Abstieg, 11,1 km

Wir verlassen **Wilgefontein (1)**, gehen ein Stück zurück in Richtung Rietpoort auf dem Feldweg, auf dem wir mit dem Auto hergekommen sind, und schwenken nach gut 800 m vor dem Haupttor auf der Straße nach links in die Visserskloof. Es geht leicht bergan, dem Schild »Swemgat« folgend. Wir erreichen einen kleinen Bach, an dessen Rand wir auf glatten Granitplatten und über schön geformte Felsquader bis zu einem tiefen Pool mit glasklarem Wasser gehen. Eine gute Gelegenheit für einen Badestopp, bei dem sich Frösche und Süßwasserkrebse zu uns gesellen.

Es geht noch ein Stück bachaufwärts, wir passieren einen hölzernen Viehzaun, verlassen das Bachbett und nähern uns einer mondähnlichen vegetationslosen Fläche aus mürbem Sandstein, genannt Rock Desert. Vorbei an ein paar schönen Felsskulpturen überqueren wir sie. Weiße Pfeile tauchen ergänzend als Markierung auf. Wir können ihnen folgen oder weiterhin unseren Tatzen, beide Wege führen nach 20 Min. wieder zusammen.

Den Tatzen folgend steigen wir zu einem **Aussichtspunkt (2)** auf, von dem wir erstmals bis weit in die Karoo-Ebene blicken können. Auf einem Kamm schwenken wir wieder abwärts, durch etwas buschiges Gelände. Der Weg

In der Visserskloof.

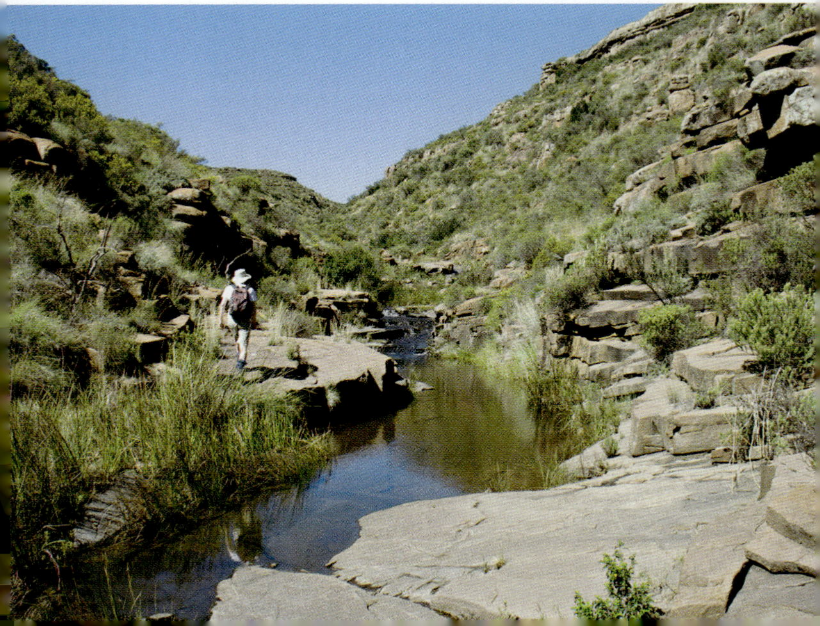

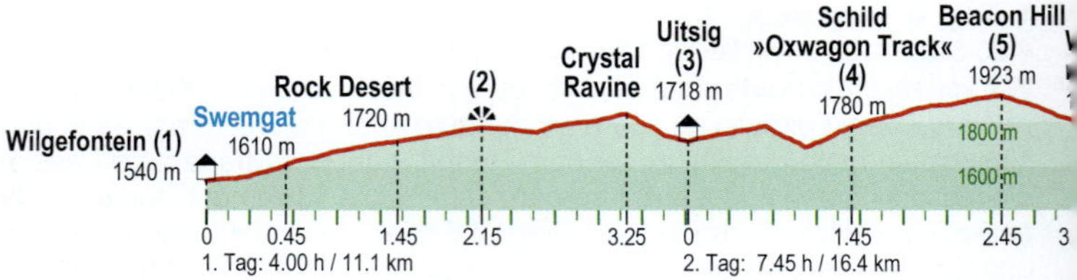

verbreitert sich zu einem kaum benutzten zweispurigen Feldweg. Den Abzweig links nach Kliphorizon ignorierend, stoßen wir schließlich auf einen Hauptfeldweg, dem wir nach links folgen. Doch nur 7 Min. lang, dann geht es wieder rechts auf einem schmalen Trampelpfad weiter und über eine Zaunleiter hinweg auf eine Kuppe. In der Ferne sehen wir bereits die hohen Zypressen in der Nähe unserer Unterkunft. Kurz danach ist die Crystal Ravine erreicht. Erneut wandern wir in einem breiten, aber trockenen Bachbett auf schwarzen Felsplatten abwärts, bevor wir nach 0.30 Std. wieder rechts ausscheren. Durch sumpfiges Gelände erreichen wir nach 5 Min. die Scheune von **Uitsig (3)**. Der Gag zum abendlichen Zeitvertreib: eiserne Stanzeisen mit Buchstaben. Im Kaminfeuer zum Glühen gebracht, lassen sich unsere Namen zur Erinnerung in ein Stück Holz brennen.

2. Tag: Uitsig – Weltevrede

7.45 Std., 410 Hm Aufstieg, 330 Hm Abstieg, 16,4 km

Links neben dem Eingang der Scheune beginnt ein zweispuriger Grasweg, der in einen Schotterweg übergeht. Wir nehmen die Spur auf und folgen ihr an einem eingefallenen Farmhaus vorbei zu einer flachen Kuppe. Den Abzweig nach Klipwoestyn und zum 2-Tages-Trail nach links ignorieren wir. Nach der Hütte bleiben wir 20 Min. auf dem breiten Weg, dann schwenken wir auf einen Trampelpfad kurz vor dem Hochpunkt der Kuppe rechts in die Grassteppe ein, während der Schotterweg geradeaus weiterführt (Wir werden etwas später wieder auf ihn stoßen). Ein weißer Pfeil ist für unsere Richtung auf einem Stein am rechten Wegrand markiert. Der Pfad steigt auf einen Hügel, schwenkt dahinter wieder ab, zunächst in westliche, dann in nördliche Richtung am Rand eines kleinen, 20 m tiefen Canyons entlang. Alle 10–20 m sind die weißen Tatzen auf Steinen aufgemalt, wegen des hohen Grases aber manchmal etwas schwer zu finden. Im Halbkreisbogen umgehen wir den Canyon, an den Resten eines ehemaligen Kraals vorbei, über eine Zaunleiter hinweg und quer

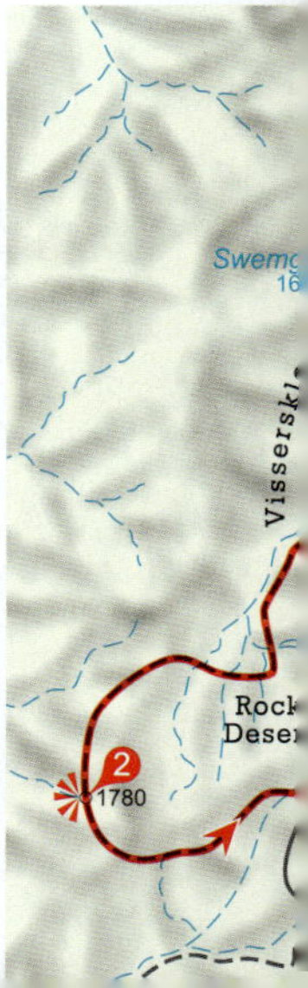

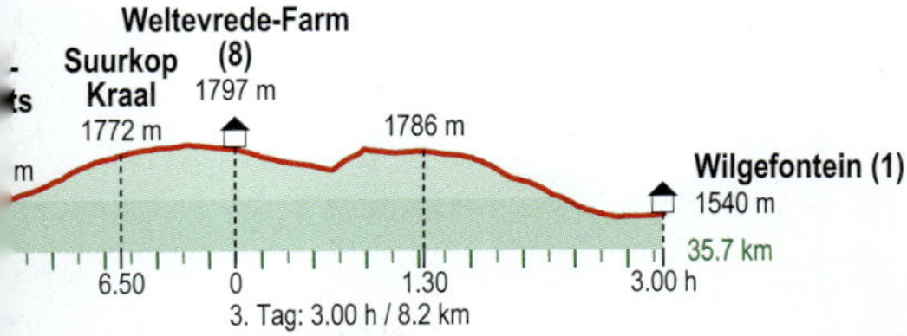

über eine Grassteppe, die parallel zum Schotterweg und einer Hochspannungsleitung verläuft. Der Pfad endet neben dem Schotterweg an einem Schild mit der Aufschrift **»Oxwagon Track« (4)**, einem Hinweis auf Spuren eines alten Karrenwegs. Vom Hügel bis hier sind wir 1.15 Std. unterwegs.

Wir überqueren die Straße und gehen auf einem Trampelpfad aufwärts, unter der Hochspannungsleitung hindurch. Der Pfad verbreitert sich und führt uns auf einem Kamm zum höchsten Punkt der Tour hinauf, dem **Beacon Hill (5)**. Der Gipfel ist mit einem hölzernen Pfahl, genannt Gerhard se Paal, und vielen Entfernungsschildern markiert. Um uns herum Kegelberge, Tafelberge und endlose Grassteppen.

Der breite Weg führt hinter dem Gipfel wieder bergab. Wir biegen links von ihm ab auf einen Graspfad und gelangen zu einer Senke, in der uns eine Windmühle und ein kleiner Viehstall die Richtung weisen. Dort vorbei führt der Weg wieder aus der Senke heraus. Ein braunes Schild signalisiert: Escape nach links

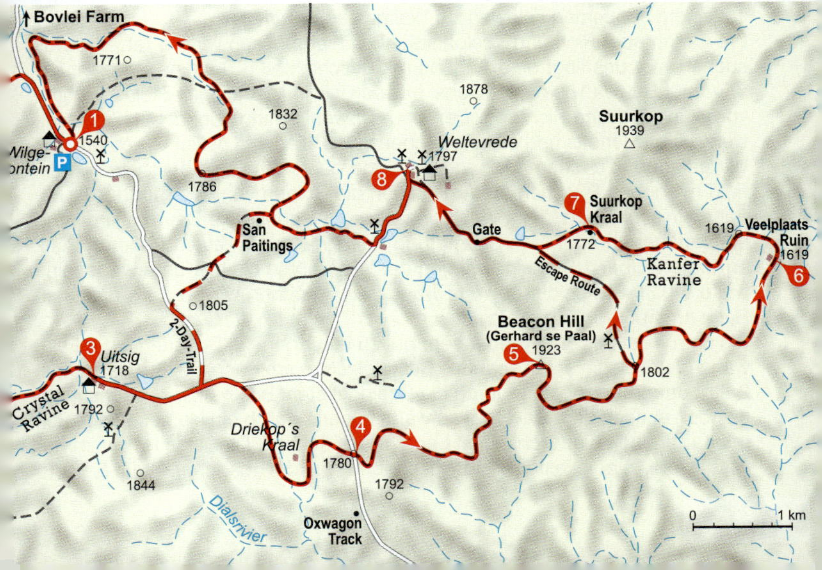

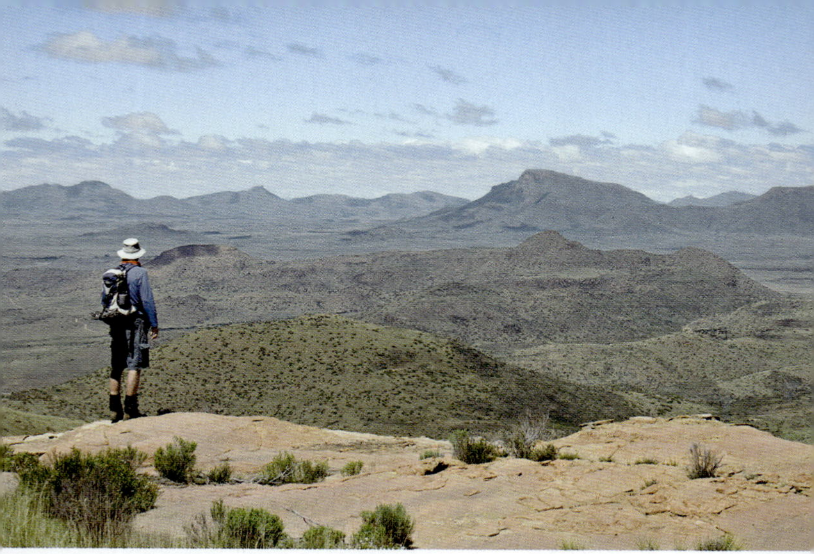

Ausblick vom Beacon Hill.

und Veelplats nach rechts. Wer der vor uns liegenden anstrengenden Kletterei durch einen Canyon ausweichen möchte, gelangt auf der Escape Route direkt auf einem bequemen Feldweg zur Weltevrede-Unterkunft.

Wir gehen aber Richtung Veelplaats. Auch hier müssen wir die Tatzen etwas suchen. Vor uns liegt eine Anhöhe mit geschichteten Sandsteinplatten. Die Windmühle etwa 100 m hinter uns, müssen wir links an diesen Steinschichten vorbei in nördliche Richtung. Der Pfad schwenkt dann kurz danach in Sichtweite eines Gehöfts und eines Maschenzauns wieder in östliche Richtung ab. Wir gelangen zu einem kleinen Bach, überqueren ihn und durchstreifen ein Feld mit hohen Büschen. Vor uns liegen die Ruinen von **Veelplaats (6)**. Ein geheimnisvoller Ort, Teil eines verlassenen Gehöfts. Die Bauten sind grün überwuchert, hohe Pfefferbäume und Palmen sind um einen früheren Platz arrangiert. Über 1 Std. sind wir von der Windmühle bis hier unterwegs, eine weitere 0.30 Std. leicht abwärts wandernd brauchen wir bis zum nächsten Bach am Fuß der Kanfer Ravine.

Bis dorthin ist der Pfad wieder sehr gut zu erkennen. Im Schatten einer Felswand bietet sich hier ein schönes Rastplätzchen am Bachlauf. Ein harter, fast 2 Std. dauernder Anstieg durch die Schlucht steht uns bevor. Zunächst geht es noch einfach dem Bachlauf aufwärts folgend durch ein kleines Waldstück mit Kapbuchen hindurch. Dann beginnt die Kletterei. Die Tatze taucht immer wieder auf, einen festen Pfad aber gibt es in der manchmal nur 5–10 m

schmalen Schlucht nicht. Zwischen riesigen Findlingen hindurch, über Steinbrocken hinweg oder unter Überhängen hindurch geht es teils steil bergan. Mehrmals ist der Bach zu queren. Am oberen Schluchtausgang angelangt, finden wir auf der linken Seite Mauerreste des alten Viehgeheges, den **Suurkop Kraal (7)**.
Noch ein Stück in offenem Gelände über verwitterte Felsplatten hinweg, dann stoßen wir auf den Feldweg, der links entlang zur Windmühle führt (Escape Route). Wir folgen ihm für eine ganze Weile nach rechts. Ein kleiner See mit großer Trauerweide ist am rechten Wegrand zu sehen. Wir passieren ein Viehgatter auf einer Kuppe. In der Ferne liegt ein weiterer kleiner See, den wir am folgenden Tag erreichen werden. Von der Kuppe aus noch 15 Min., dann biegen wir nach rechts ab auf einen schmalen Pfad, auf dem wir schließlich zur **Weltevrede-Farm (8)** gelangen.

3. Tag: Weltevrede – Wilgefontein
3.00 Std., 80 Hm Aufstieg, 430 Hm Abstieg, 8,2 km
Wir folgen einem Wirtschaftsweg, der an der Rückseite des Farmgebäudes verläuft. Er führt über das Gelände, an einer alten Windmühle vorbei, durch ein Gatter, außerhalb des eingezäunten Geländes ein Stück bergab auf einen kleinen See zu. Wir passieren ihn auf der rechten Seite über einen Damm. Nach gut 15 Min. Gehzeit verlassen wir den Feldweg, es geht rechts ab auf einen Trampelpfad in Richtung eines weiteren kleinen Stausees. Kurz vor dessen Ufer halten wir an seiner linken Seite auf eine Grundstückseinzäunung zu. Dort biegt der Weg nach rechts ab und bringt uns zu einem flachen Felsplateau, an dessen linkem Rand ein mit einem Gitter abgetrennter Überhang zu sehen ist. Dahinter verbergen sich geschützt einige San-Zeichnungen an der Felswand.
Die weißen Tatzen führen uns weiter geradeaus auf die Steilwand eines lang gezogenen Canyons zu, der gut 100 m tief zu einem Tal abfällt. An seinem hinterem (östlichen) Ende wird etwas später ein kleiner **Stausee (9)** zu sehen sein. Zunächst gehts es hinunter zu einem kleinen Bach, dort in seinem Lauf ein Stück aufwärts und dann nach links abknickend den Hang hinauf bis zum oberen Klippenrand des Canyons. Wir gehen immer am Abhang entlang, etwa 0.30 Std. lang auf einem sehr reizvollen Streckenabschnitt. Klippschliefer sind zu sehen, Habichte lassen sich im Aufwind treiben. Bald entdecken wir die Farm Wilgefontein im Tal.
Wir verlassen die Canyonkante, folgen den Markierungen zunächst auf einem Feldweg, dann steil abwärts auf einem Trampelpfad. An einem Kreuzungspunkt führt rechts ein Pfad nach Weltevrede zurück. Wir gehen links Richtung Wilgefontein. Ein kleiner Schlenker noch um eine Kuppe herum, am Hang abwärts bis zu einem Bach, dort links, dem Bachlauf folgend, parallel zur Schotterstraße, auf der wir hierher gefahren sind. Noch durch einen Buchenhain hindurch, dann sind wir wieder bei **Wilgefontein (1)**.

52 Witsand Nature Reserve – Hiking Trail

4.15 Std.

Durch die Sand- und Steppenlandschaft der Kalahari

Klein, aber fein. Das erst seit 1994 bestehende Witsand Nature Reserve zwischen Upington und Olifantshoek ist nur 9 km lang und 5 km breit, eine Oase der Stille inmitten einzigartiger Kalahari-Landschaft. Großzügig gestaltete Ferienhäuser mit Reetdächern liegen am Rand einer Kette aus 30–60 m hohen weißen Sanddünen, umgeben von Grassavannen und Kameldornbäumen. Brillenaffen, Steinböcke, Mangusten und Erdhörnchen trauen sich bis dicht an die Unterkünfte heran. Das Besondere: Wanderer können sich im Park überall frei bewegen. Markierte Wege gibt es nicht. Unsere Runde ist dennoch einfach nachzuvollziehen, folgt sie doch im Wesentlichen einer Jeep-Track-Spur durch die Dünen und die Graslandschaft.

Ausgangspunkt: Parkplatz vor der Rezeption des Witsand Nature Reserve, 1196 m. Anfahrt: Von Upington auf der N10 Richtung Marydale/Port Elizabeth in Groblershoop links abbiegen auf die R64 Richtung Kimberley/Griekwastad (auch: Griquatown); nach 59 km, kurz hinter Volop, auf die Schotterstraße links ab Richtung Witsand Nature Reserve. – Von Griquatown aus entgegengesetzter Richtung kommend auf der R64 nach 80 km rechts ab ebenfalls Richtung Witsand Nature Reserve. Auf der Schotterstraße noch 45 km bis zum Witsand Nature Reserve. – Nach dem Abzweig in Groblershoop kann man auch schon nach 12 km Fahrt links ab Richtung Witsand/Olifantshoek. Die Wegstrecke auf Schotter ist dann aber länger.

Höhenunterschied: Insg. ca. 180 m.

Anforderungen: Die Wanderung verläuft über Dünensand und auf Feldwegen, Turnschuhe sind ausreichend. Kein Schatten, Sonnenschutz und Wasser sind obligatorisch.

Einkehr/Unterkunft: Kleiner Kiosk mit Getränken und Lebensmitteln an der Rezeption, unterwegs keine. Im Park Chalets für Selbstversorger, Campingplatz und einfache Rundhütten, Witsand Nature Reserve, Tel. 083 234 7573; www.witsandkalahari.co.za, 8.00–18.00 Uhr.

Hinweis: Im Sommer ist die Tour wegen zu großer Hitze nicht zu empfehlen.

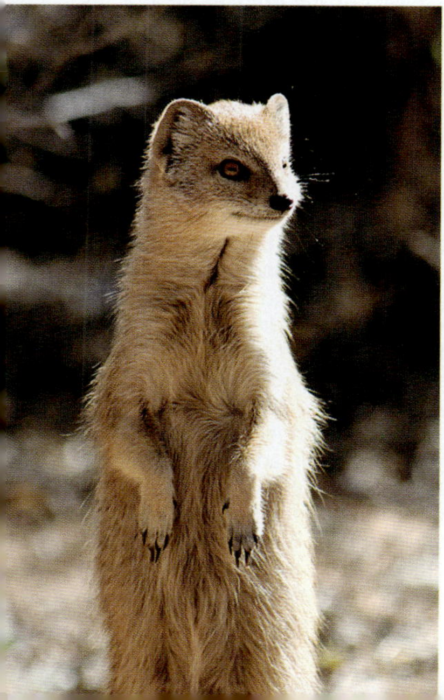

Fuchsmanguste.

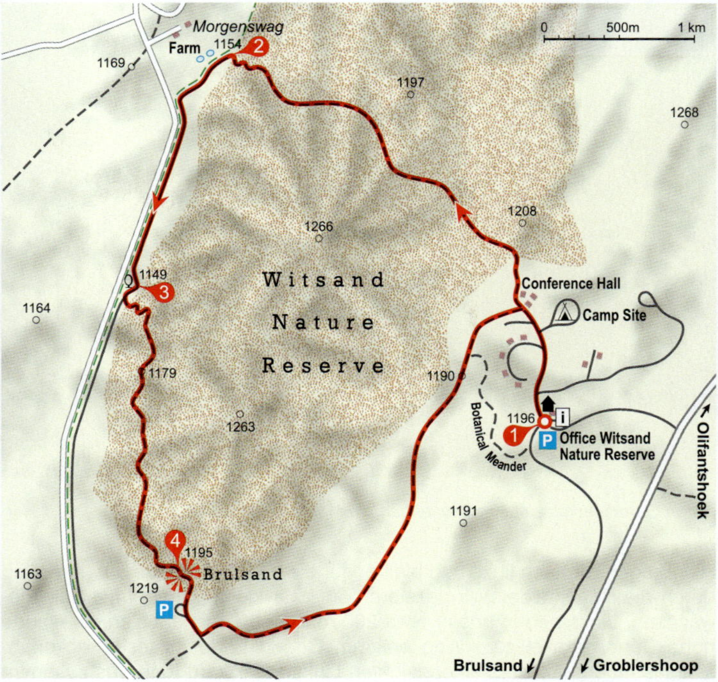

Vom **Office (1)** aus gehen wir auf der Schotterstraße den Hauptweg Richtung Day Visitors/Bungalows bis zu deren Ende bei den Group Facilities/ Conference Hall. Vorher lassen wir die Abzweige zu den Chalets und dem Bird Hide View Point unberücksichtigt. Kurz hinter dem Haus für Gruppenaktivitäten biegt links ein Feldweg ab. Hier werden wir auf dem Rückweg ankommen. Gegenüber weist ein Schild mit der Aufschrift »To Dunes« den Weg in die Dünen. Wir finden einen Sandpfad, der nach 5 Min. auf einen zweispurigen Sandweg stößt, den die Ranger mit ihren Geländewagen benutzen.

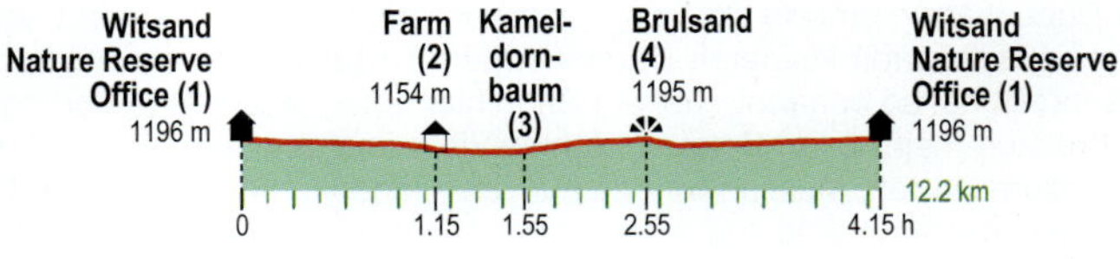

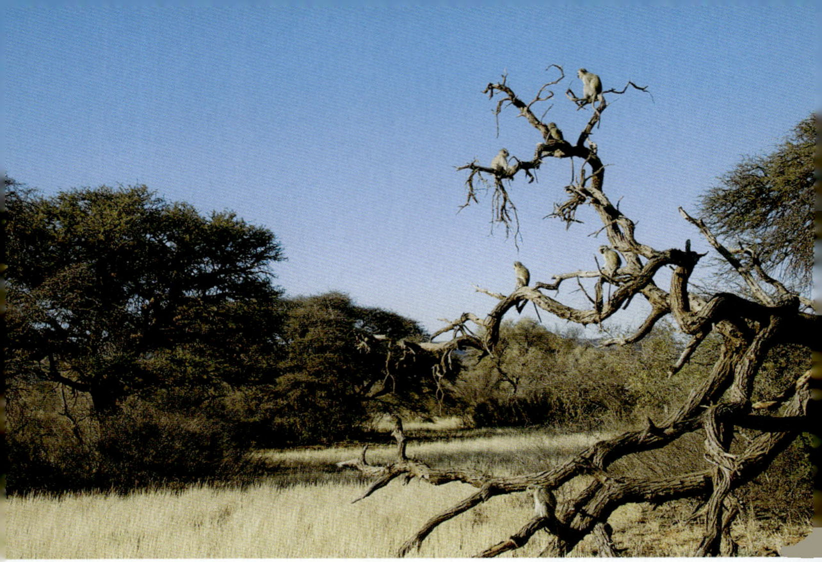

Junge Grünmeerkatzen beim Sonnenbad am Morgen.

Hier biegen wir nach links und bleiben für die nächste Stunde auf dem Weg durch die Dünenfelder. Wir passieren ein paar kleine Tümpel mit Schilfgewächsen. Links neben uns in etwa 200 m Entfernung zieht sich eine lange hohe Düne parallel zum Weg entlang. Gegen Ende dieses Streckenabschnitts macht der Kurs einen leichten Linksbogen und führt uns zu einem Dünenkamm empor. Von dort aus sehen wir eine kleine **Farm (2)** mit zwei großen Wasserzisternen. Sie liegt hinter einem Zaun, der das Farmland vom Gelände des Naturschutzgebiets abtrennt.
Wir verlassen das Dünengebiet in Richtung Farm hinunter und weiter links am Zaun entlang auf einem Feldweg in südliche Richtung. Das Dünenfeld verläuft gut 80–100 m parallel zu unserem Weg auf der linken Seite. Ein großer **Kameldornbaum (3)**, den wir nach 0.30 Std. erreichen, steht mitten in der Achse des Feldwegs. Der Weg beschreibt an dieser Stelle einen kleinen Bogen um den Baum herum. Hier biegen wir nach links ab, gehen weglos über das Steppengelände direkt auf die Dünen zu und steigen etwa 20 m zum Dünenkamm empor. Dort angekommen öffnet sich vor uns ein weiter Kessel, gespickt mit kleineren Dünenkuppen. Unser Ziel ist der Hügel der Brulsand-Düne; so benannt, weil der Sand hier unter bestimmten Bedingungen (trocken, heiß) beim Betreten dunkle Vibrationstöne von sich gibt. Um dort hinzugelangen, müssen wir uns auf dem Dünenkamm in südliche Richtung (von unserem Punkt aus nach rechts) orientieren. Der äußere Rand, auf

dem wir jetzt stehen, ist allerdings von struppigem Gebüsch bewachsen. Wir klettern deshalb wieder eine Ebene tiefer ins Dünental hinunter. Dort ist das Vorwärtskommen einfacher, immer in leichtem Auf und Ab an der Innenseite des Dünenrandes entlang.

Wir erreichen **Brulsand (4)**, den südlichsten Punkt des gesamten Witsand-Dünengebiets. Häufig sind hier Parkbesucher anzutreffen, denn über einen Schotterweg kann man bis zu einem Parkplatz auf der Rückseite der Düne fahren. Vom Hochpunkt geht es 30 m dort hinunter. Wir folgen dem Schotterweg gut 200 m weit bis zu einem zweispurigen Feldweg auf der linken Seite. Dort biegen wir ab und durchqueren die Steppenlandschaft, die das Dünenfeld umgibt. Die Ebenen sind bedeckt mit bis zu 1 m hohen Grasbüschen, gespickt mit kleinen und großen Kameldornbäumen. Alle 50–100 m erkennt man ein zinkfarbenes Zeichen auf dem Boden, Aufschrift »Water Piplyn«.

Wir lassen die Dünen auf der linken Seite hinter uns und erreichen nach gut 0.45 Std. einen schmalen Sandpfad, der von rechts auf unseren Feldweg einschwenkt. Er ist Teil eines von der Parkverwaltung angelegten botanischen Lehrpfads, genannt Botanical Meander. Für kurze Zeit wird er Teilstück unserer Route, bevor er wieder nach rechts abbiegt. Wir bleiben noch 15 Min. auf dem Feldweg, der schließlich vor der Conference Hall endet, an der wir unsere Runde gestartet haben. Auf bekanntem Schotterweg geht es rechts entlang zurück zum **Office (1)**.

Blick von Brulsand über die Kalahari-Steppe.

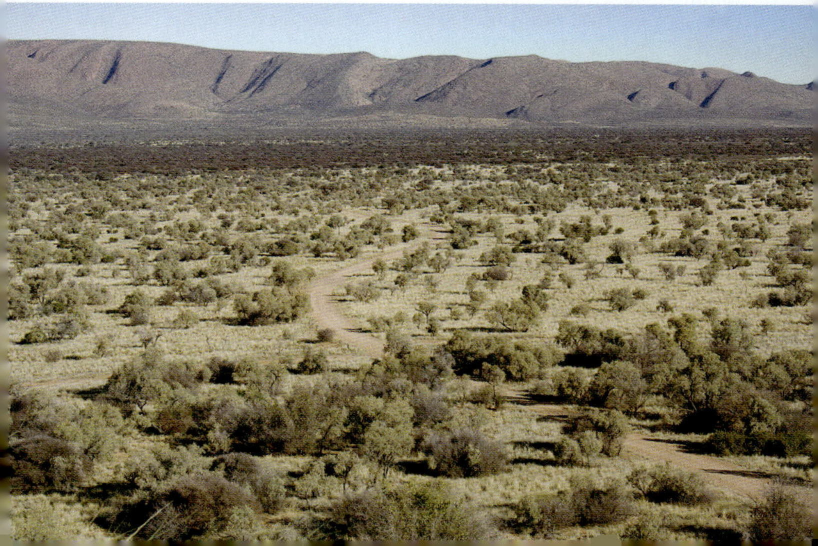

TOP 53 Dassie Nature Trail (Augrabies Falls National Park)

2.30 Std.

Wanderung zum spektakulären Canyon des Orange River

»Aukoerebis« hatten die Khoi die Stelle im Orange River genannt, an der er 80 m tief in eine Klamm stürzt, übersetzt etwa: »Ort des großen Getöses«. Daraus wurden der Name des Wasserfalls und der des Nationalparks abgeleitet – »Augrabies« Falls National Park. Zwei Wanderungen verlaufen durch diesen Park entlang der tiefen Schlucht des Orange River: der rund 7 km lange Dassie Nature Trail und der 39,5 km lange dreitägige Klipspringer Trail (Tour 54). Zu beiden Trails sind an der Rezeption des Rest Camp Faltblätter mit nützlichen Informationen über geologische Zusammenhänge sowie die Tier- und Pflanzenwelt erhältlich.

Ausgangspunkt: Parkplatz vor der Rezeption im Rest Camp des Augrabies Falls National Park, 610 m. Anfahrt: Von Upington auf der N10 in Richtung Springbok, ca. 3 km hinter Kakamas rechts abbiegen auf die R359 Richtung Augrabies, Hinweisschilder »Augrabies Falls National Park«. 27 km lang auf Straße bis zum Haupteingang bleiben, dann noch weitere 3 km bis zum Rest Camp.
Höhenunterschied: 60 m.
Anforderungen: Meist gut begehbarer Pfad auf Sand- und Felsflächen; für die Bachquerungen Trittsicherheit erforderlich.

Einkehr/Unterkunft: Restaurant im Rest Camp, unterwegs keine. Im Park Chalets für Selbstversorger, Reservierung zentral über SANParks, Auskunft vor Ort Tel. 012-428 9111. Außerhalb des Parks, an der N14 nahe Kakamas: Vergelegen Guest House, Tel. 054-431 0976; Ebenaeser Guest Farm, Tel. 054-431 1029.
Tipps: Wildpark u. a. mit Giraffen, Antilopen, Spitzmaulnashörnern.
Augrabies Falls (Main Falls), 80 m hohe Wasserfälle des Orange River hinter dem Rest Camp.

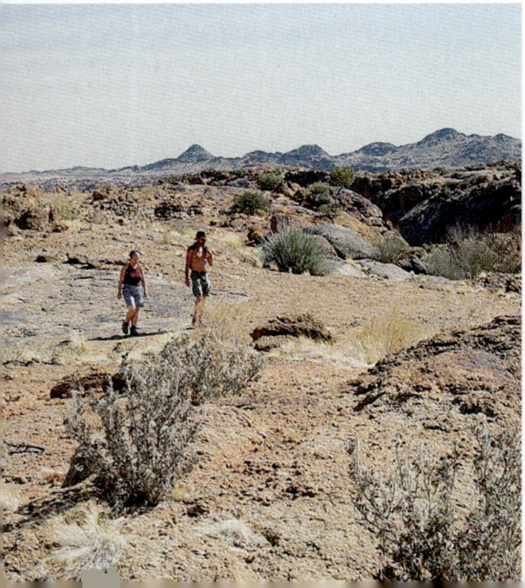

Unser Trail ist bestens mit grünen Schildern markiert, auf denen anfangs Klippschliefer (Dassie) und Klippspringer zusammen, später getrennt abgebildet sind. Vom Hauptgebäude des **Rest Camp (1)** geht es auf breiter Zufahrt zum Campingplatz, den wir am hinteren (nordwestlichen) Ende wieder verlassen.
Vor uns öffnet sich eine Landschaft aus sprödem Granit. Auf der linken Seite des Pfades sehen wir eine 100 m lange gewölbte Felsplatte, ge-

Auf dem Weg zum Orange River Canyon.

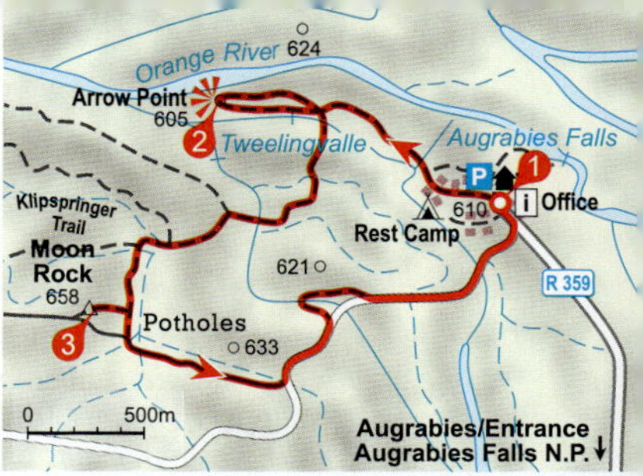

nannt Whale back. Wir passieren sie, schwenken dahinter etwas nach rechts ab zu einem Nebenarm des Orange River, den wir auf einer wackligen Holzpritsche queren, und erreichen die Landzunge, die sich bis zu ihrem spitzen Ende am **Arrow Point (2)** erstreckt. Direkt an der Kante des Canyons gehen wir bis dort hin – ein prächtiger Punkt für die Aussicht in die Schlucht des Orange River. 80–100 m tief fallen die Schluchtwände fast senkrecht zum Fluss ab.

Zurück zum kleinen Bach, den wir anfangs überquerten, geht es in einem Bogen entlang einer Nebenschlucht, die am Arrow Point in den Hauptcanyon mündet. Doch kurz vor Erreichen der kleinen Holzbrücke biegt der Pfad vor einem Schilffeld nach rechts ab. Über Steine hüpfend gelangen wir zur gegenüberliegenden Bachseite. Weiße Pfeile an den Felsen helfen bei der Orientierung. Über bröselige Gneisplatten geht es nun etwas aufwärts. Wir überqueren ein Sandfeld und eine schmale Schlucht aus schwarzen, senkrecht stehenden Basaltquadern. Erneut erreichen wir einen Wasserarm, der zwischen klobigen Felsbrocken hindurch in Richtung Canyon fließt. Hier ist etwas Klettern angesagt. Wir müssen erneut über eine wackelige Brücke oder wahlweise über große Steine den Flusslauf queren.

Gut 10 Min. später gabeln sich Dassie und Klipspringer Trail. Wir biegen nach links, während der Klipspringer Trail nach rechts auf die Tierhoekeiland führt. Er stößt wenig später wieder auf unsere Route, um dann kurz vor dem Moon Rock erneut nach rechts in die Steinwildnis zu verschwinden. Der **Moon Rock (3)** ist ein rund gewölbter Felsdom mit fast glatter Oberfläche. An einigen Stellen kommt es zu eigenartigen Pop-Ups, wenn die Oberfläche unter großer Spannung aufplatzt und Felsplatten sich gegeneinander aufrichten. Ein kurzer Abstecher bringt uns hinauf auf die Kuppe.

Wieder zurück am Hauptweg, bleiben wir in Bachnähe entlang einem Schilffeld, durchqueren es auf runden Holzblöcken und erreichen die Schotterstraße, auf der wir nach links abbiegen; nach 5 Min. schwenken wir aber erneut nach links ins Gelände. Auf einem glatten Granitplateau überqueren wir einen seichten Bach – ein ruhiger, lauschiger Platz, um sich die Füße zu kühlen. Der Abstecher in die Landschaft ist kurz, dann sind wir wieder zurück auf dem Schotterweg und folgen ihm bis zum Parkplatz beim **Rest Camp (1)**.

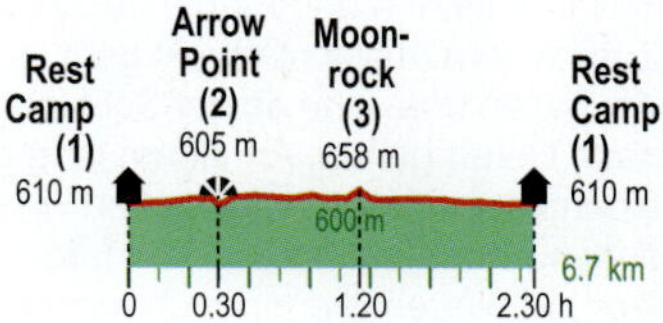

54 Klipspringer Trail (Augrabies Falls National Park)

3 Tage

Durch die Halbwüste am längsten Fluss Südafrikas

Die ganze Faszination der Halbwüste in der Übergangszone zwischen Karoo und Kalahari erlebt man am besten auf dieser 3-Tages-Tour durch den Augrabies Falls National Park. Der Trail führt zunächst auf der Route des Dassie Nature Trail (Tour 53) immer am oberen Schluchtenrand des Orange River entlang. Am zweiten Tag geht es hinunter in den Canyon, am Ufer des Orange River und seiner ausgetrockneten Nebenflüsse entlang, durch eine spektakuläre Landschaft aus Gneis und Granit; am dritten zurück zum Rest Camp.

Ausgangspunkt: Rest Camp im Augrabies Falls National Park (siehe Tour 53).
Höhenunterschied: 300 m.
Anforderungen: Zumeist felsiger, gut begehbarer Pfad, am zweiten Tag etwas anstrengend im Sandbett ausgetrockneter Flüsse, am Orange River kurze Kletterpassage unter Zuhilfenahme der Hände über große Granitsteine. Sonnenschutz und ausreichend Wasservorräte sind obligatorisch.
Einkehr/Unterkunft: Restaurant am Rest Camp, unterwegs keine Einkehr. Wasser aus Regenwassertanks bei den Hütten. Visarend Hut und Berg Hut: einfacher Standard, Schlafräume mit Stockbetten und Matratzen, Grillstelle, WC. Gaskocher und Zubehör sind mitzunehmen. Im Park: Chalets (Reservierung über SANParks Central Reservation) und Campingplatz. In der Umgebung einzelne Gästehäuser.
Hinweis: Der Trail ist vom 15.10. bis 31.3. wegen zu großer Hitze geschlossen.

1. Tag: Rest Camp – Visarend Hut

5.15 Std., 30 Hm Aufstieg, 140 Hm Abstieg, 12,4 km

Der erste Teil der Tagesetappe verläuft auf gleicher Route wie der Dassie Nature Trail (Tour 53), vom **Rest Camp (1)** zum **Arrow Point (2)** bis zu einer Gabelung am Markierungspunkt Shepard Tree. Hier biegen wir rechts ab, während der Dassie Trail nach links abdreht. Nach 50 m taucht zum ersten Mal unser Klipspringer-Symbol auf. Ähnlich wie beim Arrow Point führt auch dieser Abstecher auf eine Landzunge, genannt Tierhoekeiland. Die spitz zulaufende Halbinsel wird von den Schluchten des Orange River und der Witkarskloof begrenzt, die am hinteren Ende, am **Canyon View (3)** aufeinandertreffen, ein prächtiger Aussichtsplatz. Auf dem Weg dorthin und kurz danach verschwindet unser Wegzeichen gelegentlich. Der Pfad ist aber immer wieder durch Pfeile, Steinmännchen und Pfähle gekennzeichnet.

Zurück vom Aussichtspunkt geht es in engem Bogen entlang der Witkarskloof. Wir halten uns nahe an der Schlucht, die jetzt rechts von uns liegt, während wir nach Osten gehen. An einem lang gestreckten Granitplateau vorbei und über einen Felshügel hinweg, stoßen wir wieder auf den Dassie Trail, dem wir rechts entlang noch einmal für 5 Min. folgen. Am Fuß des Moon Rock verlassen wir ihn und biegen wieder nach rechts ab in die Wüstenlandschaft. Über spröden und porösen Fels geht es auf und ab, jetzt vom Canyonrand weg. Die Vegetation ist spärlich; ein paar Sukkulenten, und dann und wann eine Süßdornakazie oder Silberrindenbaum. Nach fast 2 Std. nähern wir uns bei **Ararat (4)** wieder dem Canyon. Dieser Aussichtsplatz liegt an einer Biegung des Canyons, er ist auch mit dem Auto erreichbar. Gut 10 Min. vor Ararat finden wir aber eine noch bessere Stelle für den Canyonblick. Wie ein Riss zieht sich die tiefe Schlucht durch das ebene Gelände. Die Wahrscheinlichkeit, Felsadler zu entdecken, ist sehr hoch. Gern lassen sie sich hier im Aufwind treiben.

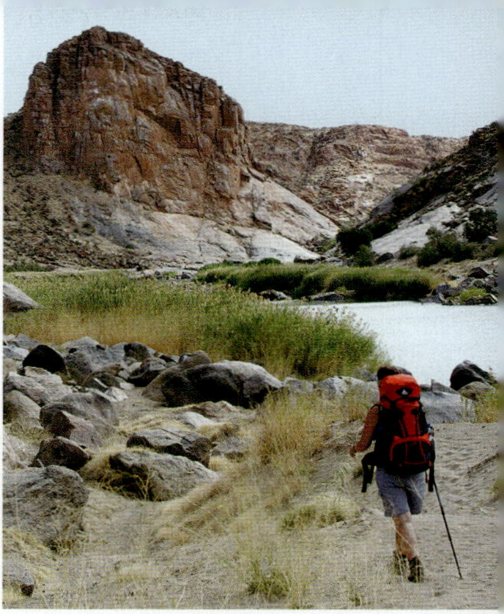

Im Tal des Orange River.

Vom Parkplatz am Ararat gehen wir 150 m auf der Schotterstraße hoch und rechts ab auf einem Trampelpfad querfeldein. Vorbei an einer Sandmulde auf der rechten Seite, über einen kleinen Hang hinweg, gelangen wir auf eine Grasebene und schließlich auf einen Feldweg, dem wir rechts abbiegend zum **Oranjekom Viewpoint (5)** folgen. Neben dem überdachten Aussichtsplateau hindert eine über den Weg gehängte Kette Pkw-Fahrer am Weiterfahren. Wir überqueren die Kette und bleiben noch ein Stück auf dem Schotterweg bis zur **Visarend Hut (6)**.

2. Tag: Visarend Hut – Berg Hut

5.15 Std., 120 Hm Aufstieg, 110 Hm Abstieg, 10,4 km

Die Route beginnt hinter unserer Steinhütte. Es wird eine sehr abenteuerliche Etappe. Zwischen ein paar größeren Felsbrocken hindurch steigen wir kurz an einem Hang zu einer Kuppe empor, bevor es gleich anschließend in einem kleinen Taleinschnitt hinunter zum Orange River geht. Der Pfad führt über kleine Geröllfelder und endet an einer Felsrampe aus glattem Granit, auf der wir bis zum Ufer des Orange River gelangen. Der Fluss fließt hier recht ruhig dahin, da sich der Canyon an dieser Stelle schon etwas verbreitert hat. Unsere Route führt am Fluss links ab stromaufwärts. Doch direkt am Ufer ist kein Durchkommen, die Steinbrocken sind zu groß. Wir müssen daher wieder gut 30 m zurückgehen und uns dann rechts entlang einen Weg durch die Brocken suchen. Ein paar Steinmännchen sind zur Orientierung ausgelegt. Die Kletterpassage nimmt etwa 20 Min. in Anspruch, dann wird das Gelände am Ufer eben und übersichtlich. Wir bleiben in Ufernähe, es geht abwechselnd über Sand- und Strandflächen mit rundgewaschenen kleinen und großen Steinen oder über flache Felsplatten. Kleine Buchten mit seichtem Wasser haben sich gebildet. Nach fast 2 Std. Gehzeit am Fluss macht er einen Bogen nach Westen, dem wir bis zum **Canoe Point (7)**, einer Kanu-Anlegestelle, folgen, Ausgangspunkt für organisierte Bootstouren am Orange River. Weiter geht es über Graspfade und durch lehmiges Gelände, in dem der Fluss bei Hochwasser tiefe Furchen ausgespült hat. Wir durchqueren ein Gebiet mit hohem Schilf und mittelgroßen runden Felsen. Manchmal sind Warane zu sehen. In der Ferne erkennt man einen hohen, markanten Berg, dessen nördliche Felswand steil zum Orange River abfällt. An dieser Stelle stoßen wir auf die Diepkloof. Einst muss hier ein sehr breiter Fluss in den Orange River geflossen sein. Jetzt ist nur noch das trockene Sandbett übrig. Den Punkt, an dem der Sand auf den Fluss stößt, nennt man **Bathy Spot (8)**. Wir steigen hinunter auf die Sandfläche im alten Flussbett. Nach links, Richtung Süden, der Markierung folgend, werden wir gleich weitergehen. Vorher machen wir aber noch einen kurzen Abstecher nach rechts zum Bathy Point.

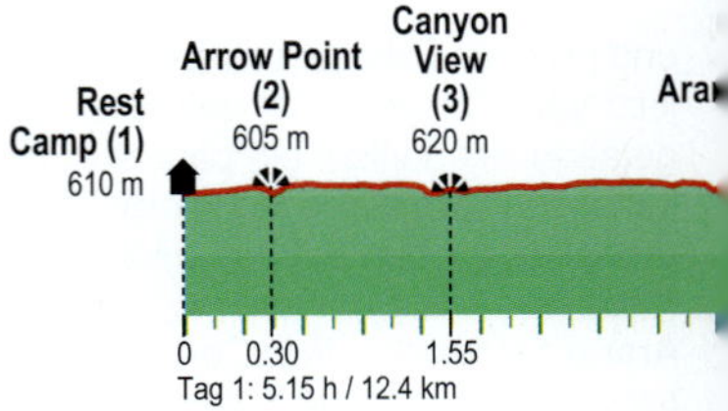

Der folgende Marsch durch den Sand ist zwar anstrengend, aber fast automatisch legt man immer wieder Pausen ein: Überall glitzert und funkelt es,

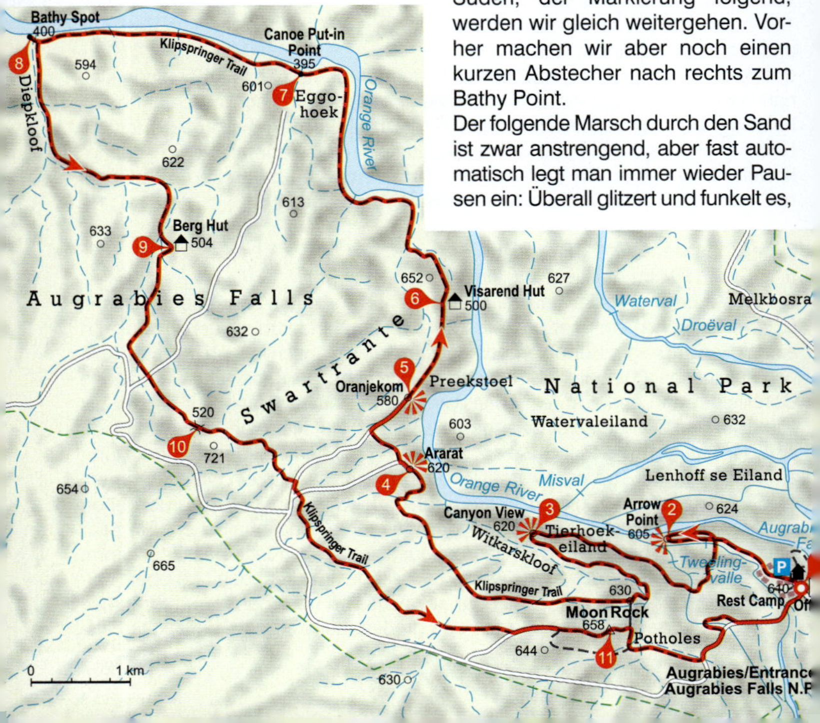

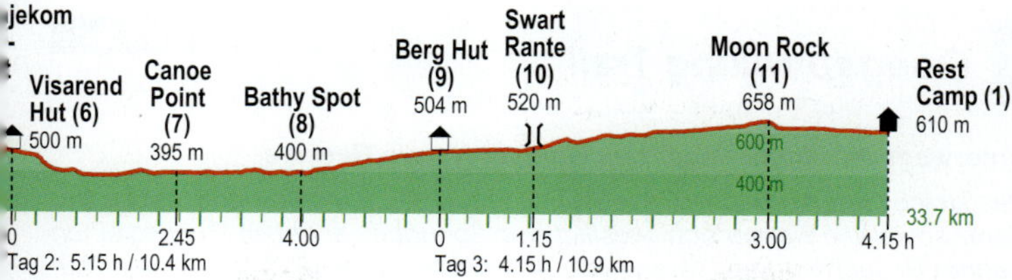

Rosenquarz und andere Kristalle liegen in großen Mengen auf dem Boden. Das Sandfeld setzt nach 20 Min. kurz aus und geht in ein Granitplateau über, auf dem wir dem Flusslauf im Bogen nach links folgen. Nach weiteren 20 Min. setzt sich der Weg in einem Seitencanyon nach links fort und stößt gut 15 Min. später auf einen noch breiteren trockenen Flussarm. Das Klipspringer-Zeichen markiert hier eine Richtungsänderung nach rechts (Süden). Wir halten uns am linken Rand der Sandebene und entdecken nach 500 m das Wegzeichen, das uns links entlang führt. 10 Min. später sind wir an der **Berg Hut (9)**, die etwa 20 m erhöht auf einem Felssporn steht.

3. Tag: Berg Hut – Rest Camp

4.15 Std., ca. 50 Hm Auf- und Abstieg, 10,9 km

Von der **Berg Hut (9)** aus haben wir noch einmal einen schönen Blick über das sandige Flusstal, durch das wir am Vortag hergekommen sind. Es setzt sich noch weiter in südliche Richtung fort. Wir steigen links neben der Hütte auf einem Feldweg zu einer Grassteppe hinab, die parallel zum Sandbett verläuft. Der Weg leitet zunächst an einem Trinkwassergenerator vorbei, dann an einer Hütte, die Mountainbikern vorbehalten ist, und trifft auf einen Schotterweg, dem wir 10 m weit nach rechts folgen, um dann gleich wieder nach links auf einen Trampelpfad zu schwenken. Die Spur ist mit hochgestellten Steinplatten gut markiert. Wir kreuzen nochmals einen Sandweg und steigen dann langsam den Hang zur **Swart Rante (10)** – Schwarze Kante – empor. Diese Hügel aus Magmagestein sind von einer auffällig schwarz verwitterten Schicht überzogen, eine Art Schutz vor weiterer Erosion, wenn die Sonne vom Himmel brennt; dazu im Kontrast lange Quarzadern mit roten und weißen Kristallen. Den höchsten Punkt dieser schwarzen Berge erreichen wir nach knapp 1.15 Std. Vor uns öffnet sich ein weites Tal mit Grassteppen, Kameldornbäumen und Süßdornakazien. Springböcke, Steinböcke und Kudu-Antilopen sind zu entdecken.
Wir durchschreiten das Tal, überqueren zweimal die Parkstraßen und gehen an der südlichen Parkgrenze entlang Richtung Rest Camp, bis wir auf den Zufahrtsweg zum **Moon Rock (11)** stoßen. Wir steigen hoch auf die gewölbte Granitkuppel und genießen einen letzten Rundblick über das Gelände.
An der Rückseite steigen wir ab und gelangen auf den Dassie Nature Trail, dem wir rechts entlang zum **Rest Camp (1)** folgen.

55 Goegap Hiking Trail

2.15 Std.

Unterwegs im Blumenmeer des Goegap Nature Reserve

Das kleine Goegap Nature Reserve (»Goegap« bedeutet in der Sprache der Nama soviel wie Wasserloch) westlich von Springbok erlebt im Frühling einen wahren Besucherboom. Wenn nach den ersten Regenfällen im August Tausende Wildblumen blühen, verwandeln sich die sonst grauen Grassteppen zwischen den Hügeln der Klein Koperberge in einen bunten Farbteppich. Im Park sind über 600 verschiedene Pflanzen zu Hause, darunter zahlreiche Geophyten, Sukkulenten und Köcherbäume. Über 90 Vogel- und über 40 Säugetierarten haben hier ebenfalls einen Platz gefunden. Für Wanderer sind zwei Routen – gelb und grün markiert – durch die Hänge der Klein Koperberge angelegt. Wir wählen die etwas längere gelbe Tour.

Ausgangspunkt: Parkplatz im Goegap Nature Reserve, 890 m. Anfahrt: Von der N7 aus Kapstadt kommend Richtung Namibia, kurz vor Springbok von der Autobahn links abbiegen, jedoch nicht in den Ort nach links, sondern rechts über die Autobahnbrücke Richtung Kliprand weiterfahren. Nach 300 m rechts abbiegen, Richtung Flughafen/Goegap Nature Reserve, nach 7 km ist der Haupteingang erreicht; bis zur Rezeption weitere 6 km.
Höhenunterschied: 210 m.

Anforderungen: Der Pfad ist gut markiert und ohne Schwierigkeiten zu begehen.
Einkehr/Unterkunft: Kleiner Kiosk hinter der Rezeption, unterwegs keine. Unterkunft im Park nur begrenzt in zwei Chalets, Tel. 027-718 9906; in Springbok-Springbok vor allem Gästehäuser und B&B.
Variante: Die grüne Route, Gehzeit ca. 1.30 Std.
Hinweis: Park geöffnet 8.00–16.00 Uhr, Auslass bis 17.30 Uhr.

Neben dem Sukkulenten-Garten am Ausstellungsraum des **Goegap Nature Reserve Office (1)** führt ein blau geschotterter Weg zu zwei Steinhäusern, in denen die Park-Unterkünfte eingerichtet sind. Wir folgen ihm 50 m weit und biegen links hinab auf einen Pfad über einen kleinen Bach. Die beiden Trails sind mit gelben und grünen Hufen markiert. Es geht hangaufwärts, bis der Weg sich nach knapp 15 Min. gabelt, rechts entlang die grüne Kurzstrecke, links unsere gelbe Route.

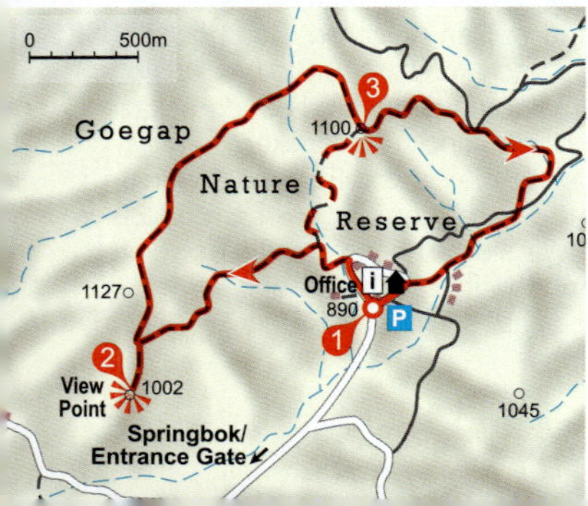

Wir steigen noch etwas empor, um uns herum überall blühende Karoo-Sträucher und Wildblumen. Es duftet nach Jasmin, wilden Geranien und Thymian. Das Gelände verflacht allmählich, bis wir nach 50 Min. am **View Point (2)** angekommen sind:

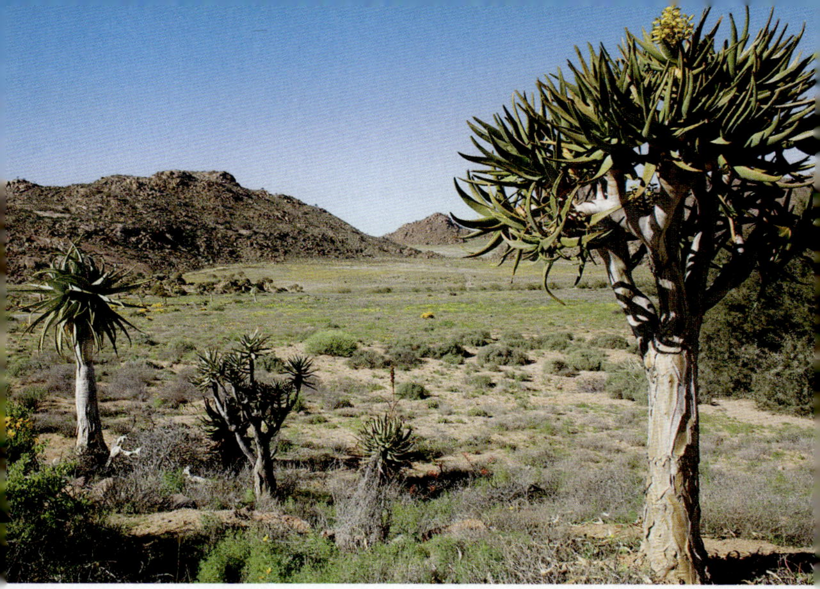

Köcherbäume im Goegap Nature Reserve.

ein Hügel aus Granitblöcken, von dem aus wir weit in die Ebene unter uns blicken können. Der Anblick des Naturparks ist einmalig, Herden von Oryxantilopen und Springböcken grasen dort friedlich im Blütenmeer.
Wir gehen 100 m weit auf unserem Weg zurück, dann setzt er sich links von einem Markierungspfahl durch die Hügellandschaft fort. Es geht leicht abwärts durch eine Senke, wir überqueren ein paar kräftige Quarzadern mit weißen Kristallen und erreichen einen kleinen Bach, hinter dem der Pfad am Hang wieder aufsteigt. Ein weiterer, durch ein Geländer gesicherter **Aussichtspunkt (3)** über das Camp-Gelände ist erreicht, an dem die grüne Route auf unseren Pfad stößt. Links vom Aussichtspunkt halten wir uns Richtung Office. Es geht an ein paar Köcherbäumen vorbei hinab zu einem Jeep Track, dort kurz links und nach 20 m wieder rechts (»Hiking Trail»). Eine kurze Leiter führt hinunter zu einem ausgetrockneten Bachbett. Noch einmal kreuzt der Pfad den Jeep Track und verläuft anschließend weiter durch das Bachbett und über einen Geländeweg hinweg zu einer Schotterstraße. Rechts entlang sind es noch 10 Min. bis zum Parkplatz beim **Office (1)**.

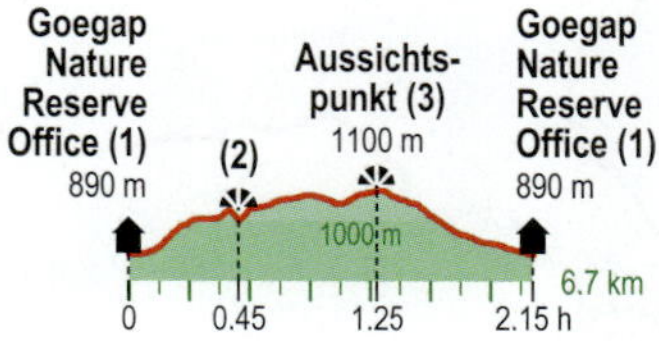

56 Rietvlei Day Hike

6.45 Std.

Unberührte Wilderness-Landschaft im Oorlogskloof Nature Reserve

Das Oorlogskloof Nature Reserve südlich von Nieuwoudtville ist als Wilderness Area angelegt, in der Wanderer viele Tage unterwegs sein können, aber auf Zelt und eigenen Proviant angewiesen sind. »Oorlog« ist das Afrikaans-Wort für Krieg. 1739 war es an dieser Stelle zu blutigen Kämpfen zwischen europäischen Siedlern und San-Ureinwohnern gekommen. Auf einer Hochebene auf dem Bokkeveld gelegen, bietet der Park artenreiche Vegetationszonen mit vielen Pflanzen aus der Protea-Familie ebenso wie Sukkulenten aus der Karoo-Flora. Zudem verleihen die Schlucht des Oorlogkloof River, das Tal des Rietvlei River und die Saaikloof dieser Landschaft ein abwechslungsreiches Relief.

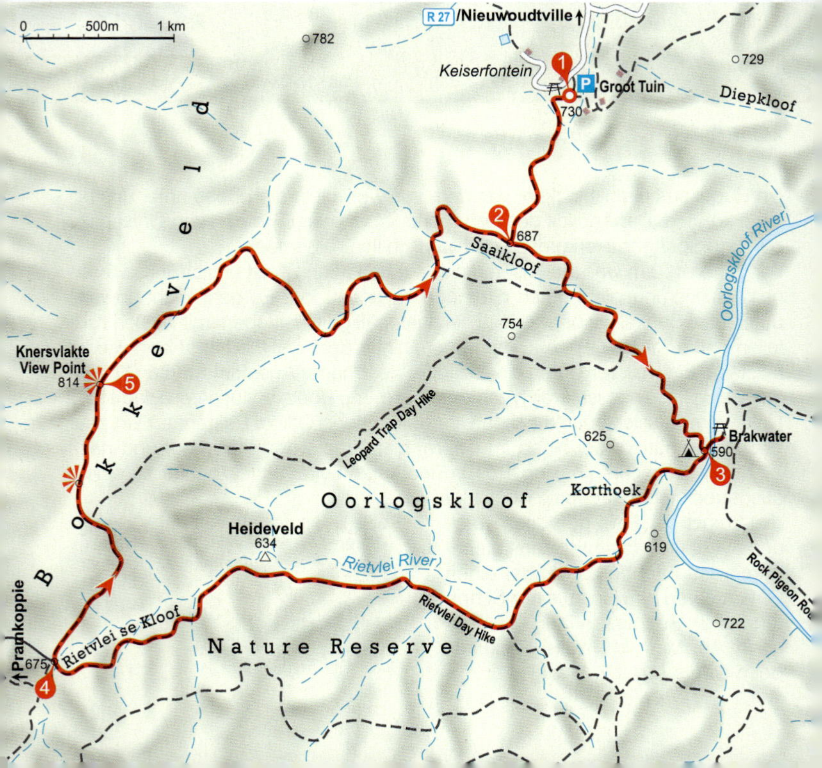

Ausgangspunkt: Parkplatz auf dem Groot-Tuin-Picknickgelände im Orlogskloof Nature Reserve, 730 m. Anfahrt: Von der N7 aus Kapstadt in Richtung Springbok rechts nach Vanrhynsdorp auf die R27 in Richtung Calvinia abbiegen, nach 53 km erreicht man den Abzweig rechts nach Nieuwoudtville. 7 km vor dem Ort befindet sich rechts ein eisernes Tor an der Zufahrt zum Park, Schild »Oorlogskloof Nature Reserve«. – Doch zunächst muss man zur Anmeldung in den Ort, die Hauptstraße bis zum Ortsende 1 km weit durch, dort links in die Goedehoopestraat abbiegen, nach 100 m halten. Das Ranger Office des Oorlogskloof Nature Reserve (Schild) liegt auf der linken Seite; dort anmelden. Im Office erhält man Schlüssel, Karten- und Info-Material. – Zurück zum Tor an der Zufahrtsstraße am Ortsanfang fährt man links ab 11 km weit auf der Schotterpiste über privates Gelände bis zum Eingang der Wilderness Area an einem mit Reet gedeckten Portal. Nach 200 m auf dem Picknickgelände unter Bäumen parken. Bei der Rückfahrt ist der Schlüssel in einer Schlüsselbox am Eisentor an der Parkeinfahrt zu deponieren.

Höhenunterschied: 320 m.

Anforderungen: Für die Länge der Tour ist gute Kondition erforderlich. Einige Kraxeleinheiten mit kurzen Leiterpassagen sind zu bewältigen.

Einkehr/Unterkunft: Keine Einkehr. Unterkünfte in Nieuwoudtville, aber begrenzte Auswahl, z. B. Die Nedersetting, Tel. 027-218 1897, oder Brandkop Cottage Tel. 027-218 1254 (15 km entfernt).

Hinweis: Anmeldung im Ranger Office in Nieuwoudtville, siehe Ausgangspunkt. Es ist sinnvoll, die Anmeldeformalitäten im Office schon am Vortag der Wanderung zu erledigen (Tel. 027-218 1159; Mo-Fr. 7.45–16.00 Uhr).

Ausreichend Wasser mitnehmen!

Tipps: Wildflower Reserve und Waterfall von Nieuwoudtville.

Köcherbaumwald bei Gannabos, 14 km Richtung Loerisfontein.

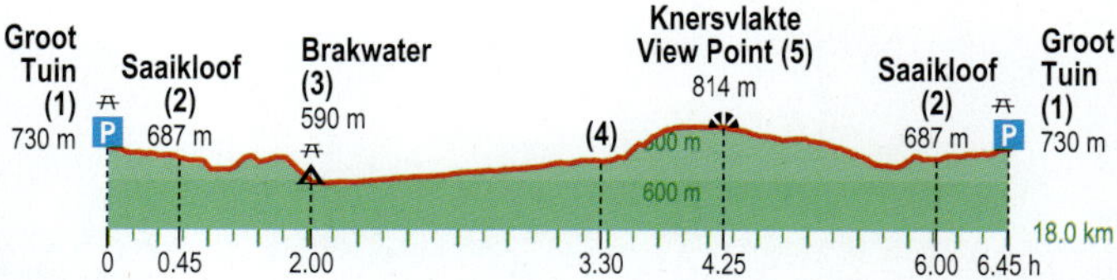

Wir verlassen den schattigen Picknickplatz, genannt **Groot Tuin (1)**, an seinem hinteren Ende und machen kurz an einer Holztafel Halt, auf der die Wanderwege im Gebiet aufgelistet sind: Die Rock Pigeon Route und Rameron Pigeon Route sind 50 km lange 5-Tages-Tails, der Rietvlei und der Leopard Trap 18 und 15 km lange Tagestouren. Ein gemeinsames Wegstück (bis Brakwater) verbringen wir zunächst auf der Rock Pigeon Route. Über Sandsteinplatten gelangen wir an einen kleinen Bach, überqueren ihn, passieren ein kleines Waldstück und die Ruine eines Steinhauses. An einer Weggabelung biegt die Rameron Pigeon Route nach rechts ab, wir folgen der Rock Pigeon Route nach links Richtung Brakwater. Kurz danach stoßen wir mit unserem Pfad direkt an den Steilhang der **Saaikloof (2)**, an deren Rand wir nach links weiter gehen.

Ab hier beginnt ein spannender Streckenabschnitt bis hinunter in die

Schlucht, zunächst noch 500 m am Canyonrand, dann abwärts über einen Bach hinweg zur Talsohle. Es geht vorbei an einem Abzweig rechts Richtung Saaikloof, den wir ignorieren. Nur kurz bleiben wir im Tal, dann geht es schon wieder aufwärtskletternd aus der Schlucht heraus. Die Route führt durch enge Felspassagen, über Steinbrocken hinweg und an schönen Felsformationen vorbei. Holzleitern assistieren beim Klettern.
Wir erreichen eine sandige Hochebene, auf der sich der Weg erneut gabelt. Rechts herum biegt der Pfad des Leopard Trap ab, wir gehen jedoch links herum Richtung Brakwater. Nach 100 m auf der Hochebene öffnet sich vor uns das friedliche Rietvlei-Tal. Die Flusswindungen des Oorlogskloof River und des Rietvlei River sind zu sehen. Das Ufer ist mit schattigem Milchholzbäumen bedeckt. Auf den Wiesen am Korthoek grasen Springböcke. Der Abstiegspfad durch ein Waldstück aus wilden Oliven und Süßdornakazien ist mit Trittstufen aus Rundholz stabilisiert.
Schließlich kommen wir nach **Brakwater (3)**, einer Camping- und Picknickstelle unweit des Oorlogskloof River. Der Pfad endet an einem Jeep Track, dem wir nach rechts Richtung Kareebos/Rameron Pigeon Route folgen. Zuvor machen wir aber noch einen 5-Minuten-Schlenker nach links Richtung Rock Pigeon Route, um ans Ufer des Oorlogskloof River zu gelangen – Zeit für eine kurze Rast.

Am Rand der Saaikloof.

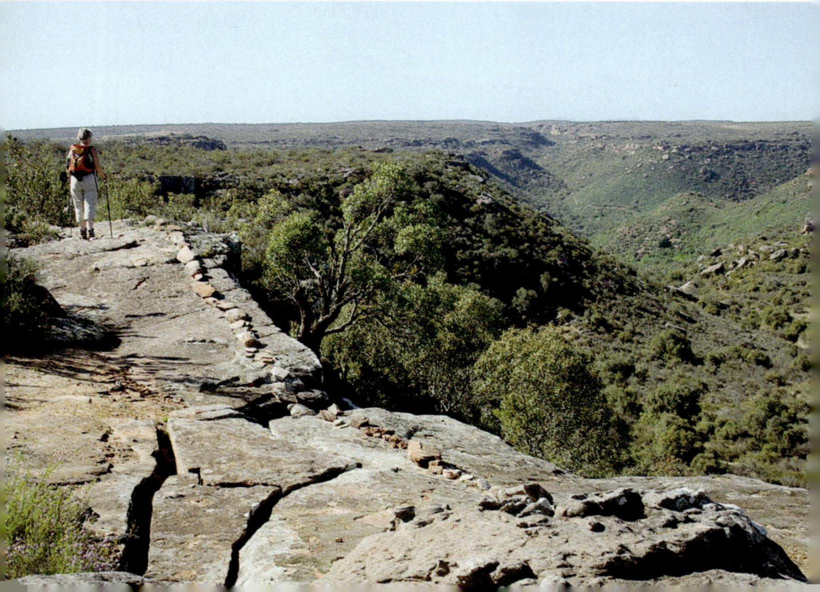

Zurück auf dem Jeep Track gehen wir über die Wiesen am Korthoek vorbei zum Ufer des Rietvlei River, der etwas versteckt hinter einem Hügel in den Oorlogskloof River mündet. Wir überqueren ihn an einer Furt. Kurz dahinter weist ein Schild links Richtung Kareebos, während wir auf dem Hauptweg Richtung Pramkoppie bleiben. Ab dem Schild geht es 5 km lang in Flussnähe durch das breite Rietvlei-Tal. Das offene Gelände ist mit Wildblumen und Fynbos-Pflanzen bedeckt, darunter größere Flächen mit Nashornbüschen (Renosterbos). Am Talende erreichen wir eine **Kreuzung (4)**. Hier wandern wir rechts den Hangpfad hoch, der uns aus dem Tal hinausbringt, Richtung Groot Tuin(Links ab geht es zum Pramkoppie, geradeaus führt unser Jeep Track zu einer Wendeschleife).

In kurzen Abständen folgen zwei Hinweisschilder zu San-Zeichnungen (Afrikaans: Boesmanstekeningen), denen wir folgen. In stetem Anstieg bewältigen wir anschließend 160 Höhenmeter bis zum Felsplateau des Bokkeveld. Es fällt an seiner Westseite steil ab zur flachen Ebene der Knersvlakte, vermutlich nach den Knirschgeräuschen benannt, die die hölzernen Wagenräder der Trek-Buren beim Überqueren der Ebene erzeugten.

Wir gehen am Abzweig rechts vorbei, auf dem der Leopard Trap Trail auf unseren Pfad stößt, und erreichen den **Knersvlakte View Point (5)**, der uns prächtige Ausblicke über die 600 m tiefer liegende Ebene bietet. Auch der Vanrhyns-Pass ist zu erkennen, auf dem schon die ersten Karrenwagen der Trek-Buren aufs Bokkeveld hochgezogen wurden. 15 Min. am Abhang entlang benötigen wir bis zum höchsten Punkt im Parkgelände, markiert mit einer betonierten Stele.

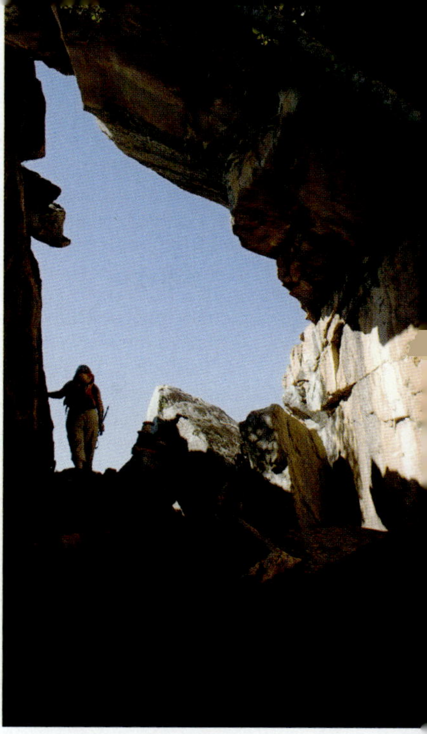

Durch die Felsen der Saaikloof.

Der Rückweg zum **Groot Tuin (1)** verläuft durch herrliches Fynbos-Gelände – erstaunlich, dass hier, mitten in der Karoo, diese Flora anzutreffen ist.

Cederberge

Die Cederberge erstrecken sich zwischen dem Pakhuis-Pass bei Clanwilliam im Norden und dem Middelberg-Pass bei Citrusdal im Süden, nur knapp drei Autostunden von Kapstadt entfernt. Benannt wurde die Gegend nach der **Clanwilliam-Zeder**, einer endemischen Zypressenart, die in 800–1400 m Höhe wächst. Raubbau und Waldbrände ließen ihren Flächenanteil leider sehr stark schrumpfen, sodass sie heute zu den bedrohten Pflanzenarten Südafrikas zählt. Die Umgebung von **Citrusdal** ist bekannt für den Anbau von Zitrusfrüchten, die von **Clanwilliam** für den Anbau von Rooibos-Tee, der auch über Südafrika hinaus weltweit viele Liebhaber gefunden hat.
Herzstück der Cederberg-Region mit ihren bis zu 2000 m hohen Bergketten ist das Wandergebiet der Cederberg Wilderness Area. Die Natur ist sich hier selbst überlassen, menschliche Eingriffe werden auf ein Minimum reduziert. So sind die Wanderwege denn auch kaum markiert, Wanderer bei Mehrta-

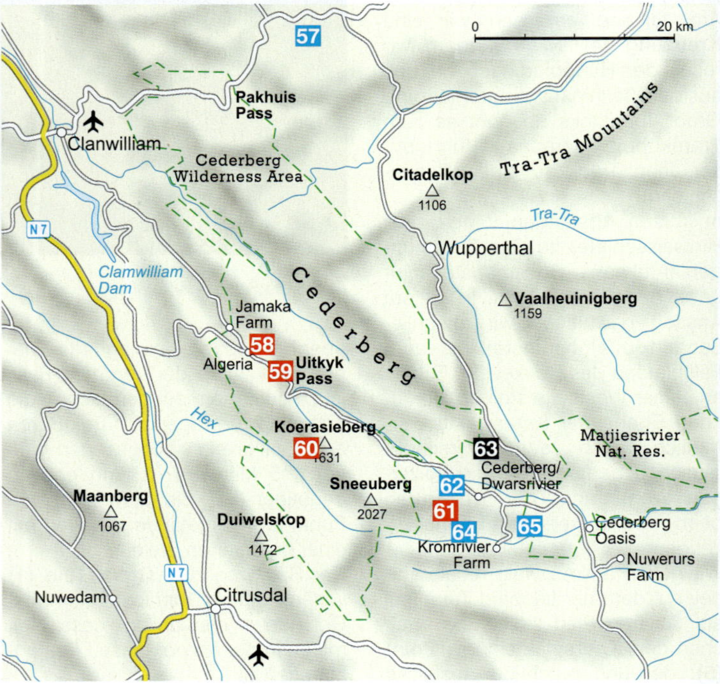

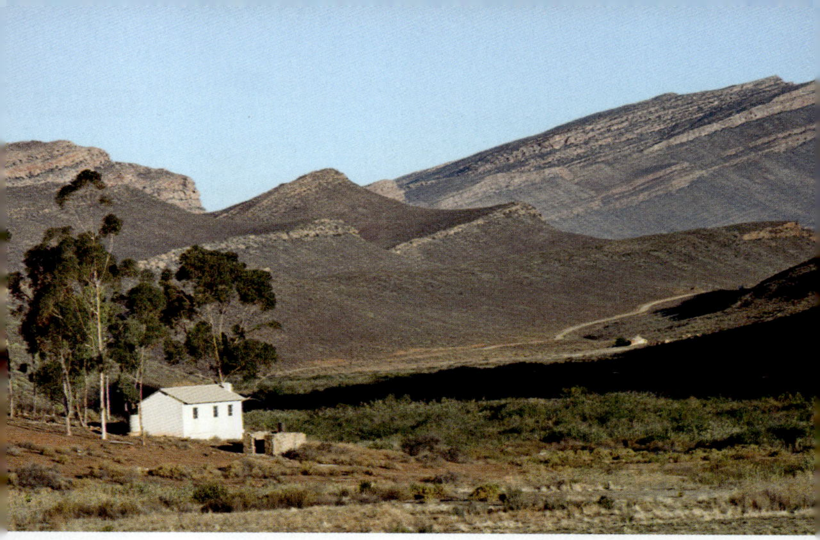

Im Tal des Matjiesrivier.

gestouren auf Kompass, Karte und Orientierungssinn angewiesen. Die Landschaft ist einzigartig. Auf den ersten Blick wirkt sie karg und wüst, geprägt durch das jährliche Temperaturgefälle von kalten Wintern und heißen Sommern. Taucht man aber tiefer ein, erkennt man sehr schnell ihre Besonderheit: von Wind und Wetter gestaltete Sandsteinformationen, manchmal wie mit Bauklötzen zu Türmen gestapelt, manchmal wie von Künstlerhand zu eigenwilligen Figuren modelliert. Die Vegetation ist geprägt durch zwei unterschiedliche Biome: die Sukkulenten-Karoo mit kleinwüchsigen Sträuchern und die Fynbos-Pflanzenwelt, einschließlich der seltenen Schnee-Protea, die nur in Höhen über 1600 m wächst. Eine weitere Besonderheit sind die feinen Felszeichnungen der San- und Khoi-Ureinwohner, die ihre Spuren in Höhlen und an den Wänden von Felsüberhängen hinterließen, bevor sie von weißen Siedlern in nördlichere Regionen zurückgedrängt wurden.
Zwei zentrale Standorte sind Ausgangspunkt für Wanderungen: die **Algeria Forest Station**, von der aus die Cape Nature Conservation das Gebiet verwaltet, und die **Dwarsrivier Farm** etwas weiter südlich, auch bekannt für ihre guten Weine aus dem Cederberg Private Cellar. In beiden Basis-Camps erhält man die Genehmigungen für Tagestouren, Info- und Kartenmaterial. Bei beiden sind jeweils Campingplätze und Unterkünfte in Chalets angegliedert. Insgesamt ist das Gebiet sehr dünn besiedelt, einige wenige Farmen allerdings bieten urige Unterkünfte. Hier werden ebenfalls die Genehmigungen für Wanderungen zu den Hauptattraktionen ausgestellt.

57 Sevilla Rock Art Trail

1.30 Std.

Einzigartige Felsmalereien am Nordrand der Cederberge

Felszeichnungen von San-Ureinwohnern in den Cederbergen zählen zu den schönsten ihrer Art in Südafrika. Auf dem Gelände der Traveller's Rest Farm wurden insgesamt 10 eng beieinanderliegende Fundstätten zur Besichtigung freigegeben. Unklar ist das Alter der Bilder. Eine Zeitspanne zwischen 500 und 5000 Jahren wird angenommen. Der Name des Trail hat mit all dem nichts zu tun: Die Farmbesitzerin Haffie Strauss hat schlichtweg ein Faible für Spanien, nachdem sie zwei Jahre in Sevilla gelebt hatte.

Ausgangspunkt: Parkplatz am Farm Stall und Info Point des Trails am Brandewyn River nahe der Traveller's Rest Farm, 320 m. Anfahrt: Von der N7 Richtung Clanwilliam auf die R364 abbiegen, ab Clanwilliam dann noch 34 km Richtung Wupperthal/Calvinia fahren. Den Abzweig links Richtung Wolfdrift/Frederiksdal ignorieren, schließlich vor einer Betonbrücke über den Brandewyn River rechts auf dem Gelände des Farm Stalls parken. Im Farm Stall anmelden (Öffnung 8.00–18.00 Uhr).
Höhenunterschied: 40 m.

Anforderungen: Einfache Runde auf beschildertem Pfad.
Einkehr/Unterkunft: Am Weg keine. Im Farm Stall Café, Unterkunft in Traveller's Rest: schlicht eingerichtete Steinhäuser für Selbstversorger, Tel. 027-482 1824, www.travellersrest. co.za. In Clanwilliam Einkehrmöglichkeiten sowie Unterkünfte, vor allem Gästehäuser und B&B.
Tipps: Im Frühling: Wildblüten im Biedouw Valley und Rooibos-Plantagen auf dem Weg nach Wupperthal.
Missionsdorf Wupperthal aus dem Jahre 1834, 75 km von Clanwilliam entfernt.

San-Zeichnungen.

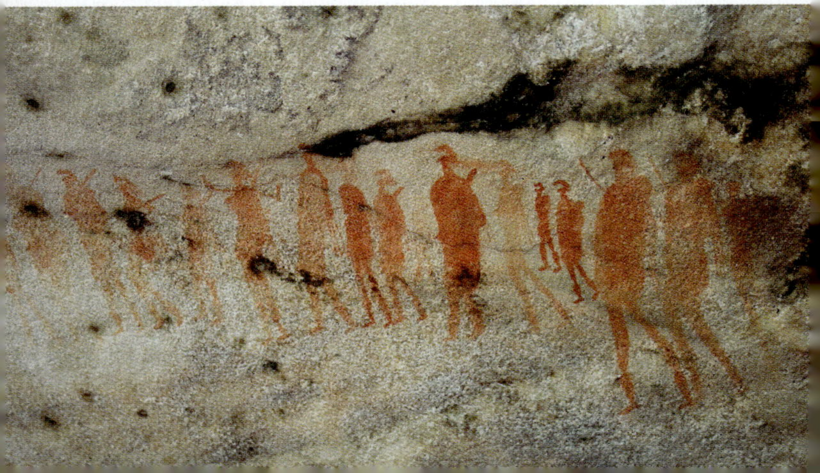

Gegenüber dem **Farm Stall (1)** überqueren wir den Brandewyn River auf einer Brücke und folgen auf der anderen Seite des Flusses den Hinweisen zu den San-Zeichnungen rechts entlang. Wir gehen über relativ ebenes Felsgelände mit braun, ocker und rot verwitterten Steinplatten. Der Weg steigt leicht an und verläuft durch etwas buschigeres Terrain. Nach gut 0.30 Std. markiert ein kleines Schild den ersten Rock Art Spot. Hinter Olivenbäumen und Büschen entdecken wir die Zeichnungen. Auch die folgenden Orte zwischen den Felsen sind leicht zu finden, weiße Fußabdrücke und Punkte markieren den Weg eindeutig. In den Zeichnungen sind tanzende Frauengruppen, Jäger, Zebras, Elefanten und geheimnisvolle saurierartige Wesen zu erkennen. Zumeist wurden sie mit roter oder ockerfarbener Kreide aufgemalt. Viele Bilder sind erstaunlich gut erhalten. Eine Open-Air-Ausstellung, wenn man so will; Bilder an Orten, an denen die Menschen auch tatsächlich gelebt haben.

Nach dem fünften Ausstellungsspot geht es durch eine mit grünen Sträuchern bestandene Senke, das Tal des Brandewyn River auf der rechten Seite und die schützenden Felsen auf der linken. Nach knapp 1.00 Std. haben wir den letzten Ort auf dieser Flussseite, **Site 9 (2)**, erreicht und kehren auf gleichem Weg zum Ausgangspunkt **Farm Stall (1)** zurück.

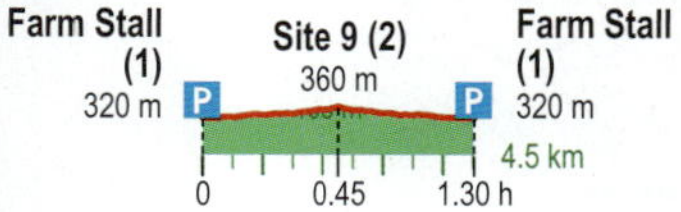

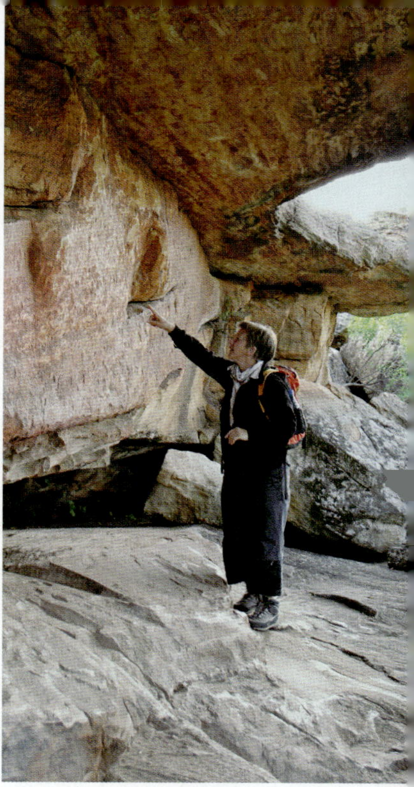

Felsüberhänge: Platz für die Felsmalereien der Ureinwohner.

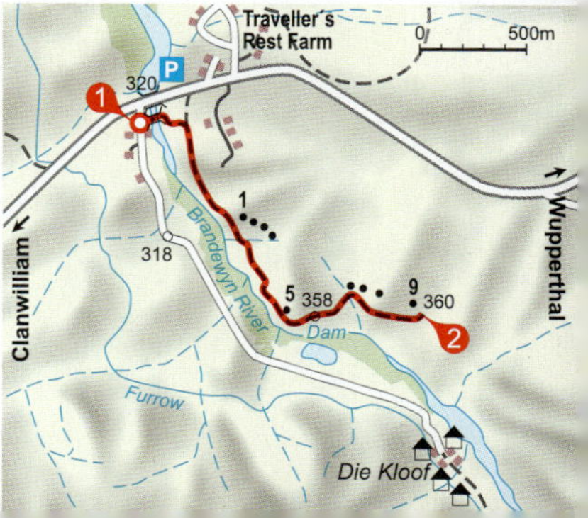

58 Machine Gun Ridge

7.45 Std.

Zwei grüne Hochtäler auf dem Middelberg-Plateau bei Algeria

Ausgangspunkt für Wanderungen im nördlichen Teil der Cederberg Wilderness Area ist der idyllisch gelegene Campingplatz von Algeria. Das Gelände ist zum Rondegat River hin großzügig terrassiert, hohe Platanen spenden Schatten, ein Naturschwimmbecken im Fluss sorgt für Abkühlung. Häufig starten von hier aus Outdoor-Fans ihre 3- bis 5-tägigen Touren in die Einsamkeit der Berge. Aber auch Tagesausflüge wie diese Runde hinauf zum Middelberg-Plateau sind möglich. Zwei grüne Hochtäler werden wir dabei überqueren, Kruger se Land und Filander se Werf, beide flankiert von einem Gebirgskamm, genannt Machine Gun Ridge.

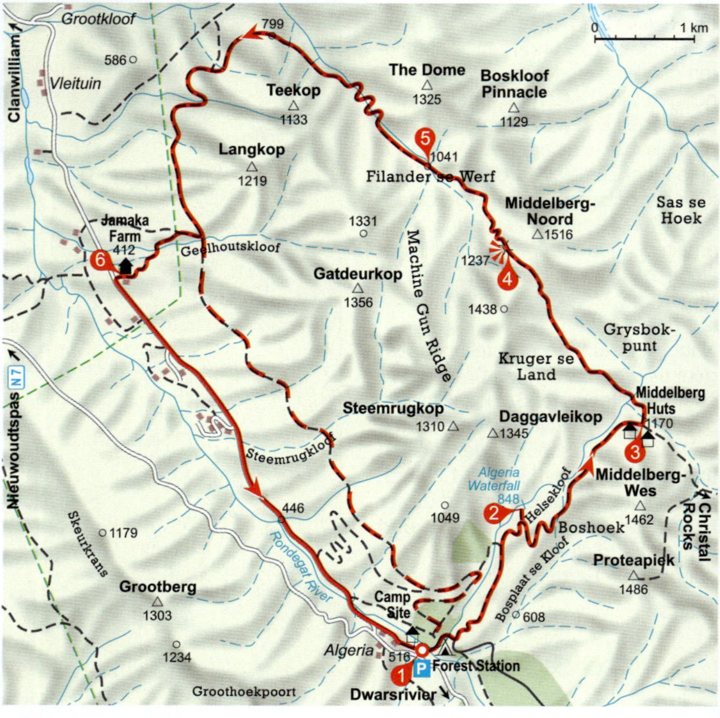

Ausgangspunkt: Campingplatz in Algeria, 516 m. Anfahrt: Von Kapstadt auf der N7 Richtung Springbok, nach 200 km am Abzweig rechts nach Citrusdal vorbei, nach weiteren 28 km rechts Richtung Algeria/Cederberg. Auf der Schotterstraße knapp 20 km bis zum Abzweig Richtung Algeria/Cederberg Wilderness. Am Office anmelden und das Day Permit abholen.
Höhenunterschied: 830 m.
Anforderungen: Hohes Maß an Ausdauer, Bergpfad beim Abstieg von Filander se Werf gerällig und steil.
Einkehr/Unterkunft: Shop in der Jamaka Farm. Unterkunft: Campinggelände mit Zeltplatz und Chalets bei der Algeria Forest Station, zusätzlich Chalets in Uitkyk, Tel. 021-483 0190,
www. capenature.org.za; Jamaka Organic Farm, Tel. 027-482 2801, www.jamaka.co.za (kurz vor Algeria-Campingplatz links in Richtung Jamaka/Clanwilliam, nach 5 km rechts zur Farm; die Besitzer sprechen Deutsch). Auf dem Middelberg-Plateau zwei einfache Einraum-Schutzhütten.
Hinweis: Es empfiehlt sich, einen Rücktransport von der Jamaka Farm nach Algeria zu organisieren, der Weg ist damit 1.15 Std. kürzer.
Variante: Kurz vor der Jamaka Farm geradeaus am Hang entlang weiter; der Weg ist aber mühsam und zieht sich.

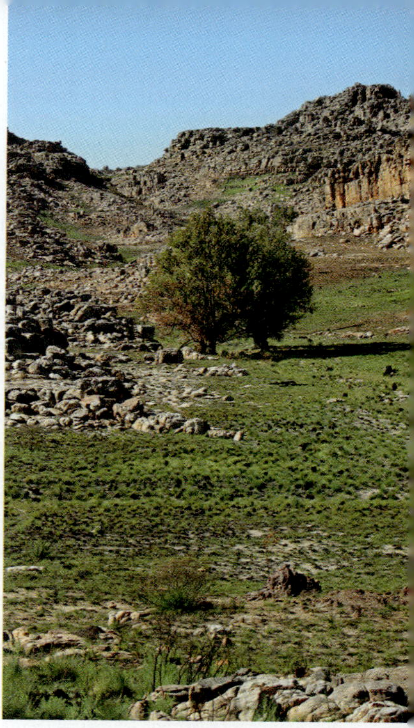

Ebene bei den Middelberg Huts.

Wir überqueren den Rondegat River auf dem Campingplatz von **Algeria (1)** an einer betonierten Furt und folgen dem Sandweg an den Stellplätzen 17 bis 26 vorbei. Während der Weg nach links schwenkt, gehen wir geradeaus

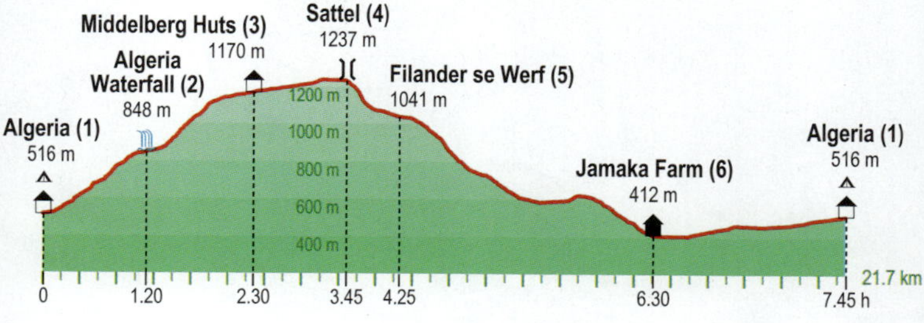

auf einen Trampelpfad, kreuzen den Sandweg nach 2 Min. noch einmal und gelangen zu einer kleinen Brücke über einen Nebenbach des Rondegat River. An der folgenden Weggabelung zeigen zwei Holzschilder rechts hinunter Richtung Uitkyk, links hinauf Richtung Waterfall/Middelberg, unsere ersten Zwischenziele.
Der Pfad schlängelt sich im Zickzack auf ausgetretenen Felsstufen am südlichen Rand der Helsekloof empor. Wir kommen nach 0.30 Std. durch einen kleinen Hain mit neu angepflanzten Zederbäumen und 20 Min. später zu einem Abstecher nach links zum **Algeria Waterfall (2)**. Der Weg dorthin lohnt sich: Der kleine Wasserfall tröpfelt über moos- und farnbedeckte Felswände in einen flachen Pool. Ein Blick in die tiefe Schlucht ist nichts für Ängstliche. Weiter geht es wie zuvor, jetzt in längeren Schleifen. Die ersten vereinzelten Alt-Zedern tauchen auf. Nur wenige sind noch übrig. Vor einiger Zeit hat ein Waldbrand ihren Bestand stark dezimiert. Als Wegmarkierung dienen Steinhäufchen. 2.30 Std. dauert der mühsame Aufstieg, dann ist die Hochebene von Middelberg erreicht. Vor uns öffnet sich die große Grasfläche von Kruger se Land, bedeckt fast nur mit Riedgewächsen. Die Ebene ist umrahmt von 1300–1500 m hohen Hügelketten mit einzeln herausragenden Kuppen. Einige davon erinnern an Pyramiden. Auf der rechten Seite stehen unter einigen Pinien die beiden einfachen Schutzhütten der **Middelberg Huts (3)**, ein möglicher Übernachtungsplatz bei einer Mehrtagestour. Mitten in der Ebene vor uns entdecken wir vier Eichen, die fast etwas verloren an einem kleinen Bach stehen. Unser Trampelpfad führt direkt zu ihnen hin. Am Bach können wir frisches Wasser aufnehmen.

Auf dem Sattel zwischen Kruger se Land und Filander se Werf.

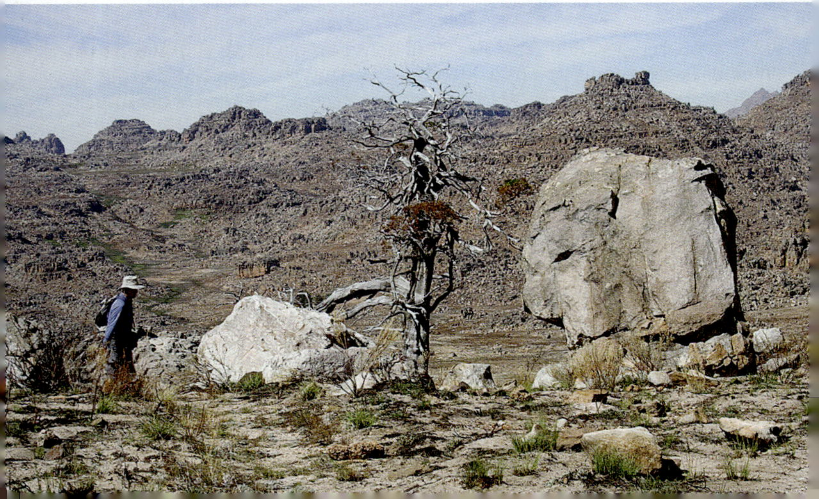

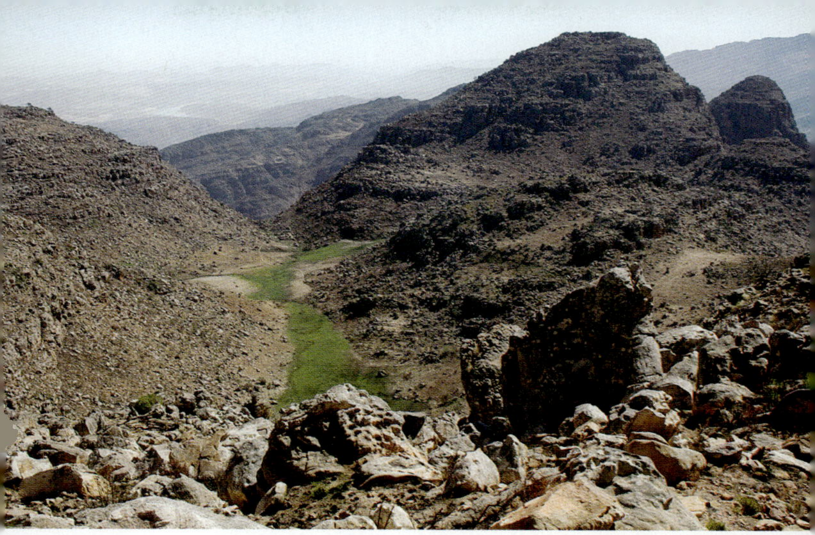

Blick hinunter auf Filander se Werf.

Nach kurzer Rast folgen wir dem Pfad in nordwestliche Richtung weiter über die grüne Ebene, vorbei an ein paar einzelnen Zedern, die versteckt in Felsspalten den Flächenbrand überlebt haben. Wir gelangen zu einem **Sattel (4)**, dem höchsten Punkt der Tour. Kruger se Land liegt hinter uns, **Filander se Werf (5)** vor uns, allerdings 200 m tiefer. Vom Sattel aus haben wir prächtige Aussicht bis Clanwilliam. Zur Linken erstreckt sich der Bergkamm, genannt Machine Gun Ridge.
Auf steilem Steig geht es zur grünen Wiese von Filander se Werf hinunter. Wir queren sie bis zu ihrem hinteren Ende. Knapp 4.30 Std. sind wir bereits unterwegs. Es beginnt der Abstieg von der Hochebene, zunächst auf felsigem Pfad, an einem Bach entlang, dann über sandiges Gelände. Der steile Teil des Abstiegs endet nach 0.30 Std. auf einer flachen Kuppe, von der aus wir die Farmen von Grootkloof erkennen können. Rechts hinab führt ein kleiner Pfad dorthin, während wir auf dem Hangpfad bleiben. Er führt uns im Bogen um die Kuppen von Teekop und Langkop herum in einer Höhe von gut 100 m über dem Tal zwischen Algeria und Grootkloof. In einiger Entfernung machen wir auch schon die **Jamaka Farm (6)** aus. Nach über 6 Std. Gehzeit, etwa in Höhe der Farm, erreichen wir einen deutlich mit Steinen markierten Abzweig ins Tal, der uns auf die Schotterstraße nach Algeria führt (geradeaus Variante). Die Straße erreichen wir nach 20 Min. Abstieg, folgen ihr nach links, an der Jamaka Farm vorbei, dann sind es noch 6 km zu Fuß oder per Anhalter zurück zum Campingplatz von **Algeria (1)**.

TOP

59 Cathedral Rocks

7.30 Std.

Durch die faszinierende Mondlandschaft der Grootland-Hochebene

Diese Runde hat es in sich. Sie ist zwar lang und teilweise beschwerlich, bietet dafür aber die ganze Faszination der Cederberg-Atmosphäre. Steil sind die Auf- und Abstiege, aber bequem die Strecke über das Grootland-Plateau. Dort oben sind wir in einer anderen Welt, umgeben von skurrilen Felsskulpturen und Steinformationen, garniert mit einzelnen Wagenbaum-Proteen und Zederbäumen. Benannt ist die Tour nach ein paar markanten Steintürmen, den Cathedral Rocks, die wir auf halber Strecke sehen werden.

Ausgangspunkt: Campingplatz in Algeria, 516 m (siehe Tour 58).
Höhenunterschied: Knapp 1000 m.
Anforderungen: Die Tour ist lang, technisch aber nicht allzu schwer, der Felspfad beim Auf- und Abstieg ist gut ausgetreten, Sonnenschutz und ausreichend Wasser sind unbedingt erforderlich.
Einkehr/Unterkunft: Keine Einkehr am Weg; Unterkunft siehe Tour 58.

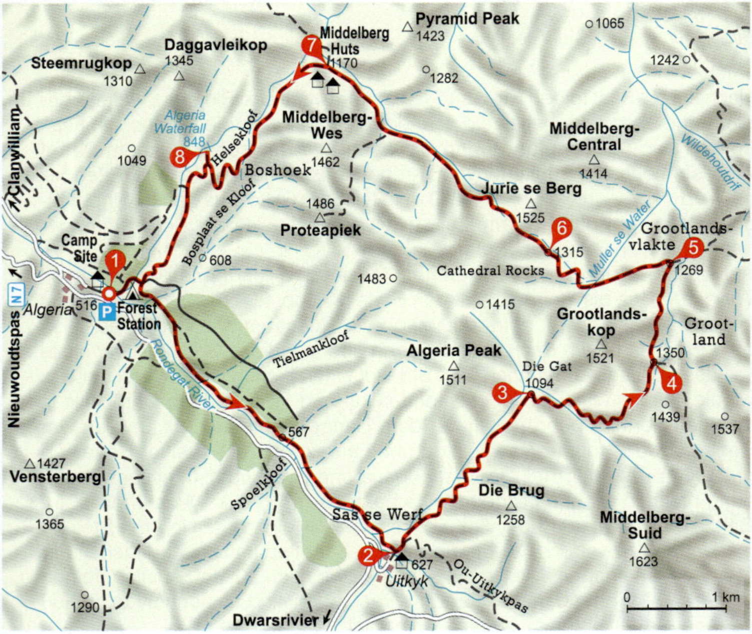

Wir folgen der Route von Tour 58 über den Campingplatz in **Algeria (1)** bis zum Wegweiser, der uns rechts hinunter in Richtung Uitkyk lenkt. Auf breitem Feldweg geht es knapp 5 Min. lang bergab, an der folgenden Weggabelung rechts entlang und kurz darauf auf einen Trampelpfad (Schild »Uitkyk«). Der Feldweg verläuft 30 m weiter oben parallel zu unserem Pfad durch den Kiefernwald. Am Ufer des Rondegat River entlang wandern wir durch dichtes Gebüsch bis zu einer Wegverzweigung, auf die wir nach gut 1.15 Std. Gehzeit stoßen. Geradeaus würde man in wenigen Minuten die Unterkünfte von **Uitkyk (2)** erreichen, links entlang gelangen wir in die Schlucht, durch die wir hinauf zur Hochebene steigen müssen. Der Pfad verläuft aufwärts in Zickzack-Kehren bis zum Ende der Schlucht; Die **Gat (3)** – »das Loch« – wurde der Punkt genannt, an dem sich die Schlucht zu unserer Linken in einer Vertiefung schließt und der Pfad in östliche Richtung abknickt.

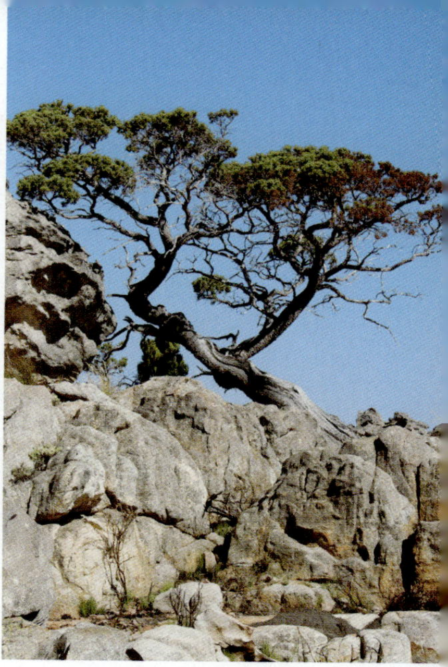

Clanwilliam-Zeder.

Über weiße Felsplatten geht es weiter, der Pfad ist jetzt mit Steinmännchen markiert. Die Vegetation ist karg, nur einzelne 4–6 m hohe Wagenrad-Proteen säumen den Weg. Wir überqueren einen kleinen Bach und erreichen endlich die Hochebene von **Grootland (4)**. Überall liegen rot- und ockerfarbene Felsbrocken verstreut, das Gelände ist eingerahmt von namenlosen

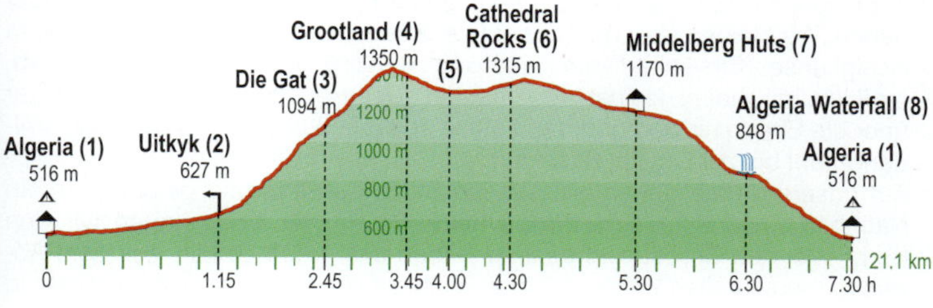

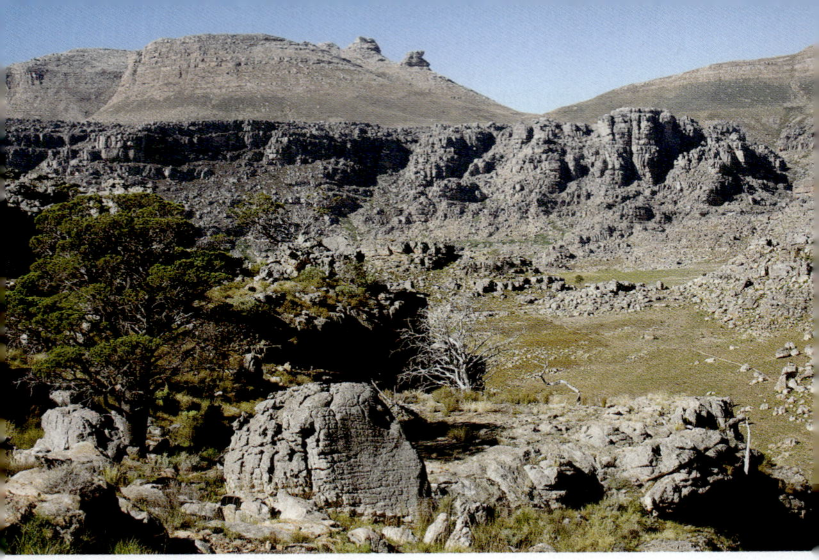

Der Pfad über die Ebene von Grootlandsvlakte.

Steinpyramiden. Nach 10-minütiger Wegstrecke auf dem ebenen Plateau geht es wieder ein Stück abwärts zu dem etwas tiefer gelegenen Teil der Ebene. Bevor wir dort ankommen, gelangen wir zu einer Gabelung. Wir biegen hier nach links ab und setzen unseren Rundkurs fort (Nach rechts führt der nicht gekennzeichnete Weg zu den Ulisgat Needles und zur Welbedacht Farm).

Noch eine Weile über felsiges Gelände, dann öffnet sich vor uns der untere Teil von Grootland, eine weite, mit Riedgräsern bedeckte Ebene. In der Ferne sind ein paar einzeln stehende Zedern zu erkennen, die sich deutlich in der Fläche abzeichnen. Ein schmaler Bach fließt mitten durch das Gelände. Wir halten uns am linken, westlichen Rand der Ebene, links neben uns ragt der Hügel des Grootlandskop empor, den wir jetzt fast vollständig umrundet haben. Wir bleiben aber nur kurz auf der Ebene, denn schon nach gut 200 m zweigt unser Kurs scharf vom Hauptweg nach links in westliche Richtung ab, markiert mit einem kleinen Steinhaufen (Der Hauptweg führt noch weiter über die Ebene hinweg und dann stetig abwärts durch die Schlucht von Wildehoutdrif bis zur Crystal Pool Hut).

Auf unserem Pfad gehen wir jetzt ein Stück aufwärts und gelangen in ein Nachbartal, genannt **Grootlandsvlakte (5)**. Immer noch haben wir den Bergkegel des Grootlandskop links neben uns. Nach 20 Min. seit dem Abzweig überschreiten wir den kleinen Bachlauf von Muller se Water, steigen in

Kehren aus dem Tal heraus, den über 1500 m hohen Bergkegel von Jurie se Berg vor Augen.

Wir erreichen die Hochebene von **Cathedral Rocks (6)**. Herrlich geformte Steinskulpturen umgeben uns. Viele erinnern an Orgelpfeifen, die schönsten in einer Formation auf der linken Wegseite.

Der Pfad steigt weiter leicht an und mündet in einen mit Steinplatten belegten Weg. Er führt uns durch einen 20 m langen Pinienhain, der fast etwas verloren wirkt in der sonst baumlosen Fläche. Nur 10 Min. später erreichen wir den höchsten Punkt der Tour. Von der gewölbten Kuppe aus sehen wir in der Ferne schon die Hochebene von Kruger se Land auf dem Middelberg-Plateau.

Die Gipfel von Protea Peak und Middelberg-Wes zur Linken steigen wir hinunter zu den beiden **Middelberg Huts (7)**, die wir hinter den hohen Pinienbäumen ausmachen. An beiden Hütten vorbei stößt unser Weg auf die Machine Gun Ridge Route (Tour 58). Wir folgen ihr links hinab durch die Helsekloof nach Algeria zurück. Nach dem Abzweig zum **Algeria Waterfall (8)** können an der folgenden Gabelung wahlweise weiter geradeaus auf dem Hauptweg hinuntersteigen oder rechts abbiegen und den Rückweg auf der gegenüberliegenden Schluchtseite zu Ende bringen.

Die Cathedral Rocks.

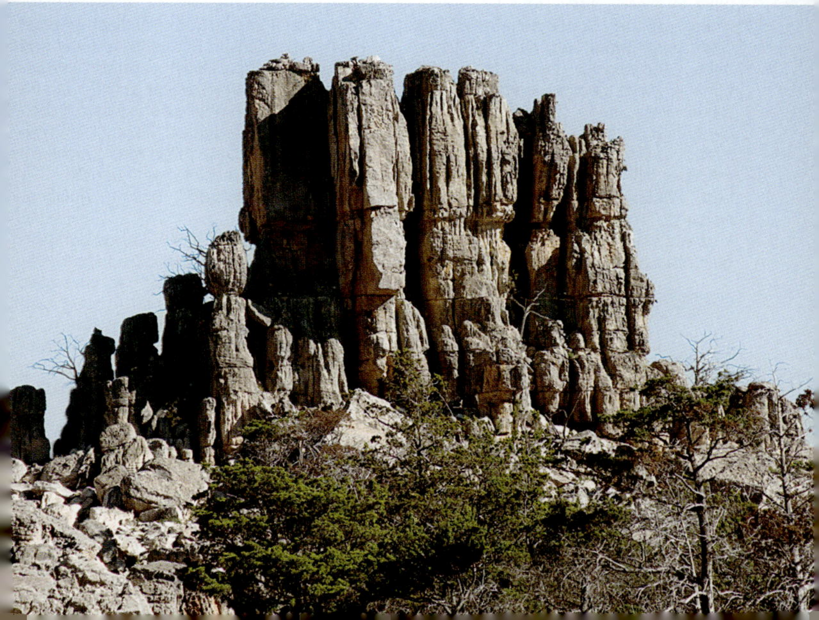

60 Eikeboom – Duiwelsgat – Uitkyk Pass

7.00 Std.

Über die Hochtäler am Koerasieberg zum »Teufelsloch«

Noch einmal durchwandern wir die Cederberge und nehmen den Algeria-Campingplatz als Basis-Station. Auch diese Tour ist lang. Weit weg von der Zivilisation erleben wir die unendliche Stille in einsamer Steinlandschaft. Highlight ist der Tourenabschnitt entlang der Duiwelsgat-Schlucht mit den schroff abfallenden Westhängen des Koerasiebergs.

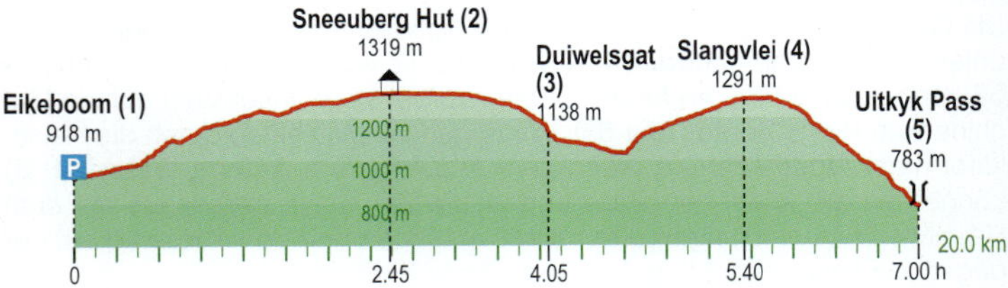

Ausgangspunkt: Parkfläche bei Eikeboom, 918 m. Anfahrt bis zum Campingplatz in Algeria siehe Tour 58. Von dort weiter auf der Schotterstraße Richtung Cederberg/Dwarsrivier; nach 5,5 km, vorbei am Abzweig links zu den Uitkyk-Unterkünften, sieht man bei der Auffahrt zum Uitkyk Pass (auch Cederberg Pass genannt) auf der rechten Seite vor einer Brücke den Endpunkt der Route, gekennzeichnet mit dem grünen Schild »Cederberg Wilderness«. Nach der Passhöhe noch 12 km weiterfahren bis Eikeboom kurz vor einer Brücke; der Punkt ist nicht gekennzeichnet. 200 m vor dem Parkplatz sieht man zunächst ein Verkehrszeichen mit dem Symbol für kurvenreiche Strecke, gefolgt vom Zeichen für Straßenverengung und Brücke. Die Parkfläche selbst liegt auf der linken Straßenseite unter fünf größeren Eichen. Das Auto unter den Bäumen parken. 40 m weiter auf der Straße folgt die Brücke über einen kleinen Bach.

Endpunkt: Uitkyk Pass, 783 m. Die Rückfahrt zum Parkplatz muss man jeweils organisieren (in der Unterkunft fragen).

Höhenunterschied: 550 m Aufstieg, 690 m Abstieg.

Anforderungen: Für die Länge der Strecke ist gute Ausdauer erforderlich. Der Pfad selbst ist gut begehbar, im ersten Teil auf einem Feldweg, im Abstieg zum Pass auf etwas gerölligem Gelände.

Einkehr/Unterkunft: Keine Einkehr; Unterkunft siehe Tour 58. Die Sneeuberg Hut ist eine einfache, offene Schutzhütte, ohne Wasser.

Hinweis: Die Tour kann auch in umgekehrter Richtung gegangen werden, oder als Teiletappe einer Mehrtagestour.

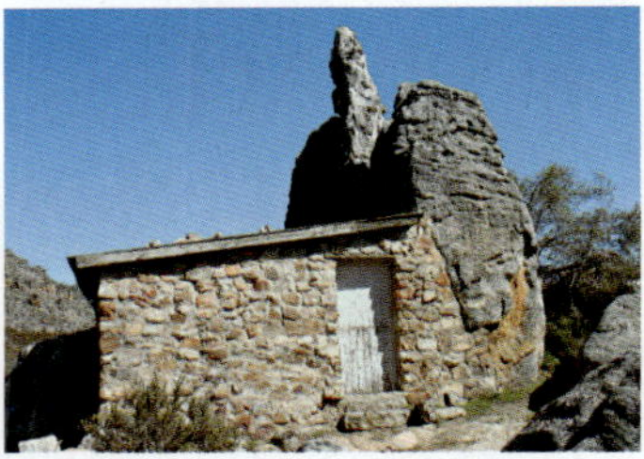

Die Sneeuberg Hut.

Ein zweispuriger Feldweg führt von **Eikeboom (1)**, dem Parkplatz unter den Eichenbäumen, in die Cederberge hinauf. Nur knapp 20. Min. unterwegs, sehen wir auf der rechten Seite einen Steinhaufen, der eine kleine Höhle umschließt. Das Eingangsloch lässt sich mit einem Blechschild schließen. Es handelt sich um eine altertümliche Leopardenfalle (Leopard Trap). Der Feldweg zieht sich weiter in langen Kehren über eine ehemalige Passstraße, von

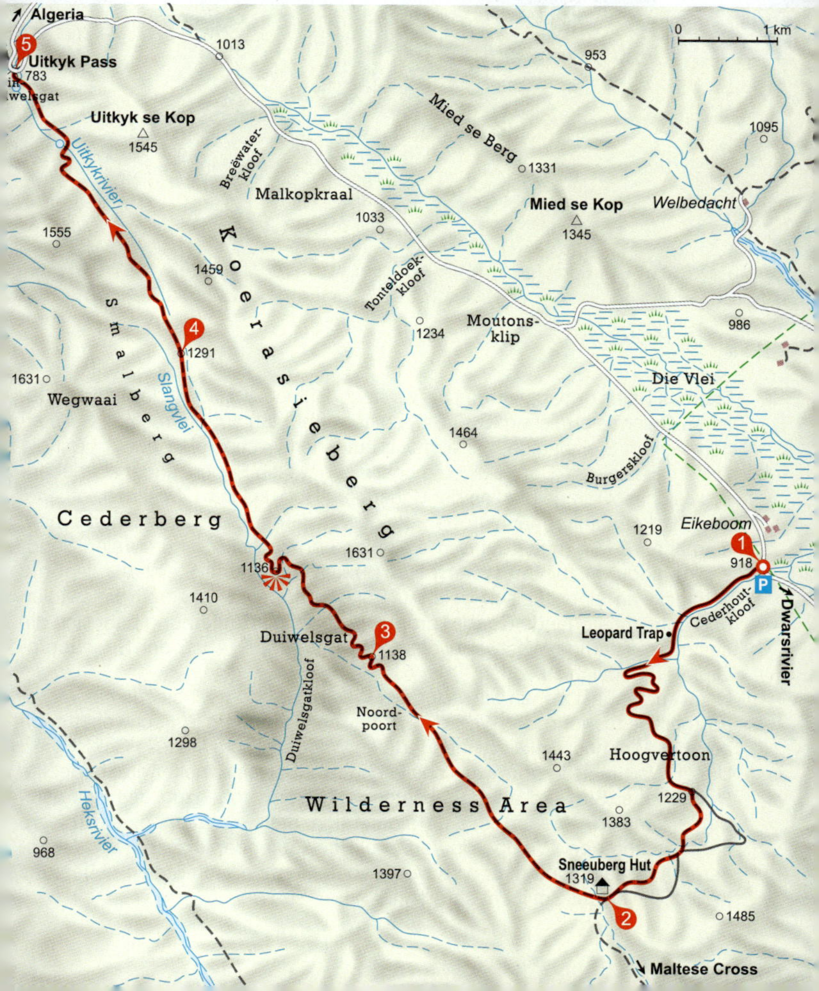

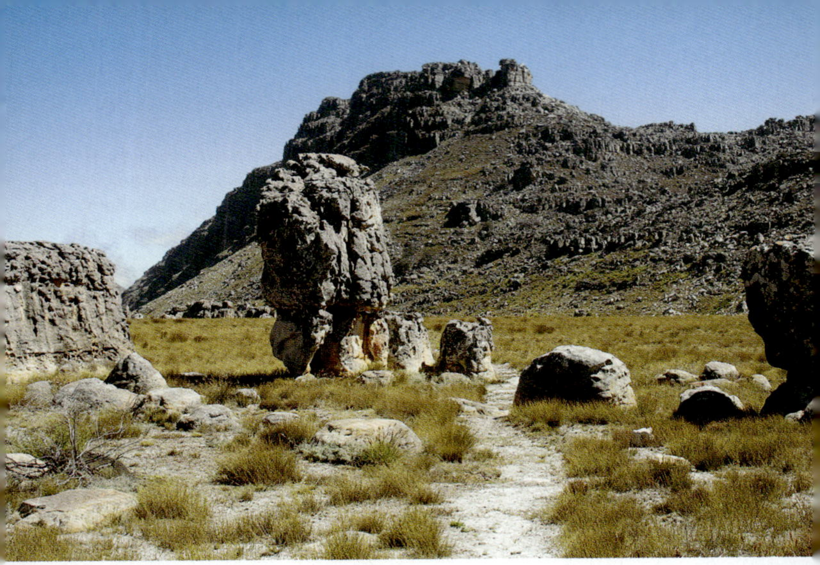

Auf der Hochebene vor dem Koerasieberg.

Thomas Bains gebaut, empor, bis wir nach 1 Std. Gehzeit offenes, etwas ebeneres Gelände erreichen. 0.30 Std. später sieht man auf der rechten Seite einen kleinen Steinhaufen, bei dem wir auf einen Trampelpfad quer durch die Felsen abzweigen (Der Feldweg macht einen weiten Bogen, endet aber ebenso wie unser Trampelpfad an der Sneeuberg Hut, unserem Zwischenziel).
Der Pfad verläuft zunächst über felsiges Gelände, dann über Grasflächen, einmal für 2 Min. noch auf dem Feldweg und schließlich durch eine Sandsenke hindurch zur **Sneeuberg Hut (2)**. Das Ein-Raum-Steinhaus liegt gut versteckt an einen Felsen gelehnt. Rundherum sind markante Felssäulen und aufrecht stehende Quader gruppiert. In einiger Entfernung baut sich die riesige, reliefartige Westwand des Sneeubergs auf. Auch der Sneeuberg-Gipfel ist deutlich zu sehen.
Nach kurzer Rast ziehen wir weiter. Der Weg gabelt sich, wir biegen hier rechts ab (geradeaus führt der Weg direkt auf den Sneeuberg zu, schwenkt dann nach 20 Min. nach links ab und führt den Wanderer zum Maltese Cross).
Unser Weg führt in nordwestliche Richtung über eine weite, grasbedeckte Hochebene. Sie wird auf der rechten Seite vom Höhenzug des Koerasiebergs flankiert. Wieder sind es eigenartige Steinformationen, die unsere Fantasie anregen. Wir überqueren zwei Bachläufe, der letzte mit etwas größerem Wasservolumen. Er wird wenig später in mehreren Stufen neben uns in die Duiwelsgat-Schlucht sprudeln.

Wir verlassen die Hochebene nach gut 1 Std. Gehzeit seit der Hütte. Ein sehr auffälliger, etwa 4 m hoher Felsquader markiert den Punkt, an dem wir in die **Duiwelsgat-Schlucht (3)** hinabsteigen. Bis zur Sohle der Schlucht sind es gut 400 Höhenmeter, wir haben aber nur gut 100 m Abstiegshöhe zu bewältigen. Danach geht es angenehm leicht parallel am Hang des Koerasiebergs entlang.
Dieser ist mit Berg-Fynbos bedeckt, am auffälligsten darunter die hochgewachsenen Wagenrad-Proteen. Wir erreichen das Schluchtende an einer schmalen Felsspalte, in der sich ein paar Kaperlen an einem Bach verstecken. Von hier hat man einen prächtigen Blick hinunter ins Duiwelsgat, das Teufelsloch. Tief unten in der Schlucht vereinen sich mehrere Gebirgsbäche, bevor sie hinter einer Biegung der Duiwelsgatkloof verschwinden. Aus der Schlucht heraus geht es, nun wieder in engen Kehren, hinauf auf die Ebene von **Slangvlei (4)** und dort, noch immer leicht ansteigend, nach etwas mehr als 3 Std. Gehzeit seit Verlassen der Hütte, zu einem Feld mit Zuckerbusch-Stauden. Ab hier geht es hinunter zum Uitkykrivier, in dessen Nähe wir jetzt bis zum Endpunkt der Tour am Uitkyk Pass bleiben. In der Ferne sind die Kiefernwälder und Platanen von Algeria zu erkennen. Wir überqueren den Bach an lauschigen Stellen, das erste Mal etwa 0.30 Std., ein zweites Mal nur 10 Min. vor Ankunft am **Uitkyk Pass (5)**. Dort bieten dann schöne Pools eine willkommene Abkühlung.

Blick von der Sneeuberg Hut zum Sneeuberg-Gipfel.

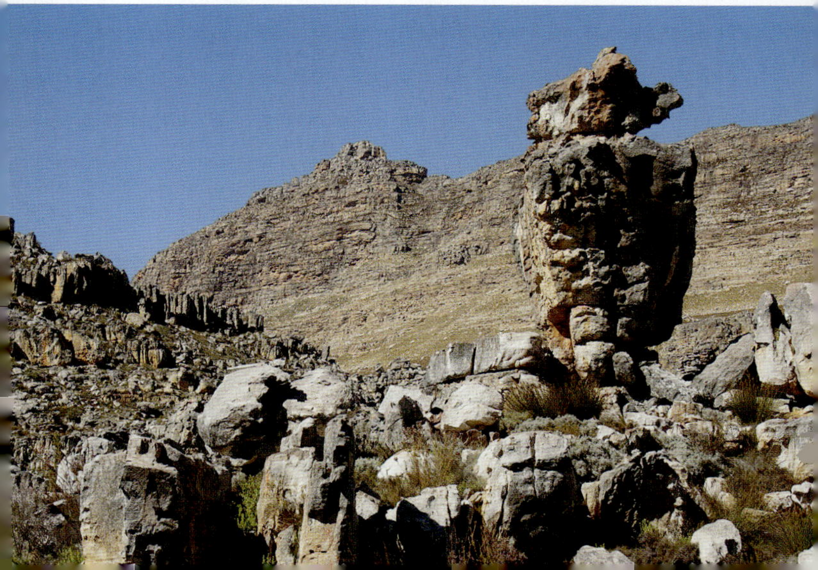

61 Maltese Cross, 1407 m

2.30 Std.

Beliebter Kurzaufstieg zu einem 20 m hohen Steinkreuz

Neben Algeria ist die Dwarsrivier Farm 40 km weiter südlich Dreh- und Angelpunkt für Wanderungen im Gebiet der Cederberg Wilderness Area. Unser Aufstieg zum Maltese Cross gehört zu den gern begangenen Halbtagestouren, die ganz in der Nähe der Farm starten. Der 20 m hohe Steinturm ist ein Meisterwerk der Natur. Wacker hält er sich schon über Millionen von Jahren, während um ihn herum alle anderen Felsen zusammengefallen sind.

Ausgangspunkt: Maltese-Cross-Parkplatz, 903 m. Anfahrt: Von Norden über Algeria (siehe Tour 58), von dort noch 40 km auf der Schotterstraße Richtung Cederberg/Dwarsrivier, etwa 1 km vor Erreichen der Dwarsrivier Farm geht es rechts ab Richtung Maltese Cross. Zunächst muss man jedoch geradeaus weiterfahren bis zur Farm und sich dort an der Rezeption melden. Danach zurück zum Abzweig zum Maltese Cross, vor dem Eisentor halten, das Zahlenschloss öffnen (Schlüssel und Nummerncode werden bei Abholung des Permits an der Rezeption ausgehändigt). Noch 6 km weiter auf holprigem Fahrweg bis zum Ende der Piste. – Von Süden Anfahrt über Ceres, von dort auf der R303 Richtung Op die Berg/Citrusdal, nach 45 km in Op die Berg rechts Richtung Cederberg/Ceres Karoo auf die R355 und nach weiteren 18 km links auf die Schotterstraße Richtung Cederberge. Ab hier sind es noch 48 km auf gut befahrbarer Piste bis zur Cederberg Oasis B&B und von dort 17 km weiter bis zur Dwarsrivier Farm.

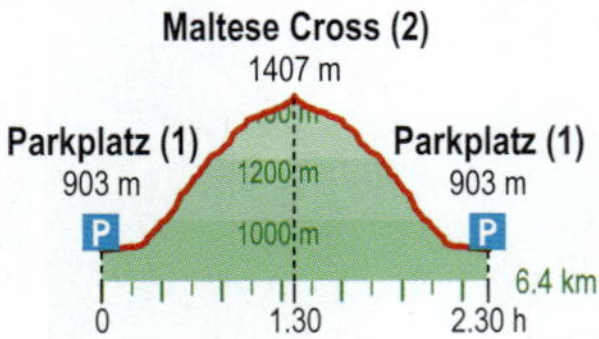

Höhenunterschied: 510 m.

Anforderungen: Gut begehbarer Felssteig.

Einkehr/Unterkunft: Keine Einkehr. Unterkunft: Sanddrif Holiday Resort/ Dwarsrivier Farm, Tel. 027-482 282-5 oder -7, www. cederbergwine.com, mit Weinhandlung, Campingplatz und Chalets für Selbstversorger; Cederberg Oasis Guesthouse, B&B, Backpacker und Campingplatz, Tel. 027-482 2819, www. cederbergoasis. co.za.

Hinweis: Permit im Office der Dwarsrivier Farm, Öffnungszeiten Mo–Sa. 8.00–12.30 und 14.00–17.00, So 9.00–12.00 und 16.00–18.00

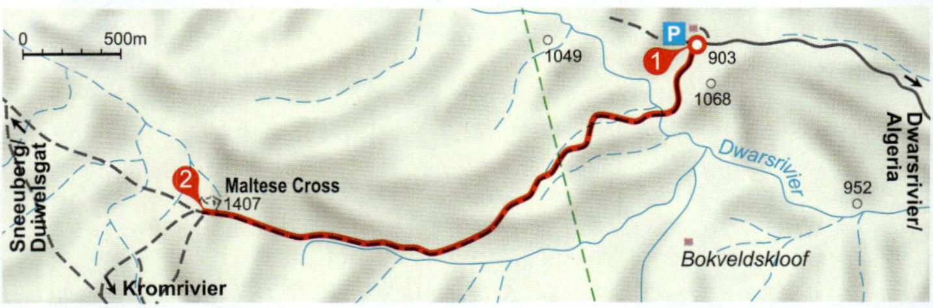

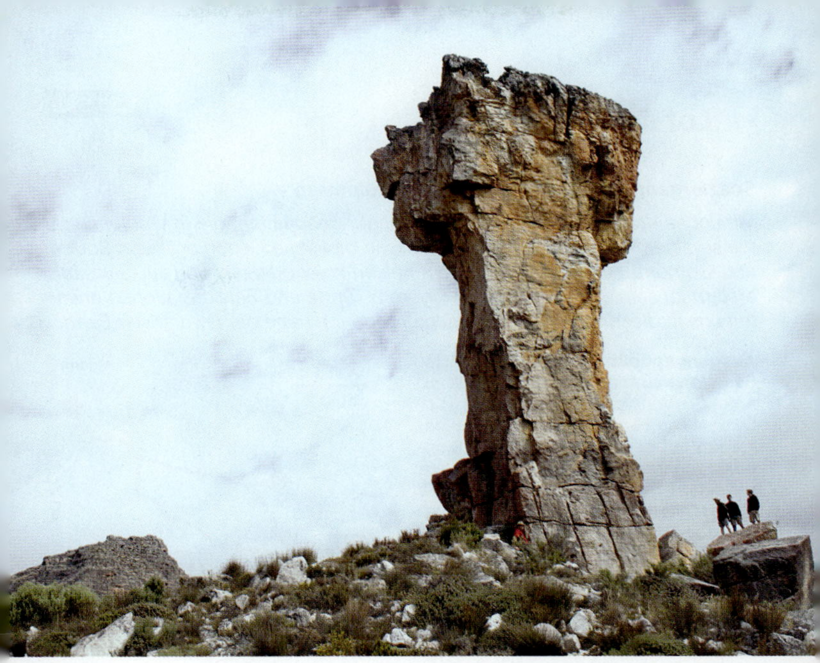

Maltese Cross.

Vom **Parkplatz (1)** aus folgen wir einem breiten Jeep Track ein kurzes Stück bergab bis zu einem Wendeplatz für Geländewagen. Dort zweigt ein Trampelpfad ab, der direkt zum Bachlauf des Dwarsrivier führt. Wir überschreiten ihn auf zwei Holzbalken oder über Steine im schmalen Bachbett.
Ab hier beginnt der Anstieg. Es geht durch die Felsen hindurch stetig bergan, direkt auf die Steilwand eines Gebirgskamms zu, in dem der 1728 m hohe The Pup den höchsten Gipfel bildet.
Nach 0.45 Std. drehen wir auf unserem Pfad im Bogen von dieser Wand in westliche Richtung weg. Das Gelände wird ebener, der Anstieg nicht mehr so beschwerlich. Vor uns taucht der Gipfel des Sneeubergs auf. Wir passieren ein paar wundersame Felsgebilde, steigen noch ein kleines Stück an und erreichen eine Kuppe, hinter der wir endlich das **Maltese Cross (2)** zu Gesicht bekommen. Noch 10 Min., dann sind wir am Ziel. Das Prachtstück steht auf einer Steinhalde. Noch, muss man sagen, denn durch die horizontalen und vertikalen Fugen wirkt es sehr zerbrechlich. Wenn auch nur ein Teil des Turms entfernt würde, würde er sicher umfallen.
Auf gleichem Weg geht es zurück zum **Parkplatz (1)**.

62 Lot se Vrou

1.30 Std.

Spaziergang inmitten skurriler Steinskulpturen

Mit Lot se Vrou hat die Natur eine Steinfigur geschaffen, die in verblüffender Weise einer Frau ähnelt. Angelehnt an die biblische Geschichte von Sodom und Gomorra scheint sie vor einem Felsen kniend tatsächlich zur Salzsäule erstarrt zu sein. Aber noch mehr Figuren, Türme und Felsformationen erwarten uns in diesem natürlichen Skulpturengarten nahe der Dwarsrivier Farm.

Ausgangspunkt: Parkplatz an der Schotterstraße nach Algeria, 882 m. Anfahrt: Von der Rezeption in der Dwarsrivier Farm (siehe Tour 61) ca. 1,5 km auf der Schotterstraße in Richtung Algeria/Clanwilliam, vorbei am Hinweiszeichen zum Maltese Cross, bis zum Schild »Lot se Vrou/Vensterklippe (Window Rocks)«. Dort am Straßenrand parken.
Höhenunterschied: 90 m.
Anforderungen: Einfacher Pfad auf felsigem und sandigem Untergrund.
Einkehr/Unterkunft: Siehe Tour 60.

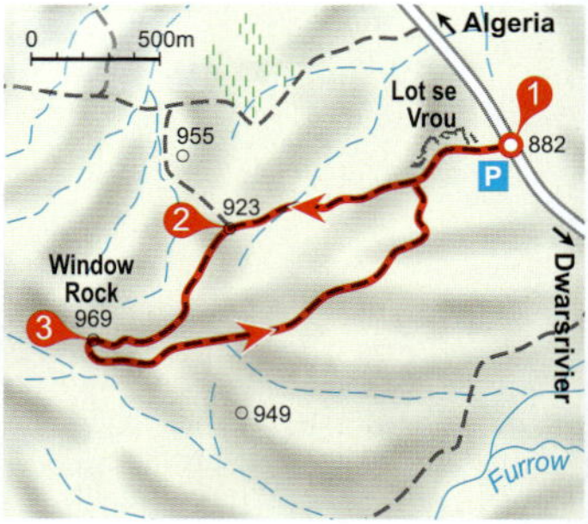

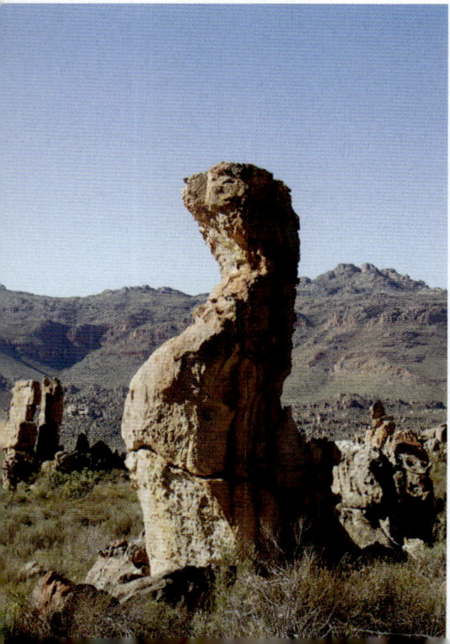

Vom **Parkplatz (1)** aus führt der Weg leicht aufwärts auf einem Trampelpfad ins Gelände. Schon nach wenigen Minuten ist Lot se Vrou erreicht. Wir gehen weiter auf dem Pfad, der jetzt leicht abwärts in die Ebene führt. Überall liegen Felsbrocken verstreut, darunter viele aus Steinquadern geschichtete Türme. 10 Min. brauchen wir bis zu einem Abzweig links, auf dem wir auf dem

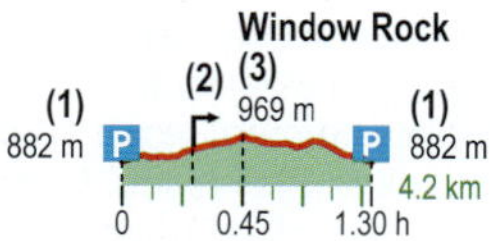

Von Wind und Wetter geformt.

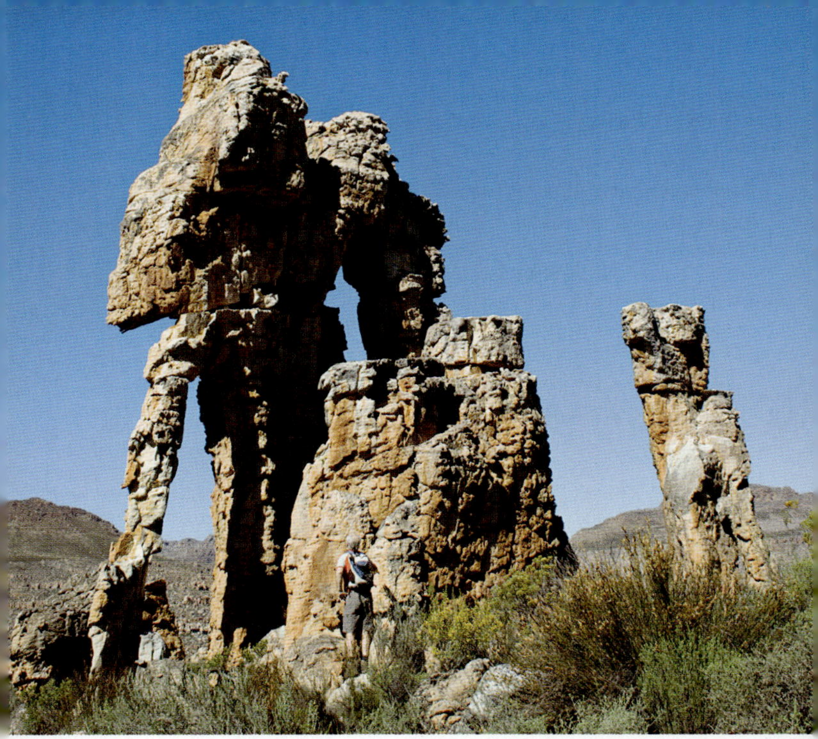

Am Window Rock.

Rückweg ankommen werden. Nochmals 10 Min. geradeaus weiter gabelt sich der Weg, nach links folgen wir einem Hiker-Symbol, rechts zweigt eine **Mountainbike-Route (2)** ab. Das Gelände wird etwas offener, immer wieder schweift der Blick über die Felder bis hin zu den umliegenden Höhenzügen der Cederberge. Zwischen Karoo-Büschen hindurch erreichen wir eine weitere Felsgruppe. Hier ist es besonders der **Window Rock (3)**, der ins Auge fällt. Die 15 m hohe, löchrige Figur ähnelt zwei langbeinigen Männern, die sich aneinander zu lehnen scheinen. Der Pfad knickt nach links ab, unter der Steinfigur hindurch, mit weißem Pfeil markiert.

Unser Rückweg ist wie der Hinweg deutlich ausgetreten und nicht zu verfehlen. Über offenes Gelände, spärlich mit Fynbos und Proteen bewachsen, schlängelt er sich über Steinplatten und Sandfelder hinweg bis zu der vom Hinweg bekannten Gabelung, an der wir nach rechts abbiegen und das letzte Stück auf bekanntem Weg zurück zum **Parkplatz (1)** zurücklegen.

63 *Wolfberg Cracks und Wolfberg Arch*

6.15 Std.

Abenteuerlicher Aufstieg zum Wahrzeichen der Cederberge

Dieser Trail gehört zu den Top-Touren in den Cederbergen. Der Aufstieg zur Hochebene des Wolfbergs führt durch zwei tiefe Einschnitte im Bergplateau, Cracks genannt (übersetzt etwa: Spalt, Riss). Der eine der beiden ist für jeden Wanderer zu bewältigen, der andere dagegen nur für Abenteuerlustige. Ziel des Ausflugs ist der Wolfberg Arch, ein prachtvoller, 15 m hoher Felsbogen, das Wahrzeichen der Cederberge.

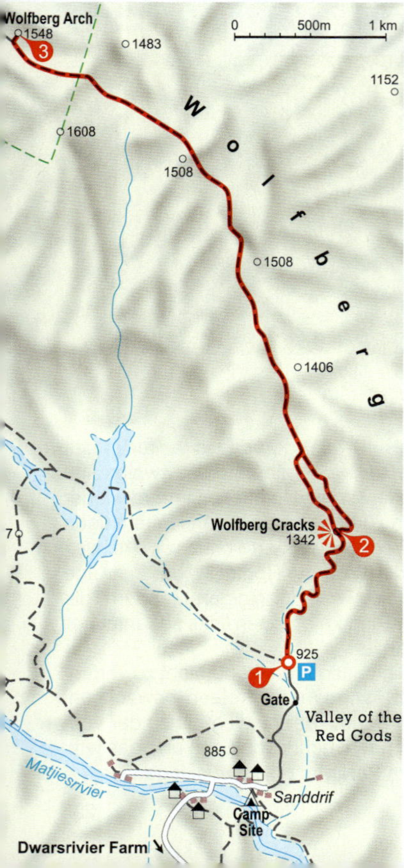

Ausgangspunkt: Wolf-Arch-Parkplatz, 925 m. Anfahrt bis zur Dwarsrivier Farm siehe Tour 61. Von der Rezeption – dort erhält man Permit und Nummerncode – 1,5 km zum Sanddrif Holiday Resort, über den Driehoeks River (Schild »Wolfberg/Maalgat«) bis zu einer Weggabelung. Dort links hoch bis zum Eisentor. Mit dem Nummerncode öffnen und 300 m weiter durch das Valley of the Red Gods auf holpriger Piste bis zum Wolf-Arch-Parkplatz fahren. Wer in Sanddrif wohnt, geht ca. 15 Min. zu Fuß.
Höhenunterschied: 630 m.
Anforderungen: Auf der Hochebene einfaches Gehen auf felsigem Gelände. Für den Durchstieg im rechten Crack muss man über und unter Felsen klettern. Wanderer mit Klaustrophobie oder überdurchschnittlich großer Körpermasse sollten den einfacheren linken Crack benutzen; damit ist die Tour dann als »rot« einzustufen und ca. 0.30 Std. kürzer. Für die kurzen Tunnelpassagen ist eine Stirnlampe von Nutzen.
Einkehr/Unterkunft: Keine Einkehr, ausreichend Wasser ist mitzunehmen; es gibt keine Bäche. Unterkünfte siehe Tour 58 und 61.
Hinweis: Aufgrund von Waldbränden ist die Tour derzeit nur bis zu den Cracks freigegeben. Auskunft, ab wann der Weg zum Wolfberg Arch wieder geöffnet wird, erteilt das Sanddrif Holiday Resort, Tel. 027-482 2825 oder 044-004 0060, oder Gerrit, der Inhaber des Cederberg Oasis Guesthouse, B&B, Tel. 027-482 2819.

Wir verlassen den **Parkplatz (1)** und beginnen unseren Aufstieg zum Wolfberg-Plateau rechts neben dem Hinweisschild »Wolf Crack and Arc«. Der steile Bergpfad führt etwas mehr als 1.00 Std. lang bis zum Fußpunkt des schroff aufragenden Felsmassivs. Schon beim Anstieg erkennt man drei Risse in seiner Wand, nicht aber, wie man in sie hineinkommen kann. Der Pfad endet an einem Geröllfeld mit kleineren und größeren Steinbrocken, über die wir hinwegklettern. Wir haben die **Wolfberg Cracks (2)** erreicht. Ein Holzpfahl mit zwei Blechpfeilen (»Crack«) markiert eine Weggabelung. Wer sich fit fühlt und über etwas Klettererfahrung verfügt, nehme den Weg zum rechten Crack, wer es einfacher möchte, den linken. Beide Wege führen auf das Plateau.

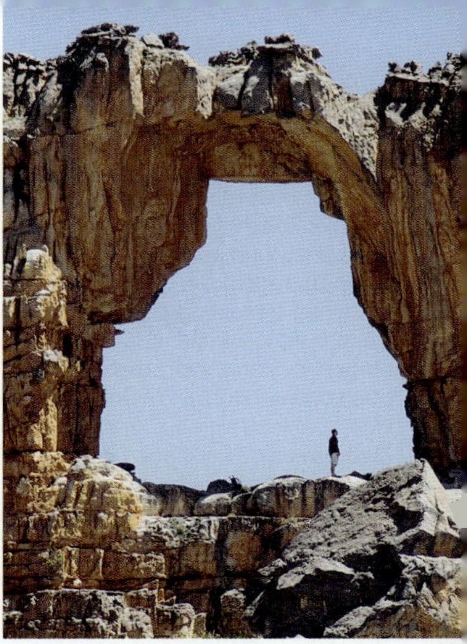

Wolfberg Arch.

Wir biegen auf die Route zum rechten Crack ab und gehen auf einen Felseinschnitt zu, an dem es nicht weiterzugehen scheint. Kletternd überwindet man die 3 m Höhenunterschied zu einem Felsvorsprung, was mithilfe von Griffmulden im Fels oder mit gegenseitiger Hilfe gelingt. Eine Leiter wurde hier absichtlich nicht installiert, denn wer diese Hürde nicht schafft, sollte besser umkehren und den leichten Weg wählen. Ein schmaler, abschüssiger Steg führt an einer Felsplatte vorbei. Zur Rechten haben wir den Abgrund und freien Blick ins Tal. Die Passage ist nur 30 m lang, dann schwenkt der Pfad im kurzen 180°-Bogen auf die Oberseite der Platte. Steinmännchen helfen bei der Orientierung.
Jetzt sehen wir vor uns den Einstieg in den rechten Crack. Der Riss ist über 20 m hoch. An Felsbrocken vorbei gelangen wir zunächst in einen runden, nach oben hin offenen Raum von etwa 30 m Durchmesser. Ein Schlitz rechts vom Einstieg

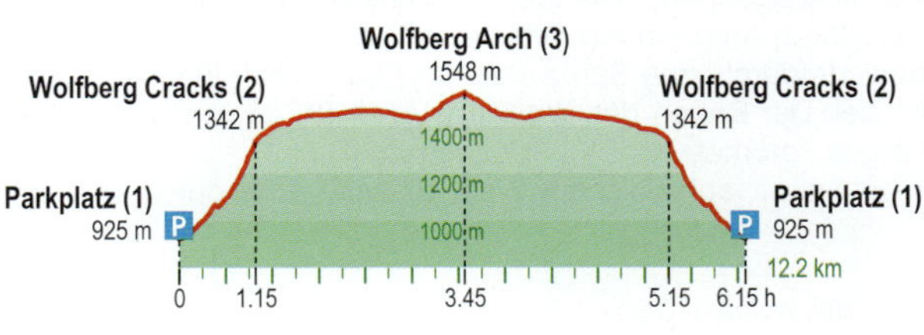

ist mit Geröll zugeschüttet, ein weiterer, auf der linken Seite, bietet freien Blick hinunter ins Tal zur Dwarsrivier Farm. Wir wechseln auf die gegenüberliegende Seite. Auch hier ist der Berg rissig. Ein breiter Spalt ist mit Geröll gefüllt und unpassierbar; ein schmaler, unscheinbarer Spalt rechts davon auf den ersten Blick ebenso. Er scheint im Dunkel zu enden, doch nur hier geht es weiter: Rucksack abnehmen und vor sich herschieben, Bauch einziehen und ab durch die 6 m lange Tunnelstrecke. Groß ist dann die Überraschung am Tunnelende: Wir betreten einen geheimnisvoll-halbdunklen Raum mit kühlem bläulichem Licht. Der Boden ist mit weichem Sand bedeckt. Nochmals sind drei hohe Felsbrocken zu umgehen, dann steht man plötzlich in einer atemberaubend schönen, nach oben offenen Höhle. Die Sonnenstrahlen erreichen nur die oberen Teile der Felswände, lassen sie aber in angenehm warmen Rot- und Orangetönen erstrahlen. Zwei gewaltige Felsbögen überspannen den Raum wie ein Gewölbe.
Unter den Felsbögen hindurch gelangen wir zum hinteren Ende des Raumes. Er mündet in eine 200 m lange Klamm, die sich bis auf Schulterbreite verjüngt. Nur wenig Licht fällt noch hindurch, aber genug, um sich zu orientieren. Ab hier sind nacheinander drei Hindernisse zu meistern: Bei dem ersten und letzten sind eingekeilte Felsbrocken mit etwas Geschick zu übersteigen, um auf die nächsthöhere Ebene zu gelangen. Beim mittleren wird es knifflig. Wer gut klettern kann, hangelt sich im Schornstein etwa 4 m bis zur nächsten Ebene hoch. Für alle anderen gilt: unter dem Felsbrocken durch. Man lege sich mit dem Rücken auf den Boden, robbe sich mit Armen und Kopf voraus unter dem Brocken hindurch, biege seinen Oberkörper anschließend gleich wieder um 90° in aufrechte Position und ziehe sich mit den Armen durch ein Loch nach oben. Der Rucksack wird nachgezogen oder dem Vorgänger zugeschoben. Klingt heftig, ist aber so schwer auch nicht. Im Team kann es dabei allemal sehr lustig zugehen.
Der Weg aus der Klamm heraus ist vergleichsweise einfach. Oben auf dem Plateau erwarten uns die Sonne und ein prächtiger Ausblick ins Driehoek-Tal und auf die Kuppen des Wolfbergs. Der Pfad führt noch etwas auf die Hochebene hinauf. Es erscheint zunächst ein Wegweiser nach links, Aufschrift »Crack« (unser Rückweg) und etwas weiter der nächste (»Wolf Arch«) am Rand einer fußballfeldgroßen Sandfläche. Wir schlängeln uns durch mannshohe Felsformationen – großartig anzusehen. Etwa 0.30 Std. brauchen wir auf nur sanft steigendem Gelände, dann erkennen wir ganz klein in der Ferne den Wolfberg Arch; noch 1 Std. haben wir bis dorthin zu gehen. Es geht leicht abwärts durch eine Sandsenke und schließlich in einem Linksbogen bis zum Ziel. Der Bogen des **Wolfberg Arch (3)** ist von beiden Seiten ein erstklassiges Fotomotiv.
Zurück gehen wir auf gleichem Weg, diesmal aber durch den einfachen Crack.

In der Höhle des Wolfberg Crack.

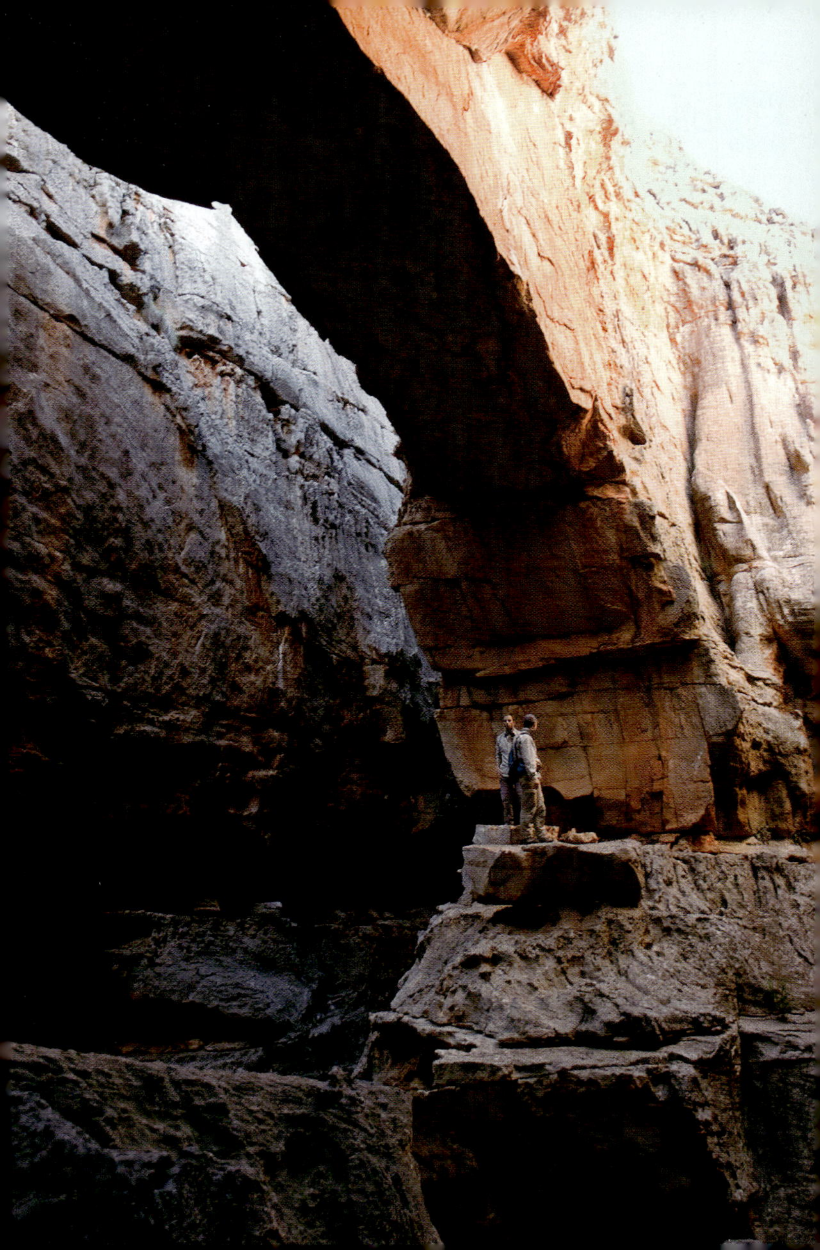

64 Disa Pool

3.00 Std.

Zu den roten Orchideen im Tal des Kromrivier

Man findet sie nur selten im Kapland, die Disa-Orchidee. Und wenn, zumeist versteckt in unzugänglichen Schluchten. Jedes Jahr zwischen Dezember und März öffnet sie ihre knallroten Blüten. Im Tal des Kromrivier (nicht zu verwechseln mit dem gleichnamigen Fluss im Limietberg NR, Tour 11) entdecken wir sie an seinem oberen Flusslauf in der Nähe einiger kühler Badegumpen.

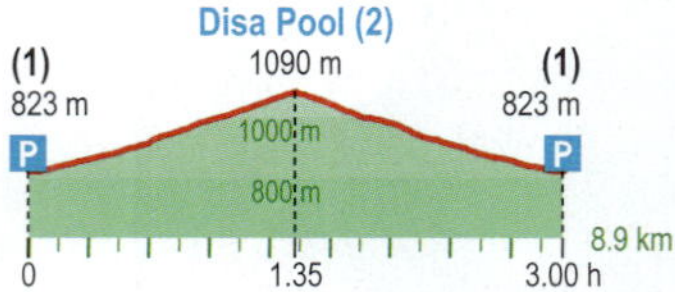

Ausgangspunkt: Randstreifen am Ende des Sandwegs zum Kromrivier, 823 m. Anfahrt bis Dwarsrivier Farm wie bei Tour 61. Von dort auf der Schotterstraße Richtung Ceres nach 6,5 km rechts ab nach Kromrivier, noch weitere 5 km ins Tal zur Farm. Dort am Office anmelden. Über den Hofplatz, auf einer Betonbrücke zum Campinggelände fahren, dort entlang dem Sandweg folgen, bei einer Gabelung nach 50 m wieder rechts, durch ein Eisentor und noch 4 km auf der Piste, vor einer Linkskurve an der Seite parken.
Höhenunterschied: 270 m.
Anforderungen: Steiniger Felspfad.
Einkehr/Unterkunft: Am Weg keine. Shop und Essen auf Bestellung im Kromrivier Tourist Park; Chalets, B&B, Campingplatz, Tel. 027-482 2807.
Tipp: Badesachen mitnehmen!

Badegumpen im Kromrivier.

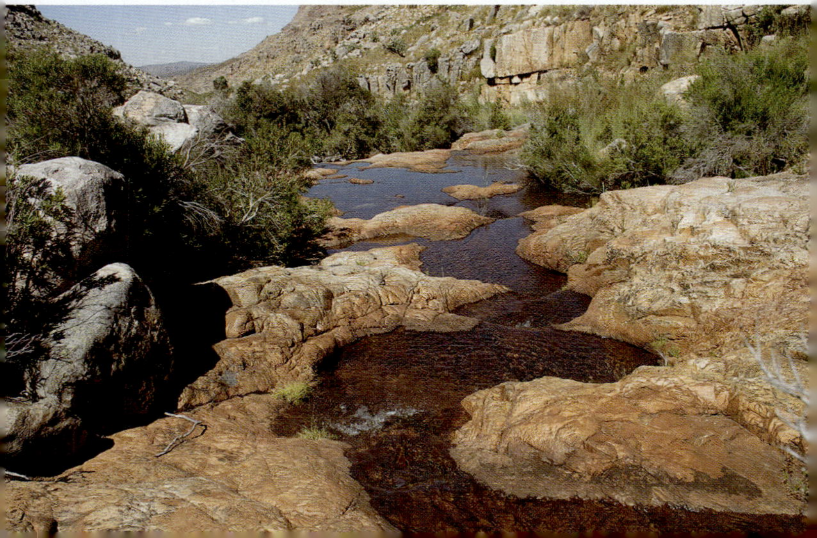

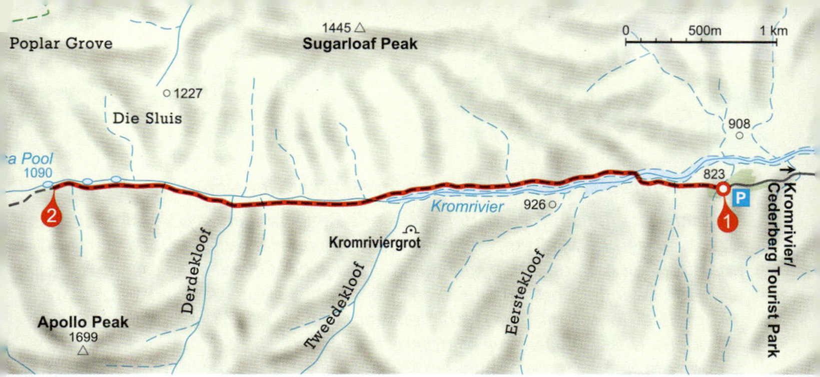

Vom **Parkplatz (1)** aus gehen wir auf dem Sandweg noch 200 m abwärts, bis er sich in einem Wendekreis verliert. Von hier zweigt ein Trampelpfad zum Kromrivier ab, dem wir stetig flussaufwärts folgen. Wir überqueren seinen gut 2 m breiten Lauf und folgen ihm auf der rechten Seite etwa 20 m vom Ufer entfernt. Stichwege führen zum Fluss hin. Das Tal wird auf beiden Seiten von Höhenzügen begrenzt, auf der Nordseite von The Pub und Sugarloaf Peak, auf der Südseite von den drei markanten Gipfeln Winterbach Peak, Murraysberg und dem 1699 m hohen Apollo Peak. Die Hänge sind mit Fynbos-Pflanzen bedeckt, darunter vor allem Wagenrad-Proteen und Riedsträucher. Wir wechseln nach 0.30 Std. die Flussseite, steigen weiter auf und erreichen eine weitere 0.30 Std. später eine flache Stelle im Fluss, an der das Wasser in breiten Bahnen über den Fels fließt, erste Gelegenheit für ein Bad. Noch 10 Min. weiter auf dem Felspfad, über einen kleinen Zufluss hinweg, dann sehen wir rechts unten einen Pool mit Wasserfall, von seiner Tiefe her zum Baden am besten geeignet. Knapp 5 Min. später haben wir den eigentlichen **Disa Pool (2)** erreicht. Zum Baden nicht ganz so perfekt, dafür aber Lebensraum für die roten Orchideen, die vereinzelt am Flussufer stehen. Der Pfad würde noch weiter aufwärts in knapp 3 Std. zum Maltese Cross führen; wir kehren jedoch auf gleichem Weg zum Ausgangspunkt zurück.

Disa-Orchidee in voller Blüte.

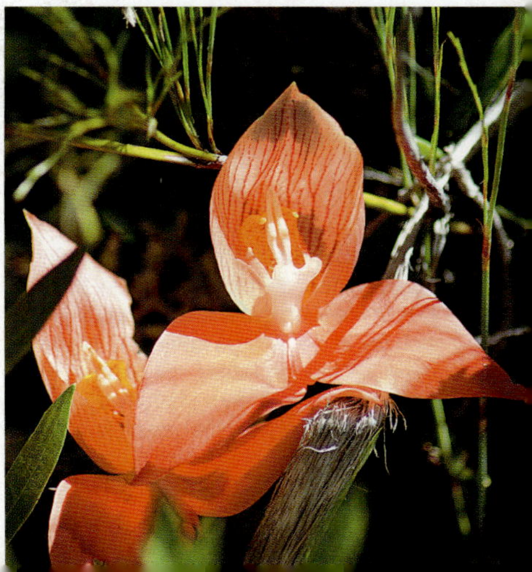

65 Stadsaal Cave

0.45 Std.

Geheimnisvolle Sandsteinhöhlen im Matjiesrivier Nature Reserve

Ähnlich gut erhalten wie auf der Traveller's Rest Farm im Norden sind die San-Zeichnungen im Matjiesrivier Nature Reserve im Herzen der Cederberge. Die meisten Zeichnungen sind geschützt und für die Öffentlichkeit nicht zugänglich. Ein paar sehr gut erhaltene, mit dem Schild »Rock Art« gekennzeichnete Exemplare dagegen lassen sich gleich am Anfang des Stadsaal-Geländes bewundern. Unser Ausflug gilt allerdings hauptsächlich den Sandsteinfelsen, bei denen die Natur wieder einmal ein Meisterwerk vollbracht hat: Wind und Wetter bohrten über einen Zeitraum von Millionen Jahren Grotten, Arkaden und luftige Höhlen in das spröde Gestein. Besonders im warmen Sonnenlicht am späten Nachmittag erstrahlen sie in geheimnisvollem Rot und Orange.

Ausgangspunkt: Parkplatz auf dem Stadsaal Cave-Gelände, 920 m. Anfahrt bis Dwarsrivier Farm (dort das Permit abholen) wie bei Tour 61, von dort 7 km auf der Schotterstraße Richtung Ceres, dann zur Stadsaal Cave rechts abbiegen. Von der Cederberg Oasis sind es aus der anderen Richtung 10 km (Auch hier ist das Permit erhältlich). Das Tor mit dem Nummerncode öffnen und 600 m bis zum Parkplatz vor den »Rock Art«-Zeichnungen fahren. Nach deren Besichtigung auf dem Schotterweg noch einmal ca. 600 m bis zum Stadsaal- Cave-Parkplatz fahren.
Anforderungen: Einfache Sandwege und Pfade.
Höhenunterschied: Fast keiner.
Einkehr/Unterkunft: Keine Einkehr; Unterkunft siehe Tour 58 und 61.
Hinweis: Der Ausflug ist besonders am späten Nachmittag lohnenswert, wenn die tief stehende Abendsonne eindrucksvolle Fotomotive gewährleistet.

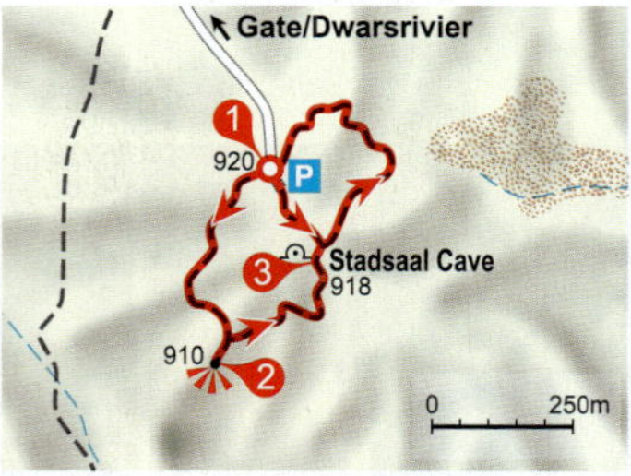

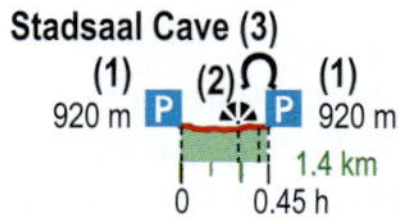

Vom **Parkplatz (1)** aus haben wir verschiedene Möglichkeiten, das Gelände zu erkunden. 2 Pfade nach links und rechts sind mit grünen Pfeilen markiert. Der breite Weg geradeaus führt direkt zum Stadsaal Cave. Generell kann man sich frei in der Anlage bewegen. Man sollte jedoch möglichst die Pfade, die zumeist an beiden Seiten mit Steinen eingegrenzt sind, nicht verlassen. Wir gehen zunächst auf dem Haupttweg geradeaus. Eigenartige Felsgebilde sind zu sehen: eine Schildkröte beispielsweise, die auf einem Sockel hockt, zu unserer Linken, rechts ein Rundling, umgeben von einer Säulenreihe. Bevor wir uns

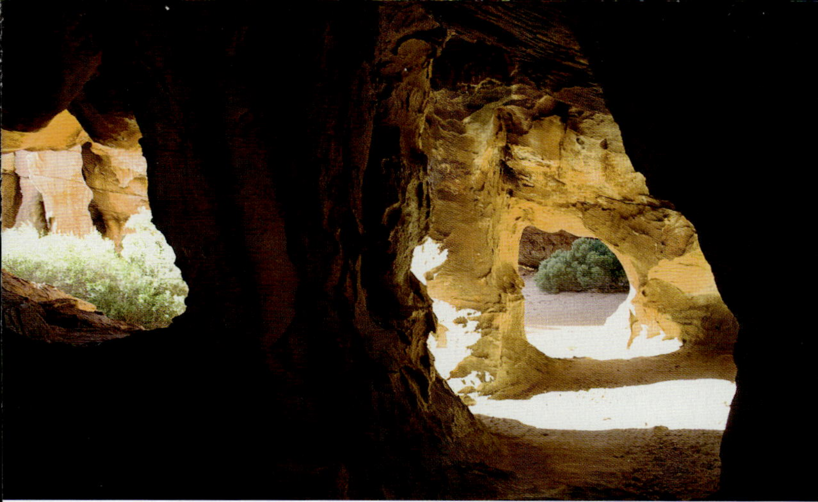

Im Inneren des Stadsaal Cave.

den Stadsaal ansehen, biegen wir nach knapp 200 m, dem grünen Pfeil folgend, nach links ab und machen eine erste Runde durch die Skulpturenlandschaft. Der Pfad endet wieder am Parkplatz. Wir überqueren ihn und folgen dem gegenüberliegenden Pfeil zur zweiten Runde, diesmal in entgegengesetzter Richtung. Der Pfad endet auf einem etwa 30 m breiten Plateau. Wir halten uns rechts und entdecken an seinem hinteren Ende einen etwa 5 m hohen Turm aus vier großen, übereinandergestapelten Felsquadern. Links an ihm vorbei führt ein Pfad auf eine Felsplatte, von der aus einen weiter **Ausblick (2)** über ein 30 m tiefer gelegenes Steinfeld und das etwas weiter entfernte Tal von Kromrivier möglich wird. Hier im Gelände sind weitere Felszeichnungen zu entdecken. Sie zu finden erfordert aber viel Geduld und Geschick beim Klettern zwischen den Felsen. Wir verlassen die Felsplatte und gehen weiter auf dem Hauptpfad im Uhrzeigersinn. An ein paar Büschen und Bäumen vorbei führt er uns direkt zum **Stadsaal Cave (3)**. Ein etwa 50 m langer, 3–4 m hoher Raum im Fels öffnet sich vor uns, von geschwungenen Sandsteinsäulen getragen. Die Natur hat hier wahrlich ein Meisterwerk vollbracht.
Zurück durch den Stadsaal hindurch auf breiten Weg zum **Parkplatz (1)**.

Die »Schildkröte«.

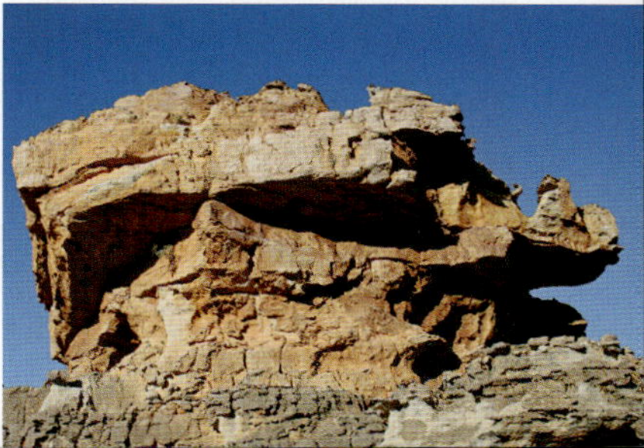

Stichwortverzeichnis

Umschlagbild: Blick zum Spandaukop (Tour 49).

Bild im Innentitel: Die Küste am Cape Point (Tour 9 und 10).

Alle Fotos stammen vom Autor, ausgenommen das Bild auf Seite 198 (Jasper van de Wetering).

Kartografie:
65 Wanderkärtchen im Maßstab 1:25.000 / 1:50.000 / 1:150.000 und 9 Übersichtskarten im Maßstab 1:750.000 / 1:1.500.000 / 1:7.000.000 / 1:11.000.000, gezeichnet von Barbara Häring, Gröbenzell

2., aktualisierte Auflage 2019

ISBN 978-3-7633-4369-0

FSC
www.fsc.org
MIX
Papier aus verantwortungsvollen Quellen
FSC® C021956

Wir freuen uns über jeden Korrekturhinweis zu diesem Wanderführer!
Bitte per E-Mail an: leserzuschrift@rother.de

BERGVERLAG ROTHER · München
D-82041 Oberhaching · Keltenring 17 · Tel. +49 89 608669-0 · www.rother.de